LA
IGLESIA
TRIUNFANTE

Dominio Sobre Todos Los Poderes De Las Tinieblas

Kenneth E. Hagin

25 24 23 22 21 20 19   09 08 07 06 05 04 03

La Iglesia Triunfante
ISBN-13: 978-0-89276-117-3
ISBN-10: 0-89276-117-2

Copyright © 2009 Rhema Bible Church
AKA Kenneth Hagin Ministries, Inc.
Impreso en los Estados Unidos

English Title: *The Triumphant Church*

En los Estados Unidos escriba a:
Kenneth Hagin Ministries
P.O. Box 50126
Tulsa, OK 74150-0126
1-888-28-FAITH
rhema.org

En el Canadá escriba a:
Kenneth Hagin Ministries of Canada
P.O. Box 335, Station D
Etobicoke (Toronto), Ontario
Canada M9A 4X3
1-866-70-RHEMA
rhemacanada.org

CONTENIDO

Capítulo 1
Orígenes: Satanás Y Su Reino

Los creyentes están sentados en los lugares celestiales con Cristo, muy por encima de las potestades y principados de las tinieblas. ¡Ningún demonio puede disuadir al creyente que está sentado *muy por encima* de las obras del enemigo! El reinar y el estar sentados juntamente con Cristo en los lugares celestiales es una posición de autoridad, honor y triunfo; no de fracaso, depresión o derrota.

Si la Iglesia del Señor Jesucristo tiene el triunfo y la victoria en todos los enfrentamientos contra el diablo y sus legiones, ¿por qué vemos entonces a tantos creyentes sometidos a Satanás y sus engaños?

El que los creyentes sean o no victoriosos sobre el diablo depende de cómo se estén viendo: como la Iglesia militante, o como la derrotada, o como la triunfante. Todo depende de cuan correctamente entiendan su posición en Cristo.

La Iglesia *militante* muestra a un cuerpo de creyentes que no está *aún* sentado en los lugares celestiales en Cristo, y que está "batallando" para tratar de ganarle a un enemigo que no ha sido aún derrotado por el Señor Jesucristo.

La Iglesia *derrotada* muestra una imagen de desconocimiento sobre la verdad de que está sentada con Cristo y que debe reinar en la vida a través de Él. Por estar en ignorancia acerca de esta posición o por no ejercer la autoridad que ciertamente posee, estos creyentes son continuamente devastados por las maquinaciones de Satanás y está en un continuo estado de fracaso y derrota.

Pero la *Iglesia triunfante* es la perspectiva bíblica del Cuerpo de Cristo que está sentado con Jesús en los lugares celestiales, *muy por encima* de principados y potestades (cf. Efesios 1:3;2:6). Bíblicamente la Iglesia triunfante muestra un cuerpo de creyentes que no *solo sabe* sino que *ejercita* su autoridad en Cristo, y por esto reina victoriosamente en la vida sobre Satanás, un enemigo derrotado, a través de Jesucristo (cf. Romanos 5:17).

Al incrementarse en esta era la actividad demoníaca alrededor del mundo es vital que los creyentes sepan lo que les pertenece por medio de su redención en Cristo. Necesitamos estar plenamente convencidos de la autoridad que nos

1

pertenece por la victoria que Jesús ganó por nosotros sobre todo el poder del enemigo. La única manera en que podemos tener confianza de nuestra autoridad sobre el enemigo es *conociendo* y *caminando en la luz* de la Palabra escrita de Dios.

Con esta introducción, vamos al libro de los comienzos, Génesis, y comencemos nuestro estudio investigando los orígenes de Satanás y su reino.

Claves de un posible reino pre-adánico

El origen y caída de Satanás o Lucifer, como era llamado, está bastante claro en las Escrituras. Antes de su expulsión y caída del Cielo era llamado *Lucifer*, pero después de ser echado fue llamado *Satanás*. Sin embargo, el origen de los demonios o espíritus malignos no es muy claro.

Algunos eruditos de la Biblia creen que transcurrieron millones de años entre Génesis 1:1-2. Sin embargo otros creen que posiblemente hubo un reino original en la tierra *antes* de la creación descrita en él capítulo 1 de Génesis.

GÉNESIS 1:1-2
1 En el principio creó Dios los cielos y la tierra.
2 Y la tierra estaba desordenada y vacía, y las tinieblas estaban sobre la faz del abismo, y el Espíritu de Dios se movía sobre la faz de las aguas.

Los espíritus malignos que se encuentran en la Tierra pudieron ser parte del reino original *pre-adánico*. Muchos estudiosos de la Biblia están de acuerdo que aun antes del diluvio existió un reino *pre-adánico*, pues sabemos a partir de descubrimientos arqueológicos que dinosaurios y animales gigantes alguna vez vivieron en la Tierra.

¿De dónde vinieron? Quizá esas criaturas vinieron de una clase de creación diferente que existió en la Tierra antes de Adán; alguna clase de creación *pre-adánica*. En Isaías tenemos una clave acerca de un reino *pre-adánico*.

ISAÍAS 14:12-14
12 ¡Cómo caíste del cielo, oh Lucero, hijo de la mañana! Cortado fuiste por tierra, tú que debilitabas a las naciones.
13 Tú que decías en tu corazón: Subiré al cielo; en lo alto, junto a las estrellas de Dios, levantaré mi trono, y en el monte del testimonio me sentaré, a los lados del norte;
14 sobre las alturas de las nubes subiré, y seré semejante al Altísimo.

Evidentemente, Lucifer tenía alguna clase de trono indicando algún tipo de autoridad. Quizá reinaba *bajo* las nubes y las estrellas, pues el versículo 13, dice: "*alto, junto a las estrellas de Dios, levantaré mi trono*". Si su trono se encontraba allí, pudo dominar la tierra.

Es posible que Lucifer haya gobernado sobre un reino que existió en la Tierra, antes de Adán, donde vivían animales pre-históricos. Quizá gobernaba durante aquella creación pre-adánica, y los espíritus malignos que ahora existen sobre la Tierra eran seres espirituales caídos de esa creación. No tenemos capítulo o versículo para asegurar esto pero, por otro lado, las Escrituras tampoco lo refutan. Sin embargo, existen claves de esto en la Biblia.

También sabemos que actualmente *hay* espíritus malignos sobre la Tierra. Entonces, ¿de dónde salieron? La otra posibilidad es que los espíritus malignos incluyen aquellos ángeles que cayeron en la rebelión de Lucifer (cf. Apocalipsis 12:4,9).

El hombre *no* era parte de esta creación pre-adánica, pues la Biblia indica que Adán fue el primer hombre: "Así también está escrito: Fue hecho el PRIMER HOMBRE Adán alma viviente . . ." (1 Corintios 15:45(é.a)). Sin embargo, ¿pudo haber existido alguna clase de creación antes de Adán, quizás una creación completamente diferente de la que conocemos hoy?

No estoy presentando esta teoría de una forma dogmática, pues no tenemos suficiente luz en las Escrituras para que lo sea. No podemos ser dogmáticos en asuntos que no podemos soportar bíblicamente. Algunas veces desearíamos tener más luz en el origen de los espíritus malignos pero, evidentemente, Dios nos dijo en su Palabra lo que Él quería que supiéramos.

La posición original de Lucifer y su caída

Podemos decir con certeza que el diablo y los demonios son seres caídos, pues la Biblia dice que lo son. Ellos cayeron del lugar que alguna vez ocuparon (cf. Apocalipsis 12:4,9). La Biblia sí nos ilumina con respecto al origen de Satanás o Lucifer, que originalmente era su nombre.

¿De dónde vino Satanás originalmente? Isaías 14 y Ezequiel 28 nos enseñan sobre la existencia de Lucifer en el comienzo, de cómo lo creó Dios originalmente, de su rebelión y su caída. Sabemos que Dios no creó a Satanás como lo es hoy en día, pues en el comienzo, cuando creó todo, todo era bueno (cf. Génesis 1:10,12,18,21,25; Santiago 1:17).

La Biblia describe a Lucifer antes de su expulsión y caída del Cielo.

EZEQUIEL 28:12-16, (é.a)
12 Así ha dicho Jehová el Señor: Tú eras el sello de la perfección, LLENO DE SABIDURÍA, y ACABADO DE HERMOSURA.

13 En Edén, en el huerto de Dios estuviste; DE TODA PIEDRA PRECIOSA ERA TU VESTIDURA ... los primores de tus tamboriles y flautas estuvieron preparados para ti en el día de TU CREACIÓN.
14 Tú, QUERUBÍN GRANDE, protector, yo TE PUSE EN EL SANTO MONTE DE DIOS, allí estuviste; en medio de las piedras de fuego te paseabas.
15 PERFECTO ERAS EN TODOS TUS CAMINOS desde el día que fuiste creado, HASTA QUE SE HALLÓ EN TI MALDAD.
16 A causa de la multitud de tus contrataciones fuiste lleno de iniquidad, y PECASTE; por lo que yo te eché del monte de Dios, y te arrojé de entre las piedras del fuego, OH QUERUBÍN PROTECTOR.

En este pasaje la Biblia se refiere a Lucifer como un ser creado, "un querubín grande", no como un ser humano: "Perfecto eras en todos tus caminos desde el día que FUISTE CREADO, hasta que se halló en ti maldad" (v. 15 (é.a)).

Dios no creó a Lucifer como lo conocemos hoy en día. Después de su expulsión y caída se convirtió en el *diablo*, sin embargo, el no fue creado de esa manera. Él era perfecto en todos sus caminos (cf. v. 15), lleno de sabiduría y acabado en hermosura (cf. v. 12). La Biblia también dice que estaba "en el santo monte de Dios" (cf. v. 14), y con esto sabemos que tenía cierto acceso a Dios.

Hay otro pensamiento interesante acerca de cómo Lucifer fue creado originalmente: "Los primores de tus tamboriles y flautas estuvieron preparados para ti en el día de tu creación" (v. 13).

Evidentemente Lucifer tenía algo que ver con la música. Quizá era el líder musical del Cielo antes de su expulsión y caída. Usted debe haber notado la parte que ocupa la música en el plan de Dios y también en el plan de Satanás.

La música apropiada lo prepara para fluir con el Espíritu de Dios, y la incorrecta para fluir con el espíritu del diablo. El diablo trabaja a través de la carne o la mente no regenerada, pero Dios trabaja a través del espíritu humano por el Espíritu Santo.

La Biblia dice que maldad fue hallada en Lucifer (cf. v. 15). ¿Cuál fue su pecado?

EZEQUIEL 28:17,18 (é.a)
17 Se enalteció tu corazón a causa de tu hermosura, corrompiste tu sabiduría a causa de tu ESPLENDOR ....

18 Con la multitud de tus maldades y con la iniquidad de tus contrataciones profanaste tu santuario. . . .

Debido a su gran hermosura, Lucifer se levantó en orgullo. A raíz de esta actitud quiso ser como Dios y ascender al Cielo para poder usurpar su autoridad. La Biblia habla acerca de su iniquidad y de sus malignas intenciones basadas en sus cinco declaraciones.

ISAÍAS 14:13, 14, (é.a)
13 Tú que decías en tu corazón: SUBIRÉ al cielo; en lo alto, junto a las estrellas de Dios, LEVANTARÉ mi trono, y en el monte del testimonio ME SENTARÉ, a los lados del norte;
14 sobre las alturas de las nubes SUBIRÉ, y SERÉ semejante al Altísimo.

Evidentemente era un ser co libertad moral y libre albedrío, pues dijo: "subiré, levantaré, me sentaré". Él podía escoger. Y eligió incorrectamente; trató de exaltar su trono por encima del trono de Dios. Por esto el Señor le dijo a Lucifer: "pecaste".

Después, en Ezequiel, note cómo Dios le responde a Lucifer acerca de lo que pretendía hacer cuando afirmó esas cinco declaraciones. Dios declara justo juicio sobre su rebelión y lo expulsa haciendo que caiga del Cielo.

EZEQUIEL 28:1-18 (é.a)
16 A causa de la multitud de tus contrataciones fuiste lleno de iniquidad, y pecaste; por lo que yo TE ECHÉ del monte de Dios, y TE ARROJÉ de entre las piedras del fuego, oh querubín protector.
17 Se enalteció tu corazón a causa de tu hermosura, corrompiste tu sabiduría a causa de tu esplendor; yo TE ARROJARÉ por tierra; delante de los reyes TE PONDRÉ para que miren en ti.
18 Con la multitud de tus maldades y con la iniquidad de tus contrataciones profanaste tu santuario; yo, pues, saqué fuego de en medio de ti, el cual te consumió, y TE PUSE en ceniza sobre la tierra a los ojos de todos los que te miran.

En Isaías y Ezequiel, vemos la expulsión y caída de Lucifer del Cielo. También Jesús lo declaró en Lucas.

ISAÍAS 14:12 (é.a)
12 ¡Cómo CAÍSTE DEL CIELO, oh Lucero, hijo de la mañana! Cortado fuiste por tierra, tú que debilitabas a las naciones.

EZEQUIEL 28:16, 17 (é.a)
16 A causa de la multitud de tus contrataciones fuiste lleno de iniquidad, y pecaste; por lo que yo TE ECHÉ DEL MONTE DE DIOS . . .

6   *La Iglesia Triunfante*

17 ... TE ARROJARÉ POR TIERRA ...

LUCAS 10:18 (é.a)
18 Y les dijo (Jesús): Yo veía a Satanás CAER DEL CIELO como un rayo.

Los nombres de Satanás revelan su naturaleza y carácter

En el Jardín del Edén, tenemos una imagen de Lucifer o Satanás, como era después de su expulsión y caída del Cielo. Este pasaje también revela su naturaleza y carácter después de su caída. La Biblia dice: "Pero la SERPIENTE era ASTUTA, más que todos los animales del campo que Jehová Dios había hecho" (Génesis 3:1, (é.a)). Una vez tentada, Eva le dijo a Dios: "La serpiente me engañó, y comí" (Génesis 3:13), demostrando así la naturaleza engañosa y astuta de Satanás.

Habiendo sido un querubín protector en el monte de Dios, Satanás fue maldecido por Dios tomando forma de serpiente: "Y Jehová Dios dijo a LA SERPIENTE: Por cuanto esto hiciste, MALDITA SERÁS entre todas las bestias y entre todos los animales del campo; SOBRE TU PECHO ANDARÁS, y polvo comerás todos los días de tu vida" (Génesis 3:14 (é.a)).

¿Qué dicen las Escrituras acerca de la naturaleza y carácter de Satanás? Los nombres bíblicos dados a este ser revelan su naturaleza, y muestran el dominio de su autoridad en la Tierra.

Adversario: *"Vuestro ADVERSARIO el diablo ... anda alrededor buscando a quien devorar"* (1 Pedro 5:8 (é.a)).

Ladrón: *"El LADRÓN no viene sino para hurtar y matar y destruir"* (Juan 10:10 (é.a)).

Homicida y mentiroso: *"Vosotros (escribas y Fariseos) sois de vuestro padre el diablo, y los deseos de vuestro padre queréis hacer. Él ha sido HOMICIDA desde el principio ... es MENTIROSO, y padre de mentira"* (Juan 8:44 (é.a)).

Acusador de los hermanos: *"Ha sido lanzado fuera EL ACUSADOR DE NUESTROS HERMANOS, el que los acusaba delante de nuestro Dios día y noche"* (Apocalipsis 12:10 (é.a)).

Engañador: *"Y fue lanzado fuera el gran dragón, la serpiente antigua, que se llama diablo y Satanás, el cual ENGAÑA al mundo entero"* (Apocalipsis 12:9 (é.a)).

Ángel de luz: *"Porque el mismo Satanás se disfraza como ÁNGEL DE LUZ"* (2 Corintios 11:14 (é.a)).

Príncipe de este mundo: *"Ahora es el juicio de este mundo; ahora EL PRÍNCIPE DE ESTE MUNDO será echado fuera"* (Juan 12:31 (é.a). cf. 14:30;16:8,11).

Príncipe de la potestad del aire: *"Anduvisteis en otro tiempo, siguiendo la corriente de este mundo, conforme al PRÍNCIPE DE LA POTESTAD DEL AIRE, EL ESPÍRITU que ahora opera en los hijos de DESOBE-DIENCIA"* (Efesios 2:2 (é.a)).

El dios de este siglo: *"En los cuales EL DIOS DE ESTE SIGLO cegó el entendimiento de los incrédulos"* (2 Corintios 4:4 (é.a)).

Si las personas entendieran que Satanás es el dios de este siglo, aclararía mucha de la confusión que tienen acerca de la maldad que existe en la Tierra.

Algunas personas están tan asombradas con la maldad en el mundo que piensan que el universo es básicamente malo y no bueno. Algunas personas acusan a Dios de ser el autor y creador de la "maldad". Por ejemplo, hace un tiempo, leí un artículo escrito por un periodista muy reconocido de los Estados Unidos. Decía que no era inclinado hacia la religión, que no pertenecía a ninguna iglesia ni jamás lo había hecho. No creía que la Biblia era la Palabra de Dios, y tampoco sabía si Dios existía o no.

En su artículo decía:

"Los cristianos dicen que *hay* un Dios que creó todo y que Dios está manejando el universo. Lógicamente hablando, sí parece ser que un Ser Supremo creó el universo. Pero si Dios es el Gobernador de este universo y está manejando todo, seguramente tiene las cosas hechas un desastre. ¿Por qué no pone fin a la guerra y a la pobreza y a la muerte de bebes inocentes?"

Este hombre estaba tratando de entender por qué un Buen Dios que está gobernando el mundo permite que la maldad exista. Sin embargo, este periodista solo había escuchado un lado de la historia, no sabía que la Biblia dice que *Satanás* es el dios de este siglo (cf. 2 Corintios 4:4).

Sí este periodista hubiera conocido y creído la Biblia, habría sabido que Dios creó en el principio el mundo y vio que todo era bueno (cf. Génesis 1:10,12,18,21,25,31; Santiago 1:17). Dios hizo al hombre y le dio señorío sobre la obra de sus manos.

GÉNESIS 1:26,28 (é.a)

"26 Entonces dijo Dios: Hagamos al hombre a nuestra imagen, conforme a nuestra semejanza; y SEÑOREE en los peces del mar, en las aves de los cielos, en las bestias, en TODA LA TIERRA y en todo animal que se arrastra sobre la tierra . . .

28 Y los bendijo Dios, y les dijo: Fructificad y multiplicaos; llenad la tierra, y sojuzgadla, y SEÑOREAD en los peces del mar, en las aves de los cielos, y en todas las bestias que se mueven sobre la tierra.

SALMOS 8:4-6 (é.a)

4 Digo: ¿Qué es el hombre, para que tengas de él memoria, y el hijo del hombre, para que lo visites?

5 Le has hecho poco menor que los ángeles, y lo coronaste de gloria y de honra.

6 LE HICISTE SEÑOREAR SOBRE LAS OBRAS DE TUS MANOS; todo lo pusiste debajo de sus pies.

SALMOS 115:16 (é.a)

16 Los cielos son los cielos de Jehová; y HA DADO LA TIERRA A LOS HIJOS DE LOS HOMBRES.

Satanás tomó posesión del señorío que perdió el hombre

En el principio, Adán tenía el señorío sobre este mundo, y en este sentido, fue hecho el "dios" de este mundo. Pero cuando Adán y Eva comieron del fruto prohibido, sus ojos fueron abiertos y conocieron el bien y el mal (cf. Génesis 3:6,7). Dios había ordenado a Adán y Eva que el día que comieran de ese fruto, morirían. Ellos no murieron físicamente; murieron espiritualmente. Cuando esto pasó, fueron cortados o separados de Dios. Por este acto de desobediencia, Adán entregó su dominio de este mundo al diablo.

La Biblia sustenta el hecho que Adán le vendió su dominio a Satanás a través de la desobediencia, y le permitió que se volviera el "dios" de este siglo. Lea el pasaje donde Satanás pone en tentación a Jesús:

LUCAS 4:1,2,5-8 (é.a)

1 Jesús, lleno del Espíritu Santo, volvió del Jordán, y fue llevado por el Espíritu al desierto

2 por cuarenta días, y era TENTADO POR EL DIABLO . . .

5 Y le llevó el diablo a un alto monte, y le mostró en un momento TODOS LOS REINOS DE LA TIERRA.

6 Y le dijo el diablo: A ti te daré TODA ESTA POTESTAD [autoridad], y la gloria de ellos; PORQUE A MÍ ME HA SIDO ENTREGADA, y a quien quiero la doy.

7 Si tú postrado me adorares, TODOS serán tuyos.

8 Respondiendo Jesús, le dijo: Vete de mí, Satanás, porque escrito está: Al Señor tu Dios adorarás, y a él solo servirás.

En este pasaje hay varias verdades que debemos notar. Ministros me han dicho: "Satanás solo le estaba mintiendo a Jesús al decirle que le daría toda

autoridad sobre los reinos de la tierra, pues no tiene autoridad sobre ellos".
Pero él sí tiene esa autoridad, pues los reinos de la tierra le fueron entregados
por Adán cuando pecó contra Dios.

La Biblia Amplificada muestra esto aun más claro.

LUCAS 4:5,6 VA (é.a)
**5 Después el diablo lo llevó a una alta montaña, y le mostró TODOS LOS REINOS
DEL MUNDO HABITABLE EN UN LAPSO DE TIEMPO – en un abrir y cerrar
de ojos;
6 Y le dijo a Él, te entregaré a ti todo este PODER y AUTORIDAD y su gloria... PUES
SE ME HA SIDO ENTREGADO, y yo lo doy a quien quiera.**

¿Quién le entregó los reinos de este mundo a Satanás? ¿Fue Dios? No, Él
originalmente se los entregó a Adán, pero cuando él pecó y desobedeció, re-
nunció a su derecho sobre ellos, y por esto Satanás los tomó en dominio.

Sabemos que Satanás no tenía autoridad sobre el mundo antes de que
Adán se la diera, pues cayó del dominio que poseía (cf. Ezequiel 28:16-18;
Lucas 10:18).

Adán entonces tenía originalmente el dominio y la autoridad sobre la Tierra,
pero se la entregó en las manos de Satanás cuando desobedeció el mandamiento de Dios (cf. Romanos 5:14). Fue ese el momento en que se convirtió en el
"dios" de este siglo.

También, si Satanás no tenía la autoridad sobre los reinos de la Tierra, entonces la Biblia estaría mintiendo cuando afirma que Jesús fue *tentado* por el
diablo (cf. Lucas 4:2). Si Satanás no tuviera autoridad y verdadero dominio, esta
no habría sido una verdadera tentación para Jesús. Pero la Biblia la llama una
tentación: "Jesús ... fue llevado por el Espíritu al desierto por cuarenta días, y era
TENTADO POR EL DIABLO" (Lucas 4:1,2 (é.a)). Entonces, Satanás sí tenía
autoridad y dominio en la Tierra debido a que pudo tentar a Jesús con esto.

Satanás tomó entonces el lugar de dominio y autoridad de Adán en la
Tierra. ¿Pero es esto el final de todo? ¡Enfáticamente, no! Dios envió a Jesús
a la Tierra para que redimiese a la raza humana y para *restaurar* al hombre la
autoridad y dominio que había perdido. Y a medida que el hombre ejercita la
autoridad que se le dio en Cristo, lleva a cabo los planes y la voluntad de Dios
sobre la Tierra.

Sin embargo, hasta que el "arrendamiento" de Adán no termine (eso es hasta
que el tiempo como lo conocemos termine y Satanás reciba el juicio final de
Dios), Satanás seguirá teniendo autoridad para estar aquí.

Recuerde que en el Nuevo Testamento, cuando Jesús entraba a la sinagoga, muchas veces las personas que estaban poseídas por demonios, clamaban: "¿Qué tienes con nosotros, Jesús, Hijo de Dios? ¿Has venido acá para atormentarnos ANTES DE TIEMPO?" (Mateo 8:29 (é.a)).

Satanás sabe que su tiempo en la Tierra se está terminando, y sabe que su inminente tormento y perdición están profetizados en el libro de Apocalipsis (cf. Apocalipsis 20:10).

El dominio de Satanás después de su caída también abarca los Lugares Celestiales

Efesios 6:12 nos dice que el reino de Satanás no solo abarca este *mundo*, también incluye los lugares conocidos en la Biblia como las "regiones celestes (o) los *lugares celestiales"*.

EFESIOS 6:12 (é.a)

12 Porque no tenemos lucha contra sangre y carne, sino contra principados, contra potestades, contra los gobernadores de las tinieblas de este siglo, contra huestes espirituales de maldad (o espíritus malignos) en las regiones celestes (lugares celestiales).

En lugar de "huestes espirituales de maldad", una nota al margen de mi Biblia King James, dice: "espíritus malignos en los lugares celestiales". Entonces podríamos leer este versículo: "Porque no tenemos lucha contra sangre y carne, sino contra ... espíritus malignos EN LOS LUGARES CELESTIALES". Por esto sabemos que Satanás gobierna en los lugares celestiales.

Los tres cielos

¿A qué se refiere la Biblia con "lugares celestiales"? De hecho, las Escrituras hacen referencia a tres cielos. Vemos una referencia directa a más de un cielo en 2 Corintios 12:2. La mayoría de los eruditos de la Biblia están de acuerdo en que el apóstol Pablo estaba hablando de sí en este pasaje.

2 CORINTIOS 12:2-4 (é.a)

2 Conozco a un hombre en Cristo, que hace catorce años (si en el cuerpo, no lo sé; si fuera del cuerpo, no lo sé; Dios lo sabe) fue arrebatado hasta EL TERCER CIELO.

3 Y conozco al tal hombre (si en el cuerpo, o fuera del cuerpo, no lo sé; Dios lo sabe),

4 que fue arrebatado al PARAÍSO (Cielo), donde oyó palabras inefables que no le es dado al hombre expresar.

Por lógica se entiende que si hay un *Tercer* Cielo, entonces debe haber un primer y segundo cielo, de otra manera no tendría sentido que las Escrituras mencionaran un *Tercer* Cielo.

El primero de los tres cielos, que está justo encima de nosotros, es lo que llamamos los cielos atmosféricos, o los "lugares celestiales". Más allá de esto, afuera, en el espacio, está la región donde se encuentran las estrellas, el Sol, la Luna y los planetas (el cielo estelar o el espacio), que puede hacer referencia al segundo cielo[1].

Y más allá de esto, más allá de los que la ciencia conoce o ha podido explorar, está el *Tercer* Cielo (el Cielo de los cielos), donde se encuentra el trono de Dios.

En las Escrituras encontramos algo de información acerca del tercer Cielo. Por ejemplo, sabemos que bajo el Nuevo Pacto, el Paraíso se encuentra allí (cf. Lucas 23:43; 2 Corintios 12:4; Apocalipsis 2:7). Sabemos que Jesús está en el Cielo a la diestra de Dios (cf. Marcos 16:19; Hebreos 1:3; 4:14).

También la Biblia nos dice que Jesús está preparando un lugar para los creyentes en el Cielo: "En la casa de mi Padre (Cielo) muchas moradas hay; si así no fuera, yo os lo hubiera dicho; voy, pues, a preparar lugar para vosotros" (Juan 14:2,(é.a)).

Con certeza sabemos que los creyentes, cuando mueren, van al Cielo para estar con Jesús. Él dijo: "Y si me fuere y os preparare lugar, vendré otra vez, y os tomaré a mí mismo, para que donde yo estoy, vosotros también estéis" (Juan 14:3).

Pablo también nos dijo que los creyentes cuando mueren van para el Cielo: "Para mí el vivir es Cristo, y el morir es ganancia ... de ambas cosas estoy puesto en estrecho, teniendo deseo de partir y ESTAR CON CRISTO" (Filipenses 1:21,23, (é.a)).

Los "lugares celestiales" o las regiones celestes

La Biblia no solo menciona un cielo, también habla de los "lugares celestiales". Efesios 6:12 dice *que no tenemos lucha contra carne ni sangre, sino contra principados, potestades, gobernadores de las tinieblas de este siglo, huestes espirituales de maldad en los lugares celestiales o en las "regiones celestes".*

En 1952, Jesús se me apareció en una visión de la cual me referiré ampliamente en otro capítulo. Él me habló durante una hora y media acerca de Satanás, de los demonios y de la posesión demoníaca. Una de las cosas que me dijo fue que había cuatro tipos, clases o categorías de demonios o espíritus malignos mencionados por Pablo en Efesios 6.

Me dijo que al listar estos poderes demoníacos, Pablo comenzó en lo último de la lista con el demonio de más baja clase y siguió hacia arriba por sus jerarquías: principados, potestades, gobernadores de las tinieblas de este siglo y huestes espirituales de maldad en las regiones celestes (o como dicen algunas otras versiones: "espíritus malignos en los lugares celestiales").

EFESIOS 6:12 (é.a)
12 Porque no tenemos lucha contra sangre y carne, sino contra PRINCIPADOS, contra POTESTADES, contra los GOBERNADORES DE LAS TINIEBLAS DE ESTE SIGLO, contra HUESTES ESPIRITUALES DE MALDAD EN LAS REGIONES CELESTES.

En esta lista están ordenados por su rango o jerarquía desde el mayor hasta el menor en poder, con algo de explicación acerca de su jerarquía:

1. Espíritus malignos o huestes espirituales de maldad en las regiones celestes: esta es la clase más alta que existe en los lugares celestiales, no en la Tierra.

2. Gobernadores de las tinieblas de este siglo: Es la clase más alta de demonios con la que tienen que tratar los creyentes en la Tierra.

3. Potestades: es la siguiente clase o categoría. Son dominados y reciben órdenes de los gobernadores de las tinieblas de este siglo.

4. Principados: es la clase más baja. Son gobernados y dominados por otras clases y no piensan mucho por cuenta propia.

Creó que tenemos respaldo bíblico para creer que las tres primeras clases de demonios y espíritus malignos (*principados, potestades* y los *gobernadores de las tinieblas de este siglo*) se encuentran en el primer cielo, que es el aire y los cielos atmosféricos justo arriba de nosotros.

Es el lugar donde habitan los demonios, pues la Biblia llama a Satanás el príncipe de la potestad del aire (cf. Efesios 2:2). Ese es su dominio. Usted no los puede ver, sin embargo, están allí y pueden dominar y gobernar a cualquiera en la Tierra que se los permita.

Afuera, más allá de la atmósfera o el aire, en los cielos estelares, donde están las estrellas y los planetas, se encuentra el segundo cielo. Personalmente, creó que este lugar es el que la Biblia llama en Efesios 6:12 "regiones celestes". Este es el lugar donde gobiernan los *espíritus malignos* o las *"huestes espirituales de maldad en las regiones celestes"*.

Después de éste se encuentra el tercer cielo, el cielo de los cielos, el ámbito del Paraíso donde está el trono de Dios. Y claro está que en el ámbito de Dios no hay espíritus malignos.

El reino doble

Ahora sabemos que *los lugares celestiales* son el dominio de principados, potestades, gobernadores de las tinieblas de este siglo y huestes espirituales de maldad en las regiones celestes. Y cuando usted entiende que Adán entregó su dominio al diablo, es más fácil comprender algo que vemos en las Escrituras: un reino doble.

El reino doble se refiere a un gobierno maligno en los lugares celestiales que afecta la vida de los hombres sobre la Tierra. Si se les permite, estas fuerzas espirituales *invisibles* gobiernan y dominan a hombres que a su vez gobiernan un reino terrenal *visible*.

Se nos dice en Efesios 6 que no estamos tratando con carne ni sangre (o sencillamente la naturaleza y personalidad de los *hombres* en la tierra). La Biblia nos dice que estamos tratando con *entidades espirituales* que gobiernan en los lugares celestiales. De esta manera, el reino doble hace referencia a un gobierno en la tierra liderado por hombres que de hecho son dominados e influidos por gobernadores espirituales en los lugares celestiales.

En las Escrituras vemos ejemplos de este reino doble. He aquí uno.

EZEQUIEL 28:2 (é.a)
2 Hijo de hombre, di al PRÍNCIPE DE TIRO: Así ha dicho JEHOVÁ el Señor: Por cuanto se enalteció tu corazón, y dijiste: Yo soy un dios, en el trono de Dios estoy sentado en medio de los mares (SIENDO TÚ HOMBRE Y NO DIOS), y has puesto tu corazón como corazón de Dios.

En Ezequiel 28:1-10, un mensaje profético es dado a través del profeta Ezequiel al príncipe de Tiro; un hombre que se había inflado en orgullo. Sabemos que esto hace referencia a un príncipe real de Tiro que gobernaba un reino, pues Dios dijo: "siendo tu hombre" (Ezequiel 28:2). Los ángeles y espíritus malignos no son hombres. Por esta razón, este *príncipe de Tiro* era un *hombre* que en ese tiempo gobernaba un reino en la Tierra.

Después, en el mismo capítulo (v. 11-19), otra palabra profética es dada, pero esta es dirigida al *rey de Tiro*, que no era un hombre. El rey de Tiro era un poder espiritual maligno gobernando en los lugares celestiales.

EZEQUIEL 28:12,13 (é.a)

12 Hijo de hombre, levanta endechas sobre el REY DE TIRO, y dile: Así ha dicho JEHOVÁ el Señor: Tú eras el sello de la perfección, lleno de sabiduría, y acabado de hermosura.

13 EN EDÉN, EN EL HUERTO DE DIOS ESTUVISTE; de toda piedra preciosa era tu vestidura ... los primores de tus tamboriles y flautas estuvieron preparados para ti en el día de tu creación.

Hemos visto ya que este pasaje hace referencia a Lucifer. El príncipe de Tiro, un hombre, no le hubiera sido posible estar en Edén, el huerto de Dios. No había aún nacido. No, este "rey de Tiro" no hace referencia a un hombre; hace referencia a un ser creado, Lucifer, un ser espiritual caído que gobernaba un reino terrenal desde su posición de liderazgo en los lugares celestiales (cf. v. 13-15).

A partir de estos dos seres (el príncipe de Tiro, *un hombre*, y el rey de Tiro, *un ser espiritual,* el mismo Lucifer) la Biblia nos da la idea del reino doble. Uno natural en la Tierra que es gobernado por hombres, pero es dominado por un reino espiritual gobernado por huestes espirituales de maldad en los lugares celestiales.

Un reino doble en el libro de Daniel

En este libro encontramos otro ejemplo del reino doble. Daniel había estado ayunando y buscando a Dios. Un ángel se le apareció y le dio una revelación de Dios.

DANIEL 10:12,13 (é.a)

12 Entonces me dijo: Daniel, no temas; porque desde el primer día que dispusiste tu corazón a entender y a humillarte en la presencia de tu Dios, FUERON OÍDAS TUS PALABRAS; y A CAUSA DE TUS PALABRAS YO HE VENIDO.

13 Mas EL PRÍNCIPE DEL REINO DE PERSIA se me opuso durante veintiún días; pero he aquí Miguel, uno de los principales príncipes, vino para ayudarme, y quedé allí con los reyes de Persia.

El príncipe de Persia (un gobernador maligno en los lugares celestiales) se opuso al ángel de Dios en los lugares celestiales para evitar que éste llevara el mensaje de Dios a Daniel. Aunque al ángel venía con el mensaje desde el primer día que Daniel comenzó a hacer súplicas, el ángel dijo: "el príncipe del reino de Persia se me opuso" (Daniel 10:13).

El ángel estaba hablando acerca de una batalla que tomó lugar en el mundo espiritual, en los lugares celestiales. El ángel no se refería a la oposición de un hombre viviendo sobre la Tierra, sino a un gobernador maligno en los lugares celestiales.

En la Tierra estaba el reino físico de Persia con un príncipe humano a la cabeza. Pero justo encima de ese reino, en los lugares celestiales, había un reino espiritual de las tinieblas, que también se llamaba el reino de Persia.

Este *reino espiritual* era gobernado por un espíritu maligno llamado el príncipe de Persia, y éste dominaba el *gobierno terrenal* de Persia. De modo que esta escritura hace referencia a un ser espiritual en los lugares celestiales que gobernaba una región en la Tierra a través de hombres que se habían entregado a él.

¿Por qué no quería este espíritu maligno que el ángel llegara a Daniel con el mensaje de Dios? Por la misma razón por la cual los espíritus malignos no quieren que el mensaje de Dios llegue hoy a las personas. Satanás y sus huestes no quieren que la voluntad de Dios sea conocida sobre la Tierra, y por esta razón enceguece la mente de los hombre para que no vean la verdad del Evangelio (cf. 2 Corintios 4:4).

En el caso de Daniel, Satanás quería evitar que el ángel le revelara los planes y propósitos de Dios con respecto al futuro. Cuando el príncipe de Persia se opuso al ángel de Dios, el Señor envió refuerzos a través de otro ángel, Miguel, para asistirlo en la batalla: "pero he aquí Miguel, uno de los principales príncipes (un ángel de Dios), vino para ayudarme" (Daniel 10:13).

Finalmente, a los veintiún días, el ángel atravesó los lugares celestiales para entregar a Daniel el mensaje de Dios en respuesta a su oración. El Señor quería revelar a Daniel lo que estaba a punto de suceder en la Tierra y lo que iba a suceder en el futuro.

Podemos ver entonces que los espíritus malignos pueden dominar reinos y gobiernos humanos. Ahora veamos la influencia de los demonios sobre la vida de las personas.

Los gobernadores de las tinieblas

Miremos detenidamente una de las clases de espíritus malignos de la cual Jesús me habló, llamada los gobernadores de las tinieblas de este siglo (cf. Efesios 6:12). Jesús explicó: "La clase de demonios más alta con la que vas a tener que tratar en la Tierra son los *gobernadores de las tinieblas de este siglo*. Ellos son exactamente lo que la Palabra dice que son, *gobernadores*. Gobiernan las tinieblas de este siglo, y gobiernan a aquellos que se encuentran en tinieblas".

Jesús explicaba que también tratan de gobernar a creyentes que no están caminando en la luz de su redención, o que no saben o que no ejercen sus derechos y privilegios en Cristo.

Me dijo también que, de acuerdo a su Palabra, los creyentes deben tomar autoridad sobre estas tres primeras clases de demonios: principados, potestades y gobernadores de las tinieblas de este siglo. Dijo que si nosotros en la Tierra atamos la operación de las primeras tres clases de demonios, de acuerdo a su Palabra, Él tratará con la cuarta clase de demonios, las huestes espirituales de maldad en las regiones celestes.

Jesús me dio este versículo para sustentarlo.

MATEO 18:18 (é.a)

18 . . . Todo lo que ATÉIS EN LA TIERRA, será atado en el cielo (en los lugares celestiales); y todo lo que DESATÉIS EN LA TIERRA, será desatado en el cielo (en los lugares celestiales).

Es nuestra tarea atar en el nombre de Jesús a los espíritus malignos en su operación contra nosotros, basados en la autoridad de la Palabra de Dios (cf. Lucas 10:19; Filipenses 2:9,10; Isaías 54:17; Apocalipsis 12:11). Esto es a lo que se refiere Mateo 18:18. Al afirmarnos sobre nuestra autoridad en Cristo, atando la operación de las tres primeras clases de espíritus malignos, aquí, en el ámbito de la tierra, los detendrá de su operación contra nosotros. Cuando hagamos esto, Jesús dijo que trataría con la clase más alta de demonios, las huestes espirituales de maldad en las regiones celestes.

Jesús continuó explicando que los gobernadores de las tinieblas de este siglo son actualmente la clase de espíritus malignos más inteligente con la cual los creyentes tienen que tratar.

Explicó que "Siempre es uno de estos gobernadores de las tinieblas de este siglo el que posee a una persona. También gobiernan sobre los otros espíritus y les dicen qué hacer".

"Por ejemplo, ellos gobiernan sobre las *potestades* y les dicen qué hacer. Y las potestades por su parte gobiernan sobre los *principados* y les dicen qué hacer. La clase más baja de demonios tiene muy poca autoridad y no son muy inteligentes; solo obedecen".

Agregó que cualquiera que esté caminando en tinieblas puede ser dominado por los gobernadores de las tinieblas. Ellos gobiernan sobre todas las personas que no están salvas y sobre cualquiera que camine en tinieblas, y esto incluye también a los creyentes que estén caminando en tinieblas.

Por esto, algunas veces personas salvas, si están caminando en tinieblas, pueden entregarse a estos espíritus dejando que los dominen (si no están en comunión con Dios y caminando en la luz de su Palabra). Los espíritus malignos dominarán a creyentes, *si* estos los dejan, ya sea por *consentimiento*, *ignorancia* o *desobediencia*. Esta es la razón por la cual las personas, incluyendo creyentes, hacen ciertas cosas y no saben *porqué* las hacen.

También afirmó que "por esto algunas veces cuando las personas cometen actos de las tinieblas dicen, 'no sé por qué lo hice'. O por esto personas perfectamente buenas dicen acerca de otros, 'nunca haría algo como eso', y antes que pase mucho tiempo, han hecho algo peor".

Declaró que esta era la razón por la cual hasta en la propia familia, cuando un miembro hace algo extraño o sin sentido, alguien dice: "¿Qué rayos fue lo que provocó hacer eso? ¡Nunca había visto algo semejante!".

La razón por la cual lo hacen es porque están siendo dominados por gobernadores de las tinieblas, demonios y espíritus malignos. Si están caminando en las tinieblas, están siendo gobernados o motivados por estos seres.

Jesús me recordó 1 Juan 5:19 para poder ilustrar lo que estaba hablando: "Sabemos que somos de Dios, y el MUNDO entero está bajo el MALIGNO [EN LAS TINIEBLAS]" (1 Juan 5:19 (é.a)).

Además mencionó que "Todo hombre o mujer que no esté salvo, no importa quien sea (un familiar o el familiar de alguien más, un hermano, hermana, madre o padre), toda persona *no salva* está en el reino de las tinieblas, y de alguna manera están gobernados o motivados por demonios o espíritus malignos que son los gobernadores de las tinieblas de este siglo".

Después dijo: "Quieran o no admitirlo, o quieras tú u otra persona admitirlo o no, esta es la verdad absoluta. Aquellos que no han nacido de nuevo y que no han venido al Cuerpo de Cristo, están en el reino de las tinieblas. Así que toda persona que no esté en el Reino de la luz está siendo gobernada o dominada en cierta manera por esos demonios en el reino de las tinieblas, sin importar si lo saben o no (cf. Efesios 2:1-3). Esta es la razón por la cual las personas hacen y dicen cosas que dijeron que jamás harían".

Vemos muchos ejemplos en las personas que no están salvas, siendo motivadas por espíritus malignos. Por ejemplo, una vez estaba predicando en California, y leí en el periódico acerca de un joven de veintiocho años que había ahogado deliberadamente a su propio hijo de cuatro años en la tina.

Cuando las autoridades interrogaron a este joven, encontraron que estaba bien mentalmente. No tenía malos antecedentes, tenía un buen trabajo y vivía en un buen hogar. No tenía preocupaciones financieras, venía de una buena familia de la cual había heredado parte de sus riquezas y había trabajado en el negocio de la familia. No podían encontrar nada malo en él.

Él dijo a las autoridades que mentalmente se encontraba bien; no estaba preocupado, no tenía problemas y el niño era bueno. "Pero", él dijo, "mientras que lo estaba bañando, de repente tuve una necesidad incontrolable de hacerle daño, y una voz me dijo que lo ahogara. Me dejé llevar y, cuando me di cuenta, estaba hundiendo a mi hijo en el agua. Grité entonces: '¡Oh, Dios, por qué hice esto!' "

Ve usted, él fue dominado por espíritus malignos (gobernadores de las tinieblas de este siglo) debido a que estaba en tinieblas; no estaba salvo. Pero los creyentes no deben ser dominados por espíritus malignos, pues hemos sido liberados del reino de las tinieblas y trasladados al Reino de la luz (cf. Colosenses 1:13). Estamos en la luz donde Jesús es nuestro Señor. Él es quien nos debe dominar. Él es el Gobernador sobre nosotros. Él es nuestra Cabeza, no los gobernadores de las tinieblas.

Satanás es la cabeza de aquellos que no están salvos. Si las personas no salvas conocieran la verdad, correrían a los cristianos para saber cómo ser salvos y salir de su dominio.

Hay un mundo espiritual que es más real que este mundo material. Las personas necesitan saber esto. Cuando usted habla del mundo espiritual, se ha dado cuenta que Dios es Espíritu (cf. Juan 4:24), y que el diablo, los demonios y espíritus malignos también se encuentran en el mundo espiritual, así como los ángeles (buenos y malos). Pero los creyentes tienen autoridad sobre los espíritus malignos; los que no están salvos no la tienen, pues Satanás es el dios de ellos.

Los gobernadores de las tinieblas no pueden reinar en la luz

El Nuevo Testamento es la revelación del plan de redención de Dios. Colosenses 1:13 dice que Jesús nos vino a liberar del poder y la autoridad de los demonios y espíritus malignos que gobiernan en el mundo de las tinieblas: "El cual (Jesús) nos ha librado DE LA POTESTAD (autoridad) DE LAS TINIEBLAS, y trasladado al reino de su amado Hijo" (é.a).

En el único lugar donde los gobernadores de las tinieblas no están reinando es donde ha venido la luz. ¿Cuál luz? ¿La luz de la educación? ¿La luz de la ciencia? No. ¡La luz del Evangelio!

La Palabra dice que los creyentes son los hijos de la luz y no de las tinieblas (cf. 1 Tesalonicenses 5:5), pues hemos nacido de nuevo en el *Reino de la Luz* de Dios. ¡Por eso es tan importante caminar en la luz! El caminar en la luz de la Palabra de Dios nos asegura protección sobre todas las huestes malignas de Satanás.

Jesús hizo énfasis en el hecho que, al ser los creyentes hijos de Dios o hijos de la Luz, están *en* el mundo pero no *son* del mundo (cf. Juan 17:14-16), y por esto no tienen por qué ser gobernados por el diablo. Sin embargo, ellos dejan que el diablo los gobierne al caminar en las tinieblas y no en la luz.

El diablo también puede gobernarnos si nosotros *descuidadamente,* a través de la ignorancia de la Palabra de Dios o *deliberadamente,* le damos permiso para que lo haga. ¡Esta es una razón por la cual la Biblia exhorta a los creyentes a caminar en la *luz!* ¡Los gobernadores de las tinieblas no pueden reinar en la luz, y por esto no pueden reinar sobre aquellos que caminan en la luz!

Vean el contraste entre el reino de las tinieblas y el Reino de la Luz de Dios.

JUAN 8:12 (é.a)
12 Otra vez Jesús les habló, diciendo: Yo soy la LUZ del mundo; el que me sigue, no andará en TINIEBLAS, sino que tendrá la LUZ de la vida (Zoe, la vida de Dios).

JUAN 12:35, 36, 46 (é.a)
35 . . . Aún por un poco está la LUZ entre vosotros; andad entre tanto que tenéis LUZ, para que no os sorprendan las TINIEBLAS; porque el que anda en tinieblas, no sabe a dónde va.
36 Entre tanto que tenéis la LUZ, creed en la LUZ, para que seáis HIJOS DE LUZ . . .
46 Yo, la LUZ, he venido al mundo, para que todo aquel que cree en mí no permanezca en TINIEBLAS.

EFESIOS 5:14 (é.a)
14 Por lo cual dice: Despiértate, tú que duermes, y levántate de los MUERTOS (TINIEBLAS ESPIRITUALES), y te ALUMBRARÁ Cristo.

ROMANOS 13:12 (é.a)
12 La noche está avanzada, y se acerca el día. Desechemos, pues, las OBRAS DE LAS TINIEBLAS, y vistámonos las ARMAS DE LA LUZ.

2 CORINTIOS 6:14 (é.a)
14 No os unáis en yugo desigual con los incrédulos; porque ¿qué compañerismo tiene la justicia con la injusticia? ¿Y qué comunión la LUZ con las TINIEBLAS?

1 JUAN 1:5-7 (é.a)
5 Este es el mensaje que hemos oído de él, y os anunciamos: Dios es LUZ, y NO HAY ningunas TINIEBLAS EN ÉL.
6 Si decimos que tenemos comunión con él, y andamos EN TINIEBLAS, mentimos, y no practicamos la VERDAD (LUZ);

7 pero SI ANDAMOS EN LUZ, como él está en luz, tenemos comunión unos con otros, y la sangre de Jesucristo su Hijo nos limpia de todo PECADO (TINIEBLAS).

¡Gloria a Dios! Los poderes demoníacos no tienen autoridad para gobernar sobre los creyentes que caminan en la luz de la Palabra de Dios sin darle acceso a Satanás.

De hecho, a medida que los creyentes ganan conocimiento de la Palabra de Dios, la libertad y la luz vienen. El conocimiento de la Palabra de Dios trae luz (cf. Salmos 119:130), y es el conocimiento de la Palabra de Dios el que nos libera en cualquier área.

---

[1] M.F. Unger, Diccionario Bíblico de Unger, Moody Press, Chicago, IL, EE.UU., 1957, p. 463.

Capítulo 2
Dividiendo Correctamente Al Hombre: Espíritu, Alma Y Cuerpo

Los espíritus malignos son seres caídos o espíritus sin cuerpo. Como espíritus sin cuerpo, buscan habitar en el hombre con el fin de tener un mayor rango de expresión. Como seres caídos, buscan *oprimir*, *obsesionar*, y de ser posible, *poseer* a la humanidad.

Con el fin de comprender cómo los demonios y espíritus malignos afectan a la humanidad, se necesita comprender la diferencia entre el *espíritu*, el *alma*, y el *cuerpo* del hombre. Y se debe comprender la diferencia entre la *opresión*, la *obsesión*, y la *posesión* demoníaca.

Empecemos por mirar la diferencia entre el espíritu, el alma, y el cuerpo del hombre. Cuando comprendamos que el hombre es un espíritu, que tiene un alma, y que vive en un cuerpo, podremos comprender en qué forma los creyentes le pueden hacer lugar al diablo en sus *mentes* y en sus *cuerpos* (cf. Efesios 4:27).

El hombre es un ser espiritual

Alguien dijo que el hombre es un ser compuesto de tres partes, parte es espíritu, parte es alma, y parte es cuerpo. Pero no me gusta decirlo de esa manera porque puede ser engañoso. De hecho, el hombre *es* un espíritu; el no es *parte* espíritu. Él es un ser espiritual. Él *tiene* un alma (mente, voluntad y emociones) y *vive* en un cuerpo.

Cuando lo expresamos de esta forma, la verdadera naturaleza del hombre adquiere un significado diferente que el tan solo decir "parte" de él es espíritu, "parte" de él es alma, y "parte" de él es cuerpo.

En la Biblia vemos cómo Dios divide al hombre. Dios hace diferencia entre el espíritu, el alma, y el cuerpo del hombre. Si estas divisiones en una persona hacen un todo único, ¿porque los divide la Biblia?

1 TESALONICENSES 5:23 (é.a)

**23 Y el mismo Dios de paz os santifique por completo; y todo vuestro ser, ESPÍRI-
TU, ALMA y CUERPO, sea guardado irreprensible para la venida de nuestro Señor
Jesucristo.**

HEBREOS 4:12 (é.a)

**12 Porque la palabra de Dios es viva y eficaz, y más cortante que toda espada de
dos filos; y penetra hasta partir el alma y el espíritu, las coyunturas y los tuétanos (el
cuerpo), y discierne los pensamientos y las intenciones del corazón.**

Necesitamos comprender la naturaleza del hombre debido a que el diablo
opera a través de los cinco sentidos físicos; de su alma no redimida y de su
cuerpo para intentar derrotarlo. Cuando un creyente comprende esto, puede
cerrar la puerta al diablo renovando su mente (su alma) y manteniendo su cuerpo
(su carne) bajo el dominio de su espíritu recreado. Esto es esencial para ser
victorioso en contra del diablo.

Los creyentes deben aprender *cómo* permitirle al verdadero hombre (el
espiritual, el interior) dominar su alma y su cuerpo. Esto resolverá muchos
problemas en lo que al diablo concierne. Al permitir los creyentes que sus
espíritus recreados dominen, aprenderán cómo *no* permitirle al diablo ningún
tipo de entrada a su espíritu, alma o cuerpo.

Como verán, mucho de lo que se llama actividad demoníaca o del "diablo"
en el mundo de la iglesia hoy en día, no es para nada actividad demoníaca. Es
la carne y el alma no regenerada del hombre dominando a su espíritu recreado.
Cuando un creyente comprende esto, podrá determinar de inmediato qué *es* y
qué *no es* actividad demoníaca, y ceñir su alma para poder estar firme y fuerte
en contra de los ataques del enemigo.

1 CORINTIOS 5:17 (é.a)

**17 De modo que si alguno está en Cristo, NUEVA CRIATURA ES (su espíritu, el
hombre interior): las cosas viejas pasaron; he aquí todas son hechas nuevas.**

Usted debe aprender que *no* es el hombre exterior (el cuerpo del hombre)
que se convierte en una nueva criatura. Es el hombre interior (el espíritu del
hombre) el que se convierte en una nueva criatura en Cristo. Si tenía el cabello
de color rojo antes que naciera de nuevo, tiene el cabello rojo después que nació
de nuevo. Si era calvo antes de ser salvo, aún lo sigue siendo.

El hombre exterior no cambia en el nuevo nacimiento ni tampoco el alma del
hombre (su mente, voluntad y emociones). Solo el hombre interior cambia. Las
cosas viejas pasan y todas las cosas son hechas nuevas en el espíritu recreado
del hombre cuando nace de nuevo, no en su alma o en su cuerpo.

Debido a que no todas las cosas han sido hechas nuevas en su cuerpo o en su alma, en el nuevo nacimiento, esto quiere decir que aún debe tratar con el hombre exterior. Mientras esté en su cuerpo, tendrá que controlar los deseos de la naturaleza carnal y del alma no redimida. Y este es el mundo en donde Satanás intenta obtener acceso al hombre.

Dividiendo el alma y el espíritu

Es fácil distinguir entre el *cuerpo* y el *alma* del hombre porque esta diferencia es obvia. Pero es más difícil el dividir o el distinguir entre el *alma* y el *espíritu* del hombre. La Biblia no dice que el alma y el espíritu del hombre son lo mismo (cf. 1 Tesalonicenses 5:23).

Le ayudará inmensurablemente a su crecimiento espiritual el conocer la diferencia entre su espíritu y su alma, ya que para poder estar firme y fuerte contra el diablo, deberá aprender a renovar su mente y alimentar su espíritu.

Para obtener un mayor entendimiento de su naturaleza, le ayudaría pasar por este proceso en su pensamiento:

Con mi espíritu hago contacto con el mundo espiritual.
Con mi alma hago contacto con el mundo intelectual y emocional.
Con mi cuerpo hago contacto con el mundo físico.

Hebreos 4:12 nos dice que solo la Palabra de Dios puede dividir entre el *espíritu* y el *alma* del hombre: "PORQUE LA PALABRA DE DIOS es viva y eficaz, y más cortante que toda espada de dos filos; y penetra hasta partir el ALMA y el ESPÍRITU, las COYUNTURAS y los TUÉTANOS (EL CUERPO)" ((é.a)).

No se ha dado mucha enseñanza sana y bíblica acerca de cómo distinguir la diferencia entre el *espíritu* y el *alma* del hombre. He leído textos empleados en seminarios de teología, y la forma en que presentan el tema es confusa. Algunos maestros de la Biblia dicen que el alma y el espíritu son lo mismo. Pero la Biblia los divide, así que por lógica no son lo mismo. Sería tan no-bíblico el decir que el *espíritu* y el *alma* son lo mismo, como el decir que el *cuerpo* y el *alma* son lo mismo.

El alma del hombre

SANTIAGO 1:21, (é.a)

21 Por lo cual, desechando toda inmundicia y abundancia de malicia, recibid con mansedumbre la palabra implantada, la cual puede SALVAR VUESTRAS ALMAS.

El Libro de Santiago también hace la distinción entre el alma y el espíritu del hombre. Igualmente, note que nuestros *espíritus* son salvos o recreados, pero en este versículo vemos que nuestras *almas* no son salvas en el nuevo nacimiento.

Como verán, Santiago le escribió esta epístola a los cristianos, a personas cuyos *espíritus* habían sido ya recreados cuando nacieron de nuevo. Pero aquí Santiago les dijo a estos creyentes nacidos de nuevo que sus *almas* aún no habían nacido de nuevo.

¿Por qué no nacen de nuevo nuestras almas cuando somos nacidos de nuevo? Porque el nuevo nacimiento es un nacimiento *espiritual*. No es un nacimiento intelectual; un renacimiento de la *mente* del hombre. No es un nacimiento almático; un nacimiento del *alma* y de las emociones. Y no es un nacimiento físico; un renacimiento del cuerpo del hombre.

El nuevo nacimiento es tan solo un renacimiento del *espíritu* del hombre; no es una experiencia física o mental. El bautismo en el Espíritu Santo tampoco es una experiencia física o mental. Ambas son experiencias *espirituales* que eventualmente afectan el mundo mental y físico del hombre.

A pesar de que el espíritu del creyente es recreado en el nuevo nacimiento, él tendrá que hacer algo con respecto a su alma. Si no hace algo al respecto, le dará al enemigo acceso a su vida.

La salvación del alma

Santiago está diciendo que la Palabra de Dios es lo único que puede salvar el alma del creyente, su mente, su voluntad y sus emociones. Luego Santiago prosigue a decirles a los creyentes *cómo* hacer que sus almas sean salvas o renovadas.

Santiago les dijo a los creyentes que el recibir la Palabra implantada salvaría sus *almas*. ¿Qué quiere decir la Biblia con esto de la Palabra "implantada"?

De acuerdo con el Diccionario Expositorio de Palabras Bíblicas de Vine, la palabra "implantada" significa injertar1. La palabra "implantada" lleva consigo la idea de una semilla echando raíz y creciendo. Así que la Palabra de Dios implantada o injertada en el alma del hombre tiene la habilidad y el poder para cambiar o "salvar" el alma del hombre.

Esta escritura solía molestarme porque pensaba que el alma del hombre ya era salva en el nuevo nacimiento. Pero luego encontré que existía una diferencia entre el espíritu del hombre y su alma, y que esta última no es recreada, solo el espíritu lo es. De hecho, la salvación del alma de un hombre es un proceso continuo a lo largo de la vida de la persona.

Al estudiar a los demonios y su influencia sobre la humanidad, ¿por qué es importante para el creyente el conocer que su alma aún no es salva? Porque lo que muchos cristianos le están atribuyendo al diablo son en realidad problemas que vienen como consecuencia de que sus almas no sean salvas, de que sus mentes y sus emociones no estén renovadas con la Palabra de Dios.

Una mente no renovada es una de las mayores áreas en donde los creyentes le pueden dar acceso a Satanás. Por lo tanto, el creyente debe comprender cómo recibir la Palabra implantada para salvar su alma, de manera que pueda cerrarle la puerta al diablo.

La palabra "salvar", en Santiago 1:21, es en el griego la palabra *sozo*. Se define como *el salvar, liberar, proteger, sanar, preservar, traer bienestar,* y *restaurar*. De manera que podríamos leer a Santiago 1:21, de la siguiente manera: "Reciban con humildad la Palabra implantada, la cual puede salvar, liberar, proteger, sanar, preservar, y restaurar la totalidad de su alma".

Esto significa que cuando de manera activa nos alimentamos de la Palabra de Dios, ésta salva, libera, protege, sana, preserva, y restaura nuestra alma; lo cual es una de las mayores defensas contra Satanás.

Como verán, si la renovación o la restauración deben hacerse al interior del creyente, tiene que realizarse en su alma (en su mente y emociones), no en su espíritu *recreado*. Si el espíritu de una persona ha sido recreado en Cristo, no necesita ningún tipo de restauración en su espíritu.

¿El recibir la Palabra implantada es lo único que el creyente debe hacer para salvar su alma? No, fíjese en el siguiente versículo: "Pero SED HACEDORES DE LA PALABRA, y no tan solamente oidores, engañándoos a vosotros mismos" (Santiago 1.22 (é.a)). Usted no debe tan solo *escuchar* y *recibir* la Palabra, también debe *actuar* en ella antes de que ésta le haga efecto.

El escuchar la Palabra y el actuar en ella es una defensa poderosa contra Satanás, porque la Biblia dice "Someteos, pues, a Dios; resistid al diablo, y huirá de vosotros" (Santiago 4:7). Cuando está en sumisión a la Palabra de Dios está en sumisión a Dios. Y mientras mantiene su alma fuerte y renovada es mucho más fácil resistir a Satanás en todos los frentes.

1 PEDRO 1:22 (é.a)
22 Habiendo PURIFICADO VUESTRAS ALMAS por LA OBEDIENCIA A LA VERDAD (la Palabra), mediante el Espíritu . . .

Usted tendrá que ser un *hacedor* de la Palabra antes de que ésta beneficie su alma. Su alma será salvada, liberada, protegida, sanada, preservada, recibirá bienestar y será restaurada al recibir *y* hacer la Palabra.

Esto pone la responsabilidad sobre el creyente de hacer algo con respecto al alma, ¿verdad que sí? Y también la pone si Satanás va a tener una vía de acceso a él, a través de su propia alma.

Esto es exactamente lo que la Biblia está diciendo. Los creyentes por *sí mismos* tienen que hacer algo con respecto a la salvación de sus almas. Mientras ellos ciñan sus almas con la Palabra, Satanás no tendrá una puerta disponible.

La principal forma en que los creyentes le cierran la puerta al diablo es renovando sus mentes con la Palabra y practicándola. Muchas personas están intentando echar fuera al diablo de los creyentes, cuando el problema no es demoníaco. Sencillamente el creyente jamás ha aprendido a renovar su mente, de manera que sigue pensando como lo hacía antes de ser redimido, cuando se encontraba bajo el dominio de Satanás. Y eventualmente comenzará a actuar en línea con su forma de pensar no redimida; pronto estará dominado por el diablo en lugar de estar firme en su autoridad contra él.

De hecho, la "salvación" o la renovación del alma es la mayor necesidad de la iglesia de hoy, no el echar fuera demonios de los creyentes. Ya que el espíritu del creyente es la única parte que ha nacido de nuevo o que ha sido recreada, su alma y su cuerpo no han sufrido cambio alguno y aún deben ser tratadas si el creyente quiere de manera exitosa resistir los ataques del diablo.

Si el creyente no trata con su alma y cuerpo, abrirá de manera continua una puerta al enemigo. Solo el propio creyente puede hacer algo con respecto a la renovación de su alma y con respecto a llevar su cuerpo en sujeción a su espíritu. Y es allí en donde se pelea la mayor batalla del creyente.

Existen muchos cristianos que han sido salvos y llenos con el Espíritu Santo durante muchos años, cuyas almas aún no son salvas. Algunos cristianos han vivido y muerto y sus almas jamás fueron salvas, y han sido arrojadas de un lado a otro por el diablo a causa de esto. ¡Esta es sin lugar a dudas la verdad! Sus almas no estaban renovadas, restauradas, sanadas por la Palabra de Dios, de manera que no podían estar firmes de manera exitosa en contra de los ataques de diablo.

No me mal interpreten. Tan solo por que los cristianos no han renovado sus mentes no significan que no irán al cielo cuando mueran. Claro que irán al cielo, ya que sus espíritus fueron nacidos de Dios, son hijos de Dios. Pero aquellos cristianos que han fracasado en renovar sus mentes pierden el privilegio de entrar en todo lo que les pertenece en Cristo mientras están aquí en la tierra. Y a pesar de que tienen la victoria sobre el diablo en Cristo, jamás comprenden cómo estar firmes de manera exitosa en esa victoria debido a una mente no renovada.

"Él conforta mi alma"

Miremos otro versículo en conexión con la salvación del alma. Hemos leído el Salmo 23 muchas veces. El salmista dijo: "(Él) confortará mi alma" (Salmo 23:3 (é.a)). Este Salmo es profético; pertenece a la iglesia. Fue escrito en los días del Rey David para la Iglesia del Señor Jesucristo. Estamos viviendo en la actualidad en el Salmo 23, porque éste dice: "El Señor es mi pastor", y en el Nuevo Testamento Jesús se llamó a Sí el Buen Pastor (cf. Juan 10:11).

De hecho, la palabra "confortará" en el Salmo 23, y la palabra Griega traducida "renovar" en Romanos 12:2, tienen un significado casi igual. El "confortar" lleva consigo la connotación de *recobrar, rescatar, restaurar, revertir.* El "renovar" significa el *restaurar* o *renovar* o *el volver a hacer como nuevo.*

Si usted tuviese una valiosa silla antigua, probablemente la querría restaurada. Podrá no verse como si costase mucho, pero una vez restaurada, aún sigue siendo la misma silla, pero ha sido *renovada* o hecha como nueva, y se ve como nueva.

El espíritu del hombre *no* es restaurado o renovado; de hecho, es *nacido de nuevo* o *recreado.* Pero el mundo emocional y mental del hombre debe ser *restaurado* con la Palabra de Dios. La mayor necesidad de la iglesia de hoy es que las mentes y las emociones de los creyentes sean renovadas o *restauradas* con la Palabra. La Palabra, que es espíritu y vida (cf. Juan 6:63), tiene la habilidad de *restaurar, renovar, salvar, proteger, liberar,* y *sanar* el alma del hombre.

"Sanidad interior"

En ocasiones, diferentes miembros del Cuerpo de Cristo se involucran en "modas espirituales", de la misma forma en que se involucran en modas en otras áreas. Por ejemplo, varios años atrás la Iglesia cayó en la enseñanza de la "sanidad interior". Esta sanidad está ya terminando su curso porque las personas se dieron cuenta que no brindaba efectos a largo plazo.

El término "sanidad interior" es en realidad un nombre equivocado si se emplea para referirse a la sanidad en su espíritu, porque su espíritu no necesita sanidad; ha sido *recreado.* Si necesita sanidad o liberación de heridas en su interior, no sería en su espíritu nacido de nuevo porque éste ha sido hecho completamente nuevo. No, es su alma la que necesita ayuda. ¿Cómo va a lograr que todas esas heridas del pasado sean sanadas en su alma? *Pensando en línea con la Palabra.*

Encuentre escrituras que tengan que ver con su necesidad. Medite en la Palabra en lo que concierna a su necesidad específica. Diga acerca de usted lo que la Palabra dice, porque la Palabra tiene el poder para transformar su mente y sus emociones... ¡Usted, hable acerca de la liberación! ¡Esa es la forma en que es sanado y liberado! En realidad, la verdadera "liberación" bíblica o la restauración en su sentido completo incluye mucho más que tan solo la liberación de la actividad demoníaca; comienza en el alma del hombre.

Alguna de esta sanidad interior probablemente fue el resultado de algunos individuos tratando de mezclar la psicología con las cosas de Dios. El diccionario define "psicología" como *la ciencia y el estudio de la mente y el comportamiento.* Pero las cosas de Dios y del espíritu del hombre son espirituales no mentales.

Para el hombre natural, puede haber cierto grado de verdad en lo que los psicólogos están diciendo. Pero para el hombre nacido de nuevo, lo que están diciendo no es necesariamente verdad bíblica. Por ejemplo, en la psicología, las personas cavaron dentro del hombre y encontraron que poseía algo más en su interior por debajo de su conciencia mental, y lo llamaron el subconsciente. Pero en realidad, la Biblia no menciona una *mente* subconsciente. Lo que la gente descubrió y a lo que se conectaron fue al espíritu del hombre, pero no sabían lo que era.

Ahora, la psicología está bien en su lugar si el psicólogo es un creyente que comprende la verdadera naturaleza del hombre y toma en cuenta al *espíritu* del hombre, no tan solo su *mente.* De hecho, al tratar con el hombre natural (personas no salvas) la psicología puede tener su lugar porque estas personas aún se encuentran en el mundo natural ya que sus espíritus no han sido recreados. Por lo tanto, pueden ser tratados por medios naturales, tales como la psicología.

Pero no se puede tratar con el *hombre espiritual* de la misma forma en que lo haría con el *hombre natural.* El creyente no es tan solo un ser natural, carnal, porque su espíritu ha sido recreado a la imagen y semejanza de Dios. Para el creyente, lo mejor y más alto de Dios es que su alma sea restaurada y renovada y sanada con la Palabra de Dios y por el poder del Espíritu Santo. Y debido a que el creyente no es tan solo alma o mente, el tratar tan solo con la *mente* del creyente es insuficiente.

1 CORINTIOS 2:14 VA (é.a)

14 Pero el HOMBRE NATURAL, NO ESPIRITUAL, no acepta o le da la bienvenida o admite en su corazón los dones y enseñanzas y revelaciones del Espíritu de Dios, porque son locura (sin sentido ni significado) para él; y es incapaz de conocerlas – de reconocerlas progresivamente, comprendiéndolas y familiarizándose cada vez más con ellas – porque son ESPIRITUALMENTE DISCERNIDAS y ESTIMADAS y APRECIADAS.

La Palabra de Dios dice que el hombre natural no puede comprender las cosas del Espíritu de Dios. Y debido a que el creyente ya no es tan solo un hombre natural cualquiera, no tiene sentido el intentar aplicar enseñanzas del hombre natural al creyente nacido de nuevo quien es un hombre espiritual.

Esta es la razón por la cual el creyente no debe ser tratado en la misma forma en que se trata a un hombre del mundo, tan solo con razonamientos naturales e intelecto humano. La psicología por sí sola no es adecuada para tratar con la mente de un hombre espiritual ni con el *espíritu* humano recreado, el cual ha sido creado a imagen y semejanza de Dios.

Por lo tanto, debido a que el hombre es un espíritu, que posee un alma, y que vive en un cuerpo, la enseñanza de la "espiritología" es más importante para el creyente. Yo llamo "espiritología" el estudio del espíritu del hombre y de las cosas del Espíritu de Dios.

Ya que el hombre es un ser espiritual, el Cuerpo de Cristo debe saber lo que la Palabra dice acerca del *espíritu* del hombre. La Palabra de Dios es comida espiritual para seres recreados: los creyentes.

En una ocasión sostuve una reunión en California, y el pastor y su esposa estaban ocupados supervisando la planeación y la construcción de un nuevo y hermoso edificio para la iglesia. Pero la esposa del pastor se sobre cargo de trabajo y se puso muy nerviosa hasta que finalmente sufrió un colapso físico y nervioso. Ella fue al doctor, y éste le sugirió que fuese a un psiquiatra.

La esposa del pastor había sido criada en un hogar pentecostal en donde no bebían ni fumaban ni bailaban. El psiquiatra decidió que el problema de esta mujer era que jamás había hecho ninguna de estas cosas, así que le sugirió que empezara a fumar, a beber y a asistir a bailes. ¡Esta era *su* cura para la esposa del pastor!

Debemos ser cuidadosos acerca de mezclar la sabiduría del hombre con las cosas de Dios. El Señor nos dijo qué hacer con nuestra mente natural y con nuestros cuerpos físicos. Él dijo que debemos renovar nuestras mentes y emociones con la Palabra y que debemos presentar nuestros cuerpos como un sacrificio vivo a Él. Esta es la manera que Dios tiene para mantener la puerta cerrada al diablo.

Eso significa que usted tendrá que mantener su cuerpo (la carne con sus apetitos) bajo sumisión al espíritu recreado al interior.

El mantener sujeto su cuerpo a su espíritu es una de las principales formas de protegerse en contra del enemigo, y de hecho es una de sus *más grandes* defensas en contra de Satanás.

¿Entonces qué debe hacer el hombre con respecto a su espíritu? ¿Cómo va el creyente a mantener su espíritu fuerte en contra de los ataques del enemigo? Él tiene que alimentar su espíritu recreado con la Palabra de Dios. La Palabra de Dios es "alimento" espiritual para su ser espiritual.

LUCAS 4:4 (é.a)
4 . . . No sólo de pan vivirá el hombre, sino de **TODA PALABRA DE DIOS.**

JUAN 6:63
63 El espíritu es el que da vida; la carne para nada aprovecha; las palabras que yo os he hablado son espíritu y son vida.

Jesús está empleando un término humano (pan) para dar a entender un pensamiento espiritual. Él está diciendo que lo que el pan es para el cuerpo o para el hombre natural, la palabra de Dios es para el hombre espiritual al interior. El creyente debe alimentar su espíritu con la Palabra para mantenerlo fuerte.

Luego usted debe cargar su espíritu recreado edificándose en el Espíritu Santo: "Pero vosotros, amados, edificándoos sobre vuestra santísima fe, orando en el Espíritu Santo" (Judas 1:20). El orar en lenguas carga su espíritu como un cargador de baterías carga unas. Esto provee reposo y refresco incluso en medio de cualquier prueba o dificultad que el diablo pueda intentar traer en su contra, de manera que puede permanecer fuerte en contra de sus ataques.

Esta es la forma en que mantendrá su espíritu fuerte como una defensa poderosa en contra de Satanás. Bueno, entonces ¿cómo vamos a obtener ayuda para la mente, la voluntad y las emociones? ¿Escarbando el pasado? ¿Haciendo que alguien ore por usted? ¿Haciendo que alguien eche fuera de usted al demonio? No, eso no va a ayudar cuando el verdadero problema es que su mente y sus emociones tan solo necesitan ser renovadas con la Palabra de Dios.

Es una perdida de tiempo el intentar echar fuera de alguien al diablo cuando su verdadero problema es una mente no renovada. ¡Regresemos a la Palabra! Busquemos lo que la Palabra dice con respecto al alma del hombre, especialmente la mente del hombre, en donde generalmente ocurren la mayoría de los ataques de Satanás.

La mente del hombre

De hecho, la Biblia tiene mucho que decir acerca de la mente del hombre. Cuando uno comienza a hablar de ésta, algunas personas piensan que se hablara de Ciencia Cristiana. Pero Dios nos ha dado instrucciones específicas acerca de la mente y de lo que se supone el hombre debe hacer para mantener su mente fuerte de manera que pueda estar firme contra Satanás, el enemigo de su alma.

ISAÍAS 26:3 (é.a)
3 Tú guardarás en completa paz a aquel cuyo PENSAMIENTO en ti persevera; porque en ti ha confiado.

FILIPENSES 2:5 (é.a)
5 Haya, pues, en vosotros este SENTIR (actitud de la mente) que hubo también en Cristo Jesús.

FILIPENSES 4:6-8 (é.a)
6 Por nada estéis afanosos, sino sean conocidas vuestras peticiones delante de Dios en toda oración y ruego, con acción de gracias.
7 Y la paz de Dios, que sobrepasa todo entendimiento, guardará vuestros corazones y vuestros pensamientos (MENTES) en Cristo Jesús.
8 Por lo demás, hermanos, todo lo que es verdadero, todo lo honesto, todo lo justo, todo lo puro, todo lo amable, todo lo que es de buen nombre; si hay virtud alguna, si algo digno de alabanza, EN ESTO PENSAD.

En otras palabras, Dios nos está diciendo de manera exacta lo que debemos estar haciendo con nuestras mentes. Debemos mantenernos "fijos" o enfocados en Dios.

Para hacer esto debemos introducir la Palabra de Dios en nuestras mentes meditando en ella. Entonces nuestro pensamiento va a estar en línea con la Palabra de Dios, y Satanás no va a poder hallar cabida en nuestro pensamiento.

La Biblia nos dice exactamente qué tipo de pensamientos deberíamos estar pensando: los que son verdaderos, honestos, justos, puros, de buen nombre, virtuosos. Piense cosas en línea con la Palabra, no los pensamientos de duda, preocupación y desanimo del enemigo.

¿Alguna vez se detuvo a pensar en esto? La primera cosa que Dios requiere de usted después que nació de nuevo es que cambie su manera de pensar.

Dios sabe que si usted continua *pensando* como lo hacía antes de ser redimido, le va abrir una puerta al diablo. Y muy pronto estará *comportándose* de la misma manera que cuando aún estaba dominado por el diablo antes que naciera de nuevo.

La razón por la cual Dios nos dice que cambiemos nuestra forma de pensar es debido a que la mente del hombre es el primer lugar al cual Satanás intenta obtener acceso; aun en las mentes de los cristianos si estos se lo permiten.

¡Una mente renovada lo transformará!

ROMANOS 12:1-2 (é.a)

1 Así que, hermanos, os ruego por las misericordias de Dios, que PRESENTÉIS VUESTROS CUERPOS EN SACRIFICIO VIVO, santo, agradable a Dios, que es vuestro culto racional.

2 No os conforméis a este siglo, sino TRANSFORMAOS por medio de la RENOVACIÓN DE VUESTRO ENTENDIMIENTO (mente), para que comprobéis cuál sea la buena voluntad de Dios, agradable y perfecta.

Como verán, Dios quiere cuerpos en *sacrificio vivo*, y mentes *transformadas*. Hay una razón para esto. Él sabe que esta es su más grande defensa en contra de Satanás.

Cuando su mente es renovada con la Palabra, su *forma de pensar* es transformada. Cuando su forma de pensar es transformada, su *forma de actuar* es transformada. Usted ya no *piensa* ni *actúa* como solía hacerlo cuando estaba bajo el dominio de Satanás. Cuando su forma de pensar y actuar es transformada, *usted* es transformado.

Pablo les escribió a cristianos nacidos de nuevo, llenos del Espíritu Santo, cuando les dijo que tendrían que hacer algo con sus *cuerpos* y con sus *mentes* o almas. Les decía a los creyentes que tendrían que presentar sus cuerpos como un sacrificio vivo a Dios, y asegurarse que sus mentes fueran renovadas con la Palabra de Dios.

EFESIOS 4:23 (é.a)

23 ... Renovaos en el espíritu de vuestra MENTE.

La Biblia dice que cuando su mente es renovada, conocerá cuál es la buena, aceptable, y la perfecta voluntad de Dios para su vida (cf. Romanos 12:2). Para renovar su mente, tendrá que meditar en la Palabra de Dios porque es "espíritu y vida" que posee la habilidad para renovar la mente del hombre.

Meditar en la Palabra de Dios significa leerla, pensarla, hablarla y contemplarla de manera activa. Debemos meditar en la Palabra de Dios no tan solo con nuestros espíritus, sino también con nuestras mentes. Debemos llenar nuestras mentes y pensamientos con la Palabra de Dios. En el Antiguo Testamento, Dios le dijo a Josué cómo ser prospero en todo lo que hiciera; y era permanecer lleno con la Palabra. La Palabra funcionará también para nosotros, y no tendremos que pasar tanto tiempo tratando con el diablo.

JOSUÉ 1:8 (é.a)

8 Nunca se apartará de tu boca este libro de la ley, sino que de día y de noche meditarás en él, para que guardes y hagas conforme a todo lo que en él está escrito; porque entonces HARÁS PROSPERAR TU CAMINO, y todo te SALDRÁ BIEN.

Una traducción dice, "Usted podrá tratar con sabiduría los asuntos de la vida". ¿Cómo va a venir el éxito? Meditando en la Palabra. ¿Cómo va a venir la victoria sobre el diablo? Meditando en la Palabra de Dios.

El éxito y la victoria vienen en cada circunstancia al estar la Palabra de Dios continuamente en su boca y al actuar en ella. Hable y contemple la Palabra, no sus problemas, y el diablo no tendrá mucho con qué trabajar en su vida.

A no ser que su alma haya sido renovada con la Palabra, su hombre exterior gobernará y dominará a su espíritu a través de su alma. Satanás tiene acceso a su hombre exterior a través de sus cinco sentidos físicos. Esta es la razón por la cual debe renovar su mente con la Palabra de Dios, de manera que su espíritu, que en realidad es usted, trabajando junto con su mente, pueda gobernar su cuerpo.

El éxito en la vida sobre el diablo no viene por tratar de echar fuera algún tipo de espíritu maligno todo el tiempo. Viene al hacer que su mente sea tan llena con la Palabra de Dios que esta se alineará con su espíritu. Y su espíritu, dirigido por el Espíritu Santo, lo guiará en todos los asuntos de la vida, incluyendo el salir de todas las trampas y celadas del diablo.

Usted debe meditar de manera activa en la Palabra de Dios con su mente para que su forma de pensar pueda ser cambiada o transformada (cf. Salmo 1:1-3). A no ser que su forma de pensar sea transformada, puede pensar los pensamientos del diablo y empezar a actuar de la misma forma en que actúan las personas no salvas. ¡Pero Romanos 12:2 dice que el renovar su mente *lo* transforma! Esa es la forma en que la Biblia dice que *usted* será transformado, no por intentar echar fuera de usted a un espíritu.

Mucho de lo que se llama actividad "demoníaca" no es causada en lo absoluto por demonios. Es, de hecho, el fruto de la mente no redimida, no regenerada del creyente (pensando) y actuando como lo hace el mundo. Una mente no redimida, no regenerada, le da acceso al diablo porque la mente es una puerta a través de la cual el diablo puede obtener acceso a las personas.

El pensar mal abre la puerta al diablo

¿Alguna vez ha notado que una de las razones por la cual las personas se deprimen es porque piensan malos pensamientos? El pensar así puede darle a los espíritus malignos acceso al mundo de su alma. Por ejemplo, algunas veces los creyentes empiezan a pensar en el pasado y en la forma como tal persona o tal otra los trató. Sí, personas llenas del Espíritu, nacidas de nuevo, pueden deprimirse. Claro está, el diablo intenta ayudarlas a deprimirse al traer opresión en su contra.

Pero los creyentes no pueden deprimirse por permitirse pensar pensamientos equivocados. Esto le da a Satanás algo con lo que puede trabajar, y le da acceso a sus mentes. Satanás opera en el mundo de los cinco sentidos al usar sugestiones, pensamientos y sentimientos erróneos para intentar inducir a las personas a hacer el mal.

Pero la Biblia dice, "ni deis lugar al diablo" (cf. Efesios 4:27). No debemos dejar que el diablo entre en nuestros pensamientos. El pensar pensamientos equivocados es una forma en que los creyentes le dan lugar al diablo en ellos, a través de sus mentes, pensamientos y emociones. Pensamientos de culpa, condenación, preocupación, ansiedad son los pensamientos del diablo, y él ayudará a los creyentes a pensar en los aspectos negativos de la vida.

El pensar pensamientos de culpa y condenación le permiten a Satanás sacar ventaja de los creyentes y mantenerlos cautivos a sus mentiras. El estar atado a pensamientos erróneos impide a los creyentes el estar firmes en su lugar de autoridad en Cristo y el ejercitar su legítima autoridad sobre el diablo. En realidad, los creyentes triunfan sobre el diablo y sus armas de acusación porque Jesús triunfó sobre Satanás en la cruz (cf. Colosenses 2:15). Pero si los creyentes no están firmes en esa autoridad, el diablo los dominará.

¡Los Cristianos que continuamente meditan pensamientos erróneos pueden llegar incluso hasta el punto de querer suicidarse! ¡Sí, creyentes! Entonces, algunos individuos bien intencionados, dicen: "¡Echemos fuera de ellos al diablo!". De hecho, no es un problema relacionado con el diablo en lo absoluto. Es el resultado de pensar mal.

Ciertamente, Satanás intentará llevar a los creyentes a hacer cosas malas.

Pero si los cristianos, que piensan cosas equivocadas, renovaran sus mentes con la Palabra de Dios, no tendrían, para comenzar, problemas con la depresión, ya que sus mentes estarían cerradas al diablo.

De hecho, si los creyentes tan solo se autoentrenaran para decir en cada caso: "¿Qué es lo que la Palabra de Dios dice al respecto?", no caerían presa de las ataduras diabólicas de depresión, culpa, y condenación para empezar. Ellos estarían triunfantes en Cristo; victoriosos sobre las maquinaciones y tácticas de Satanás.

Le daría la respuesta a tantos problemas, incluso con relación al diablo, el que los cristianos tan solo se preguntaran: "¿Qué es lo que la Palabra dice con respecto de mi situación?". Los creyentes necesitan entrenar sus mentes para que piensen en la Palabra, no en los pensamientos del diablo. Una mente renovada cavila en la Palabra de Dios. Esta es la forma como se está firme en contra del diablo. Una mente no renovada cavila en los pensamientos del diablo, y así es como se debilita y permite pensamientos de duda, preocupación, miedo, culpa, condenación, y otros parecidos.

Otra área en la que los creyentes pueden abrir una puerta al diablo es abrigando la falta de perdón en sus corazones. Los creyentes deben aprender a no permanecer contemplando sus errores del pasado o los errores que otros han cometido, ya que el enemigo de sus almas, Satanás, usará esto para abrirse camino en sus vidas.

ISAÍAS 43:25 (é.a)
25 Yo, yo soy el que BORRO TUS REBELIONES por amor de mí mismo, y NO ME ACORDARÉ DE TUS PECADOS.

El pensar en sus pecados, fracasos o errores del pasado, le da al diablo acceso a sus pensamientos y emociones. Si usted ha cometido errores pero le ha pedido perdón a Dios, Él no le recordará que usted haya hecho algo malo (cf. 1 Juan 1:9). ¿Así que por qué debería recordarlo usted?

Renueve su mente con respecto a la bondad y al perdón de Dios, de lo contrario, Satanás va a sacar ventaja de usted. De hecho, si Satanás puede hacer que usted cavile pensamientos negativos, él intentará ganar cada vez más terreno en su mente y alma. ¡Esta es la razón por la cual no puede, de ninguna manera, permitirse cederle o perder más terreno en usted! Cuando Satanás viene a tentarlo para que cavile sus pensamientos negativos, recuérdele lo que dice la Palabra. Usted no necesita caer presa de la depresión o de ningún otro tipo de pensamiento negativo.

¡Renueve su mente con la Palabra! No regrese al pasado intentando desenterrar las cosas que ha hecho al meditar en ellas. La Biblia dice que olvidemos el pasado y prosigamos adelante en el supremo llamamiento en Cristo (cf. Filipenses 3:13,14).

El diablo siempre intentará traer a su mente el retrato de los pecados pasados. Pero cuando su mente ha sido renovada por el amor de Dios y su perdón, usted solo se le reirá, y dirá: "Diablo, la Palabra dice que he sido perdonado. ¡Isaías 43:25 dice que Dios a borrado mis transgresiones! Usted solo me está mostrando un retrato de un fracaso del pasado, pero eso ya no existe". Y luego puede usted seguir caminando en victoria.

Cuando usted pone al diablo en su lugar con la Palabra de Dios, ¡está siendo un hacedor de la Palabra! (cf. Santiago 1:22). La Biblia dice que es el hacedor de la Palabra el que es bienaventurado (cf. Santiago 1:25). Dios lo hizo y lo formó a usted, así que tan solo siga las instrucciones que dio en su Palabra acerca de cómo mantener la puerta cerrada al diablo. Entonces usted puede volverse exitoso en cada área de la vida.

De qué manera los espíritus malignos pueden afectar el mundo del alma

Ya conocen mi testimonio acerca de cómo fui levantado del lecho de enfermedad. Pero la vida de mi madre fue una tragedia. Demonios de preocupación, depresión y opresión se introdujeron en su mundo emocional o almático manteniéndola en cautiverio. Si, ella era salva, pero no conocía sus derechos y privilegios en Cristo. No sabía cómo renovar su mente con el fin de cerrarle la puerta al diablo. Es triste decir que como hija de Dios, vivió por debajo de sus privilegios en Cristo.

Mi padre nos abandonó cuando tenía como seis años, dejando a mi madre con cuatro niños pequeños a quienes tenía que criar en la forma en que pudiese. Todos los problemas que tuvo mi madre, eventualmente empezaron a afectarla física, mental y emocionalmente.

Finalmente, empezó incluso a perder la vista hasta que quedo completamente ciega. Los doctores no podían encontrar nada malo en el aspecto físico, pero decían que evidentemente era un desorden nervioso. Eventualmente sufrió un total colapso físico, nervioso y mental. Durante varios años sufrió de problemas mentales e incluso intentó quitarse la vida.

Mi madre era una cristiana, pero ella no sabía como creerle a Dios y apropiarse de sus promesas. Fue muy triste. Alguien puede preguntar, "¿Si hubiera tenido éxito al intentar matarse, hubiese sido salva?". ¡Ciertamente, hubiera sido salva! Ella era nacida de nuevo, pero tan solo le había permitido a espíritus malignos de preocupación y temor el afectarla mental, física y emocionalmente. Estaba enferma de su mente, así como una persona puede estar enferma de su cuerpo.

Y después de que estos incidentes terminaban, no tenía el menor recuerdo de su intento de suicidio. A través de su ignorancia, al no conocer quién era en Cristo y como apropiarse de la Palabra de Dios, ella les había permitido a demonios de preocupación y opresión entrar en su mundo mental y emocional.

Liberación en el ámbito del alma

Como verán, los espíritus malignos pueden causar problemas en el mundo emocional del hombre. Algunas veces actuamos como si los problemas no existieran. Pero el Espíritu Santo, trabajando en línea con la Palabra de Dios, siempre tiene una respuesta para todo problema mientras que el hombre natural no.

Estaba llevando a cabo una reunión en cierto lugar, y durante tres noches seguidas, después del servicio, una joven mujer casada lloraba patéticamente en el altar. Le pedí al Señor que me mostrara cómo poder ayudarla. De repente, tuve una visión. Vi a esta joven mujer, cuando tenía nueve años de edad, llegando a su casa, después del colegio, cierto día. Y cuando entró en la casa, encontró a su madre en la cama con un hombre que no era su padre. Usted puede entender lo que eso le haría a las emociones de una niña de nueve años.

Esta mujer estaba en sus veintes durante el tiempo de mi reunión. Vi en el Espíritu que su problema estaba en su matrimonio. Vi que había estado casada durante dos años pero a causa de su bloqueo emocional, era incapaz de consumar el matrimonio, y esto estaba rompiendo finalmente su relación.

Fui al pastor de la iglesia y le pregunté si sabía lo que estaba mal con esta mujer. Él me preguntó si yo lo sabía, y le dije que el Señor me había mostrado el problema. Me dijo que siguiera adelante y le ministrara. Le dije a la mujer lo que el Señor me había mostrado, y me dijo que eso era exactamente lo que había sucedido. Ella amaba a su marido pero jamás había podido ser una esposa para él. Le dije que el que su madre estuviese con otro hombre estaba mal, pero que no era el *matrimonio* lo que estaba mal.

Después de darle escrituras y de hablarle acerca de la santidad del matrimonio, impuse mis manos sobre ella y eche fuera al espíritu maligno que la había tenido cautiva al pasado, fuera de su ámbito almático. Luego le enseñé cómo entrar en la Palabra de Dios y renovar su mente, de manera que Satanás no tuviese una entrada por medio de la cual pudiese regresar.

El año siguiente regresé a predicar en una reunión, en esa misma iglesia, y ella y su esposo tenían un robusto bebé a quien habían nombrado después de mí. Ellos estaban felizmente casados. Como verán, ella no tenía un espíritu maligno en su *espíritu*. Pero el espíritu maligno habían entrado en su ámbito emocional cuando tenía nueve años y aún la estaba dominando y afligiendo, y se tenía que tratar con él.

Los cristianos no deberían tener que ir a donde los no salvos por consejería y ayuda. Hay ayuda en Dios. Pero hay mucho más en el estudio de la demonología que tan solo decirles a las personas que echen fuera demonios de todos aquellos con los que se encuentran. El creyente tiene que cumplir su papel al estar firme y fuerte en contra del diablo.

El cuerpo del hombre

Es importante darnos cuenta que ya que el cuerpo no es nacido de nuevo, es con su cuerpo, sus cinco sentidos físicos, que se hace contacto con este mundo en donde Satanás es dios (cf. 2 Corintios 4:4). Esta es la razón por la que *usted*, el hombre al interior, debe hacer algo con su cuerpo. Si usted permite que su cuerpo haga lo que quiera y permite que su mente cavile lo que quiera pensar, el diablo puede entrar en su mente y en su cuerpo y dominarlo.

Piénselo. ¿No quiere su cuerpo hacer cosas malas? Claro que quiere. El cuerpo de todas las personas lo desea, sin importar qué tanto tiempo haya sido salvo, o qué tan espiritual sea, porque el cuerpo no ha sido redimido. Tenemos una nota promisoria acerca de la redención de nuestros cuerpos (cf. 1 Corintios 15:53). Pero en esta vida *tendremos* que hacer algo con nuestros propios cuerpos o Satanás nos va a sacar ventaja a través de la carne.

La Escritura nos instruye qué hacer con nuestro cuerpo:

1. Se debe presentar como un sacrificio vivo a Dios (cf. Romanos 12:1).

2. Se debe crucificar y hacer morir sus obras (cf. Colosenses 3:5).

3. Se debe mantener bajo sumisión a su hombre espiritual (el hombre interior), el verdadero hombre al interior (cf. 1 Corintios 9:27).

Usted tiene el control de su cuerpo, de manera que puede evitar que haga lo que quiera. Dios dijo que usted podría. No debe permitirle a Satanás que use su cuerpo como un instrumento de injusticia (cf. Romanos 6:13).

Recuerde que en Colosenses 1:12, Dios nos hizo "aptos" o *capaces* de participar de los santos en luz. Esto quiere decir que *podemos* caminar en el

Espíritu y no en la carne. Esto quiere decir que no tenemos que ceder a las tentaciones del diablo a través de nuestra naturaleza carnal.

Para comprender cómo obedecer la Palabra de Dios con respecto al cuerpo, se debe reconocer que la Escritura hace una distinción entre el *cuerpo* del hombre (el hombre exterior) y el verdadero hombre al interior (su *espíritu).*

Se habla del cuerpo del hombre como de una "casa"

Muchas veces, en la Escritura, se habla del cuerpo del hombre como de una "casa". Usted debe saber esto porque los espíritus malignos pueden estar en la casa de una persona (su cuerpo) y, sin embargo, no estar en su sentido completo dentro de la persona, en su espíritu. Esto se debe a que el hombre es un *espíritu*, no un *cuerpo.*

Por ejemplo, si usted viviese en una casa que tuviese termitas, eso no significa que *usted* tiene termitas. La casa es tan solo el lugar donde vive, pero *usted mismo* no tiene termitas. Bueno, un espíritu maligno puede intentar afligir su cuerpo, pero eso no quiere decir que *usted* tenga un espíritu maligno en *usted,* en su espíritu.

La Escritura respalda el hecho de que con frecuencia se habla del cuerpo del hombre como de una "casa". Cuando el hombre muere físicamente, su *cuerpo* muere, pero *él* aún vive.

Pablo se refiere al cuerpo como "nuestra morada terrestre, este tabernáculo".

2 CORINTIOS 5:1,2,4 (é.a)
1 Porque sabemos que si nuestra MORADA TERRESTRE, ESTE TABERNÁCULO (el cuerpo del hombre), se deshiciere, tenemos de Dios un edificio, UNA CASA no hecha de manos, ETERNA, en los cielos (el espíritu del hombre).
2 Y por esto también gemimos, deseando ser revestidos de aquella nuestra HABI-TACIÓN celestial . . .
4 Porque asimismo los que estamos en ESTE TABERNÁCULO (el cuerpo) gemimos con angustia; porque no quisiéramos ser desnudados, sino revestidos, para que lo mortal sea absorbido por la vida.

La Biblia está hablando acerca del *hombre interior* y del *hombre exterior* aquí. El *hombre exterior* es nuestra casa terrenal; *el cuerpo.* Pero también hay un *hombre interior;* una casa no hecha de manos, *el espíritu del hombre*, y que es eterna. Pablo habla acerca de la diferencia entre el hombre exterior y el hombre interior.

2 CORINTIOS 4:16 (é.a)

16 Por tanto, no desmayamos; antes aunque este nuestro HOMBRE EXTERIOR se va desgastando, EL INTERIOR no obstante se renueva de día en día.

El espíritu del hombre o el hombre interior es el mismo hombre "interno, del corazón."

1 PEDRO 3:3,4 (é.a)

3 Vuestro atavío no sea EL EXTERNO (el adorno del hombre exterior o del cuerpo) de peinados ostentosos, de adornos de oro o de vestidos lujosos,

4 sino EL INTERNO (el hombre interior), el del corazón, en el incorruptible ornato de un espíritu afable y apacible, que es de grande estima delante de Dios.

Por algo que dijo Pablo, se puede ver que el cuerpo del hombre es diferente al hombre al interior.

1 CORINTIOS 9:27 (é.a)

27 Sino que golpeo mi cuerpo, y LO pongo en servidumbre, no sea que habiendo sido heraldo para otros, yo mismo venga a ser eliminado.

Pablo no estaba diciendo que tenía que ponerse (el hombre al interior) en servidumbre. No, dijo que el hombre al interior tenía que poner a *su cuerpo* en servidumbre.

El no obedecer esta *escritura* es una de las más grandes áreas en que los creyentes, sin saberlo, le dan a Satanás acceso a sus vidas. Se le da a Satanás punto de apoyo cuando los creyentes, sin saberlo, permiten que sus cuerpos o su carne los domine, en lugar de permitirle a sus espíritus recreados gobernar y dominar la carne.

Manteniendo su cuerpo sujeto a su espíritu

En 1 Corintios 9:27, Pablo estaba diciendo: "Yo mantengo mi cuerpo bajo la sujeción de mi espíritu". Esto significa que Pablo no le permitía a su cuerpo hacer todo lo que quería. Si el Apóstol Pablo, este gran hombre de Dios que escribió gran parte del Nuevo Testamento, debía mantener su cuerpo bajo el dominio de su espíritu, evidentemente su cuerpo debió haber querido hacer cosas que no estaban bien. Debía mantener su cuerpo bajo el control y el dominio de su espíritu, de la misma manera en que debemos hacerlo nosotros.

¡En muchas ocasiones los creyentes intentan echar fuera a un "demonio" cuando en realidad es la carne! ¡No se puede echar fuera a la carne! O en muchas ocasiones las personas quieren que Dios haga algo acerca de sus cuerpos. Dios no va a hacer nada acerca de *su* cuerpo. Después de todo, no es *su* cuerpo; es el *suyo*, y es usted el que debe tener dominio sobre él.

Cuando usted nace de nuevo, su hombre interior le pertenece a Dios. Pero luego usted debe tomar la decisión de mantener su cuerpo sujeto a su espíritu, lo cual solamente es posible mientras presente su cuerpo a Dios como un sacrificio vivo.

Pablo habla acerca de la importancia de que los creyentes presenten sus cuerpos a Dios:

ROMANOS 12:1 (é.a)
1 Así que, hermanos, os ruego por las misericordias de Dios, que PRESENTÉIS vuestros CUERPOS en SACRIFICIO vivo, santo, agradable a Dios, que es vuestro culto racional.

Me impacté mucho cuando comprendí completamente lo que estos versículos estaban diciendo. Pablo no estaba escribiendo a pecadores. Les escribía a santos, a los creyentes. Les estaba diciendo a los cristianos, a pesar de que habían nacido de nuevo, que sus cuerpos no habían nacido de nuevo y que tendrían que hacer algo con ellos.

Si no le presenta su cuerpo a Dios como un "sacrificio vivo", éste va a querer hacer todo lo que hacía antes de que fuese salvo, cuando aún se encontraba bajo el dominio de Satanás, el dios de este mundo (cf. Efesios 2:2). En otras palabras, si su hombre interior, quien es la nueva criatura en Cristo, no está en control de su cuerpo, deja una puerta abierta para que espíritus malignos tengan acceso, porque los demonios intentan dominar al hombre a través del alma y del cuerpo.

Vi que esto sucedió en un ministro. Era un cristiano maravilloso; un hombre bueno y amable quien había sido un pionero en Pentecostés. Había disfrutado de una excelente salud durante años, pero en los posteriores empezó a sufrir de problemas físicos. Eventualmente padeció tres ataques al corazón que afectaron su mente.

Estuvo parcialmente paralizado y, en ocasiones, no parecía ser él mismo. Abusaba de su esposa verbal y físicamente. Esta mujer y su hija oraban y oraban acerca de su condición. Cuando oraban en lenguas, estaba bien por algún tiempo, pero jamás se liberó.

Su esposa dijo que después de escucharme enseñar acerca de la autoridad del creyente, cayó en cuenta de lo que debió haber hecho. El ataque al corazón había afectado el cerebro de su esposo, de manera que no podía supervisar ni su propia mente ni su cuerpo. Debido a esto, el diablo sacó ventaja de él.

Él se convirtió en una persona diferente, en parte debido al ataque, claro está; pero en este caso un espíritu maligno también estaba involucrado. Salvo o no salvo, el hombre puede ser *oprimido* en la mente o en el cuerpo por espíritus malignos. Su esposa no sabía cómo estar firme en contra de esto en el Nombre de Jesús y tomar la autoridad sobre el caso.

Después que su esposo se fue a estar con el Señor, su esposa se dio cuenta que debió haber estado firme en contra de Satanás, ordenándole que quitara sus manos de la propiedad de Dios. ¡Yo le aseguré que Satanás tenía que obedecer la Palabra!

Protección en contra del enemigo

El mantener su cuerpo bajo sujeción a su espíritu recreado es una gran defensa en contra de Satanás. La Biblia dice, *"Someteos, pues, a Dios; resistid al diablo, y huirá de vosotros"*. Cuando usted somete su cuerpo a Dios y no le permite hacer cosas malas, va a ser mucho más fácil para resistir al diablo.

Dios sabe que sin cuerpos sujetos y mentes transformadas, los creyentes no van a poder seguir la dirección del Espíritu Santo como deberían. La Biblia dice, "Porque todos los que son guiados por el Espíritu de Dios, éstos son hijos de Dios" (Romanos 8:14).

Aquí no dice, "Porque todos los que son guiados por el cuerpo o por los cinco sentidos físicos, estos son hijos de Dios". Los creyentes gobernados por el Espíritu, basados en la Palabra, tienen una defensa fuerte en contra de Satanás. Los creyentes gobernados por su cuerpo y por sus sentidos son un blanco fácil para Satanás y sus artimañas.

Y si un creyente no ha sido enseñado correctamente, cuando su cuerpo quiera hacer cosas que no son correctas, el diablo sacará ventaja de él y lo desviará a pensar que ni siquiera está salvo. Y una vez que el diablo pone a un creyente bajo condenación, puede engañarlo de manera que no camine en su herencia en Cristo, que incluye, por supuesto, el ejercer autoridad sobre él.

Pero si los cristianos comprenden que su cuerpo no ha nacido de nuevo y que *deben* hacer algo acerca del mismo, pueden aprender a presentarlo a Dios como un sacrificio vivo al ponerlo en sujeción a su espíritu recreado. Esta es una de las formas más importantes en que un cristiano toma su lugar en Cristo para poder estar firme y fuerte en contra del diablo.

Si no renovamos nuestras mentes con la Palabra de Dios, *ésta* se alineará con nuestro *cuerpo* en contra de nuestro *espíritu*. ¡Esto no nos provee una defensa fuerte en contra de Satanás!

No culpe al diablo por la carnalidad

¿Qué significa la palabra "carnal"? De acuerdo con el Diccionario Expositorio de Palabras Bíblicas de Vine, significa la carne que es sensual, controlada por apetitos animales, y gobernada por la naturaleza humana en lugar del Espíritu de Dios[2].

Los cristianos deben caminar por fe en la Palabra de Dios y deben ser guiados por el Espíritu Santo, no por sus sentidos. Una persona puede tener todos los dones del Espíritu operando en su vida y aún ser carnal si no aprende cómo mantener su cuerpo y su alma bajo el dominio de su espíritu.

Los corintios eran así. Estos creyentes estaban aún llenos del Espíritu, sin embargo, permanecían en un estado infantil de cristiandad porque eran carnales o gobernados por sus cuerpos y por sus sentidos (cf. 1 Corintios. 3:1,3). Ellos le permitían a sus cinco sentidos dominarlos, en lugar de que lo hiciera el Espíritu Santo.

Pablo le dijo a los corintios: "porque aún sois carnales; pues habiendo entre vosotros celos, contiendas y disensiones, ¿no sois carnales, y andáis como simples hombres?" (1 Corintios 3:1-3). Y la Biblia dice, "Porque donde hay celos y contención, allí hay perturbación y toda obra perversa" (Santiago 3:16).

Si los cristianos no desarrollan sus espíritus, sino que le permiten a sus cuerpos, mentes y emociones gobernarlos, permanecerán en un estado de espiritualidad carnal o infantil. Los cristianos carnales caen fácilmente presa de las artimañas del diablo a través de la envidia, la contienda y la división.

Luego, algunos cristianos piensan que continuamente necesitan que espíritus malignos sean echados fuera de ellos porque son tan fácilmente arrojados de un lado a otro por Satanás. Pero, realmente, tan solo necesitan crecer y desarrollarse y aprender como no ceder a la envidia, a la contienda y a la división.

Al aprender cómo rendirse al Espíritu de Dios, basando su vida en la Palabra, en lugar de sus sentimientos o carne, crece de su estado carnal la cristiandad en la cual Satanás no puede dominarlo.

Satanás no tiene acceso a usted en la arena de la fe en la Palabra de Dios, pero sí lo tiene en el mundo de los sentidos cuando es gobernado por sus sentidos y guiado por su cuerpo o alma.

El hombre siempre está tratando de sacar excusas en lugar de depender de lo que Dios ya ha establecido en su Palabra. Por ejemplo, en su Palabra, Dios nos dio instrucciones acerca de lo que debemos hacer con nuestro espíritu, alma y cuerpo como una fuerte protección en contra del enemigo.

Pero el hombre siempre está tratando de encontrar alguna forma diferente a la de Dios para llegar a la madurez espiritual, al éxito y a la victoria sobre el diablo en cada circunstancia.

Si puede hallar una manera fácil de hacer las cosas, como el culpar de todo al diablo, lo hará, en lugar de vivir por los principios de la Palabra de Dios.

¡Es mucho más fácil el intentar echar fuera un demonio de lo que es tomar la responsabilidad de renovar consistentemente nuestras mentes con la Palabra y mantener la carne bajo sujeción a su espíritu!

Un predicador que conocí, comprendía la naturaleza carnal del hombre. Vio un título en la cartelera que decía: "La Bestia y Yo". Eso inspiró el título de un sermón que estaba predicando llamado: "La bestia que está en todos nosotros".

¿Sabía usted que hay una bestia en cada uno de nosotros? La "bestia" es su carne, su naturaleza humana, carnal y no regenerada, y usted tendrá que someter esta naturaleza mientras esté aquí en la tierra.

En ese sentido, podríamos decir que hay una "bestia" en cada uno de nosotros. Hay una naturaleza carnal en la naturaleza humana no regenerada, en la carne del hombre.

Sin embargo, la naturaleza carnal no está en su espíritu si ha nacido de nuevo. Y, gracias a Dios, algún día también tendremos un nuevo cuerpo glorificado (cf. 1 Corintios 15:42,50-54). Hasta ese día, Dios nos dice en su Palabra cómo estar firmes y fuertes en contra de su enemigo, Satanás.

---

[1] W.E. Vine, Diccionario Expositivo de Palabras Bíblicas de Vine (Nashville, Tennessee: Thomas Nelson, Inc., 1985), pp. 200, 201.

[2] Ibid., pp. 89, 90.

Capítulo 3
¿El Diablo O La Carne?

Muchas de las cosas que algunos individuos le atribuyen al diablo no son nada más que obras de la carne. Es importante reconocer que todo lo que es incorrecto en la vida no es directamente la obra de un espíritu maligno.

Cuando la Biblia habla de mantener a la carne bajo el dominio del espíritu, la mayoría de las veces las personas creen que esto solo se refiere a controlar deseos sexuales. Y es verdad, debe mantener su cuerpo bajo sujeción en esa área. Pero por otro lado, ¿alguna vez ha notado la lista que hace la Biblia con respecto a las obras de la carne o de la antigua naturaleza?

Las obras de la carne

En las Escrituras se encuentra su listado.

GÁLATAS 5:17, 19-21 (é.a)
17 Porque el deseo de la carne es contra el Espíritu, y el del Espíritu es contra la carne; y éstos se oponen entre sí, para que no hagáis lo que quisiereis . . .
19 Y manifiestas son LAS OBRAS DE LA CARNE, que son: adulterio, fornicación, inmundicia, lascivia,
20 idolatría, hechicerías, enemistades, pleitos, celos, iras, contiendas, disensiones, herejías,
21 envidias, homicidios, borracheras, orgías, y cosas semejantes a estas . . .

Lo que muchos llaman como obras "del diablo", la Biblia las llama como obras de la carne. En Efesios 4:25-32, Pablo hace una lista de algunas de las características del "viejo hombre"; la carne o la naturaleza no regenerada del hombre: mentiras, robos, palabras corrompidas, amargura, ira, enojo, gritería, maledicencia y malicia. También describe algunas de las características del nuevo hombre en Cristo: ser verdaderos, amables y perdonadores.

Puede ver que el mantener la carne bajo control o bajo el dominio del nuevo hombre en Cristo, no solo involucra controlar los deseos sexuales. Involucra mantener *todas* las tendencias malignas de la carne bajo inspección y bajo el dominio del espíritu recreado.

"Despojaos" de la carne

La Biblia nos dice cómo tratar con el cuerpo y el alma, la naturaleza carnal del hombre. Debemos "despojarnos" del viejo hombre con sus deseos carnales. Y debemos "vestirnos" del nuevo hombre en Cristo.

EFESIOS 4:22-24 (é.a)

22 En cuanto a la pasada manera de vivir, DESPOJAOS DEL VIEJO HOMBRE (estilo de vida), que está viciado conforme a los DESEOS ENGAÑOSOS,

23 Y (usted) RENOVAOS en el espíritu de vuestra MENTE,

24 Y VESTÍOS DEL NUEVO HOMBRE, creado según Dios en la justicia y santidad de la verdad.

¿Quién debe despojarse de la naturaleza del viejo hombre o de las obras de la carne? ¡Usted! "Usted" es el sujeto en el versículo 22. Dios no va a "despojar al viejo hombre" por usted. Va a tener que *despojarse* del viejo hombre con sus envidias, amarguras, iras, enojos, griterías y maledicencias. Usted no está tratando con espíritus malignos cuando se despoja de esas tendencias malévolas; solo está tratando con su *carne*.

La mayoría de las veces, los creyentes quieren salirse por el lado fácil llamando a estas tendencias malignas de la carne un "demonio" o un "espíritu maligno". De esta manera se quitan de encima la responsabilidad; le echan la culpa de todo a Satanás. Sin embargo, la Biblia solo le llama a esto tendencias malignas de la naturaleza carnal del hombre, y por lo tanto el *creyente* debe hacer algo al respecto.

La única manera en que usted puede vestirse del "nuevo hombre" es renovando su mente con la Palabra de Dios. Despojarse del viejo hombre y vestirse del nuevo es parte de su "culto racional" o su "adoración espiritual" (cf. Romanos 12:1,2).

Debe mantener esas tendencias y actitudes malignas bajo el dominio de su espíritu (el hombre interior) y dejar que la nueva criatura en Cristo domine. A medida que se "viste" con Cristo, podrá caminar en el Espíritu de Dios y no en la carne, donde es presa fácil para Satanás.

Si no tuviera que tratar con la carne y su naturaleza, no sería humano. Y mientras esté en su cuerpo, tendrá su naturaleza carnal para contender. Por ejemplo, si alguien lo golpea y su carne no está en sujeción a su espíritu, ésta va a querer retaliación y vengarse respondiendo también con golpes. Esa es la forma en que la naturaleza carnal actúa aparte de Dios. Si alguien lo hiere, su carne quiere igualarse, desquitarse y conservar amargura y resentimiento contra esa persona.

Esa es la vieja naturaleza "igualada" de la carne. No es una actividad maligna o demoníaca. Es solo la naturaleza carnal del hombre sin ser supervisada. "Usted me hirió, entonces le voy a hacer lo mismo". ¿Ha escuchado alguna vez a cristianos hablar de esa manera? La carne es simplemente así, y por esto debe mantenerla bajo el dominio del hombre interior. "Creado según Dios en la justicia y santidad de la verdad" (Efesios 4:24).

Vestíos de la clase de amor de Dios

Veamos en la Palabra como actúa la nueva criatura en Cristo y lo que se nos manda a "vestir".

COLOSENSES 3:12-14 (é.a)
12 VESTÍOS, pues, como escogidos de Dios, santos y amados, de ENTRAÑABLE MISERICORDÍA, DE BENIGNIDAD, DE HUMILDAD, DE MANSEDUMBRE, DE PACIENCIA;
13 SOPORTÁNDOOS UNOS A OTROS, y PERDONÁNDOOS UNOS A OTROS si alguno tuviere queja contra otro. De la manera que Cristo os perdonó, así también hacedlo vosotros.
14 Y sobre todas estas cosas VESTÍOS DE AMOR, que es el vínculo perfecto.

En el versículo 13, la frase "soportándoos unos a otros", significa tolerarnos unos a otros. Cuando comenzamos a agitarnos y a impacientarnos unos con otros, no es necesariamente un diablo obrando. Solo necesitamos ejercitar la tolerancia y perdonarnos, así como Cristo nos perdonó (cf. v. 13).

La palabra traducida como amor, en el versículo 14, es la palabra griega, "ágape": la clase de amor de Dios. Debemos vestirnos de amor. El estar vestido con amor nos protege contra el enemigo, pues así no le damos ningún lugar al diablo en nosotros (cf. Efesios 4:27).

Cuando somos nacidos de nuevo, el amor de Dios ha sido derramado en nuestros corazones por el Espíritu Santo (cf. Romanos 5:5). Por esto tenemos que tomar el amor que está en nuestros corazones y vestir con éste al hombre *exterior,* puesto que el amor de Dios no ha sido derramado en nuestra *carne.* Si no vestimos nuestro hombre exterior con el amor de Dios, Satanás va a tener un día divertido en nuestras vidas a través de nuestra carne.

El enojo en la carne no es "la herencia familiar" ni el diablo

Escuché un individuo hablar de su abuelo. Con la menor provocación, su abuelo se encolerizaba y volaba en enojo. Su abuelo siempre sacaba la misma excusa: "Bueno, es solo que mis familiares también se comportaban así". No, no era "el temperamento de sus familiares" en él. ¡Era *la carne!*

EFESIOS 4:26

26 Airaos, pero no pequéis; no se ponga el sol sobre vuestro enojo.

De acuerdo con este versículo, el despojarse del viejo hombre y el vestirse del nuevo es una elección: "Airaos, pero no pequéis". Esto significa que si se enoja acerca de algo, no debe permitirle a su carne que lo controle. No tiene por qué perder el control de su temperamento. *Debe* elegir. No tiene por qué ceder a las órdenes de su naturaleza carnal.

Si permite que la carne lo domine, puede perder el control y hacer o decir cosas de las cuales va a tener que lamentarse. Muchos quieren echarle la culpa al diablo cuando pierden el control o cuando se enojan o tienen ataques de rabia. Sin embargo, lo único que están haciendo es ceder a la carne, dejándose dominar por ésta. Y por no tener supervisada la carne, abren una puerta para el diablo.

Algunos individuos piensan que van a estar tan "santificados" que jamás van a volver a tener problemas con la carne o Satanás. ¡Pero la única manera en que no va a volver a tener esos problemas es cuando se muera y deje este mundo!

En una ocasión, un sujeto se me acercó en una de mis reuniones de la mañana. Me dijo: "Hermano Hagin, quiero que usted ore para que no vuelva a tener jamás problemas con el diablo". Le pregunte: "¿Quiere que ore para que se muera?" Él dijo: "No, no quiero morir". Le dije: "¡La única manera en que dejará de tener problemas con el diablo es cuando se muera y salga de este mundo!".

Muchos de los problemas que este hombre pensaba que venían del diablo realmente no eran más que su carne; el problema era que no había aprendido a distinguir la diferencia. Para ser honesto, estoy convencido que los cristianos tienen más problemas con su carne que con el diablo.

Muchas veces los cristianos que están teniendo problemas con la carne piensan que si solo "pudieran escapar" de todo, o mudarse de ciudad, o cambiar de trabajo o de iglesia, las cosas cambiarían. Pero no puede escaparse de la carne; el moverse o cambiar iglesias no va a solucionar el problema si es su carne no redimida con la que está tratando. A donde quiera que vaya, su carne estará. Quizá es mejor que se quede donde está y aprender a llevarla bajo sujeción a través de su espíritu recreado.

La carne tiene sus propios deseos; no es siempre el diablo

Debe darse cuenta de algo más acerca de la carne. Tiene sus *propios* deseos y apetitos, y no es un diablo obrando ni actividad demoníaca. Mire de nuevo en la Palabra.

EFESIOS 4:22 (é.a)
22 En cuanto a la pasada manera de vivir, despojaos (estilo de vida) DEL VIEJO HOMBRE, que está VICIADO conforme a los DESEOS ENGAÑOSOS.

Podemos aprender algo más acerca de los deseos de la carne a través de las Escrituras.

ROMANOS 1:24-28 (é.a)
24 Por lo cual también Dios los entregó a la inmundicia, en LAS CONCUPISCENCIAS DE SUS CORAZÓNES, de modo que deshonraron entre sí sus propios cuerpos,
25 ya que cambiaron la verdad de Dios por la mentira, honrando y dando culto a las criaturas antes que al Creador, el cual es bendito por los siglos. Amén.
26 Por esto Dios los entregó a pasiones vergonzosas; pues aun sus mujeres cambiaron el uso natural por el que es contra naturaleza,
27 y de igual modo también los hombres, dejando el uso natural de la mujer, SE ENCENDIERON EN SU LASCIVIA unos con otros, cometiendo hechos vergonzosos hombres con hombres, y recibiendo en sí mismos la retribución debida a su extravío.
28 Y como ellos no aprobaron tener en cuenta a Dios, Dios los entregó a una mente reprobada, para hacer cosas que no convienen.

En la margen de mi Biblia, la palabra "reprobada" es definida como *una mente vacía de entendimiento*. Aquí, la Biblia no está hablando acerca de *un espíritu* de deseo. Note en el versículo 27 que la Biblia no llama a esto un "espíritu de deseo". Solo está diciendo que aquellos que están en desobediencia arden en *su* pasión unos por otros.

El versículo 24, dice: "Por lo cual también Dios los entregó a la inmundicia, en LAS CONCUPISCENCIAS DE SUS CORAZÓNES" (é. a). Es la concupiscencia o el deseo de sus propios corazones (los pensamientos y sentimientos no redimidos del hombre) que hace que aquellos que están caminando en las tinieblas finalmente sean entregados a una mente reprobada.

Después, en el versículo 27, dice que ellos "se encendieron en su lascivia" unos con otros. Esa es la naturaleza humana no regenerada separada de Dios. La Biblia no llama esto un diablo; lo llama "los deseos o concupiscencias de sus propios corazones".

La carne (la naturaleza no redimida del hombre) tiene sus propios deseos por estar degenerada; nunca ha nacido de nuevo. Los deseos de la carne no tienen nada que ver con un "espíritu de deseo". La carne tiene sus propios apetitos o "ansiedades carnales".

1 PEDRO 2:11 (é.a)
11 Amados, yo os ruego como a extranjeros y peregrinos, que os abstengáis de los DESEOS CARNALES que BATALLAN CONTRA EL ALMA.

Mientras permita que los deseos carnales lo dominen, siempre tendrá problemas en su alma (su mente y emociones). Y eso le dará a Satanás una puerta abierta.

SANTIAGO 1:13-15 (é.a)
13 Cuando alguno es tentado, no diga que es tentado de parte de Dios; porque Dios no puede ser tentado por el mal, ni él tienta a nadie;
14 sino que cada uno es tentado, cuando de SU PROPIA CONCUPISCENCIA es atraído y SEDUCIDO.
15 Entonces la CONCUPISCENCIA, después que ha concebido, da a luz el PECADO; y el pecado, siendo consumado, da a luz la MUERTE.

De acuerdo con la Escritura, es el deseo de la propia naturaleza no regenerada de una persona la que la lleva al error. Algunas personas confunden la corrupción que la concupiscencia, el pecado y la muerte producen, y piensan que es actividad demoníaca en acción. Pero no lo es. Es el fruto de la carne sin supervisión.

La Palabra habla acerca de los *deseos* de la *carne* y de la *mente* o *alma*.

EFESIOS 2:3 (é.a)
3 Entre los cuales también todos nosotros vivimos (estilo de vida) en otro tiempo en los DESEOS DE NUESTRA CARNE, haciendo LA VOLUNTAD DE LA CARNE y DE LOS PENSAMIENTOS, y éramos por naturaleza hijos de ira, lo mismo que los demás.

Crucifique la carne

Si hay un espíritu maligno tratando de obrar a través de su carne, usted tiene autoridad sobre él. El diablo y los espíritus malignos no tienen dominio sobre usted, siempre y cuando esté caminando en línea con la Palabra y esté haciendo lo que se supone que debe hacer con la carne. Afírmese contra Satanás y sus maquinaciones, pues la Biblia dice que él tiene que huir (cf. Santiago. 4:7).

Pero si es solo la carne con la que está tratando, no va a poder echarlo fuera como lo haría con un espíritu maligno. No, tiene que *crucificar* o *hacer morir* las obras de la carne (cf. Gálatas 5:24; Colosenses 3:5). Todos (predicador o laico igualmente) deben crucificar los deseos de su carne y las ansiedades de su naturaleza carnal.

En las epístolas de Pablo, se habla acerca de "hacer morir" las obras de la carne.

COLOSENSES 3:5, (é.a)
5 HACED MORIR, pues, lo terrenal en VOSOTROS (su cuerpo): fornicación, impureza, pasiones desordenadas, malos deseos y avaricia, que es idolatría.

ROMANOS 8:5-8,12-14 (é.a)
5 Porque los que son de la CARNE piensan en las cosas de la CARNE; pero los que son del ESPÍRITU, en las cosas del ESPÍRITU.
6 Porque el OCUPARSE DE LA CARNE ES MUERTE, pero el ocuparse del Espíritu es vida y paz.
7 Por cuanto los DESIGNIOS DE LA CARNE SON ENEMISTAD CONTRA DIOS; porque no se sujetan a la ley de Dios, ni tampoco pueden;
8 y los que viven según la CARNE (aquellos que son dominados por su naturaleza carnal) NO PUEDEN AGRADAR A DIOS . . .
12 . . . Hermanos, deudores somos, no a la carne, para que vivamos conforme a la carne;
13 porque si vivís conforme a la CARNE, moriréis; mas si por el Espíritu HACÉIS MORIR las OBRAS DE LA CARNE, viviréis.
14 Porque todos los que son GUIADOS POR EL ESPÍRITU DE DIOS, éstos son hijos de Dios.

"Hacer morir" significa: *matar, mortificar, morirse,* o *subyugar*. Hacer morir o crucificar la carne es algo que todo creyente debe hacer por su cuenta; Dios no puede hacerlo por él.

Su esposo, su esposa o su pastor no pueden hacer morir en usted las obras de la carne. *Debe* "matar", "mortificar" y "subyugar" los deseos de su naturaleza carnal. Esto es parte de su "adoración espiritual" (cf. Romamos 12:1,2) al presentar su cuerpo como un sacrificio vivo a Dios. Es parte del sometimiento a Dios para poder resistir al diablo.

Aquellos que continuamente practican el hacer morir las obras de la naturaleza no regenerada, no tendrán los problemas que tienen los cristianos carnales con el diablo. Esto no significa que el diablo no va a intentar atacarlos, sin embargo, sabrán cómo evitar que tenga lugar en ellos.

GÁLATAS 5:24 (é.a)
24 Pero los que son de Cristo han CRUCIFICADO la CARNE con sus PASÍONES y DESEOS.

Crucificar la carne no es algo placentero. Todo cristiano tiene la misma salida para evitar caer presa del diablo a través de los deseos de la carne. ¿Por qué? Porque no duele dejar que la carne actúe.

En el Movimiento Carismático no hay mucha enseñanza acera de crucificar la carne. Esta es una de las razones por la cual algunas personas han llevado al extremo las enseñanzas acerca de los demonios, pensando de esta manera que todo lo malo que les sucede es obra del diablo. No, no todo lo malo es un resultado directo de un diablo o un demonio. Mucho de lo que los creyentes llaman el diablo no es más que las obras de la carne. Y nadie puede hacer nada con respecto a su carne; ¡tiene que crucificarla! (cf. Colosenses 3:5).

Estos sujetos que siempre están tratando de echar fuera un demonio quieren la salida fácil. Es más fácil para un creyente traer a *alguien* para que le trate de sacar el demonio que crucificar y hacer morir su carne con sus pasiones y deseos, pues eso es algo doloroso.

Años atrás, una mujer vino a mí, después de una de mis reuniones, buscando liberación por un diablo. Me dijo: "Hermano Hagin, deseo que eche fuera de mí este viejo espíritu de rencor". Me explicó que una mujer cristiana la había ofendido. "Esa hermana me hizo daño. Dios sabe que la quiero perdonar, pero *no puedo*. ¡Por favor, eche fuera de mí a ese viejo espíritu de rencor!".

Le pregunté: "¿Alguna vez a perdonado a su esposo?".

Contestó: "Claro que sí".

Le dije: "Creí que había dicho que *no podía* perdonar debido a ese espíritu de rencor. No, si usted no puede perdonar a una persona, no puede perdonar a otra. El verdadero problema es que no *quiere* perdonar a esa hermana. Usted quiere conservar un rencor contra ella".

"No necesita que le echen fuera ningún demonio. Ese rencor es solo su carne, y va a tener que tratar con eso por sí misma. Lo único que tiene que hacer es lo que la Palabra de Dios dice en Efesios 4:32: 'Antes sed benignos unos con otros, misericordiosos, perdonándoos unos a otros, como Dios también os perdonó a vosotros en Cristo' ".

Si Dios nos dijo que fuéramos bondadosos y que nos perdonáramos unos a otros como Él lo hizo, esto significa que sí podemos hacerlo. Pero no le va a ser posible a perdonar si deja que la carne lo controle. Dios jamás le diría que hiciera algo que no puede hacer, pues eso sería injusto. Y Dios no es injusto.

Podemos perdonar de la misma manera que Dios nos perdonó, pues su amor ha sido derramado en nuestros corazones (cf. Romanos 5:5). Entonces, la mayoría de las veces, no se trata de echar fuera un demonio; se trata de crucificar la carne para que el amor de Dios, en nuestros corazones, pueda ser manifestado en el hombre exterior.

¡Dios no tiene "soluciones fáciles", ni está manejando ningún lugar de comida rápida u ofertas de descuento! Si quiere experimentar el caminar de un cristiano triunfante sobre el diablo, la carne y el mundo, entonces le va costar lo mismo que siempre ha costado.

Va a tener que estar completamente basado en la Palabra y vivir bajo los principios de la Palabra de Dios. ¡Tendrá que empezar crucificando la carne y aprendiendo a caminar en la clase de amor de Dios! No va a solucionar todos sus problemas tratando todo el tiempo solo con el diablo. ¡Sí, hay momentos en que debemos tratar con él, pero la mayoría de las veces es su carne causándole problemas!

El remedio de Jesús para los problemas de la "carne"

MATEO 5:29,30 (é.a)

29 Por tanto, si tu ojo derecho te es ocasión de caer, SÁCALO, y échalo de ti; pues mejor te es que se pierda uno de tus MIEMBROS, y no que todo tu cuerpo sea echado al infierno.

30 Y si tu mano derecha te es ocasión de caer, CÓRTALA, y échala de ti; pues mejor te es que se pierda uno de tus MIEMBROS, y no que todo tu cuerpo sea echado al infierno.

Las instrucciones de Jesús de cómo tratar con la carne son tan directas como las de Pablo. En estas Escrituras, Jesús no estaba diciendo literalmente que se sacaran el ojo o se cortaran la mano. Eso es un simbolismo. Lo que estaba diciendo era que algunas veces dolerá al tratar con sus deseos y apetitos carnales de igual manera como dolería si se cortara uno de los miembros de su cuerpo.

Será doloroso para su carne el apartar estas ansiedades. Por esto la Biblia utiliza la palabra *"crucificar"* y *"hacer morir"*; no es placentero. A la carne le duele.

Así como lo hizo Pablo, Jesús también hizo énfasis en que *usted* es el que tiene que sacarse de su carne esas tendencias, deseos, apetitos y ansiedades malignas y echarlas fuera. Dios no lo va a hacer.

Por supuesto que Dios lo va a fortalecer y a animar, pero Él no lo hará por usted. No será placentero, pero esa es la única manera en que podrá ser gobernado y dirigido por el Espíritu, en vez de ser gobernado y dirigido por la carne. Dejará de ser consciente de la carne para no ser presa fácil del diablo. De hecho, esta es una de la formas de someterse a Dios y resistir al diablo (cf. Santiago 4:7).

Dios, "¡quítame el tabaco!"

Había una mujer en Texas que asistió a una de mis reuniones. Después que todos partieron, permaneció en el altar orando, gimiendo y quejándose. De tarde en tarde, gritaba: "¡Quítamelo, Señor! ¡Tú sabes que no lo quiero!". Y luego gritaba, como cuando un tren entra por un túnel.

Finalmente, le dije: "¡Hermana!, ¿qué es lo que quiere?".

Ella dijo: "Ah, ese viejo vicio del tabaco".

Le respondí: "Dios no le va a quitar el tabaco. ¿Qué haría Dios con él si lo tuviese? Él no consume tabaco. Tendrá que hacer algo al respecto por usted misma. Va a tener que crucificar su carne".

Ella dijo: "¡Ah, pero no podría dejar ese buen tabaco!".

Recuerde, Jesús dijo que si su mano lo ofendía, debía cortarla. Él no se refería a tomar un hacha y cortarse la mano. Pero cuando desecha los malos deseos y los antojos de su carne, va a "crucificarla", "Matarla", y "darle muerte". ¡Muchas personas hoy en día quisieran echarle fuera a un "demonio de tabaco"! Eso era lo que ella quería, la salida fácil.

Tendrá que crucificar su carne y poner sus apetitos y antojos carnales, malos deseos bajo sujeción. El diablo intentará ganar acceso de la forma en que pueda, y empleará los antojos de su carne para hacerlo si se lo permite. *Pero usted no tiene por qué permitírselo.*

Cuando el diablo intenta usar su carne para obtener acceso, esto no quiere decir que este poseído por un demonio. El diablo siempre trabajará a través de la carne porque su cuerpo aún no está redimido y sus cinco sentidos físicos hacen contacto con este mundo en donde Satanás es dios (cf. 2 Corintios 4:4). Pero si no le proporciona al diablo nada con qué trabajar, si no le da ningún lugar en su vida, no tendrá ningún chance de entrar.

Así que la Biblia dice que existen malos deseos, de la naturaleza humana carnal, que no tienen nada que ver con espíritus malignos. No se puede echar fuera a la carne; se deben *crucificar* o *mortificar* sus obras. Sin embargo, si continua dándole lugar a los malos deseos de su carne, eventualmente le abrirá la puerta a un espíritu maligno.

El diablo dará gusto a los creyentes y los ayudará a llevar a cabo los malos deseos de sus inclinaciones carnales. Y, eventualmente, un espíritu maligno podrá tomar el control de aquellos creyentes que de manera continua ceden a los malos deseos de su naturaleza carnal y sensual. Esta es la única forma por la cual Satanás obtiene acceso, incluso en los creyentes.

Ponga la responsabilidad donde pertenece

¿Alguna vez ha pensado acerca de esto? El Espíritu Santo ayuda y anima a los creyentes a hacer lo correcto. Y si nos rendimos al Espíritu Santo, podemos hacer lo que es correcto. Pero a pesar de que Él nos *ayuda* a hacer lo correcto, no podemos en realidad afirmar que es *Él* el que hace lo correcto, *nosotros* lo hacemos. En últimas, somos nosotros los que escogemos rendirnos al Espíritu Santo y caminar en línea con la Palabra y hacer lo correcto. El Espíritu Santo nos asiste, claro está, pero tenemos que rendirnos a sus suaves impulsos.

Es lo mismo con el diablo. Éste ayudará y animará a las personas (salvas y no salvas por igual, si se lo permiten) a hacer lo *incorrecto* en cualquier forma en que puedan. El cristiano no está bajo su dominio, pero aun así Satanás intentará operar a través de su carne para llevarlo a hacer el mal *si se lo permiten.*

Satanás tiene dominio sobre aquellos que caminan en la oscuridad, de manera que puede asistirlos grandemente a hacer el mal. Pero en un aspecto, no se puede decir que todo el mal que es cometido por aquellos que están en oscuridad es de manera completa y absoluta el producto de la obra del diablo.

De acuerdo con las Escrituras, los malos deseos de su naturaleza carnal están también involucrados en hacer el mal. De la misma forma en que el Espíritu Santo nos *asiste* a hacer el bien, el diablo *asiste* a cualquiera que se encuentra caminando en la oscuridad a hacer el mal. Pero aún así, es responsabilidad de la persona lo que hace ya que cada quien tiene la libertad de escoger.

EFESIOS 2:1-3 (é.a)
1 Y él os dio vida a vosotros, cuando estabais muertos en vuestros delitos y pecados,
2 en los cuales anduvisteis en otro tiempo, siguiendo la corriente de este mundo, conforme al príncipe de la potestad del aire, el espíritu que ahora OPERA en los hijos de desobediencia,
3 entre los cuales también todos nosotros vivimos en otro tiempo en los DESEOS DE NUESTRA CARNE, haciendo la VOLUNTAD de la CARNE y de los PENSAMIENTOS, y éramos por naturaleza hijos de ira, lo mismo que los demás.

Las Escrituras nos dicen que el diablo, o "el príncipe de la potestad del aire", *opera* en las personas para el mal, así como el Espíritu Santo *opera* para el bien.

FILIPENSES 2:13 (é.a)

13 Porque Dios es el que EN VOSOTROS PRODUCE así el querer como el hacer, por su BUENA voluntad.

Las personas no pueden cargar todo sobre el diablo y culparlo de todas las cosas malas que les ocurren. No todo el mal es el trabajo directo de un demonio. De forma indirecta, claro está, todo lo que es maldad se originó con el diablo. Pero lo que estoy intentando establecer es que las personas juegan su propio papel en el obrar mal; la elección es suya.

En un lado de la zanja los creyentes intentan cargar todo sobre el diablo, y en el otro cargar todo sobre el Espíritu Santo: esto no debe ser así. En otras palabras; no pueden poner toda la responsabilidad de sus acciones sobre el Espíritu Santo.

El Espíritu Santo nos incita y nos guía delicadamente, pero tenemos que rendirnos a Él y responder a sus instrucciones. Aun así debemos *escoger* hacer lo que es correcto o lo que esta mal. Cuando escoge hacer el mal, no es el *diablo* el que está escogiendo, es *usted*. Él puede tentarlo, claro está, pero en últimas es usted quien toma la decisión con respecto a quien se va a rendir: a Satanás o al Espíritu Santo.

Los placeres de la carne

Este pasaje, que fue escrito para los cristianos, también habla del tema de las obras de la carne, o de "los placeres de la carne".

SANTIAGO 4:1-3 (é.a)

1 ¿De dónde vienen las guerras y los pleitos entre vosotros? ¿No es de VUESTRAS PASÍONES, las cuales combaten en VUESTROS MIEMBROS?

2 CODICIÁIS, y no tenéis; matáis y ardéis de envidia, y no podéis alcanzar; combatís y lucháis, pero no tenéis lo que deseáis, porque no pedís.

3 Pedís, y no recibís, porque pedís mal, para gastar en VUESTROS DELEITES.

De acuerdo con el *Diccionario Expositorio de Palabras del Nuevo Testamento de Vine*, la palabra "pasiones" también se traduce *placeres*. Las pasiones son los "placeres" de la carne. Los placeres de la carne no son demonios o espíritus malignos.

El *Espíritu Santo* usa al creyente, su personalidad y su cuerpo para obrar acciones de justicia (cf. Filipenses 2:13). El *diablo* también puede usar al creyente y su naturaleza carnal y los placeres de su carne para influenciarlo a obrar acciones de injusticia y desobediencia.

Esta es la razón por la cual no se le puede llamar a la carne "un espíritu maligno" o "un diablo". Las pasiones *también* pueden ser los "placeres" de la carne. Cuando una persona es salva, aun a pesar de que su *espíritu* fue recreado, su cuerpo aún desea simplemente satisfacer los placeres de la carne de la misma forma en que lo hacía antes de ser salvo.

Por ejemplo, si un joven fue salvo y estaba acostumbrado a tener relaciones sexuales con mujeres antes de su conversión, su carne va a querer continuar haciéndolo. Esto no significa necesariamente que se deba echar fuera de él a un diablo. Lo único que necesita es aprender a mantener su carne bajo sujeción a su espíritu y a caminar en línea con la Palabra de Dios, porque Dios no permite el pecado.

Cada nuevo creyente necesita entrar en la Palabra de Dios por su cuenta para renovar su mente y aprender cómo presentar su cuerpo a Dios como un sacrificio vivo. Como una criatura nacida de nuevo, tendrá que aprender cómo permitirle a su hombre interior dominar su carne.

Así que no todo acto de hacer el mal es el resultado directo de un *demonio*. En ocasiones se escucha a predicadores que quieren echar fuera a *este demonio* y *ese demonio* fuera de los creyentes, cuando no son en lo absoluto los causantes del problema, es sencillamente el obrar de la carne no regenerada.

Por ejemplo, he escuchado a ministros intentar echar fuera de una persona a un demonio de glotonería. Pero el comer en exceso es una pasión o un *placer* de la carne. Hay placer en comer. Cuando se lleva al extremo, el comer se convierte en glotonería y esto está mal, y estoy seguro de que el diablo puede involucrarse en el comer demasiado y animar a las personas a hacer el mal, de igual forma en que lo puede hacer con cualquier otro tipo de extremo. Pero comer en exceso no es necesariamente obra del diablo. Puede ser la ausencia de un fruto del espíritu tal como el dominio propio o el auto-control (cf. Gálatas 5:23; Filipenses 4:5).

A pesar de que el diablo se puede involucrar en ocasiones en el comer en exceso, por otro lado, sencillamente es agradable comer. No es agradable ayunar; a la carne no le gusta el ser negada o crucificada. Pero se nos advierte en la Palabra que mantengamos la carne en sujeción y el ayunar nos ayuda a hacer esto.

Extremos y excesos

Vemos algunos de los mismos extremos y excesos en estos días acerca de los demonios que vimos en los días de *La Voz de Sanidad*. La Voz de Sanidad era una revista publicada por Gordon Lindsay, pero también era una organización de evangelistas y ministros. En los días en que era activo este ministerio, algunos ministros estaban siempre intentando echar fuera demonios de los creyentes.

Por ejemplo, cuando pasaban al frente para ser liberados del cigarrillo o de otra adicción, algunos ministros estaban siempre intentando echar fuera un demonio de nicotina o de alcohol.

No sabía que la nicotina era un *espíritu*. Es una sustancia, y le hace daño al cuerpo humano. Claro está, el diablo puede aferrarse al abuso de substancias, de la misma forma en que puede aferrarse a cualquier cosa que sea extrema o dañina para el cuerpo.

Pero el punto es este; los deseos carnales o "placeres" de la carne, incluyendo las adicciones físicas, siempre intentarán dominarlo si no hace algo al respecto.

ROMANOS 6:6,7,11-16 (é.a)

6 Sabiendo esto, que nuestro VIEJO HOMBRE fue CRUCIFICADO juntamente con él (Cristo), para que el CUERPO DEL PECADO sea destruido, a fin de que NO SIRVAMOS MÁS AL PECADO.

7 Porque el que ha muerto, HA SIDO JUSTIFICADO DEL PECADO ...

11 Así también vosotros CONSIDERAOS MUERTOS AL PECADO, pero vivos para Dios en Cristo Jesús, Señor nuestro.

12 No reine, pues, el pecado en vuestro CUERPO MORTAL, de modo que lo obedezcáis en SUS CONCUPISCENCIAS;

13 ni tampoco presentéis VUESTROS MIEMBROS (nuestros cuerpos) al pecado como instrumentos de iniquidad, sino presentaos vosotros mismos a Dios como vivos de entre los muertos, y vuestros MIEMBROS a Dios como instrumentos de justicia.

14 Porque EL PECADO NO SE ENSEÑOREARÁ DE VOSOTROS; pues no estáis bajo la ley, sino bajo la gracia.

15 ¿Qué, pues? ¿Pecaremos, porque no estamos bajo la ley, sino bajo la gracia? En ninguna manera.

16 ¿No sabéis que SI OS SOMETÉIS A ALGUIEN COMO ESCLAVOS PARA OBE-DECERLE, SOIS ESCLAVOS DE AQUEL A QUIEN OBEDECÉIS, sea del pecado para muerte, o sea de la obediencia para justicia?

De manera clara, la Biblia dice que no debemos rendir los miembros de nuestro cuerpo a la injusticia (cf. v. 13). No tenemos que servir al pecado; y se supone que el pecado no tendrá dominio sobre nosotros porque Jesús nos liberó de su dominio.

Sin embargo, tendrá que "considerarse" como muerto al pecado con el fin de evitar que los miembros de su cuerpo sirvan al pecado, porque su cuerpo va a querer seguir sirviendo al pecado si se lo permite. Su cuerpo y sus miembros no están muertos; esta es la razón por la que debe "considerarlos" o *hacer de cuenta* que están muertos al pecado.

Ciérrele la puerta a Satanás en su forma de pensar

Para poder "considerarse" o "hacer de cuenta" que sus miembros físicos están muertos, va a tener que aprender a cerrarle la puerta a Satanás en sus pensamientos. Si usted fracasa en esa área, siempre va a tener problemas con el diablo, ya que le estará dando acceso para que lo ataque.

Satanás siempre intentará entrar en una persona, salva o no salva por igual, a través de sus pensamientos, si ésta se rinde y lo escucha.

Los pensamientos pueden venir; de hecho, no siempre se puede evitar que los pensamientos vengan. Pero usted sí puede evitar *entretener* pensamientos malsanos y destructivos. Es como el viejo refrán: "¡Usted no puede evitar que las aves vuelen sobre su cabeza, pero sí puede evitar que estas hagan un nido en su cabello!"

No puede evitar que vengan a su puerta y golpeen, pero tendrá algo que decir con respecto a quién invita a casa. Los pensamientos aparecerán en su cabeza, y luego el diablo dirá: "¡Mira, ni siquiera eres salvo, de lo contrario no estarías pensando esas cosas!"

En ocasiones, el más santo de los santos encuentra pensamientos en su mente que su corazón resiente. *Los pensamientos pueden venir y pueden persistir, pero los pensamientos que no son puestos por obra se mueren antes de nacer.*

El más santo de los santos y que está lleno con el Espíritu Santo y en cuya vida se demuestra el poder de Dios, tiene aun que mantener la puerta de su mente cerrada a los pensamientos del diablo. Aún así, él debe mantener su mente fuerte, renovándola con la Palabra y sometiendo su propia carne de manera que no caiga presa del diablo.

Pablo tenía que mantener su cuerpo bajo control y *ponerlo* en servidumbre (cf. 1 Corintios 9:27). ¿No era Pablo un hombre de Dios? ¿No era un apóstol? ¿No seguían a su ministerio señales, prodigios y milagros? Por supuesto. Pero la carne de Pablo no era nacida de nuevo o redimida, así como nuestra carne no es redimida, y siempre va a querer hacer lo que está mal.

Si mantiene su cuerpo sujeto a su espíritu recreado, no va a tener todos los problemas que algunas personas tienen con el diablo, porque Satanás no va a tener nada por medio de qué trabajar. Y si renueva su mente con la Palabra, no va a ser muy probable que se rinda a los pensamientos y sugestiones de Satanás. La Biblia habla acerca de "ceñirse los lomos de su entendimiento". Debe hacer esto con la Palabra de modo que su mente sea fuerte, y así poder resistir de manera exitosa los pensamientos del enemigo.

Sea cuidadoso con lo que alimenta su mente. Alguien ha dicho que es la puerta de acceso al alma. Esta es la razón por la que es de vital importancia aquello en lo que medita su mente. Permítame enseñarles cómo los espíritus malignos pueden entrar en la mente de un creyente. Un hombre, que era el jefe del departamento de psicología de una universidad, vino a verme. Él y su esposa vinieron porque él estaba teniendo problemas con demonios.

Él me dijo; "Me gradué en psicología y me especialicé en el comportamiento del criminal sexual". Él tenía muchos libros en su biblioteca acerca de este tipo de criminales. No era un cristiano en el momento en que empezó a estudiar estos libros.

Con el transcurso del tiempo, él y su esposa fueron salvos y bautizados en el Espíritu Santo, y él se retiró de la jefatura del departamento de psicología. Cuando lo hizo, no volvió a leer aquellos libros. Por más de dos años no tuvo ningún tipo de problema. Pero aún guardaba esos libros y, eventualmente, comenzó a leerlos nuevamente.

Cuando él y su esposa acudieron por mi ayuda, él me dijo: "No sé por qué, pero tengo todos estos libros acerca del criminal sexual; empecé nuevamente a leer los casos de abuso de menores". Él continuó alimentando su mente con esto y continuó estudiando acerca de personas motivadas por el diablo para cometer crímenes sexuales; un espíritu maligno se metió en su mente. Empezó a sentir un fuerte deseo de abusar de pequeñas niñas. Finalmente, comenzó a actuar de acuerdo a ese deseo.

Debe ser cuidadoso con lo que lee. Debe tener tanto cuidado con lo que lee como lo tiene con lo que come. Ni siquiera pensaría en comer veneno, ¿verdad que no? Si alguien le dijera: "¡No coma eso! Es venenoso y lo va a matar", ¿lo comería a pesar de eso? ¡No!

Bueno, debe ser tan cuidadoso con lo que entra a su mente como lo es con lo que entra en su estómago. El diablo puede obtener acceso a su alma a través de un libro, de la televisión y de formas similares, por medio de lo que introduce en su mente.

Eventualmente, la esposa de este hombre descubrió lo que estaba haciendo y pidió el divorcio. Pero finalmente, cuando vino a verme, pidiéndome ayuda, vino junto con él. Él me dijo: "Parecía ser como si no lo pudiese evitar". El diablo entró porque él se rindió a su carne. Le permitió a un espíritu maligno entrar en su mente al leer aquellos libros. Le había abierto la puerta al diablo, y el diablo se acomodó. Los espíritus malignos estaban trabajando con su carne para llevarlo a cometer estas cosas.

Él me dijo: "Yo conozco acerca de este tema. Lo he estudiado y lo he enseñado. Lo que sucede es que usualmente el criminal termina matando a una de estas niñas de quien abusa y va a parar a la silla eléctrica. Hermano Hagin, esa cosa simplemente tomó el control de mí. No quiero abusar de esas niñas. ¿Puede ayudarme?".

Mientras hablaba, el Espíritu Santo me mostró que en este caso había tres demonios involucrados. Supe eso por la palabra de conocimiento. Tiene que depender del Espíritu Santo en esta área. No sabrá qué es lo que está operando en su contra a no ser que el Espíritu Santo se lo muestre.

Le contesté: "Puedo ayudarlo. Percibo que no es tan solo un espíritu el que lo está forzando, sino que en realidad hay tres involucrados. Primero, hay un espíritu de engaño que se ha aferrado. Luego, está un espíritu de mentiras. Y también hay un espíritu inmundo involucrado. Puedo echar fuera a estos tres espíritus, pero no servirá para nada a no ser que usted haga algo al respecto".

Cuando las personas pecan, ellas tienen que arrepentirse y alejarse por completo de hacer el mal antes de que puedan recibir ayuda. Cualquier persona puede ser liberada de un espíritu maligno, *si en realidad lo quiere.* Pero lo que esta persona haga después de ser liberada de los espíritus malignos es de vital importancia.

¿Va a alimentar su mente de la Palabra de Dios? ¿Va a ser lleno del Espíritu Santo y va a dejar de darle al diablo lugar en su vida? ¿O va a estar como dice la *escritura*: "DESOCUPADO, barrido y adornado" (Mateo 12:44)? Si una persona es liberada de un espíritu maligno y no se le enseña la Palabra de Dios, entrarán nuevamente en él.

Así mismo, no puede echar fuera a un espíritu maligno de alguien que no desea ser liberada. Si una persona quiere mantener al espíritu maligno, lo puede hacer. No podrá ir en contra de la voluntad de otro y liberarlo si él quiere mantener al espíritu maligno. Esta es la razón por la que no puede ir por ahí echando fuera demonios de las personas en forma indiscriminada.

Si una persona en realidad tiene un demonio, cometería una injusticia en su contra si echara fuera de él al demonio a no ser que le enseñe a llenarse con la Palabra y con el Espíritu Santo. Es la Palabra, habitando en él, la que lo capacitaría para resistir los ataques de Satanás. Si no se llena con la Palabra y si no se le enseña *cómo no* dar lugar al diablo, la Biblia dice que puede terminar en peores condiciones de lo que estaba antes (cf. Mateo 12:43-45).

Así que le dije a este profesor retirado: "Si me da el permiso, puedo ejercer mi autoridad sobre estos tres espíritus malignos por usted. Pero tan pronto como salgan de aquí, va a tener que tomar una posición en contra del diablo.

"Porque verá, no tiene sentido echar fuera a estos espíritus malignos y liberarlo a no ser que vaya a hacer algo con respecto a esta situación. De lo contrario, el diablo va a regresar y va a encontrar su casa *vacía*, y va a terminar en peor estado que antes", y le mostré Mateo 12:43-45.

Le dije: "En esta *escritura* dice que la casa del hombre estaba *limpia* (barrida y adornada) pero estaba *vacía*. No había sido llena con nada".

¿De qué llena una casa después que se ha limpiado? La Palabra, primero que todo, y segundo, la oración. Nunca ponga la oración antes de la Palabra. La oración siempre debe estar en línea con la Palabra de Dios.

2 PEDRO 1:4 (é.a)
4 Por medio de las cuales nos ha dado PRECIOSAS Y GRANDÍSIMAS PROMESAS, para que POR ELLAS LLEGASEIS A SER PARTICIPANTES DE LA NATURALEZA DIVINA, habiendo huido de la corrupción que hay en el mundo a causa de la CONCUPISCENCIA.

La Palabra de Dios, sus preciosas y grandísimas promesas, nos son dadas para que podamos escapar de la corrupción que hay en el mundo a través de la concupiscencia. Una de las formas en que nos hacemos partícipes de la naturaleza divina es alimentándonos de la Palabra de Dios.

Le dije a este profesor retirado: "No voy a hacer nada por usted, ni siquiera voy a orar a no ser que me prometa que va a hacer tres cosas".

Él dijo: "Voy a hacer lo que me diga".

Dije: "Primero, queme esos libros. Segundo, jamás vuelva a leer libros de eso tipo porque así es como se mete el diablo. Usted abrió su mente a espíritus malignos. Tercero, lea la Palabra y ore en lenguas todos los días. Manténgase lleno de la Palabra y lleno del Espíritu Santo".

Una persona puede ser salva, pero si no va a caminar con Dios, a leer la Biblia, asistir a la iglesia y tener comunión con otros cristianos, nunca va a lograr algo en lo espiritual. Siempre estará abierto a los ataques del diablo, y va a desviarse del buen camino. Es lo que una persona *hace* después de que ha sido salva y llena con el Espíritu Santo, lo que determinará lo victoriosa que será contra el diablo.

Le enseñé a este hombre cómo evitar darle acceso al diablo. Luego eché fuera a esos espíritus malignos. Jamás me levanté siquiera de mi silla. Solo apunté mi dedo hacía él y dije muy calmadamente: "Le ordeno a ustedes tres, espíritus malignos, salir de este hombre en el nombre de Jesucristo".

En el mundo espiritual, por medio del discernimiento de espíritus, vi a esos tres espíritus partir, así como aves levantando vuelo. No es necesario ver algo con el fin de tratar de manera efectiva con espíritus malignos. El hombre no vio nada, ni tampoco su esposa, ni mi esposa. Pero estaba viendo en el mundo espiritual debido a que el don de discernimiento de espíritus estaba en operación. Sin embargo, en lo natural, *no hubo ningún tipo de manifestación en aquel hombre.*

Como un año después, este hombre y su esposa asistieron a una de nuestras reuniones. Habían regresado juntos, sonriendo y cogidos de mano. Él me dijo: "Hermano Hagin, no he vuelto a tener ningún problema, ¡alabado sea Dios! Hice justamente lo que me dijo que hiciera. Quemé cada uno de esos libros. Me he mantenido en la Palabra y he orado en lenguas cada día, y jamás he vuelto a tener ningún problema, ni siquiera he vuelto a ser tentado en esa área. Eso se ha ido".

Si a este hombre se le hubiese enseñado a presentar su cuerpo como un sacrificio vivo a Dios, no hubiese tenido problemas con espíritus malignos en primer lugar, porque no hubiese leído esa clase de libros.

Si hubiese presentado su cuerpo a Dios, el diablo no hubiese entrado él, en su *pensamiento* o en su *cuerpo.* Pero no sabía que su naturaleza carnal no estaba redimida y que el diablo le daría gusto a su carne, así que se entregó a su carne de modo que esos espíritus pudieron aferrarse a él. De hecho, si hubiese sabido de su autoridad en Cristo, hubiese podido tratar con esos espíritus.

En algunos de esto casos, nada sino la carne estaba involucrada, de manera que no había nada que "echar fuera". En otros casos, especialmente en los *anormales* como este, estaban involucrados espíritus malignos. Y en algunos otros es la combinación de los dos, la carne y el diablo trabajando juntamente.

Por ejemplo, puede entender como un hombre puede involucrarse físicamente con una mujer porque el hombre tiene un deseo natural por ella. Claro está, toda relación sexual por fuera del matrimonio está prohibida de manera expresa por la Escritura (cf. 1 Corintios 6:18). Pero cuando llega al punto en que un hombre adulto acosa a niños, eso es *anormal*. Eso está más allá de una simple obra de la carne; un espíritu maligno está involucrado en ese tipo de deseo sexual anormal, y tendrá que ser tratado para que la liberación se complete.

¿Un "espíritu" de glotonería?

En cierta ocasión, una mujer se acercó a mi esposa después de una de nuestras reuniones. Era una joven obesa, de aproximadamente veintiocho años de edad. Le dijo: "En nuestro grupo de oración me echaron fuera el espíritu de glotonería, pero desde ese entonces he subido veintiséis kilos".

Mi esposa le preguntó: "Bueno, ¿pero te explicaron algo acerca de tu dieta y de desarrollar buenos hábitos al comer?"

Contestó: "Ah, no. Ellos simplemente dijeron: 'ese espíritu se ha ido. Ya puedes comer todo lo que quieras' ".

¡Eso es ir muy lejos con el asunto de los demonios! ¡No sería eso maravilloso si fuera cierto! Regrese a la Biblia. ¿Qué es lo que dice? Afirmé: "*Pon cuchillo a tu garganta, si tienes gran apetito*" (Proverbios 23:2). En otras palabras; *usted* es el que tiene que hacer algo con el exceso de comida. Pare *usted* de comer tanto. No me importa cuantas dietas esté haciendo, al final de todo, la única manera de controlar su peso es que controle sus hábitos de alimentación.

En algunos casos, algunas personas necesitarán de un examen médico para mirar si el problema es causado por un desequilibrio químico. Es muy fácil echarle la culpa de la glotonería o de las debilidades carnales a un demonio, y quitarles la responsabilidad a los creyentes para que hagan algo acerca de los excesos en la comida.

La mayoría de las veces, las personas están buscando una solución fácil. "¡Solo echémosle fuera ese espíritu de glotonería!". Sin embargo, Dios no siempre provee una salida "fácil", pues no está en el negocio de las "soluciones fáciles". Le va a costar un precio doblegar su apetito y negarse a la propia carne.

Estos son unos de los extremos que están siendo practicados hoy en día en el Cuerpo de Cristo. Las personas pueden creer todo lo que les digan al seguir creencias y enseñanzas extremas en esta área. Debemos mantener un balance bíblico e ir por la mitad del camino para no caer entre las zanjas.

Santificación

En los círculos carismáticos hay muy poca enseñanza acerca de la santificación. Como resultado, están siendo llevadas a cabo hoy en día muchas prácticas malignas en la iglesia. Básicamente, lo que tiene que entender es que la santificación es un proceso. No se va a santificar en un día, una vez y para siempre, para no volver a pecar. No me importa cuanto conozca de la Palabra, va a tener que hacer su parte para apartarse para la impiedad.

En los viejos tiempos del Movimiento Pentecostal, algunos grupos de la "santidad" enseñaron acerca de la santificación. Probablemente sus enseñanzas eran extremas en algunas áreas, pero se esforzaron para enseñarle a la gente a vivir una vida de santidad. El vivir un estilo de vida santificado ayuda a mantener a su carne bajo el dominio de su espíritu, para que así Satanás no tenga dominio sobre usted. Satanás no lo puede dominar si no encuentra lugar y si ejercita su autoridad en Cristo.

¿Qué dice la Palabra acerca de la santificación?

1TESALONICENSES 4:1,3-5,7 (é.a)
1 Por lo demás, hermanos, os rogamos y exhortamos en el Señor Jesús, que de la manera que aprendisteis de nosotros CÓMO OS CONVIENE CONDUCIROS y AGRADAR A DIOS, así abundéis más y más . . .
3 Pues la voluntad de Dios es vuestra SANTIFICACIÓN; que os apartéis de FORNICACIÓN;
4 QUE CADA UNO DE VOSOTROS SEPA TENER SU PROPIA ESPOSA EN SANTIDAD Y HONOR;
5 No en PASIÓN de concupiscencia, como los gentiles que no conocen a Dios . . .
7 Pues no nos ha llamado Dios a INMUNDICIA, sino A SANTIFICACIÓN.

Aquellas dos palabras, "inmundicia" y "santificación", en el versículo 7, tienen que ver con el caminar espiritual del creyente con el Señor, mencionado en el versículo 1. Los creyentes no pueden caminar en *inmundicia* y así agradar a Dios. Para agradarlo tendrán que caminar en *santificación*.

En el versículo 7, Pablo utilizó la palabra "inmundicia". En los versículos 3 y 5 sólo menciona la fornicación y la pasión de concupiscencia. "Concupiscencia" significa *un deseo por aquello que es prohibido*. Veamos cómo utiliza Pablo la palabra "inmundicia" en sus epístolas, porque si camina en *santificación* y en *santidad* no le va a dar lugar al diablo.

ROMANOS 1:24-28 (é.a)
24 Por lo cual también Dios los entregó a la INMUNDICIA, en las CONCUPISCEN-CIAS DE SUS CORAZÓNES, de modo que deshonraron entre sí sus propios cuerpos,

25 ya que cambiaron la verdad de Dios por la mentira, honrando y dando culto a las criaturas antes que al Creador, el cual es bendito por los siglos. Amén.

26 Por esto Dios los entregó a PASÍONES VERGONZOSAS; pues aun sus mujeres cambiaron el uso natural por el que es contra naturaleza,

27 y de igual modo también los hombres, dejando el uso natural de la mujer, se encendieron en su LASCIVIA unos con otros, cometiendo hechos vergonzosos hombres con hombres, y recibiendo en sí mismos la retribución debida a su extravío.

28 Y como ellos no aprobaron tener en cuenta a Dios, Dios los entregó a una MENTE REPROBADA, para hacer cosas que no convienen.

Recuerde que "reprobado" significa *una mente vacía de juicio.* Aquí la Biblia se refiere a la homosexualidad, que incluye el lesbianismo. La Palabra llama a la homosexualidad *inmundicia.* Ciertamente la homosexualidad no es practicar la santificación o la santidad, ¿o sí? ¡Dios no nos llamo a la inmundicia, sino a santidad!

Más adelante, en las Escrituras, vemos que la santificación tiene que ver con nuestro cuerpo.

ROMANOS 6:19 (é.a)

19 Hablo como humano, por vuestra HUMANA debilidad; que así como para iniquidad presentasteis vuestros MIEMBROS (corporales) para servir a la INMUNDICIA y a la iniquidad, así ahora para santificación PRESENTAD VUESTROS MIEMBROS (corporales) para servir a la justicia (en SANTIDAD).

Con relación a los pecados de la carne, la Biblia habla de la inmundicia.

2 CORINTIOS 12:21 (é.a)

21 Que cuando vuelva, me humille Dios entre vosotros, y quizá tenga que llorar por muchos de los que antes han PECADO, y no se han arrepentido de la INMUNDICIA y FORNICACIÓN y LASCIVIA que han cometido.

Note que la palabra "inmundicia" está conectada con las palabras "fornicación" y "lascivia". Otra versión dice "impureza, vicio sexual y sensualidad".

No ha habido mucha enseñanza acerca de cómo los creyentes deben poseer sus "vasos" o cuerpos en santificación y honor. El Espíritu Santo, habitando en el hombre interior, mora dentro del vaso del creyente, su cuerpo. Y Dios no ha llamado a su vaso para inmundicia, sino a santidad.

Pablo está predicando el mismo mensaje a cada creyente acerca de la santificación. Él utilizó diferentes palabras al escribir a las diferentes iglesias, pero básicamente le está enseñando a los creyentes a poseer sus cuerpos en santificación y honor para que así le cierren la puerta al enemigo.

COLOSENSES 3:5 (é.a)

5 HACED MORIR, pues, lo terrenal en vosotros: fornicación, impureza, pasiones desordenadas, malos deseos y avaricia, que es idolatría.

¿Qué es lo que Pablo les dice a los creyentes que "hagan morir" o que mortifiquen? La lista suena familiar: fornicación, inmundicia, pasiones desordenadas, etc.

En Romanos 1, la Biblia habla acerca de las mujeres teniendo pasiones anormales con otras, y hombres con hombres. Pablo lo llamo *pasiones vergonzosas*. Aquí las llama *pasiones desordenadas*. Esto significa una pasión que *no es ordenada*, limpia o completa. No es común para un hombre dejar el uso natural con la mujer para desear a otro hombre. No es natural para una mujer desear a otra mujer.

Dios hizo al hombre y a la mujer para desear a otro miembro del sexo opuesto dentro de los límites del matrimonio. El sexo no es malo en el matrimonio, pero es incorrecto fuera de él. Fornicación, adulterio e inmundicia son incorrectos. El practicar estas cosas le abrirá en su vida grandes caminos a Satanás.

Los creyentes deben hacer morir esas obras inmundas de la carne, para que así puedan poseer sus cuerpos en santificación y honor. Algunos cristianos dicen: "No puedo hacer eso". Pero Dios dijo que sí podíamos. ¡O está Dios mintiendo o ellos lo están!

La verdad es que muchas personas no quieren hacer morir la carne. Solo quieren que esa carne mal oliente los domine. Quieren vivir en la carne con sus placeres y deseos en vez del Espíritu, pues es más fácil.

De hecho, la mayor "batalla" que el creyente jamás llevará acabo no es con el diablo, sino en medio de la carne y el espíritu.

GÁLATAS 5:16,17 (é.a)

16 Digo, pues: Andad en el Espíritu, y no satisfagáis LOS DESEOS DE LA CARNE.
17 Porque el deseo de la CARNE es contra el ESPÍRITU, y el del ESPÍRITU es contra la CARNE; y éstos se oponen entre sí, para que no hagáis lo que quisiereis.

En este pasaje, Pablo les está hablando a cristianos llenos del Espíritu. Él dice: "el deseo de la CARNE es contra el ESPÍRITU". La Versión King James pone en mayúscula la letra "e" en la palabra "Espíritu", haciendo que éste pasaje se refiera al Espíritu Santo. Sin embargo, Pablo en este versículo no está hablando acerca del Espíritu Santo; está hablando acerca del espíritu humano.

W.E. Vine, en su *Diccionario Expositorio de Palabras del Nuevo Testamento,* expone que del griego solo hay una palabra traducida "espíritu" que es "pneuma". Por lo tanto, por el contexto de este pasaje, debemos determinar si "pneuma" se refiere al espíritu humano o al Espíritu Santo.

Gálatas 5:17 dice que el "deseo" de la carne está en "contra", "batallando" o "peleando" contra el espíritu humano recreado. Otra versión dice, "la carne *pelea* contra el espíritu".

Hoy en día, en los círculos cristianos, las personas están hablando mucho acerca de guerra espiritual. Pero la mayor guerra en el caminar cristiano está entre la carne y el espíritu. Sí, debemos tratar con las fuerzas espirituales de las tinieblas, eso es correcto. Pero si prevalece en la guerra entre su carne y su espíritu, no tendrá que contender tanto con Satanás, pues no va a dejarle una puerta abierta al enemigo.

Usted debe entender el conflicto entre la carne y el espíritu humano recreado y el cómo crucificar la carne para así poder poseer su cuerpo en santificación y honor (cf. 1 Tesalonicenses 4:3,4,7). De esta manera no le dará acceso al diablo.

El espíritu del mundo en la Iglesia

Si las personas *no* hacen morir estas obras malignas de la carne, listadas en Colosenses 3:5, ¿podrán ser victoriosos con esto?

COLOSENSES 3:6
6 Cosas por las cuales la ira de Dios viene sobre los hijos de desobediencia.

Aquí Pablo está escribiéndole a hijos de Dios, diciéndoles que la ira de Dios viene sobre los hijos de desobediencia. Si ve, estamos viviendo en un mundo donde Satanás es dios, y los mismos espíritus que están en el mundo intentarán introducirse en la Iglesia, si los dejamos. Por eso es tan importante que los creyentes permanezcan santos y separados de los pecados y deseos del mundo, donde Satanás es dios.

La Biblia hace un fuerte comentario acerca de los creyentes viviendo una vida santa y separada del mundo.

SANTIAGO 4:4 (é.a)
4 ¡Oh almas adúlteras! ¿No sabéis que la AMISTAD DEL MUNDO es ENEMISTAD CONTRA DIOS? Cualquiera, pues, que quiera ser AMIGO DEL MUNDO, se constituye ENEMIGO DE DIOS.

Este versículo no está diciendo que no debemos amar a los pecadores o querer ayudarlos. Lo que no debemos hacer es enredarnos en prácticas mundanas. La amistad con el mundo y el complacerse con prácticas y placeres mundanos abrirán ampliamente una puerta para el diablo en nuestras vidas.

Debemos entender que la Biblia enseña *separación*, y no segregación (cf. 2 Corintios 6:16,17). Allí es donde fallan algunos cristianos. Algunas personas creen que están practicando separación al segregarse, prácticamente aislándose de los no salvos.

Sin embargo, Jesús dijo que debemos estar *en* el mundo, pero no ser *del* mundo (cf. Juan 17:16-18). Lo que Él quería decir era que no debemos ir por las normas de este mundo ni obrar como el mundo. Nuestras vidas deben reflejar una *separación* del mundo y una santificación y separación para Dios en santidad. Debemos ser muy cuidadosos en no permitir que el espíritu del mundo se introduzca en la Iglesia, el Cuerpo de Cristo.

El espíritu del mundo se introdujo en la iglesia de Corinto (cf. 1 Corintios 5:1-5). Pablo le escribió a la Iglesia acerca del pecado sexual que estaba siendo tolerado dentro de ese cuerpo local de creyentes (cf. 1 Corintios 5:1). Había un hombre viviendo con su madrastra. Si usted ha estudiado la historia, sabrá que Corinto era una de las ciudades más licenciosas e inmorales de esa época. Y ese espíritu inmoral se había introducido en la Iglesia.

En otra parte de la Palabra, podemos ver otra de las áreas en la Iglesia en la que el espíritu del mundo sé ha introducido hoy en día.

COLOSENSES 3:8 (é.a)
8 ... DEJAD TAMBIÉN VOSOTROS TODAS ESTAS COSAS: ira, enojo, malicia, blasfemia, PALABRAS DESHONESTAS de vuestra boca.

Hoy en día escuchamos muchas palabras deshonestas de las personas no salvas sujetas al espíritu de este mundo. Pero algunas veces me asombro de la manera en que hablan algunos cristianos. ¡Algunos de ellos también utilizan lenguaje sucio! Si ellos escucharan a su espíritu, su conciencia los condenaría. Pero no están viviendo en el ámbito del espíritu; ¡y después se preguntan cómo el diablo se les metió en sus vidas! ¡Abrieron ellos la puerta con su boca!

Cuando nací de nuevo, jamás había escuchado predicar a alguien sobre este tema. A pesar de que mi lengua quería pronunciar algunas de las palabras que decía antes de ser salvo, después de que nací de nuevo, comencé a escuchar a mi espíritu y ya no pude hablar de esa manera.

Sin embargo, estamos viviendo en una época de mucha licencia y superficialidad. Puede escuchar a personas utilizando estas palabras, pero peor que esto, puede escuchar a personas carismáticas hablando de la misma manera.

Si es un creyente y es culpable de hablar sucio, necesita enderezarse. Usted necesita obedecer lo que Dios dijo en Su Palabra: "Dejad también vosotros ... (las) palabras deshonestas de vuestra boca" (v. 8 (é.a)). De otra manera estará en terreno peligroso. Y cuando se está en el territorio de Satanás, él tiene acceso a su vida.

Gracias a Dios que como creyentes sabemos qué hacer con respecto a Satanás, y conocemos nuestra autoridad en Cristo. Podemos poseer nuestros cuerpos en santificación y honor y aprender cómo afirmarnos con fuerza contra todas las maquinaciones del diablo.

---

[1] W.E. Vine, Diccionario Expositivo de Palabras Bíblicas de Vine (Nashville, Tennessee: Thomas Nelson, Inc., 1985), p. 384.

[2] Ibid., p.593.

Capítulo 4
Distinguiendo La Diferencia Entre
Opresión, Obsesión Y Posesión

La principal forma en que Satanás intenta ganar acceso a las personas es través de su mente y cuerpo. El grado al cual una persona se rinda a Satanás, en estas áreas, determinará qué tanto las puede Satanás influenciar. Ya que el hombre es un espíritu, posee un alma, y vive en un cuerpo, los demonios pueden afectar e influenciar a un hombre en su *cuerpo* y *alma* (mente, voluntad y emociones), sin estar presente en su *espíritu*.

Para comprender realmente cómo los demonios afectan a las personas es importante también comprender la diferencia entre *opresión, obsesión y posesión*. Muchas personas emplean estos términos indiscriminadamente cuando de hecho se refieren a tres grados separados de influencia demoníaca.

Opresión

Los espíritus malignos pueden ejercer cierta cantidad de influencia al buscar oprimir a la humanidad. Los espíritus malignos pueden oprimir a cualquiera, aun a los cristianos si éstos se lo permiten, desde el interior o del exterior de sus cuerpos a almas.

Claro está, los espíritus malignos tienen su mayor rango de influencia cuando pueden entrar en una persona, porque entonces pueden expresarse en el mundo natural. Si los espíritus malignos no pueden encarnar en las personas, intentan ejercer influencia alrededor de las personas en el mundo espiritual. Muchas veces los creyentes, incluso los que son llenos del Espíritu, pueden ser oprimidos por demonios desde el exterior. Satanás intenta oprimirnos al poner toda clase de presión sobre nosotros, hasta que estamos profundamente conscientes de esa acción.

Y tenemos que darnos cuenta que existen diferentes grados de opresión. En otras palabras; una persona puede estar menos o más oprimida. Probablemente todos hemos experimentado la opresión en nuestras vidas en un momento u otro. Por ejemplo, en ocasiones la opresión puede manifestarse como una mal "genio" que trata de venir sobre nosotros. Esto puede ser el resultado directo de la opresión satánica. Las personas también me han dicho: "Por favor, ore por mí. Parece ser como si una enorme y negra nube estuviese sobre mi cabeza".

Esto es opresión satánica. Y en ocasiones las personas están oprimidas en mayor o menor grado. Pero al reprender esa opresión en el nombre de Jesús, estar firme en contra de ella y resistirla, el diablo huirá de nosotros (cf. Mateo 18:18; Lucas 10:19; Filipenses 2:9-11; Santiago 4:7). Los creyentes no necesitan vivir bajo la opresión del enemigo. Y en ocasiones cuando la opresión deja a una persona, se siente como si un peso se levantara de sus hombros.

El miedo es una forma de opresión que viene en contra de muchos cristianos y los lleva cautivos y hace que caigan una y otra vez. El miedo puede aferrarse a la mente de un creyente causando que su espíritu no funcione como debería; esto es, el no estar en dominio sobre su alma y cuerpo.

El temor también puede aferrarse al cuerpo de un creyente y hacer que su estomago se tensione como si algún poder lo hubiese apretado. Esto puede abrir la puerta a la desesperación y al desanimo. Pero la Biblia dice que Dios no nos ha dado un espíritu de temor (cf. 2 Timoteo 1:7), lo que quiere decir que tenemos autoridad sobre éste. Tenemos el derecho de pararnos firmes en contra del temor y reprenderlo.

Aprenda cómo estar firme en el poder de la fuerza de Dios y emplear su gloria y poder, que son su Palabra, para pelear en contra del enemigo. Dios jamás dijo que tenía que pelear contra el enemigo (cf. 2 Crónicas 20:17). Tiene que pelar la buena batalla de la fe, la cual es estar firme en contra del enemigo por medio de la fe en la Palabra de Dios (cf. 1 Timoteo 6:12). Cuando está firme en contra del enemigo con la Palabra, el temor tiene que dejarlo.

El temor no es un amigo; el temor es un enemigo. No debe ser aceptado, alimentado o soportado. Póngase firme en su contra y evítelo como evitaría la enfermedad o la dolencia. Hable la palabra de Dios al temor y tome su autoridad sobre él en el nombre de Jesús, así se alejará.

El cuerpo de cualquiera, incluso el de un cristiano, puede ser oprimido por un espíritu maligno desde adentro o desde afuera. Permítame darle una ilustración de la opresión física. Ésta puede ser el resultado directo de un espíritu maligno afligiendo el cuerpo de una persona.

Estaba ministrando en una iglesia en una ocasión y, un cristiano, pasó al frente en la fila de oración para sanidad. Él dijo: "Los doctores me dijeron que tengo un grupo de úlceras en mi estomago del tamaño de un nido de avispas". Los doctores temían que su condición empeorara, pero este hombre no les permitió operarlo.

Le dije a este hombre: "Mateo 8:17, dice: 'El mismo tomó nuestras enfermedades, y llevó nuestras dolencias' ". Luego impuse mis manos sobre él y ore. En el instante en que impuse mis manos, tuve una manifestación de la palabra de conocimiento, una revelación sobrenatural del Espíritu Santo (cf. 1 Corintios 12:8). Supe que el cuerpo de este hombre estaba siendo *oprimido* por un espíritu maligno, y que tenía que echarlo fuera antes de que pudiese ser liberado de su condición estomacal.

Pero también supe que si no le explicaba a la congregación lo que estaba a punto de hacer, causaría más daño que bien. Cuando se ministra en publico, si sólo echa fuera a un espíritu maligno de alguien sin explicarle a la congregación, las personas pueden pensar: *"Esa persona es salva, llena del Espíritu Santo, y si un miembro de esta iglesia tiene un diablo, tal vez tenga uno en mi"*.

Y si las personas empiezan a pensar y a hablar de esta manera, en ignorancia, pueden abrirle una puerta al diablo y un espíritu maligno vendrá y se acomodará en ellos. Esta es la razón por la cual las personas necesitan ejercer la sabiduría cuando ministran en público.

Así que antes de ministrarle a este hombre, le expliqué a la congregación: "Satanás, no Dios, es el autor de la enfermedad y la dolencia. Es indirectamente el causante de todo el pecado, la enfermedad, y la dolencia. En ocasiones incluso puede encontrarse presente la presencia literal de un demonio en el cuerpo de una persona para imponer la enfermedad y la dolencia. Cuando este es el caso, se debe tratar con el espíritu maligno por medio del poder del Espíritu Santo.

"En el caso de este hombre, un espíritu maligno estaba presente, oprimiéndolo, causándole esas ulceras. Voy a echar fuera a ese espíritu maligno de su *cuerpo*. No está ni en su alma ni en su espíritu".

Proseguí a explicar: "Si viviese en una casa muy vieja que tuviese termitas en ella, esto no quiere decir que *usted* tenga termitas. Bueno, su cuerpo es tan solo la casa en la que usted vive. Su cuerpo no es el verdadero *usted*. El verdadero *usted* es el hombre espiritual en su interior. Y si es nacido de nuevo, el hombre espiritual no puede tener un demonio en él. Pero su cuerpo – la casa de su espíritu – puede tener un espíritu maligno afligiéndola".

Después de explicarle esto a la congregación, impuse mis manos nuevamente sobre el hombre. Cuando lo hice, el Espíritu Santo también me reveló otra cosa por medio de una palabra de conocimiento. Supe por una revelación interna o por una palabra de conocimiento lo que le había sucedido a este hombre en un comienzo; permitió al espíritu maligno entrar en su cuerpo. El hombre le había abierto la puerta al diablo.

Tuve lo que llamo una "mini visión". Supe que lo que estaba viendo en el espíritu había ocurrido dos noches antes. Vi a este hombre en cama en el dormitorio del frente de su casa. Era medianoche, pero no podía dormir. Lo vi levantarse y caminar por su casa.

El pórtico trasero se encontraba cubierto. Había una cama allí afuera, y lo vi caer sobre la cama y dar vueltas de una lado a otro sosteniendo en sus manos su estomago porque le ardía como si estuviera en fuego. Luego supe, por el Espíritu de Dios, que algo más lo estaba molestando, y supe exactamente lo que era. Todo esto en un breve lapso de tiempo por medio de la palabra de conocimiento.

Le dije al hombre: "Hace dos noches, a medianoche, usted estaba en el dormitorio del frente de su casa y no podía dormir, así que finalmente se levantó y caminó por su casa. Fue de regreso al pórtico, y cayó sobre la cama, dando vueltas y gimiendo de dolor. Estaba sosteniendo su estomago porque le ardía como si estuviera en fuego.

"Pero algo más lo estaba molestando. Bueno, no quiero avergonzarlo. Pero usted es salvo, bautizado en el Espíritu Santo, y ha sido miembro de esta iglesia por varios años. Sin embargo, el Señor me muestra que jamás ha pagado sus diezmos. Usted no paga ni ha pagado sus diezmos".

Él contestó: "Es verdad, no lo he hecho".

Le dije: "Eso es una de las cosas que le molestan. No solo se le estaba quemando el estomago, su conciencia también le estaba doliendo. No puedo ministrarle hasta que aclare esto con el Señor. ¿Qué va a hacer con respecto al pago de sus diezmos? ¿Va a obedecer a Dios o *no*?".

Él respondió: "Voy a obedecer a Dios. Voy a pagar mis diezmos".

Como verán, las personas le pueden abrir una puerta al diablo a través de la desobediencia. Una vez que este hombre se arrepintió y se alineó con Dios, entonces pude ministrarle. Le impuse las manos y eche fuera al espíritu maligno que estaba oprimiendo y afligiendo su cuerpo causando las úlceras.

Después que eche fuera al espíritu maligno, le dije: "En el camino a casa de la reunión de esta noche, vaya y cómprese un filete de carne y cómaselo cuando llegue". Él no había comido nada excepto comida para bebe durante dos años, y no había trabajado durante ese mismo tiempo. Él hizo exactamente lo que le dije. Más tarde fue a ver a los doctores, quienes le tomaron radiografías de su estomago. Ese grupo de úlceras había desaparecido por completo, y estaba de regreso al trabajo la siguiente semana.

Ahora, permítanme darles un ejemplo de la opresión mental, de la ocasión en que un espíritu maligno se aferró a la mente de un cristiano. Me encontraba ministrando en una reunión y un hombre pasó al frente por oración. Sufría de una condición mental y no podía dormir. Impuse mis manos sobre él y ore, y regresó a su asiento. Seguí ministrándoles a otras personas.

Miré hacia donde este hombre estaba sentado. Tenía mis ojos bien abiertos, y Dios me dio una manifestación del don de discernimiento de espíritus; vi en el mundo de los espíritus. Vi lo que parecía ser un pequeño espíritu sentado en el hombro de este hombre. Se parecía bastante a un pequeño mono, aunque su cara era diferente.

Esta pequeña criatura tenía sus brazos alrededor de la cabeza de este hombre en forma de llave, supremamente firme y apretada. No lo supe sino hasta después; este hombre ya había sido internado en una clínica mental. Estaba tan solo, esperando a que las autoridades viniesen para internarlo.

Le dije: "Hermano, regrese aquí arriba, por favor". Él pasó de nuevo al frente. Le hablé al espíritu maligno que estaba oprimiendo su mente (Usted trata con el espíritu maligno, no con la persona). No le dije a nadie que había visto algo, porque no siempre es sabio hacer esto en una reunión pública. Sólo le dije a este espíritu maligno: "Espíritu inmundo que ha oprimido y atado a este hombre, le ordeno que lo suelte en el nombre de Jesús. Quite sus manos ahora mismo de su mente en el nombre de Jesús".

Cuando dije esto, esa pequeña criatura parecida a un mono, soltó la cabeza del hombre y cayó de su hombro, y permaneció postrado a sus pies gimiendo y quejándose. Luego la pequeña criatura dijo: "Bien, en realidad no quiero, pero si usted me lo ordena, sé que tengo que hacerlo".

Le contesté: "No solo déjelo, sino que deje este lugar en el nombre de Jesús", y entonces se levantó y salió corriendo por la puerta. Este hombre levantó ambas manos y empezó a alabar a Dios. Él me dijo: "Es como si una banda de acero se rompiera de mi cabeza". Él había estado oprimido mentalmente, pero ahora estaba completamente libre.

Tan solo porque el nerviosismo de este hombre era causado por un demonio, no quiere decir que *todo* caso de este tipo sea causado por un demonio. Tendrá que depender del Espíritu Santo para saber cuándo la presencia literal de un demonio está causando la aflicción. En su propia sabiduría y conocimiento humano no sabrá si un espíritu maligno está o no presente. Pero en este caso, supe por el Espíritu Santo que la opresión mental de este hombre era el resultado de la presencia de un espíritu maligno.

Ese hombre jamás fue a la clínica. De hecho, años después aún estaba muy bien. Gracias al poder de Dios y las manifestaciones sobrenaturales del Espíritu Santo. *No tenemos ningún poder y somos completamente incapaces sin la Palabra de Dios y sin la dirección del Espíritu Santo.*

Los cristianos pueden rendirse al diablo

Hemos visto cómo un espíritu maligno puede oprimir el cuerpo o la mente de una persona, salva o no salva por igual. Es también posible para un cristiano *rendirse* a un espíritu maligno cuando está siendo oprimido por éste y darle lugar.

La Escritura establece el hecho de que una persona puede rendirse a Dios e inmediatamente darse la vuelta y rendirse al diablo. Pedro lo hizo. A pesar de que Pedro no había nacido de nuevo debido a que Jesús aún no había ido a la cruz a pagar por nuestra redención, Pedro fue usado por Dios para traer una revelación del Espíritu Santo. Pero luego, casi de manera inmediata, se rindió al diablo (cf. Mateo 16:20-23).

Pero existe una amplia diferencia entre el *rendirse* a un espíritu maligno y el ser *poseído* por uno. Es también posible rendirse parcialmente a los espíritus malignos. Pero entre más se rinda una persona a ellos, más intentarán estos espíritus influenciarla y controlarla (cf. Romanos 6:16). Las buenas noticias son que los cristianos no tienen que rendirse al diablo *o* a la carne. Pueden aprender cómo rendirse al Espíritu Santo.

ROMANOS 6.16

16 ¿No sabéis que si os sometéis a alguien como esclavos para obedecerle, sois esclavos de aquel a quien obedecéis, sea del pecado para muerte, o sea de la obediencia para justicia?

La Biblia enseña que cuando usted se somete o se rinde a alguien, eventualmente se convertirá en su sirviente. En ocasiones nos rendimos parcialmente al Espíritu Santo y, en otras ocasiones, nos rendimos en mayor grado a Él. No conozco a nadie que esté completamente rendido al Espíritu Santo. Todos estamos trabajando en esto, pero aún no hemos llegado a ese punto.

Lo mismo que es cierto en el lado positivo lo es en el negativo. Así como una persona se puede rendir parcialmente al Espíritu Santo, puede rendirse parcialmente a los espíritus malignos, o puede hacerlo de manera completa. Entre más una persona se rinda a los espíritus malignos, más terreno ganarán éstos en ella y eventualmente intentarán poseerla.

Les daré una ilustración de un cristiano rindiéndose al diablo. Algunas veces hablo acerca de mi yerno, Buddy Harrison, quien en algún momento de su vida tuvo problemas con esto de rendirse a espíritus malignos. Hoy en día el reverendo Harrison es el pastor fundador de Faith Christian Fellowship [Compañerismo de Fe Cristiana] en Tulsa, Oklahoma, y también es el presidente de Publicaciones Harrison House. Pero en 1963, él tuvo problemas.

En ese entonces, no podía permanecer por mucho tiempo con absolutamente nada. No podía mantener un empleo; simplemente renunciaba y se iba. No se quedaba en una iglesia. Algunas veces lo veíamos en la iglesia liderando el coro, y todo parecía estar bien. A la próxima que lo veíamos, estaba fuera de la iglesia. Y algunas veces caminaba hacia mí y me fumaba en la cara. Jamás le dije nada. Únicamente lo amaba. Sabía que en su caso era el diablo influenciándolo; no era tan solo su carne dominándolo. Él era un cristiano "montaña-rusa" o un cristiano "yo-yo"; siempre de arriba a abajo, de adentro hacia fuera.

Me encontraba orando una tarde por mi servicio de la noche. De repente, el Espíritu de Dios me habló con respecto a él. Me dijo: "Hay tres demonios que lo siguen a todas partes". Inmediatamente tuve una visión espiritual, una "mini–visión". Lo vi caminando por la acera. Vi a tres espíritus siguiéndolo como pequeños perros, excepto que no parecían pequeños perros. Parecían como monos, y de aspecto fuerte. Uno estaba al lado derecho de la acera, el otro al lado izquierdo, y el otro en la mitad de la acera siguiéndolo.

El Espíritu de Dios dijo: "Estos tres espíritus lo siguen. Él gira a la derecha y se rinde al demonio de la derecha por algún tiempo. Luego gira nuevamente, se endereza y actúa correctamente. Luego gira a la izquierda y se rinde al demonio de la izquierda durante algún tiempo. Luego gira de nuevo, se endereza y empieza a actuar nuevamente como un cristiano. Luego se rinde al demonio que está a sus espaldas por algún tiempo.

"En ocasiones se rinde a estos tres espíritus, pero en otras ocasiones también se rinde al Espíritu Santo. Esta es la razón por la cual parece que tuviese una doble personalidad".

Él actuaba como el demonio al cual se estuviese rindiendo. Sus familiares incluso llegaron a decir: "No lo comprendemos. ¿Es esquizofrénico?". Él era un cristiano nacido de nuevo y lleno del Espíritu. Pero solo porque una persona es llena con el Espíritu Santo no significa que sea incapaz de rendirse al diablo. Los creyentes aún tienen su propia voluntad; tienen la libertad de escoger.

Cuando el Señor me mostró a estos tres demonios siguiéndolo, como cachorritos, le dije al Señor: ¿Señor, qué quieres que haga al respecto? ¿Quieres que ore al respecto?".

"No, dijo el Señor, no ores al respecto".

"Bueno, dije, ¿entonces qué es lo que quieres que haga al respecto?"

El Señor me dijo: "Háblale a esos espíritus malignos. Ordénales en mi nombre, en el nombre de Jesús, que desistan en sus maniobras y que se detengan en sus operaciones en contra de él".

Entonces dije: "Pero estoy en Oklahoma y él está en Texas".

Jesús respondió: "No hay distancias en el mundo espiritual. Tú puedes hablarle desde donde estés a espíritus que estén operando en contra de alguien que se encuentra en otro lugar, y en el nombre de Jesús, tienen que obedecerte. No tienes que estar allí personalmente".

Entonces dije: "Enséñame cómo hacer eso".

Él dijo: "Tú simplemente tienes que decir: 'En el nombre del Señor Jesucristo, le ordeno a ustedes tres espíritus inmundos que están siguiendo a Buddy por todas partes, que desistan de sus maniobras y detengan las operaciones en contra suya' ".

Simplemente hablé esas mismas palabras. Y en el mundo espiritual, vi a esos tres espíritus desaparecer. Luego la Palabra del Señor vino a mí, diciendo: "Él tendrá un puesto dentro de diez días. Él mantendrá ese trabajo hasta que haga algo diferente que tengo para él". Escribí eso en un pedazo de papel, lo feché, y lo puse en mi billetera.

La siguiente vez que lo vi, me dijo: "Pastor, conseguí un trabajo".

Yo dije: "Lo sé".

Saqué ese pedazo de papel de mi billetera y se lo entregué. Él dijo: "¡Eso es correcto! Conseguí el trabajo en el décimo día". Él mantuvo ese trabajo y fue muy exitoso. El dueño del negocio lo nombró gerente encargado, y luego Dios lo llamó al ministerio de tiempo completo. Él ha estado caminando con Dios desde entonces.

El diablo, la carne y el mundo

Los creyentes pueden rendirse al *diablo* y a sus maquinaciones y permitirle que los domine en cualquier momento en que lo deseen. Los creyentes también pueden rendirse a la *carne* con sus deseos y apetitos y permitir que los domine. También los creyentes pueden rendirse a la influencia del *mundo* y permitir que los domine.

Muchas personas intentarían echar fuera al diablo de un creyente cuando este se está rindiendo al mundo, la carne, o al diablo. Pero la Biblia enseña que los creyentes tienen que tratar con el *mundo*, la *carne*, y el *diablo*, ya que jamás seremos libres de estas influencias hasta que vayamos a estar con Jesús en el Cielo (cf. 1 Juan 4:3,4; 2:15-17). Pero solo porque los creyentes se rinden al mundo, a la carne, o al diablo, no quiere decir que estén poseídos por un demonio o que tengan un demonio dentro de ellos.

Gracias a Dios, la Biblia enseña que el creyente *no tiene* que rendirse al mundo, a la carne, *o* al diablo. La Palabra enseña que si somos nacidos de nuevo, a través de Jesús, hemos vencido al mundo (cf. 1 Juan 4:4; 5:4,5; Juan 16:33). Y porque estamos *en* Cristo y Jesús ha vencido al mundo por nosotros, no tenemos que rendirnos a la influencia del mundo ni a los deseos o antojos de nuestra propia naturaleza física. No tenemos que ser derrotados por el diablo, porque el triunfo de Jesús sobre Satanás es nuestro triunfo.

Si un cristiano le abre la puerta al diablo, éste entrará y, eventualmente, poseerá su cuerpo o alma si se le da libre acceso durante un periodo de tiempo. Sin embargo, en el caso de un cristiano, un demonio no puede habitar en su *espíritu* a no ser que el creyente cumpla con las condiciones declaradas en Hebreos 10:26,27 y Hebreos 6:4-6. Hablaré de estos pasajes con mayor detalle adelante.

Por ahora, simplemente diré que la mayoría de los cristianos jamás alcanzan un nivel de madurez espiritual que los pondría en la posición de cometer el pecado de muerte. El pecado de muerte solo puede ser cometido por un cristiano maduro al negar de manera intencional y deliberada a Cristo (cf. 1 Juan 5:16). Así que los cristianos no deben estar preocupados preguntándose si están o no poseídos por un diablo en su espíritu. ¡Si están preocupados al respecto es una clara señal de que no lo están! Sin embargo, los cristianos pueden abrirle al diablo puertas en otras áreas de sus vidas.

Daré un ejemplo que muestra como un cristiano puede, en ignorancia, abrirle una puerta al diablo. Muchos años atrás leí acerca de la doctora Lilian Yeomans, que trabajaba en un gran hospital de Nueva York. Ella se convirtió en una completa adicta a las drogas y fue desahuciada por la ciencia médica. Entonces, alguien le contó acerca de la sanidad divina, y ella fue salva y sana por el poder de Dios y pasó el resto de su vida enseñando acerca de la sanidad divina.

Cerca del final de la Segunda Guerra Mundial, la Dra. Yeomans cayó desesperadamente enferma hasta el punto de morir, a pesar de que había enseñado y ministrado acerca de la sanidad divina por más de cuarenta años. En ese entonces, tenía probablemente unos ochenta años de edad.

Luego leí que la Dra. Yeomans había sido sanada. En un artículo que escribió, ella explicó cómo se había enfermado al abrirle, en ignorancia, una puerta al diablo. Fue durante la Segunda Guerra Mundial, y ella empezó a preocuparse porque algunos de sus parientes se encontraban en aquellos países en donde Hitler dominaba.

La Dra. Yeomans dijo que la preocupación acerca de sus parientes empezó a anidarse en su mente, y que la preocupación y el miedo le abrieron la puerta al enemigo. Finalmente, se enfermó desesperadamente. Sufrió de fiebres altas, perdió todo su cabello, y estuvo a las puertas de la muerte. Ella dijo que se arrepintió y le pidió a Dios perdón por preocuparse. Afirmó: "Dios no solo restauró mi salud, sino que también restauró mi cabello. Solo que mi cabello no creció nuevamente de color blanco, como estaba antes. ¡Tengo la cabeza llena de un cabello negro y fuerte!".

La Dra. Yeomans se enfermó al abrirle la puerta al enemigo por medio de la preocupación y el temor. No importa qué tanto tiempo un cristiano ha sido salvo o si ha estado predicando o enseñando la Palabra. Los cristianos maduros deben asegurarse de mantener la puerta cerrada al diablo de la misma manera que lo deben hacer los recién convertidos.

En el caso de la Dra. Yeomans, ella había caminado en lo que llamaba "sanidad divina" por más de cuarenta años y jamás se había enfermado. Ella era una cristiana fuerte y sabía acerca del Pacto de sanidad de Dios. Pero como verán, no importa qué tan fuerte sea en el Señor o cuantos años ha predicado la Palabra, el diablo jamás lo dejará en paz. Y si se rinde a él, puede abrirle una puerta.

Un cristiano cuya mente estaba poseída por un espíritu maligno

Voy a entrar en mucho detalle al relatarles la historia de una ministra llena del Espíritu que se *obsesionó* en su pensamiento con preocupación y temor, hasta que finalmente le permitió al diablo poseer su mente, y se volvió completamente demente.

En otras palabras; primero fue *oprimida* por los pensamientos del diablo. Pero al *rendirse* a los pensamientos de Satanás de preocupación y temor, se *obsesionó* hasta que finalmente le abrió una puerta al enemigo y permitió que su mente fuese *poseída* por un espíritu maligno.

La hermana de esta ministra nos contó la siguiente historia: cuando la mujer inició su etapa de menopausia, empezó a ser oprimida con preocupación. Se permitió pensar constantemente en esto, disgustándose y agitándose emocionalmente con mayor frecuencia. Consciente o inconscientemente, se *rindió* en su mente y emociones a un demonio.

Esta ministra no mantuvo su mente enfocada en la Palabra de Dios; se *obsesionó* con preocupación. Le permitió a un espíritu maligno ganar cada vez más terreno en su pensamiento hasta que se apoderó de su mente. Finalmente, perdió por completo su mente y fue *poseída* por ese espíritu maligno, tornándose violentamente demente. Intentó matarse y a otros también.

La hermana quería que mi esposa y yo le ministráramos a la mujer, aun cuando a nadie se le permitía entrar en su celda. Le dije que sometería el asunto a mi grupo de oración para que ellos pudieran empezar a orar por la mujer. Teníamos un grupo de mujeres en esa iglesia de Farmersville, en donde estaba pastoreando, que podían orar por el Cielo y la Tierra juntos. ¡Ellas obtenían respuestas a sus oraciones!

Cerca de diez días después de que comenzamos a orar, las autoridades dijeron que esta mujer demente podía regresar a casa. Le enviaron una carta a su familia en donde decían que ya no era violenta, pero que siempre necesitaría cuidados institucionales. Su salud general, sin embargo, se había deteriorado, y las autoridades pensaban que si el cambio de ambiente no la ayudaba, no tendría mucho tiempo de vida.

¡Aquí tenemos a un ministro del evangelio que se había enloquecido! ¡Imagínese eso! La gente solo decía: "Ah, pobrecita, algo le sucedió, pero no sabemos qué fue". Pero tenemos que entender qué les puede suceder a las personas, y cómo los cristianos pueden abrirle una puerta al diablo y darle acceso a sus mentes y a sus cuerpos.

Esta una de las razones por la cual los creyentes deben conocer qué tan importante es para ellos el renovar sus mentes con la Palabra de Dios y el cavilar los pensamientos de Dios en lugar de los pensamientos de preocupación y temor del enemigo. Si ellos cavilan los pensamientos equivocados, pueden, sin saberlo, abrirle una puerta al diablo. Los creyentes no están sujetos al diablo, *ellos* tienen autoridad sobre él en el nombre de Jesús. *Ellos* pueden resistirlo, y no se encuentran de ningún modo bajo su dominio, a no ser que le permitan tomar dominio sobre ellos.

Esta ministra del Evangelio Completo tampoco estaba sujeta al diablo. Ella no tenía por qué darle al diablo lugar en su pensamiento. Si ella se mantiene firme en su terreno en contra de la preocupación y de la opresión con la Palabra de Dios y mantiene su mente renovada, Satanás no tendría acceso a su mente. Si reprende la opresión de Satanás, resistiéndolo, hubiese huido de ella (cf. Mateo 18:18; Santiago 4:7).

En el primer sábado de mayo de 1943, esta ministra del Evangelio Completo fue traída a nuestra casa pastoral por su hermana. Mi esposa y yo no sabíamos que ellas vendrían. Pero hay algo que quiero que vean.

Esa mañana, después del desayuno, mi esposa y yo realizamos nuestras labores cotidianas. Siempre lavaba los platos y limpiaba la cocina; era uno de mis hábitos. Esperaba que mi esposa me ayudara en el ministerio, así que lo correcto era que la ayudara en la casa. Todo el tiempo que estuve limpiando la cocina, estuve orando en lenguas, no en voz alta, sino para mí. Tuve una necesidad interna o fui guiado a hacerlo.

Luego fui a la iglesia y revise para ver que todo estuviera en orden para el servicio del próximo día. Mientras lo hacía, estaba orando continuamente en lenguas. Parecía ser como si tuviera un deseo divino de hacerlo. No me malentiendan; el Espíritu Santo no me estaba obligando a orar, ya que es un caballero, y no nos obliga a hacer nada. Él suavemente nos guía. El diablo empuja, pero el Espíritu Santo guía y urge gentilmente.

Durante el resto de la mañana simplemente realice mis labores, pero me rendí a ese deseo interior de orar en lenguas. Cuando había personas alrededor, solo oraba en mi interior, calladamente, para mí y para el Señor. Luego caminé hacia la oficina de correo a recoger la correspondencia, ya que en aquellos días no entregaban el correo a domicilio. Durante todo este tiempo, seguí la urgencia divina de orar en otras lenguas. Mi espíritu se estaba comunicando con Dios (cf. 1 Corintios 14:2,14).

Diría que desde las ocho de la mañana, hasta cerca de las dos de la tarde, pasé la mayoría del tiempo orando en otras lenguas mientras realizaba mis labores diarias. De vez en cuando pensaba: "El Señor me debe estar preparando para mi servicio de mañana. ¡Va ser un servicio tremendo!".

Como verán, la Biblia dice, "Porque si yo oro en lengua desconocida, mi espíritu ora" (1 Corintios 14:14). Y Judas v. 20, dice: "Edificándoos sobre vuestra santísima fe, orando en el Espíritu Santo". Así que sabía que Dios me estaba preparando y alistando para algo, pero creí que era para mi servicio del domingo. Luego, como a las dos de la tarde, esta mujer demente fue traída a nuestra casa pastoral por su hermana. Ella actuaba como un robot; solo miraba fijamente hacia delante como si estuviese en otro mundo, con la excepción de que su boca se movía constantemente, casi involuntariamente.

Cuando su hermana mencionó que era un predicador, inmediatamente la mujer empezó a citar escrituras; la Palabra empezó a salir de su boca como sale agua de un grifo. Sus ojos estaban mirando fijamente todo el tiempo. La Palabra no estaba saliendo de su mente, ya que era mentalmente incompetente; las Escrituras provenían de su espíritu recreado y nacido de nuevo.

Jamás había visto a alguien así, y no sabía qué hacer. Comenté: "cualquiera que pueda citar la Escritura de esa manera debe en realidad conocer al Señor".

Cuando dije esto, sus ojos parecían como si echaran fuego. Estaba parado justo enfrente de ella y, con sus ojos mirando fijamente, tomó su cabello y empezó a halárselo, mientras gritaba: "¡Ah, no, no! ¡No! ¡No! ¡Yo no podría conocer a Dios! ¡No! ¡No! ¡No! ¡He cometido el pecado imperdonable! ¡No! ¡No!". Y su hermana tuvo que sostenerla y sacudirla fuertemente para intentar calmarla.

Su hermana finalmente logró que se sentara en una silla, pero ella solo permanecía allí mirando fijamente hacia el frente como si estuviese en otro mundo. Seguí observándola, pero ni siquiera parpadeaba. Sus ojos estaban bien abiertos y parecía como si estuviera en un trance. Sin importar lo que sucediera a su alrededor, ella solo estaba sentada allí sin mover siquiera un músculo y sin parpadear.

La hermana nos dijo: "Le pregunté al jefe de la institución mental: '¿Es su condición inusual? ¿Es tan solo de mi hermana el que ella piense que ha cometido el pecado imperdonable? Y me respondió: Ah, no. Cerca del noventa por ciento de las personas en el asilo piensan que han cometido el pecado imperdonable'". Eso indica que el diablo tiene algo que ver con el que las personas sean atormentadas en esta área, diciéndoles que han cometido el pecado imperdonable, el pecado de muerte.

En este caso, esta ministra le había permitido al espíritu maligno entrar a su alma, convenciéndola de que había cometido el pecado de muerte. Como verán, si se enferma de su mente a través del pensar mal, esto abre una puerta para que el diablo entre. Los demonios y los espíritus malignos tienen mucho más que ver en esto de lo que nos damos cuenta.

Sabía que esta mujer podía estar enferma de su mente o de su cabeza, de la misma forma en que alguien puede estar enfermo de su estomago. Si una persona esta enferma de su estomago, solo significa que no funciona bien. Si una persona está enferma de su mente, significa que su mente no está funcionando bien. Así que sabía que la mente de esta mujer tan solo podía estar enferma. Pero también sabía que un demonio podía haber entrado y tomado el control, y que esto podía ser la cusa de su demencia.

El demonio no poseyó el espíritu de esta mujer; solo poseyó su mente porque había abierto una puerta a través de la preocupación y del temor. Satanás no puede simplemente entrar y ocupar la mente o el cuerpo de un cristiano a no ser que la persona se lo permita al abrirle la puerta, ya sea a través de la ignorancia o la desobediencia. En una posesión demoníaca completa, el demonio la hubiera poseído en espíritu, alma, y cuerpo. Pero era una cristiana, así que el diablo no podía apoderarse de su espíritu a no ser que deliberadamente hubiera negado a Cristo, lo cual no había hecho.

¿Cómo va a tratar con alguien en esa condición, particularmente cuando no puede llegar hasta la mente de la persona? En ese tiempo no lo sabía. Jamás había tratado con alguien así. Así que le dije a mi esposa: "Traigamos a la hermana Sylvia". Ella era una creyente común en nuestra iglesia, pero podía orar por el cielo y la tierra juntos. Mientras estábamos en el carro, esperando a que ella estuviese lista, empecé a hablarle al Señor acerca de lo que acababa de suceder. Sabía que si la mujer estaba tan solo enferma de su mente, podía orar por ella, ungirla con aceite e imponer mis manos para que fuera sanada.

Sin embargo, sabía que si un espíritu maligno era la causa de su demencia, tendría que ser tratado por medio del poder y de la dirección del Espíritu Santo. Le dije al Señor que tendría que ayudarme. No sabía qué hacer. Pasé mi tiempo orando de esta manera hasta que la Hermana Sylvia estuvo lista, y luego todos regresamos a la casa pastoral.

Todos empezamos a orar, y pronto nos encontrábamos orando en el Espíritu. Oramos a Dios por dirección durante más de dos horas. No estábamos orando en contra del diablo; no estábamos combatiendo espíritus malignos. Tan solo buscábamos a Dios por su dirección y cómo ministrarle a esta mujer.

Aquí hay algo más que debe comprender. La oración de fe no funcionará en toda situación. Esta era una ocasión en donde la oración de fe no funcionaría debido a que esta mujer no se encontraba en una posición mental en la que pudiera estar de acuerdo con nosotros y emplear así su propia fe.

No me malentiendan; la oración de fe funcionará en aquellas situaciones en donde se supone que debe trabajar. Pero cuando la voluntad de otra persona está involucrada, no siempre podrá hacer la oración de fe a no ser que la persona este de acuerdo con usted (cf. Mateo 18:19).

Antes de que pudiese hacer la oración de fe por esta mujer, necesitaba de su participación y acuerdo, pero ella no podía dar esto debido a su condición mental. Por lo tanto, su liberación no podía ocurrir a través de la operación de *su* propia fe.

Algunas personas han intentado lograr que la oración de fe funcione en toda situación y en cada circunstancia. Y en algunos casos es como intentar introducir un cubo por entre una ranura circular; no funcionará. En otras palabras; existen diferentes clases de oración, y cada una tiene sus propias reglas para una operación exitosa.

Así que le estábamos pidiendo a Dios su dirección; no le estábamos gritando al diablo o tratando de sacar un demonio. Necesitábamos obtener la dirección del Espíritu Santo para así saber cómo tratar con esta mujer demente.

Debemos depender del Espíritu Santo en situaciones como esta. Que tan frecuentemente leemos en la escritura: "No con ejército, ni con fuerza, sino con mi Espíritu, ha dicho Jehová de los ejércitos" (Zacarías 4:6). Y, sin embargo, seguimos adelante e intentamos hacer algo en nuestra propia fuerza, poder, o fortaleza, y nada sucede. No, vamos a tener que aprender a depender de la Palabra de Dios, su poder y fuerza, de su Espíritu, con el fin de ser exitosos en la vida.

De hecho, cuando dependemos de nuestro propio poder y fuerza, trabajamos y trabajamos, y muy poco se logra. Pero si ponemos a trabajar por nosotros al más Grande en nuestro interior, Él se levantará poderosamente y dará iluminación a nuestras mentes y dirección a nuestros espíritus, lo cual no podemos obtener de ninguna otra fuente. Él siempre nos guía en línea con la Santa Palabra de Dios.

Así que al estar todos nosotros buscando la dirección de Dios, ore: "Señor, muéstrame la manera de ministrarle a esta mujer". Cuando dije esto, la unción del Espíritu Santo vino sobre mí, y el Él me dijo: "Ve y ponte enfrente de ella y di: 'Sal ahora, espíritu inmundo en el nombre de Jesús'".

Estaba reacio a hacer esto ya que jamás me había encontrado en una situación como esa en el pasado. Por no obedecer a Dios, la unción se levantó y me dejó, y luego no había absolutamente nada que *pudiera* hacer. Como verán, el echar fuera un demonio en una situación como esta tiene que hacerse bajo la unción y el poder del Espíritu Santo.

Luego el Espíritu Santo me reprendió por desobedecer. Le dije: "Señor, deja que la unción vuelva sobre mí, y obedeceré". Sabía que no tenía sentido el pararse allí diciendo: "¡Sal ahora!" sin la unción del Espíritu Santo. Si fuese tan solo yo, en la carne, intentando echar fuera al demonio, sabía que nada sucedería. Pero la unción del Espíritu Santo vino nuevamente y le dije al espíritu maligno: "Sal, espíritu inmundo en el nombre de Jesús".

La mujer no se veía diferente después de esto; se veía y actuaba tan demente como lo había hecho antes. En lo que podía observar, nada había sucedido. Su hermana la levantó y la llevó a casa. Pero a pesar de que no había una diferencia perceptible, sabía que había sido liberada; nadie me hubiese podido decir lo contrario.

Aquí es donde fallamos en ocasiones. Sabía que la orden de fe había sido hablada por la dirección y la unción del Espíritu Santo y que la mujer había sido liberada. Como verán, cuando el don de fe está en operación, el Espíritu Santo provee la fe necesaria para realizar cualquier cosa que dice y siempre funcionará.

Cuando se trata de lidiar con el diablo en la vida de otras personas, tal y como en la situación de esta mujer, en donde ella era incapaz de dar su consentimiento o de cooperar, debe ser guiado por el Espíritu Santo en lo que haga. Si el Espíritu Santo no le dice que haga algo, entonces lo que haga lo estará haciendo por su propia cuenta, y caerá de cara al piso. Sin embargo, si las personas le piden ayuda y le dan permiso, entonces puede ejercer autoridad sobre el diablo en sus vidas en el nombre de Jesús (cf. Marcos 16:17).

Una vez que una persona es liberada, debe enseñarle cómo estar firme en contra del diablo. Claro está, al tratar con el diablo en su propia vida, no necesita que alguien más reprenda al diablo por usted. Si está sometido a Dios, tiene autoridad sobre el diablo para resistirlo. Póngase firme en contra de él, repréndalo y huirá (cf. Lucas 9:1; Efesios 6:13; Santiago 4:7).

Esta mujer fue liberada por la orden de fe un sábado. En la tarde del lunes siguiente, la hermana regresó y nos dijo: "Por favor oren. Mi hermana está sufriendo un violento ataque así como el que tuvo cuando enloqueció al principio". Dije: "¿Y qué con eso?". Realmente me sorprendió lo calmado que estaba. Sabía exactamente lo que estaba sucediendo. Le dije a ese demonio el sábado en la tarde que tenía que irse, y éste sabía que tenía que hacerlo. Tan solo estaba desgarrando o "sacudiendo violentamente" a esta mujer mientras se marchaba.

Le expliqué esto a su hermana y le enseñé la escritura en donde Jesús reprendió a un espíritu maligno, y éste "lo sacudió violentamente" o lo convulsionó antes de salir (cf. Marcos 9:26). Le dije a la hermana: "El demonio sabe que tiene que marcharse, así que tan solo la está sacudiendo con violencia mientras se marcha. Después de que este ataque termine, estará bien".

Eso fue exactamente lo que sucedió. Cuando el ataque cesó, la mente de esta mujer estaba completamente restaurada. Como verán, cuando la orden de fe se habla bajo la unción y el poder del Espíritu Santo, no trae necesariamente resultados instantáneos, pero siempre los trae.

En el momento en que la mente de esta mujer fue restaurada, volvió a ser la misma persona que era antes, y su caminar espiritual con el Señor era el mismo que solía ser. Ella no tenía conocimiento de haber estado demente durante dos años y medio, ni estaba conciente de haber tratado de matarse ni de haber tratado de matar a otros. Todo eso era tan solo un vacío en su memoria. Poco tiempo después, la mujer fue declarada sana y dada de alta de la institución mental.

El espíritu maligno se había apoderado de su *mente* y había trabajado a través de su *cuerpo*, pero ella no tenía un diablo en su *espíritu*. Pero en una época de su vida, cuando se encontraba nerviosa e inestable, se había rendido a un espíritu maligno y éste le había obsesionado en su pensamiento. Le *permitió* a ese espíritu maligno ganar cada vez más acceso a su pensamiento, y al continuar *rindiéndose*, finalmente logró *poseer* su alma, su mente, su voluntad, y sus emociones.

Diecinueve años después de que fue liberada, averiguamos por ella. Su hermana nos dijo: "Su mente esta fuerte. Tiene un buen trabajo y enseña en la escuela dominical".

Posesión completa: espíritu, alma y cuerpo

Como hemos visto, una persona puede ser *oprimida* u *obsesionada* en su *alma*; esto es, en su ámbito *mental* o *emocional*, aun si es cristiana. Incluso un cristiano puede ser oprimido por un demonio o por un espíritu maligno en su cuerpo desde afuera o desde adentro. Pero no es lo mismo que la *posesión demoníaca*.

Recuerden, la posesión demoníaca implica el someter el espíritu, el alma y el cuerpo a un espíritu maligno, ya que el poseer algo significa ser el dueño. Por lo cual, es erróneo y no bíblico decir que un cristiano puede ser poseído por un espíritu maligno. Ciertamente, ningún cristiano puede tener un diablo en su espíritu, de lo contrario no podríamos llamarlo un cristiano. Debemos ser cuidadosos con la terminología y definir lo que en realidad queremos decir al emplear ciertas expresiones.

De igual modo, debemos darnos cuenta que existe una amplia diferencia entre ser *oprimido*, *influenciado* por, *rendido* a los demonios, u *obsesionado* por ellos, y estar completamente *poseído* por demonios. En la posesión absoluta, una persona ha sometido todo su ser a ser poseída o a pertenecerle a espíritus malignos. Y debido a que el hombre tiene tres dimensiones en su ser (él *es* un espíritu, *tiene* un alma, y *vive* en un cuerpo) no se encuentra completamente poseído hasta que su espíritu, alma y cuerpo no sean completamente dominados.

La palabra griega traducida como "posesión" también lleva consigo el sentido de *estar bajo el poder de* o *bajo la influencia de un demonio*. Parece ser que el uso bíblico de la palabra "endemoniado" tiene un significado amplio, que incluye el ser *afligido* o incluso *influenciado* por demonios. En su rango más amplio, el estar endemoniado incluye no solo la *posesión*, también la *opresión* y la *obsesión*, y puede incluir cualquier actividad del diablo que influye en la humanidad.

En otras palabras, cuando las personas están *oprimidas, obsesionadas,* o *poseídas* por el diablo, están "endemoniadas". Así que en su sentido más amplio, la palabra "endemoniado" significa el *ser afectado por las obras del diablo.*

Nuestra forma de pensar en este aspecto no es muy clara muchas veces porque nuestros términos y sus significados no están claros. Por ejemplo, si alguien pregunta: "¿Puede un Cristiano ser poseído por un demonio?". La pregunta que la persona en realidad quiera hacer es: ¿puede un cristiano estar endemoniado? En otras palabras: ¿puede un cristiano ser oprimido u obsesionado o influenciado por, o puede rendirse a espíritus malignos?

Expresado de esta forma, la respuesta es sí. Un cristiano puede ser "endemoniado". Pero un cristiano no puede ser completamente poseído espíritu, alma, y cuerpo por espíritus malignos. Ciertamente el diablo puede llegar, eventualmente, a poseer cualquier parte de una persona que de forma continua se rinde dándole más y más acceso. Les mostraré más adelante cómo se aplica esto a un cristiano.

En ocasiones, aun en la posesión absoluta, pueden existir diferentes grados de posesión. En otras palabras, uno puede estar más controlado o menos controlado por el diablo. Una persona está poseída parcialmente si tan solo su mente o alma están poseídas por un espíritu maligno. E incluso en la posesión parcial de la mente o el alma, existen grados de posesión. Uno puede ser más o menos poseído y controlado por el diablo. En otras palabras, uno puede estar más o menos en control de sus facultades.

Observemos un recuento bíblico de una *posesión* demoníaca completa o absoluta. El endemoniado estaba poseído por un demonio (espíritu, alma y cuerpo). Cuando Jesús se me apareció en la visión de 1952, me habló en gran detalle acerca de este caso de posesión demoníaca con el que se enfrentó.

MARCOS 5:1-20 (é.a)

1 Vinieron al otro lado del mar, a la región de los gadarenos.

2 Y cuando salió él de la barca, en seguida vino a su encuentro, de los sepulcros, un hombre con UN ESPÍRITU INMUNDO,

3 que tenía su morada en los sepulcros, y nadie podía atarle, ni aun con cadenas.

4 Porque muchas veces había sido atado con grillos y cadenas, mas las cadenas habían sido hechas pedazos por él, y desmenuzados los grillos; y nadie le podía dominar.

5 Y siempre, de día y de noche, andaba dando voces en los montes y en los sepulcros, e hiriéndose con piedras.

6 Cuando vio, pues, a Jesús de lejos, corrió, y se arrodilló ante él.

7 Y clamando a gran voz, dijo: ¿Qué tienes conmigo, Jesús, Hijo del Dios Altísimo? Te conjuro por Dios que no me atormentes.

8 Porque le decía: Sal de este hombre, ESPÍRITU INMUNDO.

9 Y le preguntó: ¿Cómo TE LLAMAS? Y respondió diciendo: LEGIÓN ME LLAMO; porque somos muchos.

10 Y le rogaba mucho que no los enviase fuera de aquella región.

11 Estaba allí cerca del monte un gran hato de cerdos paciendo.

12 Y le rogaron todos los demonios, diciendo: Envíanos a los cerdos para que entremos en ellos.

13 Y luego Jesús les dio permiso. Y saliendo AQUELLOS ESPÍRITUS INMUNDOS, entraron en los cerdos, los cuales eran como dos mil; y el hato se precipitó en el mar por un despeñadero, y en el mar se ahogaron.

14 Y los que apacentaban los cerdos huyeron, y dieron aviso en la ciudad y en los campos. Y salieron a ver qué era aquello que había sucedido.

15 Vienen a Jesús, y ven al que había sido ATORMENTADO DEL DEMONIO, y que HABÍA TENIDO LA LEGIÓN, sentado, vestido y en su juicio cabal; y tuvieron miedo

16 Y les contaron los que lo habían visto, cómo le había acontecido al que había TENIDO EL DEMONIO, y lo de los cerdos.

17 Y comenzaron a rogarle que se fuera de sus contornos.

18 Al entrar él en la barca, EL QUE HABÍA ESTADO ENDEMONIADO le rogaba que le dejase estar con él.

19 Mas Jesús no se lo permitió, sino que le dijo: Vete a tu casa, a los tuyos, y cuéntales cuán grandes cosas el Señor ha hecho contigo, y cómo ha tenido misericordia de ti.

20 Y se fue, y comenzó a publicar en Decápolis cuán grandes cosas había hecho Jesús con él; y todos se maravillaban.

Tenemos mucho qué aprender de este recuento, y podemos hacer algunas observaciones interesantes acerca del endemoniado gadareno. Pero es importante darse cuenta que este hombre no era un cristiano; él jamás había nacido de nuevo ya que Jesús no había ido aún a la cruz a comprar la redención de la humanidad.

Debemos también entender la diferencia entre un caso como el del endemoniado de Gádara, que evidentemente quería ser liberado, y el de una persona que voluntariamente se rinde a Satanás de manera continua y que no quiere liberación. Existe una amplia diferencia entre una persona que está luchando para ser libre del poder satánico, y una que voluntariamente se rinde a Satanás de manera continua y que no quiere ser liberada de su dominio.

Sé por experiencia que es relativamente fácil liberar a aquellos que desean ser libres; las personas que *quieren* ser liberadas pueden serlo. Pero muy rara vez se puede ayudar a aquellas personas que de manera continua y voluntaria se rinden al poder satánico y que *no* quieren ser liberadas.

El Señor enfrentó a este endemoniado de Gádara con gran compasión (cf. Marcos 5:19). Por medio de su orden hablada, Jesús liberó al hombre (cf. Marcos 5:13; Lucas 8:32). De forma inmediata la apariencia completa de este hombre cambió. Antes había sido un maniático salvaje que rasgaba su ropa y se cortaba con piedras, pero después de la orden de Jesús, regresó a la normalidad: "Vienen a Jesús, y ven al que había sido atormentado del demonio, y que había tenido la legión, sentado, vestido y EN SU JUICIO CABAL; y tuvieron miedo" (Marcos 5:15 (é.a)).

Cuando el hombre fue liberado, se aferró a Jesús, su libertador. Él quería ir con Jesús (cf. Lucas 8:38). Pero Jesús inmediatamente envió a este hombre a contarle a sus amigos lo que había hecho por él (cf. Lucas 8:39).

Jesús sabía, por el bien de este hombre, que debía empezar a servir al Señor. Jesús sabía que este hombre necesitaba la disciplina de confesar y testificar para así crecer en su nueva fe, así que lo envió a esparcir las buenas noticias del evangelio en su pueblo natal: "Jesús ... le dijo: Vete a tu casa, a los tuyos, y cuéntales cuán grandes cosas el Señor ha hecho contigo, y cómo ha tenido misericordia de ti" (Marcos 5:19). Jesús sabía que cada nuevo avance en el andar hacia la luz le daría a este hombre confianza y fortaleza en su nuevo caminar con Dios.

Con frecuencia, debemos confiarle incluso al más reciente de lo conversos, los servicios más difíciles y osados. Esto fortalece su testimonio y los hace fuertes en su fe. No estoy hablando de poner a aquellos recién convertidos o salvos o liberados en posiciones de autoridad. Sin embargo, los jóvenes creyentes necesitan de manera inmediata involucrarse en el servicio y testificar osadamente de lo que el Señor ha hecho por ellos.

Cualquiera que ha sido liberado de la enfermedad, de la influencia demoníaca, o de cualquier otro tipo de atadura satánica, hace bien en recordar este principio. Es de especial importancia para cualquiera que haya sido liberado del cautiverio satánico el entrar inmediatamente en la disciplina de la confesión, del testimonio y del servicio, ya que esto lo fortalecerá inmensamente para hablar de forma osada acerca del poder liberador del Señor.

Jesús también sabía que en poco tiempo, toda la región de Decápolis, estaría tan conmovida por el testimonio de este solo hombre, que prepararía el camino para que Él visitara esa región: "Y se fue, y comenzó a publicar en Decápolis cuán grandes cosas había hecho Jesús con él; y todos se maravillaban" (v. 20).

Aparentemente, los casos de demencia todavía son los mismos en naturaleza y en causa que en los días de Jesús. En los días del Señor, los casos de demencia eran producto de la actividad demoníaca, ya fuera directa o indirectamente. En el caso particular de este hombre, la presencia literal de una legión demoníaca era la causa directa de su demencia.

Ahora regresemos y miremos en detalle ciertos elementos clave que se encuentran en el pasaje de Marcos 5. En el versículo 13, los espíritus malignos son llamados espíritus inmundos: "Y saliendo aquellos espíritus inmundos, entraron en los cerdos".

No existe tal cosa como un espíritu maligno "limpio". Como seres espirituales *caídos*, son inmundos en naturaleza. Así que, generalmente hablando, un "espíritu inmundo" indica la naturaleza de un espíritu maligno, que es un ser espiritual eterno y caído. Sin embargo, hablando específicamente, un espíritu inmundo hace referencia a su *tipo* o *clase*, como en el caso del endemoniado de Gádara.

Otro elemento clave para observar en Marcos 5 es que cuando los espíritus malignos no podían seguir oprimiendo, encarnando, o poseyendo a este hombre, como segunda opción, buscaron encarnarse en animales; estos demonios le pidieron a Jesús permiso para entrar en los cerdos (cf. v. 12).

Como personalidades malignas *eternas*, si los espíritus malignos encarnan en el hombre, lo convierten en *lo que son*. En otras palabras, la persona adoptará el carácter y la personalidad del *tipo* o *clase* de espíritu maligno que lo está influenciando.

Mencioné que, en un sentido más amplio, él término "espíritu inmundo" hace referencia a espíritus de naturaleza caída. Pero al emplearse en un sentido específico, como en Marcos 5, el término hace referencia al tipo o clase de espíritu maligno que es. Refiriéndose a su clase, Jesús dijo: "Porque le decía (Jesús): Sal de este hombre, ESPÍRITU INMUNDO" (Marcos 5:8 (é.a)).

Sabemos que este no era el nombre del espíritu, porque en el versículo 9, Jesús le preguntó su nombre: "¿Cómo te llamas"? El espíritu maligno respondió ". . . Legión me llamo" (Marcos 5:9).

Es obvio que el hombre adoptó las características del espíritu inmundo. Hacía que este hombre se desgarrara su ropa, que vagara desnudo, y que se cortara con piedras (cf. Marcos 5:5; Lucas 8:27).

Es muy probable que este espíritu maligno se manifestara a través de este hombre en conexión con el apetito sexual del hombre. Este individuo era probablemente un masoquista, obteniendo placer sexual del sufrimiento físico.

Vemos que este espíritu inmundo convirtió al endemoniado de Gádara en lo que era, porque tan pronto fue liberado y restaurado a su sano juicio, se vistió: "vienen a Jesús, y ven al que había sido atormentado del demonio ... sentado, vestido y en su juicio cabal" (v. 15).

Así mismo, cuando este sujeto fue restaurado a su sano juicio, comenzó a sentarse a los pies de Jesús para aprender de Él. Las personas que son liberadas de Satanás y del pecado son restauradas a su sano juicio y comienzan a sentarse a los pies de Jesús para aprender.

Otro elemento importante en este pasaje se encuentra en Marcos 5:2. Tan solo un diablo efectúa la posesión. Observe que la Biblia dice: "Y cuando salió él (Jesús) de la barca, enseguida vino a su encuentro, de los sepulcros, un hombre con un ESPÍRITU inmundo". La palabra "espíritu" es singular. Esta es la primera evidencia que tenemos que tan solo un espíritu efectúa la posesión.

Poco después de su encuentro con este hombre, Jesús le dijo al espíritu inmundo que saliera del hombre: "Sal de este hombre, ESPÍRITU INMUNDO" (v. 8 (é.a)). Pero el espíritu inmundo no salió del hombre. Así que entonces, Jesús preguntó: "¿Cómo te llamas?". El espíritu maligno respondió: "Legión ME LLAMO; porque somos muchos" (v. 9 (é.a)).

Esto indicaba que había tan solo un espíritu efectuando la posesión; era uno llamado Legión. En este caso, "Legión" hace referencia no solo al *nombre* del espíritu inmundo, sino también a su *numero*. Sabemos que trajo consigo a muchos otros espíritus malignos para que habitaran en el hombre.

¿Cómo más sabemos que es tan solo un espíritu el que efectúa la posesión? En Marcos 5:15 la escritura dice: "Vienen a Jesús, y ven al que había sido ATORMENTADO DEL DEMONIO, y que había TENIDO la LEGIÓN". En otras palabras, la legión completa no *poseyó* al hombre, a pesar que la legión de demonios estaba también *en* el hombre. Solo un diablo efectuó la posesión, y este trajo consigo una legión de otros demonios. Esto es muy típico. No es posible ser poseído por una legión completa de demonios.

Jesús me dijo: "Siempre es un gobernador de las tinieblas el que posee a una persona, como en el caso del endemoniado de Gádara. Algunas personas han dicho que dos mil demonios lo poseyeron, pero esto no es correcto.

"Lee el pasaje nuevamente, Tan solo *uno* de esos espíritus lo poseyó, y este es siempre el caso. El que posee dejará a otros entrar con él, pero siempre es tan solo uno el que posee a una persona".

Conceptos bíblicos acerca de espíritus malignos

La Palabra nos da más conceptos acerca de espíritus malignos y su operación.

MATEO 12:43-45 (é.a)
43 Cuando el espíritu inmundo SALE DEL HOMBRE, anda por lugares secos, buscando reposo, y no lo halla.
44 Entonces dice: Volveré a mi CASA de donde salí; y cuando llega, la halla desocupada, barrida y adornada.
45 Entonces va, y toma consigo otros siete espíritus peores que él, y ENTRADOS, MORAN ALLÍ ...

Primero que todo, observe lo que el espíritu inmundo dijo: "Entonces DICE: Volveré a mi casa de donde salí; y cuando llega, la halla desocupada, barrida y adornada" (v. 44 (é.a)).

A pesar de que no conocemos el origen exacto de los espíritus malignos, sí sabemos que son seres eternos caídos o *personalidades* malignas eternas.

1. Como personalidades, los demonios pueden hablar: "Entonces DICE (el espíritu inmundo)" (Mateo 12:44 (é.a)). Jesús me dijo: "Cuando una persona está completamente poseída, el demonio puede hablar a través de ella".

2. Como personalidades, los demonios pueden pensar y tienen voluntad: "VOLVERÉ a mi casa" (Mateo 12:44 (é.a)). El espíritu maligno tomó la decisión de regresar al lugar en el cual habitaba.

3. Como personalidades, los demonios pueden comunicarse con otros espíritus malignos: "Entonces va, y TOMA CONSIGO otros siete espíritus peores que él" (Mateo 12:45 (é.a)).

Cuando el espíritu maligno regresó a lo que llamó su "casa" (el hombre del que originalmente había salido), la encontró vacía, barrida, y adornada, así que fue y trajo consigo otros siete espíritus para que habiten en ese hombre junto con él.

Esto indica una cierta cantidad de inteligencia en las filas de los espíritus malignos. Y la lista en Efesios 6:12 nos muestra que el diablo está muy bien reglamentado en su trabajo, porque vemos rangos y divisiones en el reino de Satanás.

Mateo 12 también nos muestra que el diablo es persistente en sus ataques. No se rinde en sus maniobras en contra de nosotros: "Entonces dice (el espíritu maligno): VOLVERÉ a mi casa de donde salí" (Mateo 12:44 (é.a)). El diablo siempre intentará regresar después de que ha sido echado fuera de una persona. Se esforzará por regresar a la "casa" que dejó, y siempre seguirá intentando seducir a la persona para que haga el mal o intentará traer enfermedad o dolencia sobre ella.

Podemos ver este principio en acción en el caso de una persona no salva. Si ésta es salva, el diablo siempre intentará regresar a su vida. Satanás intenta lograr que los recién convertidos hagan el mal de igual manera en que lo hacían antes de que fueran salvos, en muchas ocasiones intentando influenciarlos para que regresen a su antiguo estilo de vida. Esta es la razón por la cual deben ser plantados y cimentados firmemente en la Palabra de Dios, de manera que puedan pararse firmes en contra de las maquinaciones del diablo.

Igualmente, podemos apreciar este principio en acción en Mateo 12:43-45 en la vida de una persona que ha sido liberada de la enfermedad o la dolencia. La Biblia llama a la enfermedad y a la dolencia *opresión satánica* (cf. Hechos 10:38). En muchas ocasiones el diablo intenta volver a poner la misma enfermedad sobre la persona que ha sido sanada: "Entonces va, y toma consigo otros siete espíritus peores que él, y entrados, moran allí; y el POSTRER ESTADO de aquel hombre VIENE A SER PEOR QUE EL PRIMERO" (Mateo 12:45 (é.a)).

Claro está, no todo caso de enfermedad o dolencia es causada por la presencia directa de un espíritu maligno. Pero en ocasiones es el resultado de la presencia de un espíritu maligno que está imponiendo la aflicción.

Esta es la razón por la cual no es suficiente tan solo echar fuera a un espíritu maligno de una persona que está afligida por la enfermedad o la dolencia, si ésta es el resultado directo de la presencia de un espíritu maligno que está imponiendo dicha condición. A la persona se le debe enseñar la Palabra de manera que pueda estar firme en contra del diablo, ya que Satanás siempre intentará regresar con la misma enfermedad, dolencia, condición o pecado.

Así que al creyente se le debe enseñar no solo como *liberarse* por medio de la Palabra de Dios, también se le debe enseñar cómo *permanecer* libre al apropiarse de la Palabra. Ésta es nuestra protección en contra de las estrategias y artimañas del diablo.

Esta es la razón por la cual es tan importante, al tratar con influencias demoníacas en las vidas de los cristianos, el ser especialmente cuidadosos en introducir la Palabra en ellos. Los cristianos tienen que saber quiénes son en Cristo y la autoridad que poseen en ese Nombre (cf. Juan 14:13,14; Filipenses 2:9,10). De lo contrario, estamos cometiendo una injusticia en su contra al echar fuera de sus cuerpos o de sus mentes a un espíritu maligno, porque la Biblia dice que pueden terminar siete veces peor de lo que estaban antes.

Los creyentes simplemente necesitan tomar su lugar de autoridad en Cristo. No necesitan estar huyendo continuamente del diablo o ser continuamente atormentados en sus mentes o en sus cuerpos. ¡La autoridad del creyente en Cristo es un lugar de victoria y de triunfo *muy por encima* de principados y potestades!

Como cristianos, estamos sentados en los Lugares Celestiales en Cristo, y por lo tanto miramos hacia *abajo* cuando vemos a Satanás y a sus huestes desde una posición de triunfo, no de temor o de derrota (cf Efesios 1:3; 2:5,6). Y si vamos a tratar de forma bíblica con el reino de la oscuridad, siempre debemos tener en mente esa posición *triunfante* como coherederos en Cristo. Es una posición de *autoridad en Cristo* sobre el diablo y todas sus obras y operaciones en contra de nosotros.

Capítulo 5
¿Puede Un Cristiano Tener Un Demonio?

¿Puede un cristiano tener un demonio? Este es un tema muy debatido en el ambiente cristiano. He escuchado a algunos predicadores hacer comentarios sobre este tema que me hacían retorcer en mi interior, porque lo que ellos estaban diciendo no era bíblico. Ellos dejan la impresión de que *todos* los cristianos tienen demonios y que de forma rutinaria deben ser echados fuera. Esta afirmación es incorrecta por muchas razones.

En primer lugar, un cristiano no puede tener un demonio en su *espíritu*. Esto es imposible. Un creyente maduro tendría que negar a Cristo voluntariamente y deliberadamente antes de permitirle a un demonio el obtener acceso a su espíritu. Además porque, si es un verdadero cristiano, el *Espíritu Santo*, no un demonio, habita en su espíritu. Si un creyente maduro negase a Cristo, dejaría de ser un cristiano, porque la palabra "cristiano" significa *como Cristo*. Significa que la vida y la naturaleza de Dios vive en su espíritu (cf. 2 Corintios 5:17).

La razón por la cual es imposible que un hijo de Dios tenga un espíritu maligno en su *espíritu* es que su espíritu ha sido recreado por el *Espíritu Santo* (cf. 2 Corintios 5:17). Por lo tanto, su espíritu se convierte en la *morada* del Espíritu Santo (cf. Juan 14:23; 1 Corintios 6:17) y no puede ser, simultáneamente, la morada de un espíritu maligno (cf. 2 Corintios 6:14-16; Santiago 3:1,12).

Aquellos que dicen que un creyente "puede" tener un demonio no definen sus términos correctamente; no dividen al hombre correctamente. No reconocen que el hombre *es* un espíritu; que *tiene* un alma; y que *vive* en un cuerpo. Y no hacen claridad en el hecho de que un demonio puede estar afectando el alma o el cuerpo de una persona, sin estar en su espíritu.

Si las personas se refieren a que un creyente puede ser oprimido u influenciado en su cuerpo o en su alma por un demonio, eso es otra cosa. Sí, un cristiano puede sufrir estas dos actividades en su cuerpo o en su alma por un demonio. Pero es algo completamente diferente el decir que un cristiano puede estar *poseído* en su espíritu, alma, y cuerpo por un demonio.

97

Así mismo, todos los cristianos no "tienen" demonios, incluso en el sentido que todos están oprimidos o influenciados por demonios. Esta es una enseñanza legalista que debe evitarse. Las enseñanzas extremas en cualquier área no son bíblicas.

De hecho, ninguna de las personas de las cuales se echó fuera un demonio en los cuatro evangelios era cristiana; no eran nacidas de nuevo por la sangre de Jesús, ya que Jesús no había muerto aún ni derramado su sangre por la humanidad.

Muchas personas eran seguidoras de Jesús o discípulos hasta que el nuevo nacimiento fue disponible después de su muerte, sepultura, y resurrección. Ellos tenían una promesa firme acerca de su salvación hasta que el nuevo nacimiento fuese disponible. Pero en los evangelios, aquellos de los que sí se echaron fuera espíritus malignos ni siquiera habían nacido de nuevo, no eran cristianos.

Para obtener un equilibrio bíblico acerca de los demonios en la vida de los creyentes, estudie los evangelios para hallar lo que Jesús les instruyó a los discípulos acerca del echar fuera demonios. ¿Echó Jesús fuera demonios de sus doce discípulos? No, no lo hizo. ¿Enseñó alguna vez Jesús a sus discípulos a echar fuera demonios los unos de los otros? No, en lo absoluto. Antes de que Jesús ascendiera, ¿le dio a sus discípulos una formula para echar fuera demonios de otros creyentes? ¡No, tampoco lo hizo!

Incluso en los Hechos de los Apóstoles, aquellos de quienes se echaban fuera demonios no eran cristianos. De hecho, no existe ningún registro en ningún lugar de la Biblia de que un espíritu maligno fuese echado fuera de un cristiano o de un cristiano poseído por un demonio.

Esto no significa que un hijo de Dios no pudiera tener a un espíritu maligno oprimiéndolo o influenciándolo, de lo cual ya he hablado. Incluso la Biblia dice que la enfermedad y la dolencia son el resultado de la opresión *satánica* (cf. Hechos 10:38). Por ejemplo, en ocasiones, al tratar con la enfermedad en una persona, me he dado cuenta de que tengo que tratar con demonios que están afligiendo y oprimiendo el cuerpo de la persona.

Por otro lado, ha habido otras personas que han estado enfermas pero de las cuales no se tuvo que echar fuera a un demonio; tan solo necesitaban sanidad. Así que no podemos establecer "reglas de acero" en esta área. Tenemos que depender de la dirección del Espíritu Santo para saber si la enfermedad o la dolencia son o no causada por la presencia actual de un espíritu maligno.

Un Cristiano, al igual que una persona no salva, puede tener todo lo que desee ya que todas las personas (salvas o no) tienen la libertad de escoger. No perdemos la libertad de escoger cuando somos nacidos de nuevo. Si lo hiciéramos, seríamos robots, pero Dios no creo robots.

Incluso, después que una persona es llena del Espíritu Santo, aún toma sus propias decisiones. Si lo quiere, puede cavilar los pensamientos del diablo y rendirse a sus sugestiones. El diablo siempre trabaja a través de la mente y las emociones del hombre para intentar que éste haga el mal de manera que pueda tener acceso a él. Sin embargo, un cristiano *no tiene* por qué rendirse a espíritus malignos *o* a la carne. Debería aprender a rendirse al Espíritu Santo.

Dudo mucho acerca de enseñanzas y prácticas que no veo demostradas en la Biblia. Y cuando algunos ministros enseñan que todos los cristianos tienen demonios que deben ser echados fuera una y otra vez, definitivamente eso no es bíblico. No hallará esta enseñanza o práctica extrema en ningún lugar de la Biblia. Manténgase bíblicamente basado y manténganse alejado de los extremos y excesos.

Cualquiera (salvo o no, por igual) puede escuchar al diablo y rendirse a sus sugestiones. Pero existe una amplia diferencia entre el dar la vuelta y *someterse* temporalmente a espíritus malignos y el ser *oprimido* por demonios que trabajan desde afuera o incluso desde el interior de la mente y el cuerpo. Así mismo, existe una amplia diferencia entre el ser influenciado y el ser poseído por espíritus malignos.

En más de cincuenta años de ministerio, jamás he echado fuera a un diablo del *espíritu* de un cristiano, y jamás nadie lo ha hecho porque los espíritus malignos no pueden estar en el espíritu de un creyente. Si hay espíritus malignos presentes en un creyente, están o en su cuerpo o en su alma (la mente, la voluntad o las emociones). En la mayoría de los casos, los creyentes no han renovado sus mentes por eso el diablo saca ventaja en sus almas y cuerpos. Pero de todos modos, la mayoría de creyentes no están teniendo problemas con demonios, tan solo están teniendo problemas con su carne.

De hecho, muy pocas personas *no salvas* están siquiera poseídas por demonios, a pesar de que existe una mayor incidencia de esto con el incremento de las prácticas ocultas. En mis años de ministerio, tan solo he visto una sola persona que estaba completamente poseída por un demonio (en su espíritu, alma y cuerpo).

La visión de 1952: envuelto en una nube de gloria

Cuando Jesús se me apareció en la visión de 1952, me habló de manera extensa acerca del tema de los demonios y cómo toman posesión de las personas. Hubo tres partes en la que Jesús me enseñó la manera en que los demonios intentan obtener acceso a las personas.

Estaba llevando a cabo una reunión en una iglesia en esa fecha. Me estaba alojando en la casa pastoral, y después de las reuniones el pastor y yo teníamos comunión.

Después de una de las reuniones de la tarde, el pastor y yo comenzamos a orar. ¡No esperaba que algo inusual sucediese en ese momento más de lo que esperaba ser el primer hombre en aterrizar en la luna! Jamás me había sentido tan *ordinario* en toda mi vida. Pero tan pronto como me arrodillé a orar, pareció ser como si una nube blanca bajara y me envolviese, y me encontré arrodillado en una nube de gloria. No podía ver absolutamente nada; mis sentidos físicos estaban suspendidos. Mis ojos estaban bien abiertos, pero no podía ver ni la estufa, ni la mesa, ni cualquier otra cosa en la cocina.

Muchas veces, en el Antiguo Testamento, la gloria de Dios se manifestaba en una nube (cf. Éxodo 49:34,35; 1 Reyes 8:10,11; 2 Crónicas 5:13-14). Esto es bíblico. Miré hacia donde se suponía que debía haber estado el techo, y vi a Jesús de pie. Mientras estaba arrebatado en esa nube de gloria, Jesús pasó una hora y media hablando conmigo.

Empezó su conversación diciendo: "Te voy a enseñar acerca del diablo, demonios, y la posesión demoníaca. De esta noche en adelante, lo que se conoce en mi Palabra como el discernimiento de espíritus va a operar en tu vida cuando *estés en el Espíritu*".

Me dijo: "Voy a mostrarte exactamente cómo los demonios y los espíritus malignos se apoderan de las personas y las dominan y las poseen, incluso a los cristianos, cuando éstos lo permiten". Me habló durante algún tiempo acerca del don de discernimiento de espíritus. Una de las cosas que me dijo fue que este don es un conocimiento y una visión profunda del mundo de los espíritus3.

Luego, aún envuelto en esa nube de gloria, Jesús abrió para mí el mundo espiritual; empecé a ver en ese mundo. Vi a una mujer, y Jesús comenzó a narrarme la siguiente escena. Me afirmó: "Por ejemplo, esta mujer era hija mía. Estaba en el ministerio con su esposo y tenía una hermosa voz para cantar".

En la visión reconocí a la mujer; sabía quién era. No la conocía personalmente. Sabía que había abandonado a su esposo, que era un pastor, por otro hombre, (de hecho, su antiguo esposo era el mismo pastor con quien estaba orando en la cocina de esa casa pastoral).

Como verán, a no ser que Jesús nos muestre, tan solo vemos el *resultado* de las cosas que ocurren; no sabemos *por qué* ocurren. Sabía que esta mujer había dejado a su esposo, pero no conocía los detalles. Vemos situaciones que suceden en lo natural, pero usualmente no vemos las causas de lo que ha sucedido espiritualmente.

El Señor me dijo: "Esta mujer era mi sierva. Su esposo era un pastor, y ella estaba en el ministerio con él. El diablo vino a ella", y mientras Jesús narraba esto, vi lo que parecía ser un pequeño diablillo (parecía ser como un pequeño mono). Lo vi venir y sentarse en el hombro de esta mujer, y comenzar a susurrar en su oído.

El Señor continuó hablándome, dijo: "Este espíritu le susurró a esta mujer, 'Tú eres una mujer hermosa, y te han robado en la vida. Estás siendo estafada. En el mundo podrías tener fama, fortuna y popularidad' ".

No había ninguna duda en mi mente acerca de la habilidad que poseía esta mujer para cantar; ella hubiese podido ser una cantante destacada. Pero aquí hay algo que quiero que observen. Aun cuando la afirmación del diablo poseía cierto grado de verdad, "En el mundo puedes tener fama, fortuna y popularidad", no estaba en línea con la Palabra de Dios.

FILIPENSES 4:8 (é.a)
8 Por lo demás, hermanos, todo lo que es VERDADERO, todo lo HONESTO, todo lo JUSTO, todo lo PURO, todo lo AMABLE, todo lo que es de BUEN NOMBRE; si hay VIRTUD alguna, si algo digno de ALABANZA, EN ESTO PENSAD.

Lo que el demonio le estaba diciendo no estaba de acuerdo con la Palabra porque no era *verdadero*, *honesto*, *puro*, *amable*, o de *buen nombre*. Y con certeza no tenía *virtud* alguna. Por lo tanto, no era bíblicamente sano.

Algunas personas se preguntan cómo pueden distinguir la voz de Satanás; esta es la forma de hacerlo. Lo que escucha debe estar en línea con la Palabra. La Biblia nos dice exactamente en qué pensar (*"en esto pensad"*). Y además enuncia los tipos de pensamientos que debemos meditar. La Biblia es la norma que rige nuestra forma de pensar.

Jesús prosiguió: "Esta mujer sabía que era el diablo que le hablaba estos pensamientos. Así que dijo: 'Aléjate de mí, Satanás'". Y vi al pequeño demonio saltar de su hombro y salir corriendo, alejándose de ella.

El Señor, aún narrando, dijo: "De tiempo en tiempo este demonio regresaba, se le sentaba sobre su hombro y le empezaba a susurrar al oído".

En este punto, el espíritu maligno no estaba dentro, pero estaba afuera oprimiendo su mente, intentando ganar acceso a través de su mente. Pero ella aun tenía *autoridad* sobre él porque la Biblia dice: "porque mayor es el que está en vosotros, que el que está en el mundo" (1 Juan 4:4). Hubiese podido resistir al diablo porque la Biblia dice que podía hacerlo (cf. Santiago 4:7). Y no tenía por qué darle al diablo ningún lugar en sus pensamientos (cf. Efesios 4:27).

Jesús me repitió: "De tiempo en tiempo este demonio regresaba, se sentaba sobre su hombro, y decía: 'Tú eres una mujer hermosa, pero te han estafado en la vida. Te han robado en la vida. En el mundo, podrías tener fama, fortuna y popularidad'. Pero ella sabía que era el diablo. Así que dijo, 'Aléjate de mí, Satanás'. Y el demonio se alejaba de ella por algún tiempo".

Observé que cuando esta mujer ejercía su legítima autoridad, en el nombre de Jesús, el demonio tenía que apartarse. Pero después de algún tiempo regresaba de nuevo para tentarla.

Solo porque ha resistido a Satanás en una ocasión no significa que éste no intentará hacerlo de nuevo. La Biblia no enseña esto. Observe la tentación de Jesús. La Biblia dice que diablo se apartó de Jesús "por un tiempo" (cf. Lucas 4:1-13). Y en la visión, observé al demonio regresar a la mujer para tentarla nuevamente.

Mientras Jesús seguía narrando, vi a ese pequeño espíritu regresar nuevamente y sentarse en el hombro de esta mujer y susurrar a su oído. Jesús dijo: "De tiempo en tiempo, el espíritu maligno regresaba y le susurraba al oído: 'Tú eres una mujer hermosa, pero has sido estafada en la vida. En el mundo podrías tener fama, fortuna, dinero y popularidad' ".

Jesús me explicó que, en este punto, la mujer estaba siendo tan solo *oprimida* por el diablo. Cualquier cristiano puede ser oprimido por un espíritu maligno. Ninguno está inmune a los ataques de Satanás, pero no tenemos por qué rendirnos a esto. Poseemos autoridad sobre cualquier opresión que intente traer en contra nuestra.

Luego Jesús dijo: "Pero *esta vez* ella comenzó a cavilar los pensamientos de Satanás. Comenzó a pensar: *Soy hermosa*, porque le gustaba pensar esto. Y comenzó a creer el pensamiento de: "*he sido estafada en la vida*".

Esta mujer no mantuvo sus pensamientos en línea con la Biblia; no mantuvo su mente enfocada en Jesús. La Biblia dice: "Tú guardarás en completa paz a aquel cuyo pensamiento en ti persevera" (Isaías 26:3). Pero en lugar de mantener su mente en el Señor, comenzó a meditar y a entretenerse en los pensamientos de Satanás.

Era una mujer hermosa, pero se dedicó a pensar acerca de su belleza en lugar de mantener sus pensamientos centrados en Dios, en su Palabra, y en la voluntad de Dios para su vida. Cuando comenzó a pensar en lo que le decía el diablo, se infló de orgullo. La Biblia dice: "Antes del quebrantamiento es la soberbia, y antes de la caída la altivez de espíritu" (Proverbios 16:18).

La sugestión: la herramienta de Satanás

Muchos creyentes se preguntan cómo es que Satanás logra ganar terreno en sus vidas. El primer lugar en el cual comienza a trabajar es en la mente. Una de las armas más grandes y más poderosa de Satanás es la sugestión. Después de todo, esta fue el arma que empleó en contra de Eva en el jardín (cf. Génesis 3:1-7). Eva *cedió* a la sugestión de Satanás, y fue "seducida" o *engañada* (cf. Génesis 3:13). Una de las principales estrategias de Satanás es la de seducir a las personas; las engaña y las enreda por medio de sus sugestiones.

Pero no tenemos que caer presa de éstas porque la Biblia dice que *no* debemos darle lugar al diablo. Esto significa el no darle ningún lugar en nuestra forma de pensar. Si el diablo puede obtener algún lugar en su *forma de pensar*, puede obtener lugar en *usted*.

Luego Jesús me dijo que cuando esta mujer comenzó a cavilar los pensamientos de Satanás y a ceder a sus sugestiones, se obsesionó en su pensamiento con esta idea. Empezó a disfrutar el cavilar en estos pensamientos. Luego en la visión, la mujer cambió y se volvió transparente, como si su cuerpo estuviese hecho de vidrio. Y podía ver un punto negro en su cabeza del tamaño de una moneda.

Jesús me explicó: "Al principio esta mujer, mi sierva, estaba tan solo *oprimida* por este espíritu maligno desde el exterior. Ella lo reprendió ya que, como mi hija, tenía autoridad sobre éste. Lo resistió en varias ocasiones y se marchaba. Pero la última vez comenzó a escucharlo y continuó cavilando sus pensamientos y escuchando sus sugestiones (porque le gustaba cavilar en esos pensamientos). Luego se obsesionó con los pensamientos del diablo".

Jesús me afirmó: "Ella se obsesionó con esta forma de pensar, *pero incluso entonces no era muy tarde*. Todavía era mi hija. Sabía lo que debía hacer. Si hubiera querido sacar esos pensamientos de su cabeza, lo hubiera podido hacer. Hubiera podido decir: 'Me rehúso a pensar de esa manera. Eso es del diablo, y te resisto, Satanás, en el nombre de Jesús'. Pero ella *quería* cavilar esos pensamientos, así que continuó haciéndolo de esta manera hasta que se obsesionó".

Es posible para un creyente el obsesionarse en su forma de pensar con los pensamientos del diablo. Pero quiero que comprendan esto: esta mujer hubiera podido reprender al diablo *en cualquier momento* porque tenía autoridad sobre Satanás en el nombre de Jesús, incluso en su forma de pensar.

Jesús me explicó: "Ella *sabía* lo que estaba haciendo. Incluso sabía que estaba obsesionada con esa manera de pensar. En cualquier momento hubiera podido decir: 'Estos pensamientos son del diablo, y me rehúso a pensar de esa forma. Satanás, le ordeno que me deje. Aléjese de mí, en el nombre de Jesús', *y Satanás hubiera tenido que obedecerla.* Pero le gustaba pensar: *Soy hermosa.* Así que continuó pensando: *He sido estafada. En el mundo podría tener fama, fortuna y popularidad*".

Me explicó además: "No fue sino hasta que comenzó a escuchar lo que el diablo le estaba diciendo y a *entretener sus pensamientos que comenzó a andar mal.*

"Eventualmente abandonó a su marido y se enredo con otro hombre. Pasó de ese hombre a otro hombre. Y continuó haciendo eso hasta que estuvo con cinco diferentes sin casarse con ninguno, sólo vivía con ellos".

Me dijo: "Aún no era muy tarde. Si se hubiera arrepentido, la habría perdonado. No necesitaba de nadie reprendiera por ella al demonio de su vida. Ella lo podía hacer".

Jesús no auspicia ni permite que el obrar mal continúe, pero, gracias a Dios, perdona el obrar mal si el creyente lo lamenta sinceramente, pide perdón, se arrepiente y se aparta de su pecado (cf. 1 Juan 1:9). Así mismo, observe la declaración de Jesús: "No necesitaba que nadie reprendiera por ella al demonio de su vida. Ella lo podía hacer".

No es suficiente el simplemente tener autoridad en Cristo. Los creyentes necesitan ejercer la autoridad que tienen sobre el diablo antes de que ésta pueda obrar para su beneficio.

Luego, en la visión, observé a uno de los líderes de una denominación particular del Evangelio Completo ir a un hotel. En la visión estaba de pie, afuera del hotel. Vi el nombre del hotel.

Luego pareció como si entrara en el hotel junto con este ministro del Evangelio Completo. Él se acercó a la recepción para averiguar por una pareja que estaba registrada allí. Y sí lo estaban. Esta mujer estaba registrada con un hombre como si fuera su esposa.

El ministro de esta denominación fue hasta la puerta de su cuarto y, en el Espíritu, yo estaba de pie en el corredor. Vi toda la escena mientras ocurría. El ministro golpeo en la puerta. Esta mujer fue a la puerta casi sin ropa y le abrió. Cuando lo hizo, reconocí a este hombre como un líder de una denominación del Evangelio Completo.

Ella dijo: "Sé por qué ha venido". El ministro había ido para intentar restaurarla y orar por ella y hacer que regresara a Dios y que regresara a su esposo.

Ella dijo: "Pero quiero decirle que en lo que a Jesucristo concierne, al infierno con Él". Y le tiró la puerta en la cara al ministro.

Jesús me dijo: "Como puedes ver, ya no me quiere más".

"Ahora", continuó Jesús, "si hubiera sido supremamente tentada y atacada con una pasión airada, podría decir: 'No lo quiero'. Entonces lo pasaría por alto y la perdonaría. Pero ella sabía exactamente lo que estaba haciendo. Ella, de manera voluntaria y deliberada, dijo: 'No lo quiero' ".

Cuando ella dijo esto, vi que ese gran punto negro en su cabeza, del tamaño de una moneda, descendía de su cabeza a su interior, a su corazón, hasta su espíritu. Luego Jesús me habló: "Ahora ella ha sido *poseída* por el diablo. Ese demonio tiene el control, pero porque únicamente ella se lo permitió".

Opresión, obsesión y posesión

Como verán, existe una amplia diferencia entre la opresión, la obsesión y la posesión. Esta mujer había estado en el ministerio con su esposo por cerca de veinte años; no era una bebe cristiana. Fue *oprimida* y *obsesionada* en un principio, pero cuando, de manera voluntaria y deliberada, negó a Cristo, como una cristiana madura, fue *poseída* por ese demonio. Pero fue porque se lo *permitió*. Y en el momento en que negó a Cristo, no podía seguir siendo llamada cristiana.

Le dije a Jesús: "¿Señor, por qué me estas mostrando esto? ¿Quieres que eche fuera de ella a ese diablo?".

Él respondió: "No, *no puedes* echarlo fuera. Nadie puede echarlo fuera porque ella no quiere que se vaya; lo quiere. Ningún hombre (ni tú, ni los ancianos de la iglesia, ni otros creyentes, ni nadie más) puede ejercer autoridad sobre el espíritu humano. Cuando estuve sobre la tierra, ejercía autoridad sobre espíritus *malignos*, pero no sobre los espíritus *humanos*. Incluso Dios Padre no ejerce autoridad sobre el espíritu humano.

"Yo sí ejercí autoridad sobre espíritus malignos y demonios, dijo Jesús. Y los creyentes en la Iglesia pueden ejercer autoridad sobre espíritus malignos y demonios. Pero si cualquier espíritu humano desea que la condición permanezca como está, entonces no hay nada que se pueda hacer al respecto; se quedará tal y como está. Si esta mujer quiere tener a ese demonio, entonces así será, y tú no puedes echarlo fuera.

"Mi Palabra dice, 'El que QUIERA, tome del agua de la vida gratuitamente, y ... ESCOGEOS hoy a quién sirváis' (Apocalipsis 22:17; cf. Josué 24:15). El hombre tiene la libertad de escoger lo que quiera sobre la tierra. Dios no pasará por encima de la voluntad del hombre".

Jesús me explicó que antes de que esta mujer negara a Cristo, si hubiera querido ser libre, yo hubiera podido, en el nombre de Jesús, echar fuera de su cuerpo o de su alma a esos espíritus. Pero *ella* también hubiera podido tratar con el diablo en cualquier momento y haberlo reprendido. Pero como no quería ser libre, no había nada que nadie pudiera hacer para ayudarla.

Claro está, después de que negó a Cristo, como una cristiana madura, no era ya posible echar fuera al espíritu maligno. Había escogido su amo, al diablo (cf. Romanos 6:16). Dios mismo no ejerce autoridad sobre la *voluntad* de las personas. Si las personas quieren cavilar los pensamientos de Satanás y rendirse, Dios no va a pasar por encima de su voluntad, y usted tampoco podrá hacerlo.

No puede *obligar* a las personas a pensar en línea con la Palabra de Dios. Tampoco puede *obligarlas* a querer lo que Dios tiene para ellas. No puede obligarlos a querer más del Espíritu Santo en lugar de querer a los espíritus malignos. Puede enseñarles a las personas lo que la Palabra dice, y puede animarlos a que crean en la Palabra de Dios y a que caminen en línea con ésta, pero no puede *obligar* a nadie a hacer nada.

El pecado imperdonable: el pecado de muerte

Cuando le pregunté a Jesús: "¿Quieres que ore por esta mujer?". Él contestó: "No, ni siquiera ores por ella". ¡Esto en realidad me sorprendió! ¿Alguna vez escuchó acerca del no orar por las personas? Soy muy apegado a la Palabra. Si alguien me dice algo, no me importa quien es, quiero verlo en la Palabra. Le dije a Jesús: "¿Por qué, Señor? Jamás había escuchado algo como eso. ¿Es eso bíblico?".

Él me contestó: "¿Jamás leíste en mi Palabra: 'Si alguno viere a su hermano cometer pecado que no sea de muerte, pedirá, y Dios le dará vida; esto es para los que cometen pecado que no sea de muerte. HAY PECADO DE MUERTE, POR EL CUAL YO NO DIGO QUE SE PIDA'?" (1 Juan 5:16, (é.a)).

Jesús afirmó: "Hay un pecado de muerte y la Palabra dice que *no* se debe orar por aquellos que lo cometen".

No hay forma de saber si una persona ha cometido el pecado de muerte a no ser que Dios mismo se lo muestre a través de la revelación divina. En tres ocasiones diferentes de mi ministerio el Señor me dijo que no orara por cierta persona por que habían cometido el pecado de muerte. Esta mujer fue la primera persona.

Jesús me dijo que no debía orar por esta mujer porque había cometido el pecado imperdonable, el pecado de muerte. Le dije al Señor que aún no estaba satisfecho. Dije: "No voy a aceptar ninguna visión o experiencia, aun a pesar de que te estoy viendo, Jesús, si lo que dices no puede ser corroborado por el Nuevo Testamento. No voy a aceptar ni una sola Palabra de lo que estas diciendo a no ser que puedas darme otra escritura para corroborar el que no deba orar por esta mujer".

Le recordé lo que su Palabra dice: "Para que en boca de dos o tres testigos conste toda palabra" (Mateo 18:16). Entonces me dio las siguientes escrituras y las discutió conmigo.

HEBREOS 6:4-6
4 Porque es imposible que los que una vez fueron iluminados y gustaron del don celestial, y fueron hechos partícipes del Espíritu Santo,
5 y asimismo gustaron de la buena palabra de Dios y los poderes del siglo venidero,
6 y recayeron, sean otra vez renovados para arrepentimiento, crucificando de nuevo para sí mismos al Hijo de Dios y exponiéndole a vituperio.

Jesús me explicó que antes que un cristiano pueda ser culpable de cometer el pecado de muerte, las condiciones mencionadas en esta escritura deberían aplicarse a la persona.

Primero, dice: "Porque es imposible que los que una vez fueron iluminados" (v. 4). Jesús dijo que esto hacía referencia a lo que muchos en aquellos días llamaban "caer bajo convicción". La predicación de la Palabra ilumina al pecador. Es como el hijo prodigo cuando "volvió en sí" (Lucas 15:17). A través de la predicación de la Palabra de Dios, el pecador cae en cuenta de que está perdido. Es iluminado con respecto a la verdad de la Palabra de Dios y ve la necesidad de un Salvador.

Segundo, el versículo 4, dice: "y gustaron del don celestial". Jesús dijo que un hombre bajo convicción aun no ha gustado del Don Celestial, ya que Jesús es el Don Celestial.

Jesús citó Juan 3:16: "Porque de tal manera amó Dios al mundo, que ha dado a su Hijo unigénito, para que todo aquel que en él cree, no se pierda, mas tenga vida eterna". Así que "el gustar del don celestial" se refiere a la salvación, recibir a Jesucristo como su Salvador.

En tercer lugar: "Y fueron hechos partícipes del Espíritu Santo" (v. 4). Jesús me dijo lo que significa ser nacido de nuevo y familiarizarse con el Espíritu Santo a través de su presencia en nuestro interior (cf. Juan 14:16,17). Se refiere a ser lleno con el Espíritu Santo; el haber recibido el bautismo en el Espíritu Santo (cf. Hechos 1:5; 2:4).

Luego, en cuarto lugar: "Y asimismo gustaron de la buena palabra de Dios" (v. 5). Jesús dijo que esto no puede aplicarse a los bebes cristianos. Ellos no han probado la buena Palabra de Dios. Los recién convertidos están aún en "la leche espiritual no adulterada de la Palabra". 1 Pedro 2:2, nos dice: "desead, como niños recién nacidos, la leche espiritual no adulterada, para que por ella crezcáis para salvación".

Otra traducción la llama *"La carne sólida de la Palabra de Dios"*. En otras palabras, los bebes en Cristo no podrían calificar para cometer el pecado imperdonable porque todavía no han probado la carne sólida de la Palabra de Dios. Tan solo están en la leche de la Palabra de Dios.

Solo aquellos que han experimentado algún grado de crecimiento espiritual y que comprenden por completo la seriedad del negar a Cristo, que son experimentados en la carne sólida de la Palabra, podrían ser culpables de cometer este pecado.

Jesús señaló la semejanza entre el crecimiento espiritual y el natural. Los bebes cristianos no pueden ser culpables de cometer el pecado imperdonable porque no estarían lo suficientemente maduros para saber lo que están haciendo.

La quinta condición para cometer el pecado imperdonable es que una persona "gust(e) de ... los poderes del siglo venidero" (v. 5 (é.a)). Jesús me explicó lo que esto significaba: "los poderes del siglo venidero" son los dones espirituales.

Me explicó: "Aquellos que han gustado de los poderes del siglo venidero son cristianos maduros que tienen los dones del Espíritu operando en sus vidas o ministerios". El bautismo en el Espíritu Santo, con los respectivos dones, son las arras de nuestra herencia en el mundo venidero (cf. Efesios 1:13,14; 2 Corintios 5:5).

Así que hay *cinco* requisitos bíblicos que un creyente debe llenar para que pueda ser culpable de cometer el pecado imperdonable. De esta manera puede verse claramente que muy pocos creyentes podrían clasificar para ser culpables de caer en éste terrible pecado.

Jesús dijo que esta mujer que lo había negado en la visión, *sí* clasificaba para poder cometer el pecado imperdonable, y me explicó por qué. Esta mujer había sido iluminada; conocía su necesidad de un Salvador. Había gustado del Don Celestial porque había nacido de nuevo. Jesucristo era había sido su Salvador por muchos años.

También había sido llena del Espíritu Santo y había estado en el ministerio durante muchos años con su esposo. Conocía la Palabra de Dios. Había experimentado el suficiente crecimiento espiritual de manera que ya no era un bebe espiritual alimentándose de la leche de la Palabra. Había probado la carne sólida de la Palabra de Dios. Tenía los dones del Espíritu operando en su vida. Por lo tanto, esta mujer cumplía con todas las condiciones bíblicas de alguien que puede cometer el pecado imperdonable.

Jesús me dijo que Él la habría perdonado si tan solo hubiera sido tentada y vencida por el diablo. Me dijo que no había cometido el pecado de muerte al irse con otro hombre. Me explicó que si hubiera tenido cien hombres, pero hubiera regresado a Él y se hubiera arrepentido, la hubiera perdonado. Pero Jesús me dijo que tomó la decisión sin ser tentada ni vencida, en donde, de manera *voluntaria* y *deliberada,* dijo que no quería más a Jesús. Este es el pecado de muerte, el pecado imperdonable.

Lo que hace el cristiano maduro con respecto a *Jesús* es lo que determina si comete o no el pecado de muerte. Si el cristiano maduro y de manera voluntaria, con una decisión deliberada, niega a Cristo, la Biblia llama a esto el cometer el pecado imperdonable, el pecado de muerte. Este pecado lleva a la muerte *espiritual,* la separación eterna de Dios.

Deténgase a pensar en esto. Una persona se salva al recibir a Jesucristo en su corazón. La única forma en que las personas pueden perder su salvación es por medio de lo que hacen con respecto a *Jesús*. El Señor es el asunto central de la salvación. Esta es la razón por la que las personas preguntan: "¿Puede un cristiano tener un demonio?". Necesitan ser más claros cuando se refieren a esto. De hecho, como ya lo dije, los cristianos pueden *tener* lo que deseen porque poseen la libertad de escoger.

Si continúan rindiéndose al diablo, los cristianos maduros pueden finalmente llegar al punto en donde escogen negar a Cristo, como lo hizo esta mujer. Pero entonces ya no serían cristianos porque ya no serían "como Cristo", esforzándose por seguir a Jesús. Una vez que el Espíritu de Cristo se va, una persona no puede seguir siendo llamada Cristiana. Y solo en este punto es que pueden ser poseídas.

Así que, a pesar de que esta mujer fue cristiana en una época, no continuó como tal. Cesó de ser como Cristo cuando siguió al diablo, negando al Señor Jesucristo. Jesús dijo: "SI VOSOTROS PERMANECIEREIS EN MI PALABRA, seréis verdaderamente mis discípulos" (Juan 8:31 (é.a)). Esta mujer no permaneció en la Palabra de Dios; no quería absolutamente nada con Jesús.

Permítanme decirles algo más. Solo porque las personas profesan ser cristianas, no es una evidencia de que sean nacidos de nuevo. Si no hay evidencia del fruto del espíritu recreado y nacido de nuevo en sus vidas, dudaría seriamente de su experiencia de salvación. Puede rotular de la manera que quiera a la gente, pero esto no los hace ser necesariamente eso.

Por ejemplo, una mujer me dijo en una ocasión que su esposo profesaba ser cristiano pero que estaba involucrado en toda clase de maldad. Él no mostraba ninguna evidencia de ser una nueva criatura en Cristo. Ella quería saber si en realidad podía ser un cristiano.

Le dije: "No, el no es un cristiano. La palabra cristiano significa como Cristo. ¿Él actúa como Cristo? No, con seguridad no lo está haciendo. ¿Está siguiendo a Cristo o está caminando en la luz de la Palabra en cualquier forma? No, no lo está haciendo. El está siguiendo al diablo, así que no lo llame cristiano".

Luego en la visión, Jesús me dio otra Palabra y me explicó más acerca del pecado de muerte.

HEBREOS 10: 26-29 (é.a)
26 Porque SI PECÁREMOS VOLUNTARIAMENTE después de haber recibido el conocimiento de la verdad, ya no queda más sacrificio por los pecados,
27 sino una horrenda expectación de juicio, y de hervor de fuego que ha de devorar a los adversarios.
28 El que viola la ley de Moisés, por el testimonio de dos o de tres testigos **muere irremisiblemente.**
29 ¿Cuánto mayor castigo pensáis que merecerá el que PISOTEARE AL HIJO DE DIOS, y TUVIERE POR INMUNDA LA SANGRE DEL PACTO en la cual fue santificado, e hiciere afrenta al Espíritu de gracia?

El versículo 26 dice: "Porque si pecáremos voluntariamente después de haber recibido el conocimiento de la verdad". Este pecado no puede estar refiriéndose a cualquier pecado, porque si lo hiciera, entonces 1 Juan 1:9 no sería cierto. Este versículo nos promete que si confesamos nuestros pecados, Dios es fiel y justo para perdonarnos y limpiarnos de toda injusticia.

Por lo tanto, Hebreos 10:26 está hablando del pecado de rechazar a Jesús. Pablo (quien creo es el autor del libro de Hebreos) está originalmente escribiéndoles a los cristianos hebreos en este pasaje. Claro está, existe un principio en estos versículos para todos los cristianos. Pero en los días del Nuevo Testamento, los creyentes judíos eran tentados a regresar al Judaísmo debido a las dificultades que conllevaba seguir a Cristo.

Cuando estos hebreos se convertían eran exiliados de la sociedad y cortados de sus familias. Se mantenían juntos y se ayudaban unos a otros, pero no era para nada fácil, y no solo en el área financiera sino también por causa de la terrible persecución.

Algunos eran tentados a regresar a su antigua vida, pero para hacerlo tenían que negar que Cristo es el Hijo de Dios. Hebreos 10:29 dice que el pecado imperdonable es "el que pisoteare al Hijo de Dios".

En otras palabras, si aquellos judíos cristianos hubieran regresado al Judaísmo, tendrían que haber negado que Cristo sea el Mesías. Si hubieran hecho esto, tendrían que haber negado que Jesús naciera de una virgen. Y si hubiesen regresado al Judaísmo, eso significaba que tendrían por inmunda la sangre del pacto en la cual fueron santificados (cf. Hebreos 10:29). Si Jesús no es el Hijo de Dios, y no es el Mesías, entonces su sangre sería como la sangre de cualquier otro ser humano, no sería santa.

El negar que Cristo sea el Hijo de Dios es el pecado al cual se refiere Hebreos 10. Es lo mismo que el apartarse de Él, rechazándolo, diciendo: "Ya no quiero más a *Jesús*". La Biblia está diciendo que si los creyentes maduros, de manera voluntaria y deliberada, niegan a Cristo, ya no queda más sacrifico por sus pecados.

Después de todo, ¿qué fue lo que lo hizo una nueva criatura en un comienzo? Fue el *recibir* a Jesucristo como su Salvador. Fue por creer en su corazón que Dios resucitó a *Jesús* de los muertos, y que Él es el Hijo de Dios. Usted obedeció la Biblia y creyó en su corazón y confesó con su boca que Jesucristo es su Señor y Salvador (cf. Romanos 10:9,10).

Por lo tanto, el pecado que trata la Biblia aquí es el de negar a Cristo; no trata de otro pecado que un cristiano pueda cometer en su vida. Pero una de las áreas en donde Satanás ha causando grandes desastres en el Cuerpo de Cristo es en esta área del pecado imperdonable. Muchas instituciones mentales están llenas de personas, incluso creyentes, quienes han sido convencidas por Satanás de que han cometido el pecado imperdonable.

Satanás ha empleado esta escritura en contra de personas que no conocen el consejo completo de Dios. Ha sacado ventaja de su ignorancia y les ha mentido llevándolos cautivos al decirles que han pecado "voluntariamente", cometiendo de esta manera el pecado imperdonable.

A través de los siglos, muchas personas han muerto en la hoguera porque no se retractaban de su creencia en Jesús. Si ellos se hubieran retractado bajo una coerción extrema, Dios no los culparía por esto. Claro está, si ellos se hubieran retractado de manera deliberada, esto sería diferente.

Jesús dijo que esta mujer en la visión había cometido el pecado imperdonable sobre la base de este pasaje de Hebreos 10:26-29. Como cristiana madura, comprendiendo por completo lo que estaba haciendo, de manera voluntaria pisoteó a Jesucristo y tuvo por inmunda su sangre (v. 29). Por lo tanto, ya no había más sacrificio por su pecado.

El diablo intenta hacer que los creyentes piensen que han cometido el pecado imperdonable. A través de los años, he hablado con personas que pensaban que habían cometido el pecado de muerte.

Les preguntaba: "¿Ha pisoteado la sangre de Jesús y ha dicho que era *tan solo* un hombre, no el Hijo de Dios? ¿Ha dicho que Jesús no nació de una virgen? ¿Ha dicho que su sangre no es santa y que es la misma sangre que la de cualquier otro hombre? ¿Ha rechazado por completo a Jesús"?

A cada una de estas preguntas han respondido: "No, claro que no".

"Entonces este versículo no aplica para usted", les he contestado.

Las personas necesitan tener una comprensión bíblica acerca del pecado imperdonable para que el diablo no saque ventaja de ellos. A no ser que un cristiano maduro, que cumple con los cinco requisitos en Hebreos 6, de manera voluntaria diga: "Jesús no es el Hijo de Dios", o "No quiero a *Jesús"*, entonces no ha cometido este pecado. Los recién convertidos no pueden cometer este pecado al declarar esto en un ataque de ira o de pasión. En este versículo la Biblia está haciendo referencia a una decisión voluntaria y deliberada.

No importa lo que hayan hecho los cristianos, o qué tan lejos han vagado de Dios, incluso si han dicho algunas cosas en contra de Jesús en un momento de rabia, Él no los hará culpables de esto si se arrepienten y le confiesan sus pecados y se apartan de hacer el mal. Esto no está concediéndole permiso de pecar porque el pecado está mal. Pero existe una provisión para los creyentes cuando pecan y se equivocan (cf. 1 Juan 1:9).

Esta es la razón por la cual, si se sale de comunión con Dios, debe regresar a ésta tan rápido como pueda. Si se sale ingresando al territorio del diablo, esto es peligroso porque Satanás está allá afuera con la intención de destruir su vida (cf. Juan 10:10).

De hecho, el pecado de rechazar a Jesús puede ocurrir de dos formas: las personas pueden escuchar la predicación del evangelio y rechazar a Jesús y continuar rechazándolo. Después de un tiempo el Espíritu Santo no tratará más con ellos acerca de recibir a Jesús como su Salvador (cf. Génesis 6:3), y estas personas pasaran la eternidad en el infierno cuando mueran. La otra forma en que las personas pueden rechazar a Jesús es cuando los creyentes maduros de manera voluntaria y deliberada lo rechazan.

Le pregunté al Señor qué sucedería con esta mujer. Él me dijo que ella pasaría la eternidad en el lago de fuego y azufre. En esta visión la observé descender a este lugar, y escuche sus terribles alaridos.

Conocí a otra persona que cometió el pecado imperdonable. El Espíritu Santo trató con él durante largo tiempo, pero el simplemente continuó rechazándolo. Jamás se rendiría a Dios. Personalmente, le hablé más de una vez acerca de Dios. Me dijo que había nacido de nuevo y que Dios lo había llamado a predicar, pero que no quería hacerlo.

Finalmente, se alejó del Señor, dejó de asistir a la iglesia y cayó en pecado. Le hablé acerca del Señor e intenté traerlo de regreso a Dios. En ese tiempo, estaba viviendo en profundo pecado, haciendo cualquier cosa que pueda mencionar. Cuando le hablaba del Señor, el sólo lloraba y se sacudía y temblaba bajo convicción. Seguí hablándole y orando por él en diferentes ocasiones por un periodo de quince años, intentando traerlo de regreso al Señor.

La última vez que hablé con este hombre, me dijo: "Sé que todo lo que me está diciendo es la verdad. Pero no voy a hacer nada al respecto. Luego agregó: Pero no se rinda acerca de mí. Siga orando". Así que continué orando. Recuerdo una noche en particular en la que me encontraba de rodillas orando, y el Señor me habló: "¡Levántate de ahí!". Fue tan real que me sobresalté. Así que me levanté. El Señor dijo: "No ores más por él".

"Pero, Señor, dije: Él me dijo que te había conocido cuando era un adolescente, Tú lo habías llamado a predicar. Por eso estoy orando, para que regrese a la comunión contigo y que regrese a Ti como lo hizo el hijo prodigo de antaño". El Señor respondió: "No, no ores más por él".

"¿Me estás diciendo que no ore más por él? Le pregunte: Pero el aún está en esta vida. Aún hay esperanza para él".

"No, dijo Señor, él jamás será salvo. Morirá y se irá al infierno". ¡Eso me sorprendió! Dije: "Señor, no comprendo eso".

Entonces me respondió: "¿Alguna vez leíste en el Antiguo Testamento acerca de Efraín? No sabes que finalmente dije: 'Dejen a Efraín tranquilo. No lo molesten más. Déjenlo solo'. ¿Por qué dije esto? Porque Efraín estaba unido a sus ídolos (cf. Oseas 4:17). Así que deja a este hombre tranquilo".

Como verán, en el sentido espiritual, este hombre estaba fuertemente unido a sus ídolos. Él le había abierto por completo la puerta al diablo, y el Señor sabía que jamás se arrepentiría. Jamás volví a orar por él después de eso. No podía. Otros lo hicieron, pero el Señor me dijo que no lo hiciera y el hombre murió a temprana edad, como a los cincuenta y cuatro años.

Les pregunté a sus parientes la forma en que había muerto. Me dijeron que había muerto maldiciendo a Dios, sin embargo, en una época, él era un creyente. ¡No es esto terrible! Pero esto *puede* ocurrir cuando le abre una puerta al diablo y persiste en pecar y jamás renuncia a esto y se arrepiente.

¿Era esto la voluntad de Dios? ¡Claro que no! Pero, como verán, es muy peligroso estar en el territorio de Satanás. El diablo puede engañar a las personas, y es posible que lleguen al punto en donde, de manera voluntaria y deliberada, no quieren nada con Dios.

Es peligroso escuchar las mentiras del diablo y salirse de la comunión con Dios y caer en pecado. Y es posible que los creyentes, si están en el territorio de Satanás, simplemente de manera fría y deliberada no quieran absolutamente nada con Dios.

Pero deben entender que existe una amplia diferencia entre los creyentes que desean caminar con Dios, pero que ocasionalmente tropiezan y caen, sin querer hacerlo, y aquellos creyentes que de manera voluntaria y deliberada persisten en hacer el mal e intencionalmente se apartan de Dios y lo niegan.

La última oportunidad

Estaba sosteniendo una serie de reuniones en la parte occidental de Texas en 1945. Uno de los miembros de la junta me dijo: "hermano Hagin, quiero hacerle una pregunta". Él prosiguió a explicar que un pastor anterior había originalmente construido esa iglesia y la había pastoreado durante treinta años en ese pueblo de aproximadamente quince mil personas. Pero que había abandonado a su esposa y se había marchado con otra mujer en aquel pequeño pueblo. Él sólo vivía con ella; jamás se casaron.

Por la época en que fui a predicar en esta iglesia, habían transcurrido varios años desde que ese pastor se había marchado con esa otra mujer. Cada año, desde que ese pastor había dejado la iglesia, un nuevo pastor llegaba a la iglesia pero tan solo permanecía durante un año y luego se marchaba. La iglesia estaba tratando de sobreponerse a la mala reputación que tenía debido a ese primer pastor. El aún vivía en el mismo pueblo con ella, y administraba un salón de apuestas y hacía otras cosas que no estaban bien. Él había traído reproche a esa iglesia por la forma en que estaba viviendo.

En todo caso, este miembro de la junta me dijo: "hermano Hagin, hace casi tres semanas, un domingo en la mañana, este antiguo pastor de repente se presentó al servicio de la mañana. Una de las mujeres en la iglesia dio un mensaje en lenguas, y este antiguo pastor se puso de pie y dio la interpretación. ¿Puede esto estar correcto? ¿Pudo esto haber sido Dios?

"Bueno, le dije: En primer lugar, alguna vez ha leído en el Antiguo Testamento que cuando Saúl se había apartado de Dios, que se juntó con algunos profetas y que el Espíritu Santo vino sobre él y empezó a profetizar (cf. 1 Samuel 19). La Biblia dice que los dones y el llamamiento de Dios son irrevocables (cf. Romanos 11:29). Pero esto no quería decir que Dios perdonase el pecado de Saúl. Así que antes de que pueda juzgar si la interpretación era o no de Dios, dígame que decía el mensaje".

El miembro de la junta dijo: "Bueno, estábamos tan sobresaltados que no recuerdo la primera parte, pero terminó así: 'Este es tu *último* llamado. Te estoy dando la *última* oportunidad' ".

Cuando este incidente ocurrió, habían pasado cerca de tres años desde que ese antiguo pastor había estado en comunión con Dios. El miembro de la junta me dijo: "Cuando este antiguo pastor terminó la interpretación, gritó fuertemente: '¡Quiero que todos sepan que en lo que a Jesús concierne, al infierno con Él! Y se dio la vuelta y salió caminando del edificio' ".

El miembro de la junta dijo: "Cuando el antiguo pastor interpretó el mensaje al decir: 'Este es tu último llamado, tu última oportunidad' ¿cree que era la interpretación correcta?".

Le dije: "Sí, eso era Dios. Él le estaba hablando a este hombre de manera sobrenatural. El hombre estaba hablando desde su espíritu lo que el Espíritu Santo le estaba diciendo. La interpretación no era un mensaje para el cuerpo de la iglesia; Dios le estaba hablando solamente a *él*. Y él recibió el mensaje. Dios en su misericordia le dio una *última* oportunidad para arrepentirse y apartarse de su pecado, pero la despreció. Él interpretó de manera correcta lo que el Espíritu Santo le estaba diciendo, pero tomó la decisión de rechazar a Cristo, de manera voluntaria y deliberada".

Esto es triste, pero puede ocurrir. Hay una lección que se debe aprender de todo esto. Recuerden, en esta visión el Señor comenzó su conversación conmigo al decirme: "Voy a enseñarte cómo el diablo se apodera de las personas, incluso de creyentes, si estos se lo permiten".

Como verán, están en un terreno muy peligroso si comienzan a escuchar aquello con lo que el diablo está alimentando sus mentes y comienzan a cavilar sus pensamientos y a seguir sus sugestiones. Al cavilar pensamientos equivocados, puede abrirle al diablo una puerta. Si se la abre, no tardará mucho en querer controlar su mente, y se obsesionará con sus pensamientos.

Los creyentes no deben darle ningún lugar al diablo en su forma de pensar. La Biblia dice: "Ni deis lugar al diablo". (Efesios 4:27). Esto significa que el diablo no puede apoderarse de los creyentes *a no ser que ellos se lo permitan.* Sin embargo, *pueden* darle permiso. Pero los creyentes no deben permitirle a Satanás que domine su forma de pensar, porque tenemos autoridad sobre él en el nombre de Jesús. Satanás no es nuestro señor, y no debemos permitirle que señoree sobre nosotros, incluso en nuestra forma de pensar.

Los cristianos tienen voluntad y Dios jamás la viola. Pero Satanás *tampoco* puede violar la voluntad de una persona. Los creyentes no necesitan rendirse al diablo. Dios ha equipado de manera completa y ha capacitado al Cuerpo de Cristo para ser fuerte en el Señor al cavilar los pensamientos de Dios como Él lo hace. No tenemos que caer presas del diablo y sus pensamientos porque él no es nuestro Señor, ¡Jesús lo es! Tenemos victoria sobre Satanás, pero no solo debemos ejercer la autoridad que tenemos en Cristo, también debemos mantener la puerta de nuestras mentes cerrada al diablo, pensando en línea con la Palabra de Dios. Esta es la forma en que no le damos a Satanás acceso y como estamos firmes y fuertes como miembros de la Iglesia triunfante.

---

[1] Para más información sobre este tema, ver la guía de estudio del Rev. Hagin, *El Espíritu Santo y Sus Dones.*

Capítulo 6
¿Cómo Tratar Con Espíritus Malignos?

Es peligroso meditar en los pensamientos del diablo, pues traen oscuridad, depresión, opresión y finalmente error. La mujer de la visión que tuve en 1952, no protegió su mente y por esto cayó en error. Por haber rechazado a Jesús, pasará la eternidad en el lago de fuego y azu fre (cf. Apocalipsis 20:15).

Aún estaba de rodillas en la cocina de la casa, orando con el pastor para quien estaba teniendo esta reunión. Y como antes había dicho, este pastor era el antiguo marido de aquella mujer.

Cuando le pregunté a Jesús el por qué de la visión, me dijo: "Quería primero que todo mostrarte cómo el diablo, los demonios, o los espíritus malignos se apoderan de las personas, y aun de los creyentes, si se lo permiten. Pero, en segundo lugar, quiero que le ordenes al demonio que está en esta mujer, que deje de acosar, de intimidar, y de obstaculizar el ministerio de mi siervo" (Y aquí el Señor mencionó el nombre del ex-marido de esta mujer o sea el pastor con el que estaba orando).

Este pastor no me había hablado nunca acerca de su antigua esposa. Sabía que lo había dejado algunos años atrás, pero no conocía nada más acerca de la situación hasta que tuve esta visión.

De todas maneras, Jesús me dijo en la visión que tenía autoridad sobre el demonio que estaba influenciado a esta mujer. Sin embargo, no podía hacer nada por la mujer, pues nadie, ni aun Dios tiene autoridad sobre el *espíritu humano* debido a que las personas tiene la libertad de su voluntad.

Jesús me dijo que *podía* tratar con el espíritu maligno que estaba influenciando a esta mujer, pues estaba obstaculizando a su siervo en el trabajo del ministerio. Más tarde descubrí que ella había estado llamando a su antiguo marido, aquel pastor, amenazándolo con venir al pueblo para causarle problemas.

Como miembro del Cuerpo de Cristo, tenía autoridad sobre este diablo que estaba obstaculizando y viniendo en contra de este siervo del Señor. Sin embargo, esto no significaba que la mujer *sería* liberada de este espíritu maligno, pues *no deseaba* serlo. *Quería* a este demonio, no quería dejarlo ir. Por otro lado,

117

había cometido el pecado imperdonable al negar a Cristo. Pero al tratar con el espíritu maligno que la estaba influenciando, este no podía seguir acosando e intimidando al siervo de Dios

Le pregunté a Jesús: "Señor, ¿cómo puedo tratar con el espíritu maligno en esta mujer?".

Me contestó: "Tan solo tienes que decir: 'Espíritu inmundo que estás operando y manifestándote en la vida de _____ (Jesús dijo el nombre de la mujer), intimidando, acosando y obstaculizando el ministerio de _____, (Jesús dijo el nombre del pastor), te ordeno que detengas tus operaciones en contra de Él. Te ordeno que dejes y desistas de tus operaciones, en el nombre del Señor Jesucristo.' "

Dije entonces: "¿Eso es todo lo que tengo que hacer?".

Pensé que tenía que prepararme y alistarme para una gran batalla o algo así. Pero algunas veces, debido a nuestras enseñanzas religiosas, pensamos que hay que orar por una semana para poder ejercer nuestra autoridad sobre el diablo. O también pensamos que debemos ayunar varios días antes de intentar tratar con el diablo.

Pero nuestra autoridad sobre el diablo está en el nombre de Jesús, basada en nuestros derechos y privilegios *en* Cristo. Nuestra *autoridad* sobre él no depende de cuánto oremos o ayunemos, pero sí debemos saber quiénes somos en Cristo. Sin embargo, la oración y el ayuno nos ayudan a ser más sensibles a la dirección del Espíritu Santo.

Jesús contestó: "Sí, eso es todo lo que tienes que hacer". Le dije: "Sí Señor, pero ella está en otro lugar y yo estoy aquí". El Señor contestó: "En el mundo espiritual no hay distancias. Puedes ordenarle a un demonio que pare de acosar, intimidar y de obstaculizar a alguien que está en otro lugar, y tiene que parar sus operaciones en contra de esa persona".

Entonces traté con el espíritu maligno que estaba operando a través de esta mujer, tal como el Señor me dijo que lo hiciera. Y cuando le hablé, éste me contestó. Jesús me había dicho que iba a comenzar a *ver* y a *escuchar* en el mundo espiritual; ese era el don de discernimiento de espíritus en operación. El pastor no vio ni escuchó nada, pero si vi y escuché cuando ese espíritu me habló.

El espíritu maligno dijo que no quería detener sus operaciones contra aquel pastor, pero que sabía que lo tenía que hacer si se lo ordenaba. Entonces se lo ordené en el nombre de Jesús. Y estando aún en el mundo espiritual, vi al espíritu maligno correr como un perro lastimado. Cuando esto sucedió, comencé a reírme. Hay una risa *en el Espíritu*, y esto indica que hay victoria.

Después regresé al mundo natural, y me di cuenta que el pastor se estaba riendo conmigo. No sé cuanto tiempo nos reímos de esa manera en el Espíritu. Cuando terminamos, le compartí que había estado en el mundo espiritual (perdido en esa nube de gloria) pero que también pensaba que lo había escuchado reírse. Dijo que sí lo había estado haciendo. Que no había visto ni escuchado nada, pero que sabía que yo si lo había hecho.

Le pregunté de qué se estaba riendo. Me dijo que había recibido una llamada y una carta ese día de su antigua esposa en donde le decía que iba a ir al pueblo a causarle problemas a él y a su ministerio. Cuando estábamos orando, el pastor había percibido en su espíritu que el diablo que estaba operando a través de ella había sido confrontado. Por fe, el pastor podía ver a aquel demonio huyendo. Le dije que en realidad había visto al espíritu que estaba involucrado huyendo como un perro lastimado. De esto era de lo que nos estábamos riendo, así que ambos estábamos en el espíritu.

Examine cuidadosamente las visiones y revelaciones espirituales

Me gusta revisar tanto de manera natural como por medio de la Escritura, la validez de las revelaciones y visiones espirituales que recibo. En otras palabras, no acepto revelaciones ni visiones simplemente porque ocurren. Escribí a este pastor en detalle lo que había visto en la visión. Le dije acerca del ministro (La cabeza de la denominación de aquella mujer) yendo a cierto hotel donde la ex-esposa de este pastor se estaba quedando con otro hombre. Le relaté al pastor lo que le había dicho al ministro.

El pastor exclamó: "¡Eso es exactamente lo que ocurrió! El hombre que observó en la visión es el superintendente del distrito de la denominación a la que pertenecíamos. Y eso es exactamente lo que él me dijo que ella había dicho y hecho".

No tenía ningún conocimiento de aquello en lo natural. No había forma en que hubiese podido saberlo, excepto por el Espíritu del Señor. Pero me gusta estar seguro de las cosas que veo en el espíritu y revisarlas. Simplemente no acepto todo lo que ocurre en el espíritu ni me apresuro ni trato de hacer una doctrina de ello.

Este pastor, el antiguo esposo de esta mujer, se había vuelto a casar. No sabía que su primera esposa estaba tratando de causarle problemas. Por supuesto que este diablo, en esta mujer, quería causarle problemas en su iglesia y en su comunidad para obstaculizar su trabajo en el ministerio. Eso era a lo que el

Señor se refería cuando dijo que un espíritu maligno estaba operando a través de esta mujer para acosar e intimidar a *su siervo*.

Cuando este pastor se volvió a casar, su denominación no quería saber nada de él por ser divorciado. Pero cuando el Señor me habló en la visión, llamó a este pastor: "Mi siervo". ¡Y que extraño que los cristianos en esa denominación no lo llamaran ni siquiera *hermano*!

Acosando a la Iglesia

En la visión, Jesús me explicó que una persona no tiene necesariamente que estar operando en el don de discernimiento de espíritus para tratar con el diablo cuando éste está acosando, intimidando u obstaculizando a un miembro del Cuerpo de Cristo. Tenemos la autoridad en aquellas situaciones para ordenarle al demonio que detenga sus maniobras en contra de un creyente.

No se requiere un don del Espíritu en aquellas situaciones para tomar su posición y ejercer su autoridad sobre el diablo. Jesús también dijo que un creyente no necesita una palabra de conocimiento, o ser un ministro para poder ejercer su autoridad sobre el diablo. *Todo* creyente tiene la autoridad para usar el Nombre de Jesús y tomar su posición en contra del diablo (cf. Mateo 18:8; Marcos 16:17; Lucas 10:19; Filipenses 2:9,10).

Jesús explicó: "En cualquier situación en que alguien en la Iglesia o fuera de la Iglesia esté haciendo algo, diciendo algo, o actuando en cualquier forma que avergüence, estorbe, acose, intimide, obstaculice, o retarde el ministerio de la Iglesia, no se tiene que manifestar el discernimiento de espíritus o una palabra de conocimiento, simplemente *sepa* que es el diablo causando el problema".

"Solo ordénele al espíritu que está detrás de la operación en contra del creyente que se detenga y desista en sus maniobras en *Mi Nombre, e*n el nombre de Jesús. No tiene que tratar con la persona; trate con el espíritu maligno detrás de la operación".

Como puede ver, muchas personas (creyentes y no creyentes, por igual) se rinden inconscientemente al diablo. En algunas ocasiones, debido a la ignorancia; la gente puede, de manera inocente, convertirse en un instrumento de Satanás cuando *inconscientemente* se someten a él. Pero, de igual manera, las personas, inclusive los mismos creyentes, también pueden someterse de manera *conciente* al diablo.

A pesar de que los creyentes tienen la autoridad de tratar con cualquier *espíritu maligno* que esté influenciando a una persona para que ésta a su vez acose al Cuerpo de Cristo, no tenemos la autoridad para tratar con la *persona*.

Nuestra autoridad no se extiende tan lejos, ya que no tenemos autoridad sobre la voluntad humana, y es posible que esa persona desee a ese espíritu maligno. Nadie puede liberar a una persona si ésta desea conservar al espíritu maligno.

Esta es la razón por la cual el atar al espíritu maligno detrás de la operación no va a *liberar* a la persona causante del problema, ya que ésta tiene la libertad de escoger y puede no querer ser liberada. Pero el ejercer nuestra autoridad *detiene* a los espíritus malignos en su estrategia en contra de un creyente.

Los problemas en esta área ocurren cuando los creyentes intentan encargarse de las *personas* en el *mundo natural*, en lugar de los *espíritus malignos,* influenciando a las personas en el *mundo espiritual.* Muchas veces tratamos de encargarnos de las personas cuando deberíamos encargarnos de los espíritus malignos; es en este punto donde complicamos las cosas.

No me mal entiendan. Hay un lugar y una ocasión para encargarnos de las personas en lo natural. Pero Jesús estaba hablando acerca de aquellos casos en donde el enemigo trabaja a través de personas para obstaculizar a la Iglesia, el Cuerpo de Cristo. Si una persona estorba, acosa u obstaculiza a la Iglesia, entonces es el obrar de espíritus malignos a través esa persona.

Es una situación diferente al tratar en las vidas de personas para ser *liberadas* de un demonio. En la mayoría de los casos, su propia voluntad está involucrada. ¿Qué quieren hacer *ellos* con respecto a la situación? ¿Quieren ser liberados? Algunas personas quieren la situación tal y como está. No quieren ser liberadas de los demonios. Y en ese caso no hay nada que se pueda hacer al respecto. Cuando las personas, de manera genuina, desean ser liberadas, es necesario encargarnos del espíritu maligno con la dirección del Espíritu Santo.

En el otro lado de este asunto, debemos darnos cuenta que no todo problema en la vida es causado por un demonio, de la misma manera en que no todo lo malo que pasa en la vida es causado de manera *directa* por un demonio. Claro está, el diablo, en últimas, está detrás de toda la maldad en el mundo. Pero como vivimos en el mundo donde Satanás es dios (cf. 2 Corintios 4:4), los problemas, adversidades y pruebas ocurrirán.

Jesús dijo: "En el mundo tendréis aflicción; pero confiad, yo he vencido al mundo" (Juan 16:33). Él también nos prometió la victoria en toda situación: "Gracias sean dadas a Dios, que nos da la victoria por medio de nuestro Señor Jesucristo" (1 Corintios 15:57).

Creo que existen momentos en que alguien debe encargarse de las personas en lo natural, puesto que no todo lo que sucede es causado por un espíritu maligno. Por ejemplo, los padres deben entrenar y disciplinar a sus hijos en lo natural, al igual que deben orar y velar sobre ellos espiritualmente.

Sin embargo, existe el otro lado de la moneda. Muchas veces, personas buenas (aun nacidas de nuevo), personas llenas del Espíritu, pueden inconscientemente ceder al diablo y causar problemas en la iglesia. En esos instantes *tendrá* que encargarse de esos espíritus malignos que están causando los problemas, ejerciendo su autoridad en Cristo.

En la mayoría de los casos deberá tratar con un espíritu maligno de una manera privada. Sin embargo, ocasionalmente, un ministro tendrá que tratar públicamente en su reunión con el diablo, operando a través de una persona.

Pero, normalmente, en la privacidad de nuestro lugar de oración, puede decir: "espíritu inmundo que está operando a través de tal y tal persona, estorbando y avergonzando a esta iglesia (o persona), le ordenó que deje y desista de sus maniobras en el nombre de Jesús".

Estaba predicando acerca de este tema en una iglesia del Evangelio Completo, y un pastor vecino, en una ciudad grande, estaba teniendo algunos problemas con ciertos miembros de su congregación. El pastor de la iglesia en donde me encontraba predicando le dio mis grabaciones sobre este tema para que las escuchara.

Un par de años más tarde, me dijo: "había tres familias en mi iglesia que estaban causando toda clase de problemas. De hecho, uno de ellos era mi diacono, uno era mi superintendente de la escuela y el otro era un miembro de la junta. Él diacono estaba tratando de levantar una petición para que me echaran de la iglesia.

"Había estado intentando tratar con esas tres familias por un largo tiempo en lo natural, pero jamás logré nada. Nada de lo que hacía parecía tener éxito; y seguían causando toda clase de problemas en la iglesia. Después de escuchar sus grabaciones, me di cuenta de que era un espíritu inmundo influenciando a estás personas, el causante de todo el problema".

Puede ver entonces que el diablo habla a las mentes de cristianos y ellos pueden repetir lo que dice él para crear división y contienda (cf. Santiago 3:14-16). La Biblia dice que Satanás es el acusador de los hermanos, y puede influenciar a los creyentes para que se acusen unos a otros (cf. Apocalipsis 12:10).

Este pastor me dijo que en la privacidad de su estudio, había simplemente tomado autoridad sobre los espíritus inmundos que estaban causando todos los problemas en su iglesia y les había ordenado que detuviesen sus maniobras en contra de él.

Después me dijo: "Esas personas habían causado problemas por tres años pero, de la noche a la mañana, cambiaron. Eran buenas personas, personas cristianas. Simplemente no habían reconocido que estaban cediendo ante el diablo y debido a esto los estaba utilizando para venir en contra de la iglesia. Pero al haberme encargado de este espíritu maligno que causaba todos los problemas, ellos se convirtieron en un gran soporte para mí."

Estoy convencido de que el Cuerpo de Cristo tiene más autoridad de la que hemos ejercitado. En vez de levantarnos y usar lo que legalmente nos pertenece, muchas veces estamos inclinados a dejarnos arrastrar, esperando que algún día mejoren las cosas. Pero debemos recordar que la Biblia dice que no luchamos contra carne ni sangre (cf. Efesios 6:12). La mayoría del tiempo intentamos luchar *contra* carne y sangre (contra seres humanos) en vez de tratar con los espíritus inmundos que causan el problema.

Ahora no me mal entienda. Como dije, algunas veces tendrá que tratar con carne y sangre, tendrá que tratar con la gente en lo natural. Pero la mayoría del tiempo lo hacemos *todo* en lo natural, en la energía de la carne al luchar contra carne y sangre. ¡Pero gracias a Dios por el nombre de Jesús, y por la victoria que ganó para nosotros sobre los poderes de la oscuridad!

El hombre en la visión de 1952

Como había dicho, la visión de esa fecha tenía tres partes. En la primera, Jesús me mostró la mujer cristiana que fue oprimida, obsesionada y finalmente poseída cuando negó a Cristo.

En la segunda parte, Jesús me enseñó cómo encargarme de un espíritu maligno en una persona y *echarlo fuera* de ésta. Allí vi a un hombre. No lo conocía, pero sabía que no era un creyente; él no era nacido de nuevo. En la visión, Jesús me dijo: "Te voy a mostrar cómo los demonios y los espíritus malignos toman a una persona y cómo debes echarlos fuera".

En la visión, observé a un espíritu inmundo sentarse en el hombro de esta persona no salva para hablarle en el oído. No sé lo que el espíritu maligno le dijo, pues Jesús no narró esa parte. Pero me dijo: "Este hombre comenzó a escuchar al diablo". Y no solo lo escuchó sino que también comenzó a meditar en sus pensamientos. A medida que él cavilaba en estos pensamientos, el espíritu maligno entró en su mente.

Después, en la visión, el cuerpo de este hombre se volvió transparente como si fuera de cristal, de igual manera como lo hizo el cuerpo de la mujer. Podía ver un punto negro en su cabeza del tamaño de una moneda. Jesús me explicó que al comienzo el espíritu maligno había atacado la mente de este hombre a través de la *opresión* en sus pensamientos. Esa es la manera en que el diablo comienza su operación en contra de una persona, a través de su mente y sus pensamientos.

Jesús afirmó: "Este hombre por haber escuchado al espíritu maligno y haber abierto su mente a sus sugestiones, finalmente permitió que entrara". Cuando hizo esto, su mente se *obsesionó* en sus pensamientos. Le gustaba contemplar los pensamientos de Satanás.

De la misma manera como Jesús explicó el caso de la mujer cristiana que se había obsesionado y había sido poseída, me dijo que este hombre, aún sin ser un creyente, podía hacer algo *por sí mismo* con respecto al diablo y al hecho de cavilar esta clase de pensamientos.

Vea entonces que, aún sin ser este hombre un cristiano, tenía libertad de escoger y no tenía por qué meditar esa clase de pensamientos. En cualquier momento hubiera podido escoger no pensar de esa manera, aun sin reconocer que eran los pensamientos del diablo. En cualquier momento habría podido cambiar su pensamiento; no necesitaba a nadie que hiciera esto.

Salvas o no salvas, las personas pueden escoger pensar lo que quieran (buenos o malos pensamientos) debido a que tienen la libertad de escoger. Pero este hombre continuó cediendo a los pensamientos del diablo hasta obsesionarse. Después, Jesús me dijo: "Ahora él está obsesionado con esa manera de pensar y el diablo tiene el control de su mente".

Usted escoge lo que piensa

Escuchamos a la gente decir todo el tiempo: "No puedo dejar de pensar como lo hago". Pero si lo desea, puede dejar de hacerlo. La Biblia dice que sí puede. *Usted* (no Dios, y seguramente tampoco el diablo) es el que debe controlar sus pensamientos.

Lo que *piensa* puede marcar toda la diferencia del mundo. Dios quiere que mantengamos los pensamientos centrados en Él y en su Palabra (cf. Isaías 26:3). Pero si quiere entretener pensamientos incorrectos, Dios no lo va a detener; Él no va a pisotear su voluntad. Pero si entretiene malos pensamientos, va a abrir una puerta para el diablo en su vida.

No me malentienda; Dios no *ignora* los malos pensamientos. Él nos da instrucciones en su Palabra para saber en qué pensar (cf. Filipenses 4:8). Pero si persiste en pensar incorrectamente, Dios no lo va a detener. De *usted* depende lo que piensa, *no* de Dios. Puede tener pensamientos incorrectos si lo desea, o *resistirlos* y apartarse de hacer el mal.

Algunas veces los creyentes, *consciente* o *inconscientemente,* abren una puerta e invitan a Satanás a entrar. Pueden hacerlo en *ignorancia,* por falta de conocimiento de la Palabra de Dios, pero aun así le dan a Satanás permiso para entrar en sus vidas a través de sus pensamientos. Un permiso dado en ignorancia no deja de ser un permiso.

Cómo los espíritus malignos dejan entrar a otros espíritus malignos

En la visión, después de que este hombre se obsesionó, Jesús continuó narrando: "Este espíritu que está obsesionando a este hombre es uno de los gobernadores de las tinieblas de este siglo, uno de los demonios con más alto rango. Éstos toman a una persona y, eventualmente, la poseen, si la persona los deja. Y existen diferentes grados de posesión".

Jesús, después explicó que, cuando los gobernadores de las tinieblas de este siglo, esta alta clase de espíritus malignos, toman a una persona no salva, dejan entrar a más espíritus. Jesús afirmó: "Te voy a mostrar cómo esta alta clase de espíritu maligno deja entrar a otros".

Después, en la visión, observé al espíritu maligno en la mente del hombre sostener algo que parecía como una puerta en la parte superior de la cabeza. Miré cómo este demonio, que había efectuado la posesión, dejaba entrar otros espíritus malignos (parecían grandes moscas) a la mente del hombre a través de la puerta situada en la parte superior de su cabeza. Muchos de estos espíritus malignos, con forma de grandes moscas, entraban a la mente del hombre a través de la puerta. No pude contarlos. Parecían grandes moscas, pero aquel espíritu al mando, ese espíritu que le había hablado al oído en el comienzo, parecía ser como un pequeño mono o un duende.

Jesús me habló acerca de los espíritus malignos en forma de moscas. Me explicó que eran de un orden más bajo y que básicamente seguían órdenes. No tenían mucha inteligencia por sí mismos.

¿Podemos encontrar en las Escrituras algo acerca de este orden más bajo de espíritus malignos que parecen como moscas? Sí podemos. Jesús me recordó de un hecho en Mateo 12:24 cuando los fariseos lo acusaban a Él por echar fuera los demonios, no por el dedo de Dios, sino por Beelzebub (cf. Mateo 12:24-28). Jesús me dijo que Beelzebub significaba: "El señor de las moscas" o "El señor del muladar" (cf. Mateo 12:24-28). En otras palabras, Beelzebub o Satanás es señor y tiene dominio sobre todos los demonios y espíritus malignos.

En la visión, Jesús explicó que una de las clases más altas de demonios (los gobernadores de las tinieblas) se acerca primero a una persona para ganar acceso y así poder controlarla, si la persona se lo permite. Una vez esa alta clase de demonio gana el acceso, el gobernador de las tinieblas deja entrar a los otros espíritus malignos de más bajo orden.

Una vez que este gobernador de las tinieblas deja entrar a otros espíritus con él, en la visión, observé a ese espíritu maligno de alta clase bajar dentro del hombre, al interior de su espíritu. Aún narrando, Jesús dijo, "Ahora este hombre está *poseído* por un espíritu maligno".

Jesús me explicó que incluso en el caso de este hombre no salvo, al principio solo estaba siendo *oprimido* por ese espíritu maligno que venía y le hablaba a su mente los pensamientos de diablo. Pero después, al hombre acceder a pensar estos pensamientos, se *obsesionó* con ellos. Este hombre continuó cediendo sus pensamientos a este espíritu maligno hasta que finalmente, a través de su propio consentimiento, este espíritu maligno pudo *poseer* su espíritu.

Después, Jesús me explicó: "Esta alta clase de demonios (un gobernador de las tinieblas) primero toma control de este hombre, y es el que realiza la posesión. Siempre es uno de éstos los que realizan la posesión. Después, esta alta clase de demonio deja entrar a otros con él". Claro está que estos espíritus malignos estaban dentro del hombre, pero fue aquel demonio de alta clase el que primero lo sedujo y entró a su mente para después poseerlo por completo.

Posesión completa

Después que el Señor me mostró cómo los espíritus malignos podían entrar en una persona, también me dijo: "Desde esta noche en adelante, cuando estés en presencia de alguien que esté completamente poseído, los espíritus malignos te van a reconocer. También van a reconocer que tienes autoridad sobre ellos".

Jesús estaba hablando acerca de la autoridad que tiene todo creyente en el nombre de Jesús. EL Señor afirmó: "Cuando una persona está completamente poseída, el demonio puede usar la voz de esta persona. El demonio puede hablar y decir: 'Yo sé quien eres'. Los espíritus malignos van a saber quién eres, así como sabían quién era Yo. Te van a reconocer así como aquel demonio que tenía la joven de Filipos reconoció quién eran Pablo y Silas" (cf. Hechos 16:17).

Para sustentar esto, Jesús me dio Marcos 5:6-7, y también cómo trató con el endemoniado de Gádara: "Cuando vio, pues, a Jesús de lejos, corrió, y se arrodillo ante él. Y CLAMANDO A GRAN VOZ, dijo: ¿Qué tienes conmigo, Jesús, Hijo del Dios Altísimo? Te conjuro por Dios que no me atormentes".

El demonio que poseía a este hombre sabía exactamente quién era Jesús: "¿Qué tienes conmigo, JESÚS, HIJO DEL DIOS ALTÍSIMO?". (v. 7 (é.a)). En lo natural, el endemoniado no podía saber quién era Jesús, pues había vivido entre los sepulcros y no se había mezclado con la sociedad.

En la visión, Jesús me dijo: "Particularmente, cuando estés en la presencia de aquellos que están *completamente* poseídos, los espíritus malignos te reconocerán y hablaran con la voz de la persona, diciendo: 'Yo sé quien eres tú'".

Jesús explicó que, cuando una persona está completamente poseída, la voz del demonio hablando a través de la persona puede ser escuchada en el mundo natural. No se necesita del don de discernimiento de espíritus para escuchar esto porque el demonio en posesión usa las cuerdas vocales para hablar en el mundo natural.

Jesús afirmó: "Si hubieras estado en ese día, en el mundo natural, con tus oídos físicos, no habrías podido escuchar a este hombre hablándome. Pero en realidad era el demonio en posesión el que hablaba".

En otras palabras, cuando el demonio en el gadareno clamó a gran voz: "¿Qué tienes conmigo, Jesús, Hijo del Dios Altísimo? Te conjuro por Dios que no me atormentes" (Marcos 5:7), eso fue escuchado en el mundo natural. Este gobernador de las tinieblas estaba hablando a través de este hombre, usando su voz y, por lo tanto, cualquiera hubiera podido escuchar lo que dijo en ese día.

Jesús también me dijo que, si hubiese estado en ese día, hubiera escuchado a este demonio en posesión responder a Jesús diciendo: "legión me llamo; porque somos muchos" (v. 9). El demonio en posesión, llamado Legión, usaba las cuerdas vocales de este hombre para hablarle a Jesús.

Jesús dijo: "Pero si hubieras estado allí, o si cualquier otro humano hubiera estado presente en ese día, *no* habría podido escuchar a todos los demonios decirme: 'Envíanos a los cerdos para que entremos en ellos' (Marcos 5:12). *Eso* solo se pudo escuchar en el mundo espiritual por medio de la manifestación del don de discernimiento de espíritus".

Podemos ver que, cuando todos estos demonios dijeron esto a Jesús, no estaban hablando a través del hombre, usando su voz. Estaban hablando en el mundo espiritual, y Jesús los escuchó porque el don de discernimiento de espíritus estaba en manifestación en su vida.

Jesús me dijo esto porque yo tenía el don de discernimiento de espíritus, de tiempo en tiempo podía *ver* y *escuchar* en el mundo espiritual cuando me encontraba en el Espíritu. Eso asusta a algunas personas, pero esto no debería suceder, ya que "Mayor es el que esta en vosotros que el que está en el mundo" (1 Juan 4:4).

Algunas veces, cuando ministro en los llamados para que reciban sanidad, por ejemplo, tengo a espíritus malignos hablándome antes de que le diga algo a la persona. Escucho a estos espíritus malignos hablarme en el mundo espiritual. La gente podía escucharme diciéndoles que se fueran, pero nadie más los escuchaba hablando porque solo pueden ser escuchados en el mundo espiritual, a través del don de discernimiento de espíritus.

Por ejemplo, algunas veces, en los llamados a sanidad, espíritus malignos me han dicho muy enfáticamente: "¡No tengo intención de irme!". Únicamente digo: "Tienes que irte en el nombre de Jesús. Deja a esta persona en el nombre de Jesús", y los espíritus malignos siempre se van y las personas son liberadas. Muchas veces, cuando me encuentro en el espíritu, los he visto partir, aun sin haber una manifestación visible en la persona. La Palabra de Dios funciona; tenemos autoridad sobre todo el poder del diablo (cf. Lucas 10:19).

Jesús y el endemoniado gadareno

Jesús me dijo: "Al tratar con espíritus malignos, por revelación, sabrás con qué clase de demonio estás tratando (puede ser a través de una palabra de conocimiento o del discernimiento de espíritus). Cuando caminé hacia el endemoniado gadareno, pude discernir qué *clase* de espíritu era. Era un espíritu inmundo: 'Porque le decía (Jesús): sal de este hombre, ESPIRITU INMUNDO' (Marcos 5:8 (é.a))".

Me explicó: "Si ves, no estaba ministrando por un poder inherente en mí porque soy el Hijo de Dios. Cuando vine al mundo, dejé a un lado mi grandioso poder y gloria, como dice la escritura (cf. Filipenses 2:6-8). Estaba ministrando bajo la unción del Espíritu Santo y por medio de los dones del Espíritu, así como cualquier otro creyente ministraría.

"Y debido a que estaba ministrando bajo la unción del Espíritu de Dios, tenía que depender de Él para que se manifestara a través de mí. En este caso, el Espíritu Santo se manifestó a través del don de discernimiento de espíritus. Esta es la razón por la cual supe que este era un espíritu inmundo que estaba gobernando a este hombre".

Si tiene revelación de la clase de espíritu que está presente en una persona a través de una *palabra de conocimiento*, *sabe* qué clase de espíritu maligno es. Si tiene una revelación de la clase de espíritu que está presente a través del don de *discernimiento de espíritus*, *ve* o *escucha* qué clase de espíritu maligno es el que está presente.

Jesús me explicó: "Comúnmente, si solo hay un espíritu y le dices que salga, saldrá". Después me dijo algo que me sorprendió: "Yo ya había percibido o discernido que el hombre tenía un espíritu inmundo, pero cuando le ordené salir, este no salió. Entonces le pregunté cuál era su nombre" (cf. Marcos 5:8,9).

Podemos mirar en el relato de Lucas que Jesús ordenó al espíritu inmundo que saliera, pero no salió hasta que descubrió su nombre y entonces así supo de cuántos se trataba.

LUCAS 8:28-30 (é.a)

28 Este, al ver a Jesús, lanzó un gran grito, y postrándose a sus pies exclamó a gran voz: ¿Qué tienes conmigo, Jesús, Hijo del Dios Altísimo? Te ruego que no me atormentes.

29 (Porque [Jesús] MANDABA al espíritu inmundo que saliese del hombre, pues hacía mucho tiempo que se había apoderado de él; y le ataban con cadenas y grillos, pero rompiendo las cadenas, era impelido por el demonio a los desiertos).

30 Y le preguntó Jesús, diciendo: ¿CÓMO TE LLAMAS? Y él dijo: Legión. Porque muchos demonios habían entrado en él.

Jesús me explicó que el espíritu inmundo no salió del hombre hasta que le preguntó su nombre. Entonces éste reconoció su nombre: "Legión me llamo; porque somos muchos" (Marcos 5:9). En este caso, dijo Jesús, que el nombre y la cantidad eran los mismos: Legión. Su nombre era Legión, pero también era su cantidad. Entonces al tratar con el endemoniado, Jesús mismo tenía que saber cuál era el nombre del espíritu para poder echarlo fuera.

Jesús me explicó que a través del discernimiento de espíritus o la palabra de conocimiento, cuando me encuentro en el Espíritu (o cuando estos dones están operando en un creyente que se encuentra en el Espíritu), podía saber qué *clase* de espíritu está poseyendo a una persona. Pero en algunos casos, Jesús dijo que también sería necesario saber el *nombre* del espíritu maligno o la *cantidad* de espíritus que están involucrados para poder echarlos fuera. Si un espíritu maligno no salía al ordenarle que saliera, debía entonces preguntarle su nombre y su cantidad; cuantos espíritus malignos hay en la persona.

Después, aún estando en la visión, Jesús me dijo que caminara hacia este hombre no salvo que estaba observando en la visión. Al hacerlo, el espíritu maligno me habló justo como Jesús dijo que lo haría, diciendo: "¡Yo te conozco! ¡Sé quien eres!".

Entonces dije: "¡Sí, sé que sabes quien soy! ¡Y también sabes que tengo poder sobre ti en el nombre de Jesús!

Después Jesús me dijo: "Ahora dile a ese espíritu maligno que se calle. No lo dejes hablar".

En ninguna parte de las Escrituras encontramos a Jesús teniendo una conversación con demonios. El siempre les dijo: "¡Cállate!" (cf. Marcos 1:25; Lucas 4:35). Explicó que la única excepción a esto era cuando le ordenaba a un espíritu maligno que saliera y no lo hacía. Entonces debía preguntarle el nombre o la cantidad de espíritus involucrados. Esta fue la única ocasión en que Jesús extendió su conversación con un espíritu maligno, y solo fue para exigir su nombre (cf. Marcos 5:9).

En la visión le ordené al espíritu maligno en aquel hombre que se callara en el nombre de Jesús. Dentro de mí supe, por revelación del Espíritu Santo, cuál era la *clase* de espíritu maligno que me estaba hablando y que poseía al hombre. Era un espíritu engañador. Entonces dije: "Espíritu engañador inmundo, te ordeno que salgas de este hombre en el nombre de Jesús". Nada sucedió; el espíritu maligno no salió.

Después, en la visión Jesús, me enfatizó de nuevo: "Cuando sabes qué clase de espíritu maligno es, y aun así no sale, entonces debes también saber su cantidad". Entonces, en la visión, le pregunté al espíritu maligno qué poseía al hombre: "¿Cuál es tu nombre o cantidad?". Engaño no era el nombre del espíritu; solo era su *clase.*

El espíritu maligno contestó: "Aquí adentro hay diecinueve más además de mí". Una vez supe su cantidad (eso era lo único que necesitaba), dije: "Te ordeno a ti y a los otros diecinueve que salgan de este hombre en el nombre de Jesús". Después, en el mundo espiritual, vi a esos espíritus dejar al hombre.

¿A dónde van los espíritus malignos cuando son echados fuera?

Recuerden que en Marcos 5:13, los espíritus inmundos entraron en los cerdos, se precipitaron por un despeñadero, y se ahogaron en el mar. La Biblia también dice éstos espíritus malignos: "le rogaban que no los mandase ir al abismo" (Lucas 8:31).

Entonces le pregunté a Jesús: "¿Adónde van los espíritus malignos cuando son echados fuera de una persona?". Había escuchado predicadores tratando de echar espíritus malignos al abismo o a la fosa (cf. Apocalipsis 20:13). Entonces le pregunté a Jesús si debía echar a estos espíritus a la fosa o al infierno.

El Señor contestó: "No, no puedes echar espíritus malignos al infierno o al abismo. La Biblia dice que cuando entraba en las sinagogas, esos demonios gritaban: '¿Qué tienes con nosotros, Jesús, Hijo de Dios? ¿Haz venido acá para atormentarnos ANTES DE TIEMPO?' " (Mateo 8:29 (é.a)).

Siguió diciendo: "Si ves, su tiempo aún no ha venido. No sabes que si fuera posible echar espíritus malignos al abismo, cuando estaba en la tierra, hubiera echado a todos los que más pudiera. Eso les habría dejado a ustedes menos problemas".

¿Por qué no ha llegado aún el tiempo para que los espíritus malignos sean echados al abismo? Porque Satanás es en el presente "el dios de este siglo" hasta que el permiso que ha estado usando de Adán se termine (cf. 2 Corintios 4:4). Satanás tiene un derecho *legal* (pero no un derecho *moral*) de estar aquí.

Le pregunté a Jesús: "¿Qué pasa cuando esos espíritus malignos son echados fuera de la gente?".

Me respondió: "No has leído en mi Palabra que "Cuando el espíritu inmundo sale del hombre, anda por *lugares secos*, buscando reposo" (Mateo 12:43)". Después, en la visión, observé al demonio que había poseído a aquel hombre caminando por lugares secos.

Jesús continuó: "Cuando echas fuera de la gente espíritus malignos, éstos caminan por lugares secos. Aún están aquí en la tierra buscando reposo. Y al no encontrarlo, tratan de volver a la 'casa' de donde salieron para ver si pueden volver a entrar (cf. Mateo 12:44). Ellos permanecerán dentro de esta persona hasta que sean echados fuera de nuevo o hasta que la persona muera".

El cuerpo o el alma se vuelven "la casa" del demonio. Entonces, cuando la persona muere, el demonio deja esa "casa" y busca alguien más en quien habitar.

Algunos años después de esta visión, me encontraba de pie en un cuarto de un hospital cuando murió un hombre que tenía un serio problema de estomago. Cuando murió, algo saltó hacia mí. (No todos los problemas estomacales son causados por la presencia de un demonio, pero otros sí). Esa cosa me golpeó en el estómago como si me hubieran disparado con una pistola de balines y sentí que me ardía como un fuego. Entonces dije: "¡No, no lo harás diablo! ¡No te me meterás, en el nombre de Jesús!". Y ese demonio se apartó de mí inmediatamente.

Una palabra de advertencia

Hay algo que debemos tomar en cuenta acerca de los asuntos espirituales. Toda revelación o visión debe ser contemplada a la luz de la Palabra de Dios. En otras palabras, solo porque ha tenido una visión, no quiere decir que la tenga que aceptar y salir corriendo y hacer una doctrina de ella, enseñándola en todo lugar. Compárela con la Palabra de Dios para comprobar si está en línea con ella.

Si tengo una revelación espiritual de cualquier clase, no corro con ella, ni actuó en ella, ni comienzo a enseñarla. Me detengo a pensar en lo que he visto y medito en esto a la luz de la Palabra de Dios antes de empezar a implementar o enseñar lo que he aprendido. El Señor me dijo una vez que prefería que fuera lento a que fuera apresurado.

Aproximadamente dos meses después de la visión, tuve la oportunidad de implementar lo que había visto acerca de cómo tratar con los demonios. Estaba en una reunión en una iglesia en Texas. Uno de los miembros de la junta de una iglesia me pidió que organizara una reunión para ellos en una ciudad vecina cuando concluyese aquella reunión. Entonces, después de terminar mi reunión, conduje hasta la ciudad vecina y me hospedé en el hotel que me había conseguido la iglesia.

En la tarde, aquel miembro de la junta que me había hablado me llamó por teléfono. Me dijo: "hermano Hagin, ayúdeme. Usted no conoce a mi hijo, él tiene 38 años de edad y no es salvo. El bebe y usa drogas. Algunas veces viene y se queda con nosotros, pero no podemos hacer nada por él. Le dan ataques, se convierte en un salvaje, y comienza a destruir los muebles. Hemos tenido, por nuestra propia protección, que llamar a la policía para que lo encierren". Parecía ser que el diablo estaba tratando de enloquecer a este joven.

Además agregó: "El está aquí, con nosotros, en este momento, y ha tenido uno de sus ataques. Levantó un enorme mueble y lo despedazó con sus propias manos. Era tan grande que dos o tres hombres no lo hubiesen podido romper. También levantó un piano y lo lanzó contra la pared, de la misma forma en que uno levantaría y arrojaría un libro".

¡Eso es fuerza sobrenatural! Recuerde, la Biblia dice que el endemoniado gadareno rompía las cadenas y los grillos (cf. Marcos 5:4) porque poseía una fuerza sobrenatural. Este miembro de la junta me preguntó: "¿Puede venir y ayudarnos?".

Conduje hasta su casa. Cuando llegué, este hombre y su mujer me llevaron a donde su hijo quien se encontraba postrado en un sillón con su cabeza entre sus manos. No me lo presentaron al entrar a la habitación. Su hijo no sabía que me habían llamado ni tampoco sabía quien era; jamás nos habíamos conocido. Pero en el momento en que entré a la habitación, su hijo inmediatamente me miró y me dijo: "¡Te conozco! ¡Sé quien eres! ¡Te vi cuando entraste en el pueblo a las dos y diez de la tarde!".

Él continuó diciéndome por qué calle había entrado y todos los desvíos que había tomado, mencionando el nombre de cada calle. Después me dijo el nombre del hotel en el que me había hospedado. También *exactamente* la manera en que había entrado al pueblo, y la hora en que había llegado. Ningún *hombre* hubiese podido saber estás cosas.

El demonio que poseía a este hombre estaba usando su voz y le había revelado estás cosas. Le contesté: "¡Sí, sé que me conoces, pero en el nombre de Jesús, cállate! ¡En el nombre de Jesús, sal de el!".

¡Y en un abrir y cerrar de ojos, el semblante de este hombre y todo su ser cambiaron por completo! Su rostro se iluminó y adquirió un semblante completamente normal. No hubo otra manifestación visible de su liberación. No vi espíritus salir del hombre, y nada visible ocurrió, pero el hombre fue totalmente liberado.

Cometemos un error al pensar que siempre se debe presentar alguna clase de *manifestación* cuando alguien es liberado de espíritus malignos. Así veamos o no a los espíritus malignos irse, lo importante es que la persona sea liberada.

La tercera parte de la visión de 1952

Hubo una tercera parte de la visión de 1952 acerca de los demonios y espíritus malignos y cómo tratar con ellos. Jesús me dio más instrucciones acerca de cómo tratar con los demonios. Esto es lo que sucedió. Al estar Jesús hablándome en la visión, de repente un demonio corrió en medio de nosotros. Era muy parecido a un pequeño mono, pero su cara era más parecida a la de un humano.

Este demonio corrió entre Jesús y yo y comenzó a saltar en el aire. Al hacerlo, esparció algo que parecía ser como una nube negra o neblina oscura. Fue difícil seguir viendo a Jesús. Luego, el pequeño diablillo, comenzó a saltar de arriba hacia abajo, extendiendo sus brazos y piernas con un chillido muy fuerte, y comenzó a gritar: "¡Yakety yak yak! ¡Yakety yak yak!".

Durante el tiempo en que esto ocurrió, Jesús continuaba hablándome. Podía escucharlo, pero no podía distinguir sus palabras. Y finalmente, a causa de esta oscura neblina, no pude ver más a Jesús. Esto probablemente duró unos cuantos segundos, pero pareció más.

Pensé: *¡No sabrá Jesús que no puedo escuchar lo que está diciendo!¡No sabe Él que no puedo entender lo que dice! Después pensé, ¡Por qué no le dice Jesús que se detenga! ¿No sabe que no puedo escucharlo?*

Finalmente, en desesperación, y sin en realidad pensarlo, señalé con mi dedo a ese pequeño demonio y dije: "¡En el nombre de Jesús le ordenó que desista y se detenga!" ¡Cuando pronuncié estás palabras, el pequeño demonio se desplomó sobre el suelo, pam! La nube negra desapareció, y simplemente permaneció en el piso, temblando y tiritando como un pequeño cachorro castigado, llorando y lamentándose.

Jesús lo miró y luego me miró a mí, y señalando al pequeño demonio, dijo: "Si tú no hubieses hecho algo con respecto a ese espíritu maligno, no hubiese podido hacer nada".

Dije: "Señor, sé que no te entendí bien. No dijiste que si no hubiera hecho algo con respecto a ese demonio, no hubieses *podido* hacer nada. Dijiste que no *hubieses* hecho nada, ¿es eso lo que dijiste?".

Señalando al demonio que temblaba sobre el suelo, Jesús repitió: "No, lo que dije fue que 'Si tú no hubieses hecho algo con respecto a ese espíritu maligno, no hubiese *podido* hacer nada' ".

Sacudí mi cabeza, pensando que mis oídos no estaban escuchando correctamente. Dije: "Algo no está bien conmigo. No estoy escuchando correctamente. No dijiste que si no hubiera hecho algo con respecto a ese demonio, *Tú no hubieses podido* hacer nada. ¿Dijiste que no *hubieras* hecho nada, es eso lo que dijiste?".

Repitió las mismas palabras: "No, dije: 'Si no hubieses hecho algo con respecto a ese espíritu maligno, no hubiese *podido* hacer nada' ".

Entonces le dije: "Señor, algo está mal, no estoy escuchando bien". Y repetí mi pregunta por tercera vez. Creo que sé cómo Jesús se veía cuando se airó y con aquel lazo sacó a los que cambiaban las monedas fuera del templo (cf. Marcos 11:15). Me pareció como si sus ojos disparasen destellos de relámpago, y me dijo: "¡No! ¡Dije que no hubiese *podido* hacer nada!".

Dije: "No puedo aceptar eso. Señor, eso es diferente a cualquier cosa que jamás haya escuchado o predicado. Señor, eso pone de cabeza toda mi teología". Como pueden ver, en los círculos religiosos siempre hemos orado: "Dios, *Tú* reprende al diablo" o "Jesús, *Tú* reprende al diablo".

El Señor respondió: "En ocasiones tu teología necesita ser puesta de cabeza".

Entonces dije: "Jamás he escuchado algo así en mi vida. Señor, no voy a aceptar ninguna visión, o visitación divina, no me importa si te estoy viendo y escuchando de esta manera tan sencilla y real como cualquier hombre en lo natural; no lo aceptaré a menos que puedas probar lo que me estás diciendo por medio de la Santa Palabra escrita de Dios. La Biblia dice: 'Para que en boca de dos o tres testigos conste toda palabra' (Mateo 18:16). No voy a creer lo que me estás diciendo a no ser que puedas darme tres testigos del Nuevo Testamento".

Como verán, vivimos bajo el Nuevo Pacto o Nuevo Testamento. No me concierne tanto el Antiguo Pacto. No me malentiendan. Creo en él y comprendo su valor. Pero no estoy tratando de ponerme bajo el Antiguo Pacto ni vivir bajo sus reglas y estatutos porque este fue escrito para personas espiritualmente muertas; personas no nacidas de nuevo. Bajo el Nuevo Testamento, somos hechos nuevas criaturas y nuestros espíritus humanos son recreados.

Jesús me sonrió muy dulcemente y dijo: "Te daré algo mejor; cuatro testigos".

Me dijo: "El orar para que Yo, el Señor Jesucristo, o para que Dios el Padre haga algo con respecto al diablo, es perder tu tiempo".

Le dije: "¡Santo Dios, he perdido mucho tiempo!" ¡Muchos individuos hoy en día están perdiendo su tiempo!

Jesús respondió: "Dios Padre y Yo hemos hecho todo lo que jamás vamos a hacer con respecto a diablo hasta el tiempo en que el ángel de Dios descienda del cielo y lo ate con una cadena y lo arroje al abismo sin fondo durante mil años (cf. Apocalipsis 20:1-3). Hasta ese tiempo, el Cielo no va a hacer nada más con respecto al diablo".

Como verán, Dios envió a Jesús, y Jesús ya hizo algo con respecto al diablo: "Para esto apareció el Hijo de Dios, PARA DESHACER LAS OBRAS DEL DIABLO" (1 Juan 3:8 (é.a)). Jesús derrotó al diablo en su muerte, sepultura, y resurrección (cf. Colosenses 2:15). Ahora se espera que el creyente ejercite su autoridad legal sobre el diablo.

Jesús dijo: "En cada epístola escrita a la iglesia (a los creyentes), si el escritor de la epístola decía algo acerca del diablo, siempre decía que eran *ellos* los que deberían hacer algo con respecto al diablo. Te voy a dar cuatro referencias para comprobarte que los propios creyentes tienen autoridad sobre el diablo".

Los creyentes, no Dios, son quienes deben ejercer autoridad sobre el diablo

Jesús comenzó con la siguiente Palabra a mostrarme que son los creyentes los que tienen autoridad sobre el diablo en la Tierra.

MATEO 28:18 (é.a)
18 Y Jesús se acercó y les habló diciendo: TODA POTESTAD me es dada EN EL CIELO y EN LA TIERRA.

Jesús me dijo: "Cuando me levanté de los muertos, inmediatamente le dije a mis discípulos: 'Toda potestad me es dada en el cielo y en la tierra' " (Mateo 28:18).

"La palabra traducida 'potestad' significa también *autoridad* en otros lugares del Nuevo Testamento. Así que este versículo podría leerse: 'Toda *autoridad* me es dada en el cielo y en la tierra' ".

"Ahora, si te detienes al final del versículo 18, me dirías: 'Vaya, Señor Jesús, *Tú* sí tienes autoridad en la Tierra contra demonios. Tú *puedes* hacer algo en la Tierra acerca del diablo porque este versículo dice que Tú tienes autoridad en la Tierra'. Pero, inmediatamente, tomé autoridad en la Tierra y se la delegué a los creyentes, a la Iglesia. Inmediatamente dije: '*Por tanto, ID*' ".

MATEO 28:19,20 (é.a)
19 Por tanto, ID, y haced discípulos a todas las naciones, bautizándolos en el nombre del Padre, y del Hijo, y del Espíritu Santo; enseñándoles que guarden todas las cosas que os he mandado.

MARCOS 16:15,17 (é.a)
15 Y les dijo (Jesús): ID por todo el mundo y predicad el evangelio a toda criatura.
17 Y estás señales seguirán a los que creen: En mi nombre ECHARÁN FUERA DEMONIOS.

Jesús me dijo, "La primera señal que sigue a los creyentes es que en Mi Nombre echarán fuera demonios. Los creyentes no podrían echar fuera demonios si no tuviesen autoridad sobre ellos. Yo le di a la Iglesia esta autoridad. De hecho, una mejor forma de decirlo sería: "En Mi Nombre, los creyentes ejercerán autoridad sobre los demonios".

Los cristianos preguntan con frecuencia: "¿Por qué Dios permite que el diablo haga sobre la Tierra cosas tan terribles? ¿Por qué no hace Dios algo acerca del diablo?".

Ocurren muchas cosas en la vida acerca de las cuales nos cuestionamos. Pero, en realidad, Dios está esperando a que nosotros ejerzamos nuestra autoridad y hagamos algo acerca del diablo. Su Palabra respalda la autoridad que nos ha dado.

Pero en tantas ocasiones, simplemente nos inclinamos y permitimos que el diablo pase por encima de nosotros, esperando a que Dios haga algo con él, cuando lo único que tenemos que hacer es tomar nuestra posición en su contra con la Palabra y ponerlo en retirada. Debemos hacer algo con respecto a las circunstancias adversas en nuestras vidas, tomando autoridad sobre Satanás, manteniendo nuestro terreno en su contra con la Palabra y reclamando lo que nos pertenece.

Luego, Jesús me dio la siguiente Palabra como el segundo testigo de la Escritura en donde los creyentes tienen autoridad en la Tierra sobre el diablo.

SANTIAGO 4:7 (é.a)
7 Someteos, pues, a Dios; resistid al diablo, y huirá de vosotros.

Santiago estaba escribiendo a la Iglesia, a los creyentes, cuando les dijo que resistieran al diablo. Jesús me dijo: "Santiago no dijo: 'Hagan que su pastor resista al diablo por ustedes' o 'Hagan que sus hermanos cristianos resistan al diablo por ustedes'. Él dijo que *ustedes* tienen que resistir al diablo. No podrían resistir al diablo si no tuviesen autoridad sobre él".

Vi esta verdad. Santiago no decía: "Vayan por Jesús para que reprenda al diablo" o "Vayan por Dios para que resista al diablo por ustedes". Él dijo: "*Usted*" resista al diablo y él huirá (cf. Santiago 4:7). *Usted* es el sujeto de la frase.

Indagué más tarde por la palabra "huirá" en el diccionario y vi que una de las definiciones de era: *correr de algo en terror*. Los demonios y los espíritus malignos no tienen temor de nosotros, pero si de Jesús, a quien representamos. Por lo tanto, como estamos en Cristo, huirán de nosotros cuando ejercemos nuestra autoridad sobre ellos en el Nombre de Jesús.

Algunos han dicho: "Voy a escribir una petición para que algún predicador ore por mí. Voy a escribirle a ese sujeto Hagin. Él tiene fe. Probablemente si ora, el diablo me dejará en paz". No, cada creyente tiene que ejercer autoridad sobre el diablo por sí mismo. No necesitamos buscar a alguien más para que haga algo acerca del diablo por nosotros.

Satanás no puede tomar ninguna autoridad sobre su vida a no ser que usted se la de. Claro está, si no ejerce su autoridad sobre él o se mantiene firme en su contra durante las pruebas y adversidades que trae en contra suya, entonces nada se hará con respecto a dicha situación, ya que usted es el que está en autoridad en la Tierra por medio del nombre de Jesús.

Luego Jesús me dio la otra Palabra como el tercer testigo en la Escritura en donde los creyentes tienen autoridad en la Tierra sobre el diablo.

1 PEDRO 5:8, 9 (é.a)
8 Sed sobrios, y velad; porque vuestro adversario el diablo, como león rugiente, anda alrededor buscando a quien devorar;
9 Al cual resistid firmes en la fe . . .

La Biblia dice: "Vuestro *adversario* el diablo", así que sabemos que tenemos un enemigo. La palabra *adversario* significa un *enemigo* u *oponente*. Significa *uno que está en formación contra nosotros*.

Pero recuerde que este adversario es un enemigo derrotado; por lo cual, el sólo puede caminar *como* un león rugiente. La Biblia no dice que él *es* un león rugiente. Esto no quiere decir que su adversario no sea real; él es muy real. Pero ha sido derrotado por Jesucristo.

¿Por qué camina Satanás como un león rugiente? Porque "busca a quien devorar". No está tratando de devorar pecadores; ya le pertenecen. Está buscando devorar cristianos, y lo hará si se lo permiten.

¿Qué va a hacer con respecto al diablo? ¿Va a clavar su cabeza en la arena como lo hace un avestruz y esperar a que se aleje? ¿Va a permitir que lo devore? ¡No! ¡Mil veces no! ¡Defienda su terreno con la espada del Espíritu y en el nombre de Jesús, en la victoria que el Señor Jesús obtuvo, y póngalo en retirada!

Cuando Jesús se me apareció en la visión de 1952, era el apogeo del avivamiento de sanidad. Algunas personas se habían involucrado con el diablo y los espíritus malignos tal y como ocurre hoy en día. Debido a este error, Jesús tuvo que traer corrección en el área de la demonología con el fin de volver a orientar nuevamente al Cuerpo de Cristo y traerlo al camino.

Nuestro problema radica en que hemos deseado que alguien más se encargue del diablo por nosotros. Note que Pedro escribió esta epístola a los cristianos; no se la escribió a los pecadores. En otras palabras; les estaba diciendo a los creyentes que resistieran al diablo. No les diría que lo hicieran si esto fuese imposible.

Después de que Jesús me señaló estos versículos, probando que los creyentes tienen autoridad sobre el diablo, me dijo: "Si Pedro hubiera sido como algunos de los creyentes de hoy en día, diría: 'Ha venido a nosotros Palabra de que Dios está usando a nuestro amado hermano Pablo en una manera inusual. Pablo está imponiendo sus manos sobre paños y pañuelos, y las enfermedades y espíritus malignos salen de las personas. Por lo tanto, sugiero que le escriban a Pablo y que obtengan uno de esos pañuelos'. Pero Pedro no les dijo eso a los creyentes. Les dijo: '*Ustedes* hagan algo acerca del diablo por *sí mismos*'".

Observen nuevamente 1 Pedro 5:9: "*al cual* (USTEDES*) resistid firmes en la fe*" ((é.a)). "Ustedes" es el sujeto de la frase. "*Ustedes* resistan al diablo y éste huirá". "*Usted* resista al diablo firme en su fe en la Palabra de Dios". Esto nos trae de regreso al hecho de que usted es el único que puede resistir al diablo en su vida. *Usted* resiste al diablo por medio de *su* fe en lo que Dios dice en su Palabra.

Jesús me dijo: "Esa es la razón por la cual, si no hubieses hecho algo acerca de ese diablo, *no hubiese podido*". ¡Entonces lo vi! Como un miembro del Cuerpo de Cristo, tenía la autoridad sobre ese diablo que saltó interponiéndose entre Jesús y yo. Y si no hubiese ejercido mi autoridad sobre aquel espíritu maligno, no se hubiese hecho nada al respecto.

Esa es la razón por la cual debe hacer huir al diablo con la Palabra de Dios. Sin embargo, si su mente no ha sido renovada con la Palabra, está en problemas, ya que probablemente no sabría cómo adoptar su posición correcta en Cristo para que pueda así pararse firme en contra del enemigo. Y debido a su falta de conocimiento, permitiría al enemigo derrotarlo por cuanto no sabe quién es en Cristo ni la autoridad que en realidad posee.

Jesús también me dio otra Palabra como el cuarto testigo en la Escritura que prueba que los creyentes son los que poseen autoridad sobre el diablo.

EFESIOS 4:27
27 Ni deis lugar al diablo.

Pablo escribía a los cristianos, diciendo: "No le den al diablo ningún lugar en *ustedes*". Si la Biblia dice que no de ningún lugar al diablo, significa que *puede* darle lugar en su vida. Por otro lado, si puede no darle lugar, debe conllevar el que tiene autoridad sobre él.

Por cierto, el diablo no puede obtener lugar en usted a no ser que se lo conceda por medio de su permiso o su ignorancia, o simplemente al no ejercer la autoridad que ya le pertenece.

¿Cómo debe hacer para evitar que el diablo tome lugar en usted? Debe someterse en primer lugar a Dios. Únicamente después de esto se encontrará en la posición para resistir al diablo. *Entonces* resistirá al diablo, y *huirá* (cf. Santiago 4:7).

Cuando Jesús me dio estos versículos, vi en qué manera estábamos equivocándonos. La Iglesia ha tratado de hacer que *Dios* reprenda al diablo por nosotros. O hemos tratado de hacer que *Jesús* se encargue del diablo en nuestras vidas. Hemos tratado de hacer que *alguien más* ejerza *nuestra* autoridad sobre el diablo, y no va a funcionar, ya que Jesús delegó esta autoridad a cada uno de nosotros.

Luego Jesús me dijo: "Estos son los cuatro testigos de la Escritura que dije que te daría en lugar de dos o tres. Soy el primero, Santiago es el segundo, Pedro el tercero, y Pablo el cuarto.

"Estas Escrituras establecen el hecho de que el creyente tiene autoridad en la Tierra, porque he delegado mi autoridad sobre el diablo al Cuerpo de Cristo. *Si los creyentes no hacen nada con respecto al diablo, entonces nada se hará al respecto en sus vidas*".

¡Dios ya ha hecho todo lo que jamás va a hacer acerca del diablo en nuestras vidas, porque Dios envió a Jesús a destronar a Satanás! Así que si le permitimos a Satanás el pasar campantemente sobre nosotros es porque *no hemos* tomado nuestra posición en contra de él con la Palabra.

Otros "testigos" bíblicos

ROMANOS 6:14

14 Porque el pecado no se enseñoreará de vosotros; pues no estáis bajo la ley, sino bajo la gracia.

Pablo, escribiendo a los creyentes, dijo: "El pecado no se enseñoreará de vosotros" (v. 14). Otra traducción dice: "Porque el pecado no tendrá dominio sobre ustedes".

Si algo tiene dominio sobre usted, eso significa que lo está señoreando. La Biblia dice que el pecado no debe enseñorearse de usted. El pecado y Satanás son términos sinónimos. No sería una injusticia si leyéramos este versículo de la siguiente manera: "Porque *Satanás* no se enseñoreará de vosotros".

¿Por qué no debería Satanás tener dominio sobre usted? Porque si es nacido de nuevo, ya no está bajo la ley del pecado y la muerte; esta bajo la gracia (cf. Romanos 6:14; 8:2). Y Satanás no es su señor, Jesús lo es (cf. Colosenses 1:13). Por lo tanto, el pecado y Satanás no pueden dominarlo a menos que lo permita.

También Juan escribió una carta a los creyentes. Él hizo mención del mismo tema.

1 JUAN 4:1-4 (é.a)

1 Amados, NO CREÁIS A TODO ESPÍRITU, sino PROBAD los espíritus si son de Dios; porque muchos falsos profetas han salido por el mundo.

2 En esto conoced el Espíritu de Dios: Todo espíritu que confiesa que Jesucristo ha venido en carne, es de Dios;

3 y todo espíritu que no confiesa que Jesucristo ha venido en carne, no es de Dios; y este es el espíritu del anticristo, el cual vosotros habéis oído que viene, y que ahora ya está en el mundo.

4 Hijitos, vosotros sois de Dios, y LOS HABÉIS VENCIDO; porque mayor es el que está en vosotros, que el que está en el mundo.

El versículo 1 dice: "Amados, no creáis a todo espíritu". Ese versículo es verdaderamente apropiado para nuestros días. Hoy en día muchas personas creen en cualquier espíritu, en cualquier experiencia espiritual, visión o manifestación. Pero no, debemos examinar las experiencias espirituales a la luz de la Palabra de Dios y "Todo espíritu que no confiesa que Jesucristo ha venido en carne, no es de Dios" (1 Juan 4:3).

No crea simplemente en cualquier espíritu. Juan dice: "Probad los espíritus si son de Dios; porque muchos falsos profetas han salido por el mundo" (v. 1).

Noten que la Biblia habla acerca de falsos profetas en conexión con espíritus malignos. Esto se debe a que los profetas operan en el mundo espiritual y ellos deben ser motivados por el Espíritu Santo, pero muchas veces son motivados por espíritus incorrectos pues no disciernen la diferencia.

El versículo 4 dice: "Hijitos, vosotros sois de Dios". Eso hace referencia a nuestra posesión en Cristo y nuestra posición justificada ante Dios. También hace referencia a nuestra autoridad sobre los demonios, porque al ser hijos de Dios estamos sentados con Cristo en lugares celestiales (cf. Efesios 1:20).

¿Qué dice entonces el resto de la escritura? "Hijitos, vosotros sois de Dios, y los habéis vencido" (1 Juan 4:4). ¿Quiénes son los que "habéis vencido"? ¿Qué es lo que los creyentes han vencido o superado? Las palabras "los habéis vencido" hacen referencia a espíritus malignos mencionados por Juan en los versículos anteriores. En otras palabras; cuando Jesús venció a Satanás, estamos ahora *en* Cristo, ¡la victoria de Jesús sobre Satanás es nuestra! En Cristo, para reforzar la derrota de Satanás en nuestras vidas, debemos tomar nuestra posición en contra del diablo con la Palabra de Dios.

La Biblia no dice: "Vosotros venceréis espíritus malignos y demonios sin hacer nada", no. Dice: "Los habéis vencido; porque … mayor es el que esta en vosotros, que el que esta en el mundo" (v. 4).

La Biblia dice: "Cristo en vosotros, la esperanza de gloria" (Colosenses 1:27). Jesús despojó y exhibió públicamente principados y potestades, triunfando sobre ellos en la cruz (cf. Colosenses 2:15). Por lo tanto, al haber Jesús vencido al diablo y a todo espíritu maligno, y por estar usted en Cristo, también los ha derrotado. ¡Eso es un hecho del tiempo pasado!

Cuando Jesús venció a Satanás y a su hueste de espíritus malignos y demonios, Dios anotó eso como si todo creyente lo hubiera hecho debido a que nosotros estamos *en* Cristo. Jesús fue nuestro Sustituto. Él derrotó a Satanás por nosotros y no para Él mismo.

Entonces, si es nacido de nuevo, tiene al Más Grande (la Victoria sobre Satanás) viviendo en usted.

John G. Lake dijo alguna vez que se enojaba tanto con aquellas personas que andaban hablando de demonios todo el tiempo y magnificando al diablo, que le provocaba maldecir. Lo magnificaban al estar siempre hablando de él, de lo que les hacía en sus vidas, lo que hacía en la tierra y lo grande que era su poder.

Lake decía que algunas personas hablaban como si el diablo fuera alguien grande (un gigante) y Dios como un pequeño enanito, quizás de medio metro de alto. La gente que habla de esta manera, dice: "Mas te vale cuidarte del diablo". Estás personas están tan diablo-concientes, que escasamente hablan de Jesús. Pero entre más magnifique al diablo, más grande se volverá él en su vida.

¡Parece que algunos creyentes tienen más respeto por el diablo y su habilidad; le creen más de lo que lo hacen en Dios!

Tome su lugar en Cristo. Mantenga firme su posición en la Palabra de Dios. Tenga cuidado en mantener compañías que solo hablan del diablo y no magnifican la Palabra de Dios. Y tampoco ponga atención a cualquier suceso espiritual que se ande moviendo por ahí. Manténgase en la Palabra. Predique *la Palabra*, no lo que el diablo está haciendo. Y doctrinalmente manténgase en medio del camino, evitando los extremos, incluyendo este tema de los demonios.

Usted no tiene que ir en busca del demonio, pero si se le aparece, sáquelo a puntapiés. Tiene autoridad sobre él en el nombre de Jesús. Hágalo correr con la Palabra. El diablo sabe que cuando descubre quién es en Cristo y comienza a tomar su posición correcta de autoridad sobre él, entonces ya no va a poder mantenerlo bajo el pulgar.

Capítulo 7
La Sabiduría De Dios

Dios ha provisto una gloriosa herencia para todo creyente. Esta herencia incluye el dominio sobre todas las obras de la oscuridad, incluyendo el pecado, la enfermedad, y la muerte espiritual.

Pero para poder tomar ventaja de nuestra autoridad en Jesús y exitosamente enfrentar las estrategias del diablo en cualquier circunstancia, los ojos de nuestro entendimiento espiritual deben ser iluminados.

La herencia del creyente en Cristo es la sabiduría de Dios, y estuvo oculta en épocas anteriores hasta que fue revelada por medio de Cristo Jesús. Asirnos de esta verdad y caminar en la realidad de esta herencia de Dios es para nosotros los creyentes la clave para tomar nuestro lugar como la Iglesia triunfante, reinando como reyes en *esta* vida.

Las riquezas de nuestra herencia están reveladas en el libro de los Efesios más claramente que en cualquier otro de la Biblia. Aquí hay oraciones inspiradas por el Espíritu, que se aplican a los creyentes en cualquier lugar porque fueron dadas por el Espíritu Santo para el Cuerpo de Cristo.

EFESIOS 1:16-23 (é.a)
16 No ceso de dar gracias por vosotros, haciendo memoria de vosotros en mis oraciones,
17 para que el Dios de nuestro Señor Jesucristo, el Padre de gloria, OS DÉ ESPÍRITU DE SABIDURÍA Y DE REVELACIÓN EN EL CONOCIMIENTO DE ÉL,
18 ALUMBRANDO LOS OJOS DE VUESTRO ENTENDIMIENTO, para que sepáis cuál es la esperanza a que él os ha llamado, y cuáles las riquezas de la gloria de su herencia en los santos, 19 y cuál la supereminente grandeza de su poder para con nosotros los que creemos, según la operación del poder de su fuerza,
20 la cual operó en Cristo, resucitándole de los muertos y sentándole a su diestra en los lugares celestiales,
21 SOBRE TODO PRINCIPADO y AUTORIDAD y PODER y SEÑORÍO, y sobre TODO NOMBRE QUE SE NOMBRA, no sólo en este siglo, sino también en el venidero;
22 y SOMETIÓ TODAS LAS COSAS BAJO SUS PIES, y lo dio por cabeza sobre todas las cosas a la iglesia,
23 la cual es su cuerpo, la plenitud de Aquel que todo lo llena en todo.

EFESIOS 3:14-21 (é.a)

14 Por esta causa **DOBLO MIS RODILLAS ANTE EL PADRE DE NUESTRO SEÑOR JESUCRISTO,**

15 de quien toma nombre toda familia en los cielos y en la tierra,

16 para que os dé, conforme a las riquezas de su gloria, **EL SER FORTALECIDOS CON PODER EN EL HOMBRE INTERIOR POR SU ESPÍRITU;**

17 para que habite Cristo por la fe en vuestros corazones, a fin de que, arraigados y cimentados en amor,

18 SEÁIS PLENAMENTE CAPACES DE COMPRENDER CON TODOS LOS SANTOS CUÁL SEA la ANCHURA, la LONGITUD, la PROFUNDIDAD y la ALTURA,

19 y de conocer el amor de Cristo, que excede a todo conocimiento, para que SEÁIS LLENOS DE TODA LA PLENITUD DE DIOS.

20 Y a Aquel que es poderoso para hacer todas las cosas MUCHO MÁS ABUNDANTEMENTE de lo que pedimos o entendemos, SEGÚN EL PODER QUE ACTÚA EN NOSOTROS,

21 a él sea gloria en la iglesia en Cristo Jesús por todas las edades, por los siglos de los siglos. Amén.

Si usted es un creyente, puede hacer estas oraciones para usted poniendo "yo", "soy", "mí" donde Pablo dice "vuestros" o "nosotros".

En estas oraciones el Espíritu Santo quiere revelar a los creyentes el "espíritu de sabiduría y de revelación en el conocimiento de Él (Jesús)" (cf. Efesios 1:17). ¿Cuál es la sabiduría y el conocimiento que Dios quiere revelar al creyente acerca de Jesús?

El Espíritu Santo quiere los ojos de nuestro entendimiento abiertos para que entendamos completamente la victoria de Jesús sobre Satanás en el triunfo de la cruz. Él quiere que comprendamos como creyentes lo que verdaderamente significa que Jesús esté sentado en lo alto. La sabiduría y el conocimiento que el Espíritu Santo quiere revelarnos es el beneficio de nuestra redención al estar sentados juntamente con Cristo. Estar sentado con Cristo es tener una posición de autoridad y triunfo sobre Satanás. Dios quiere que veamos los derechos y privilegios que tenemos al estar en Cristo.

Revelaciones de acuerdo con la Palabra

En la última iglesia que pastoreé en 1949, oré bastante buscando a Dios. En cada oportunidad que tenía, oraba estas oraciones en efesios y filipenses una y otra vez sobre mí. La escritura es dada por el Espíritu Santo, y por lo tanto nunca pierde inspiración ni poder.

El Espíritu Santo, escribiendo a través de Pablo, quiere que, como creyente, ore para que los ojos de su entendimiento sean alumbrados. La palabra "alumbrados" significa *iluminados o inundados con luz*. Otra versión dice que oremos para que los ojos del corazón sean inundados con luz.

Después de haber hecho estas oraciones por varios meses, un día me encontraba orando en el altar cuando el Señor me habló y me dijo: "Te voy a llevar hacia las revelaciones y visiones". Esto vino como resultado de haber orado miles de veces estas oraciones para mí. Revelación de la Palabra de Dios comenzó a venir hacia mí una y otra vez. Estoy hablando acerca de revelaciones de acuerdo con la Palabra.

Finalmente, dije a mi esposa: "¡Qué rayos es lo que he estado predicando!". Había estado en el ministerio por catorce años, pero en seis meses de haber estado orando estas oraciones para mí, había recibido tanta revelación de la Palabra de Dios que me sentía como una nueva persona.

Eso es de lo que está hablando Efesios 1; más profundidad en el conocimiento de Cristo y entendimiento del conocimiento de su Palabra.

Fue en el invierno de 1947 y 1948 que comencé a recibir del Espíritu Santo entendimiento de acuerdo con la Palabra de Dios. Después en la década de los cincuenta, las visiones comenzaron a venir. De 1950 a 1959, el Señor Jesús se me apareció en ocho ocasiones. En tres de éstas me habló por hora y media y me dio más revelación de la Palabra de Dios.

Una de las revelaciones que el Espíritu Santo me trajo fue la de la autoridad del creyente en Cristo sobre Satanás. De hecho, en la visión de 1952, cuando Jesús me habló por una hora y media, recibí entendimiento en cuanto a demonios y espíritus malignos. Este entendimiento vino después de que oré para que los ojos de mi entendimiento fueran iluminados. Jesucristo, la Cabeza de la Iglesia, me dio en esa visión verdades bíblicas para que los creyentes fueran iluminados acerca de los planes y estrategias de Satanás y así no cayeran en error.

Los creyentes han estado en ignorancia con relación a las maquinaciones de Satanás y por esto ha podido tomar ventaja de ellos. Pero el Espíritu de Dios quiere que los creyentes obtengan la sabiduría y la revelación del conocimiento de Jesús y su Palabra para que los ojos de su entendimiento sean iluminados y así sepan la autoridad que tienen *en Cristo*.

Dios quiere que los creyentes entiendan que han sido liberados del dominio y autoridad de Satanás y que, por lo tanto, ya no están sujetos a él (cf. Colosenses 1:13). Dios quiere que el Cuerpo de Cristo entienda que no somos una Iglesia derrotada, somos una Iglesia *triunfante*. Debemos reinar en la vida a través de Jesucristo pues tenemos una posición de autoridad sobre el diablo. Cuando los ojos de nuestro entendimiento sean iluminados, entonces podremos tomar nuestro lugar de autoridad en la Tierra como la Iglesia triunfante.

La autoridad de Jesús

Cuando Jesús comenzó Su ministerio público, entró de inmediato en contacto con fuerzas demoníacas y espíritus malignos. Éstos habían hecho de las suyas a través de los tiempos sin que nadie los detuviera. Satanás y sus huestes habían reinado como reyes en el mundo espiritual y tenían a los hombres esclavos de la muerte espiritual. Nadie tenía la autoridad para destronar a Satanás y sus huestes, ni para reinar sobre él, ni para retar su autoridad o reinado sobre la Tierra.

Por ejemplo, en el Antiguo Testamento, no vemos personas echando fuera espíritus malignos de nadie ni tomando autoridad sobre el diablo porque en el Antiguo Pacto nadie tenía ninguna autoridad sobre el diablo o sobre los espíritus malignos. Pero cuando Jesús salió al escenario en su caminar por la Tierra, fue diferente. Los espíritus malignos *y* los hombres reconocieron instantáneamente la autoridad de Jesús cuando caminó por la tierra.

MARCOS 1:21-24 (é.a)

21 Y entraron (Jesús y sus discípulos) en Capernaum; y los días de reposo, entrando en la sinagoga, enseñaba.

22 Y se admiraban de su doctrina (enseñanza); PORQUE LES ENSEÑABA COMO QUIEN TIENE AUTORIDAD, y no como los escribas.

23 Pero había en la sinagoga de ellos un hombre con ESPÍRITU INMUNDO, que dio voces,

24 diciendo: ¡Ah!, ¿qué tienes con nosotros, Jesús nazareno? ¿Has venido para destruirnos? SÉ QUIÉN ERES, el Santo de Dios.

A través del Nuevo Testamento, vemos que los demonios y los espíritus malignos reconocían a Jesús. Aquí en Marcos, no solo sabía quién era Jesús, sino que también reconoció su *autoridad*.

Aun los escribas, los Fariseos, y las personas en las sinagogas reconocían la autoridad de Jesús. Se maravillaban y asombraban pues Jesús enseñaba con *autoridad* y no como enseñaban los escribas. Hombres y demonios juntamente reconocían la autoridad *de Jesús* y se inclinaban.

Los demonios tenían temor de Jesús porque Él probó ser el Amo sobre el diablo. Aun, en el primer encuentro registrado de Jesús con el demonio, El se demostró triunfante sobre Satanás.

La victoria de Jesús sobre Satanás

El primer encuentro registrado que tuvo Jesús con el diablo ocurrió después de que Jesús fue bautizado por Juan en el río Jordán. Justo después de que Jesús fue bautizado, las Escrituras dicen: "Entonces Jesús fue LLEVADO POR EL ESPÍRITU (Santo) al desierto, para ser tentado por el diablo" (Mateo 4:1, (é.a).

Muchas veces las personas tienen la idea de que el Espíritu Santo solo nos lleva hacia lo bueno, lugares fáciles, donde nunca hay dificultad. Pero eso no es siempre cierto. A medida que crecemos y maduramos en Cristo, algunas veces descubrimos que es precisamente en los lugares difíciles donde más crecemos en Dios.

Jesús fue llevado por el Espíritu de Dios al desierto para ser tentado por el diablo. Pero, gracias a Dios, aún en su tentación, Jesús demostró ser el Amo sobre Satanás. En este encuentro, Jesús lo derrotó con la *Palabra de Dios*. Derrotó tres veces a Satanás con las palabras: *"Escrito está"* (Mateo 4:4,7,10; Lucas 4:4,8,12). Jesús no hizo "batalla" con Satanás; Él simplemente mantuvo su posición y lo derrotó sólo con *la Palabra*.

Jesús, en su caminar por la Tierra, desde el día de su tentación cuando fue *llevado* por el Espíritu al desierto para ser tentado por el diablo, hasta aquel día en que se *sometió* voluntariamente a la voluntad de Dios en la cruz, derrotó a Satanás en todos los encuentros.

La victoria total y absoluta de Jesús sobre Satanás se muestra claramente a través de la Palabra de Dios.

HEBREOS 2:14 (é.a)
14 Así que, por cuanto los hijos participaron de carne y sangre, él (Jesús) también participó de lo mismo, para DESTRUIR POR MEDIO DE LA MUERTE AL QUE TENÍA EL IMPERIO DE LA MUERTE (muerte espiritual), esto es, AL DIABLO.

HEBREOS 2:14, VAS (é.a)
14 Como los hijos COMPARTEN JUNTAMENTE en carne y sangre, el de la misma manera participo de lo mismo; y que a través de la muerte ÉL PUDIERA ARRUINAR A AQUEL QUE TENÍA EL PODER DE LA MUERTE, esto es, al diablo.

La *Versión King James* de la Biblia dice que Jesús "destruyó" a Satanás pues éste tenía el poder de la muerte, muerte espiritual o separación de Dios. Esto no quiere decir que Jesús destruyó a Satanás en el sentido que haya dejado de existir. El significado es un poco más claro en la *Versión American Standard*. En esta dice que Jesús "arruinó" a Satanás. En otras palabras; Jesús venció a Satanás y lo despojó de su poder y autoridad.

Cuando dice en Hebreos 2:14 que Jesús destruyó al que tenía el imperio de la *muerte*, esto es, al diablo, la Biblia no está hablando de la muerte física. De hecho, ésta muerte será eliminada (cf. 1 Corintios 15:54). Sin embargo, hasta el momento, las personas aún se mueren físicamente.

En la Biblia se hace referencia a tres clases de muerte. La primera es la *muerte espiritual* (cf. Juan 5:24; Efesios 2:1) o el estar separados de Dios. La segunda es la *muerte física* (cf. Filipenses 1:20,21). Y la tercera es la *muerte segunda* que es la eterna separación de Dios y el ser echado por toda la eternidad en el lago que arde con fuego y azufre (cf. Apocalipsis 20:13-15).

Hebreos 2:14 habla acerca de la *muerte espiritual*. Dice que Jesús destruyó la autoridad que tenía Satanás sobre la *muerte espiritual* o la *eterna separación* de Dios. Aquellos que aceptan a Jesucristo como su Señor y Salvador no tienen que temer "al señor de la muerte" ni a la eterna separación de Dios.

Al mirar otras versiones de Hebreos 2:14, podemos adentrarnos más en el triunfo de Jesús sobre Satanás. Por ejemplo, la versión de *Moffatt*, dice: "Al morir PUDO APLASTAR A AQUEL QUE MANIPULABA EL PODER DE LA MUERTE ... el diablo" ((é.a)).

La versión de Conybeare, dice que Jesús destruyó la autoridad del "señor de la muerte" y nos permitió *participar* en la victoria de Jesús sobre él. La *Versión American Standard* dice que somos colaboradores en la victoria de Jesús sobre el diablo.

No solo somos *partícipes*, sino también colaboradores en la victoria de Jesús sobre Satanás. Esto significa que somos colaboradores en el poder de resurrección de Dios. Y ahora Dios nos está pidiendo que compartamos con Él su anhelo de dar al mundo el mensaje de la victoria de Jesús para que aquellos que son esclavos de Satanás puedan ser liberados de su cautiverio.

En otro pasaje del libro de Apocalipsis, nos es señalado algo más acerca de la completa victoria de Jesús sobre Satanás, el señor de la muerte; dice que Jesús también tomó del diablo las llaves de la muerte y el Hades (infierno). La *muerte* y el *Hades* ya no están bajo la jurisdicción de Satanás.

APOCALIPSIS 1:17,18 VAS (é.a)
17 Y cuando lo vi, caí a Sus pies como alguien muerto. Y Él puso su mano derecha sobre mí, diciendo, no temas; Soy el primero y el último,
18 y Aquel que Vive; y estuve muerto, y mirad, estoy vivo para siempre, y YO TENGO LAS LLAVES DE LA MUERTE (muerte espiritual) y el HADES (infierno).

Cuando Jesús venció a Satanás en su muerte, sepultura y resurrección, despojó a Satanás de toda su autoridad sobre la muerte espiritual. Ahora Jesús tiene "las llaves de la muerte (espiritual) y del Hades" (Apocalipsis 1:18).

En otras palabras; todo aquel que acepta a Jesucristo como Señor y Salvador es redimido del dominio de Satanás, áquel que tenía el poder de la muerte espiritual. Los creyentes son redimidos de la muerte espiritual y cuando mueren no son separados de Dios, van a estar para siempre con Dios (cf. 2 Corintios 5:6,8).

En otra parte de la Palabra también podemos ver la victoria de Jesús sobre Satanás.

COLOSENSES 2:15 (é.a)
15 Y despojando a los principados y a las potestades, los exhibió públicamente, TRIUNFANDO SOBRE ELLOS en la cruz.

La frase "y despojando a los principados y a las potestades" es un poco oscura para nosotros. Claro está que los principados y potestades que Jesús "despojó" son seres satánicos. Veamos otras versiones de Colosenses 2:15 para tener una mejor idea de qué fue lo que Jesús hizo cuando los despojó.

COLOSENSES 2:15 VC (é.a)
15 ... Él (Jesús) DESARMÓ a los principados y a las potestades (que luchaban contra Él) ...

COLOSENSES 2:15 VP (é.a)
15 ... Él (Jesús) LOS EXIBIÓ, DESPEDAZÓ, VACIÓ y DERROTÓ, en su gloriosa y triunfante obra final.

Colosenses 2:15 nos dice que Satanás y sus huestes malignas fueron estropeados, desarmados, despojados de su poder, exhibidos, despedazados, vaciados y derrotados por nuestro Señor Jesucristo. Y Jesús expuso abiertamente su completa derrota. Este versículo también nos muestra la *derrota eterna* de Satanás.

Cuando entendemos el uso que fue dado a la palabra "despojados" en los tiempos bíblicos, entonces vemos claramente la completa victoria de Jesús sobre las fuerzas de la oscuridad cuando fue levantado de los muertos. En los días de la Biblia, cuando un rey hacía guerra contra otro, se decía que aquel que perdía era "despojado". El vencedor exhibía por la ciudad como un trofeo de triunfo al rey capturado y a otros prisioneros de importancia. El vencedor hacía de la derrota del enemigo un espectáculo público para mostrar su ruina enfrente de toda la gente.

La Biblia dice que Jesús le hizo esto a Satanás. Él "despojó" a Satanás, exhibiendo su triunfo y la derrota de Satanás ante tres mundos: El Cielo, la Tierra y el Infierno (cf. Filipenses 2:9,10). Él desarmó y despojó a Satanás de su autoridad y tomó las llaves de la muerte y del Hades (cf. Apocalipsis 1:18), y así le quitó la autoridad sobre la muerte espiritual, la separación eterna de Dios.

Otra versión de Colosenses 2:15, dice: "Habiendo dejado en nada a los principados y a las potestades, hizo de ellos un espectáculo abierto al triunfar sobre ellos en la cruz".

"¡Dejando en nada" es igual que *reducidos a nada*! Jesús redujo a los principados y a las potestades a nada. Él los despojó completamente de su autoridad. 1 Juan 3:18 ((é.a)), dice: "Para esto apareció el Hijo de Dios, para DESHACER (dejar en nada o reducir a nada) las obras del diablo". ¡La razón por la cual Jesús vino a esta Tierra fue para deshacer las obras del diablo y para reducirlo a nada!

Poderes destronados

El Cuerpo de Cristo necesita que los ojos de su entendimiento sean iluminados para que comprendan la completa victoria de Jesús sobre Satanás. Esta es *la sabiduría de Dios* que quiere que todo creyente entienda.

1 CORINTIOS 2:6, 7 (é.a)
6 Sin embargo, hablamos SABIDURÍA entre los que han alcanzado MADUREZ (perfección); y sabiduría, no de este siglo, ni de LOS PRÍNCIPES DE ESTE SIGLO, que perecen.
7 Mas hablamos SABIDURÍA DE DIOS . . .

Nadie es perfecto en la carne, pero Dios espera que maduremos y crezcamos espiritualmente.

1 CORINTIOS 2:6, 7 VM (é.a)
6 Discutimos 'sabiduría' con aquellos que son MADUROS; solo que no es la sabiduría de este mundo o de los PODERES DESTRONADOS que gobiernan sobre este mundo,
7 es la misteriosa SABIDURÍA DE DIOS la que discutimos, esa sabiduría oculta, la cual Dios decretó desde toda la eternidad para nuestra gloria.

Satanás no tiene autoridad sobre el creyente, a menos que le dé acceso o autoridad por falta de conocimiento de la Palabra de Dios, por desobediencia, o por fallar al ejercer sus derechos en Cristo.

El hecho de que Satanás haya sido destronado y despojado de su autoridad es la sabiduría que el Espíritu Santo quiere llevar al Cuerpo de Cristo (la Iglesia triunfante) a través de estas oraciones en el libro de Efesios inspiradas por el Espíritu Santo.

Lo único que deben hacer los creyentes es permanecer *en* Cristo y afirmarse en la victoria de Jesús sobre el diablo. Esta es la sabiduría de Dios. La victoria de Jesús sobre el diablo es su victoria. Por esto los creyentes no necesitan hacer guerra sobre un enemigo que ha sido derrotado.

La *sabiduría de Dios* (sabiduría de la *Biblia)* es que Satanás es un enemigo derrotado. Pero esa *no* es la sabiduría del mundo. Satanás, el dios de este mundo, no quiere que la gente sepa esto.

La sabiduría del dios de este mundo es que los creyentes aun tienen que luchar y batallar contra las huestes de la oscuridad en un esfuerzo para poder derrotarlas y vencerlas.

Satanás quiere que los creyentes gasten su tiempo tratando de pelear una "guerra" que ya fue peleada y ganada por Jesús, porque sabe que es una perdida de su tiempo.

Sabemos que Satanás ejerce todavía poder sobre todos aquellos que no están salvos por no saber que ha sido destronado. La sabiduría de Satanás es que *él* aún reina y gobierna sobre los asuntos de los hombres.

Incluso Satanás ha enceguecido las mentes de algunos cristianos para que también piensen lo mismo. Por esto los ojos de los creyentes necesitan ser iluminados, para que vean la verdad y el poder de la obra terminada en la cruz.

El reinado y trono de Cristo

Después que Jesús fue levantado de los muertos, la Biblia dice que Dios lo exaltó hasta lo *sumo* hacia una posición de honor a la diestra de Dios Padre y le dio un nuevo Nombre que es sobre todo nombre.

FILIPENSES 2:9-11 (é.a)

9 Por lo cual DIOS también LE EXALTÓ (Jesús) HASTA LO SUMO, y le dio un nombre que es SOBRE todo nombre,

10 para que en el nombre de Jesús se doble toda rodilla de LOS (seres) QUE ESTÁN EN los cielos, y en la tierra, y debajo de la tierra;

11 Y TODA LENGUA confiese que Jesucristo es el Señor, para gloria de Dios Padre.

EFESIOS 1:19-22, (é.a)

19 Y cuál la supereminente grandeza de su poder para con nosotros los que creemos, según la operación del poder de su fuerza,

20 la cual operó en Cristo, resucitándole de los muertos y SENTÁNDOLE A SU DIESTRA EN LOS LUGARES CELESTIALES,

21 SOBRE TODO PRINCIPADO y AUTORIDAD y PODER y SEÑORÍO, y SOBRE TODO NOMBRE QUE SE NOMBRA, no sólo en este siglo, sino también en el venidero;

22 y sometió todas las cosas bajo sus pies, y lo dio por CABEZA SOBRE TODAS LAS COSAS a la iglesia.

Dios no solo le dio a Jesús un Nombre que está sobre *todo* nombre, sino que también a su Nombre todos lo seres en tres mundos (el Cielo, la Tierra y el Infierno) doblarán su rodilla y confesarán el señorío y dominio de Jesús. Dios también sentó a Jesús en la posición más alta del universo, a su diestra, y lo hizo cabeza sobre todas las cosas (v. 22).

En la versión King James de la Biblia, estos versículos no dicen: "Dios levantó a Jesús de los muertos y lo sentó *sobre* todo principado, autoridad, poder y señorío". Esta dice que Dios sentó a Jesús "*muy por encima*" de todo principado, autoridad, poder, señorío y todo nombre que se nombra.

Su posición en Cristo

Cómo creyente, ¿cómo lo afecta que Jesús esté sentado en la posición más alta del universo? ¿Cuál es su posición al estar en Cristo?

EFESIOS 2:1,2,4-6 (é.a)

1 Y Él os dio vida (avivó) a vosotros, cuando estabais muertos [espiritualmente muertos] en vuestros delitos y pecados,

2 en los cuales anduvisteis en otro tiempo, siguiendo la corriente de este mundo, conforme al príncipe de la potestad del aire [los poderes destronados], el espíritu que ahora opera en los hijos de desobediencia . . .

4 Pero Dios, que es rico en misericordia, por su gran amor con que nos amó,

5 aun estando nosotros muertos en pecados, NOS DIO VIDA JUNTAMENTE CON CRISTO (por gracia sois salvos),

6 Y JUNTAMENTE CON ÉL NOS RESUCITÓ, y asimismo NOS HIZO SENTAR EN LOS LUGARES CELESTIALES CON CRISTO JESÚS.

De acuerdo con el versículo seis, los creyentes están sentados con Cristo en los lugares celestiales. Estar sentados juntamente con Cristo es estar "*muy por encima*" de todo principado y todo poder de la oscuridad. ¡Los espíritus malignos no pueden influenciar a los creyentes que están juntamente sentados con Cristo *muy por encima* de todo principado y poder!

El reinar y el estar juntamente sentados con Cristo en los lugares celestiales es estar en una posición de autoridad, honor y triunfo, no de fracaso, depresión y derrota.

Como creyente, el estar sentado juntamente con Cristo es parte de su herencia *ahora*. En *este momento* está sentado porque cuando Jesús se sentó en victoria, se sentó con Él.

La palabra "hizo" en el versículo seis está en tiempo pasado: Dios ya lo ha levantado juntamente y lo ha hecho sentarse en lugares celestiales en Cristo

Jesús en una posición de honor y triunfo. En esta vida está reinando con Cristo *ahora,* si solo ejercita su justa autoridad.

Por lo tanto, su posición en Cristo, *muy por encima* de principados y potestades ha sido ya adquirida. Sin embargo, antes de que le sea de provecho, debe ejercitar esa autoridad que le pertenece por estar reinando con Cristo sobre principados y potestades.

Nuestra *posición* como creyentes es la de estar sentados juntamente con Cristo en lugares celestiales. Quizá esa no sea siempre nuestra *situación,* pero esa es nuestra *posición.*

Si usted quiere estar por encima de sus *circunstancias*, entonces tome ventaja de su *posición* en Cristo.

Miremos este pasaje en la versión de *Weymouth.*

EFESIOS 2:4-6 VW (é.a)
4 Pero Dios siendo rico en misericordia, por su intenso amor con el cual nos adquirió,
5 hizo que nosotros, a pesar de estar muertos por nuestras ofensas, VIVIÉRAMOS CON CRISTO–es por gracia que son salvos–
6 NOS LEVANTÓ CON ÉL de los muertos, y NOS ENTRONÓ CON ÉL EN EL MUNDO CELESTIAL por estar EN CRISTO JESÚS.

Dios nos entronó con Jesús en el mundo celestial. ¿Suena eso como una Iglesia derrotada, que tiene aún que batallar para tomar señorío sobre Satanás? No, Dios diseñó a la Iglesia de Jesucristo para que fuera triunfante debido a que *compartimos* y *tomamos parte* de la victoria de Cristo sobre Satanás.

Por estar el creyente en Jesús, cuando Él se sentó, el creyente se sentó con Él, *muy por encima* de principados y potestades. La Iglesia, el Cuerpo de Cristo, está *en Cristo.* El cuerpo está conectado a la cabeza. Jesús es la Cabeza de su Cuerpo, la Iglesia.

Si Jesús, la Cabeza, triunfó sobre el diablo, ¿debe el Cuerpo de Cristo ser menos triunfante siendo que estamos *en* Cristo? ¡Claro que no! Es nuestro *derecho legal* disfrutar el estar sentados juntamente con Cristo en una posición de autoridad y triunfo *muy por encima* de todos los principados y las potestades. Si toma ventaja del estar sentado juntamente con Cristo, ¡comenzará a triunfar en la vida!

Los creyentes no deben *tratar* de estar sentados muy por encima de principados y potestades en Cristo. No deben *orar para poder* estar sentados con Cristo en los lugares celestiales. No deben estar *esforzándose para llegar* a esa posición, o *luchar a través* de los demonios para sentarse en un lugar de victoria con Cristo.

La posición del creyente y el estar sentado con Cristo es un *hecho*. Ya sucedió. Esa posición fue adquirida *para nosotros* a través de nuestro Señor Jesucristo. Ahora todo lo que tenemos que hacer es disfrutar los derechos y privilegios que nos pertenecen como coherederos con Cristo.

En estas oraciones ungidas por el Espíritu, Él está intentando llevar al Cuerpo de Cristo la herencia legal que tienen por estar juntamente sentados con Cristo muy por encima del mundo de la oscuridad.

Pero los creyentes no podrán tomar ventaja de lo que legalmente les pertenece en su herencia en Cristo a menos que los ojos de su entendimiento sean iluminados para que vean realmente lo que les pertenece en la vida. No podemos poseer aquello que no sabemos que nos pertenece.

Que diferencia habrá en sus vidas cuando los creyentes reciban la revelación de su posición en Cristo. Dejarán de ser una Iglesia derrotada. Tomarán su lugar como *la Iglesia triunfante*, que fue el diseño de Dios desde la fundación del mundo.

El pensamiento no redimido de muchos creyentes es que son indefensos contra el diablo y que siempre están sujetos a la derrota y al fracaso: "El diablo me persigue todo el tiempo". "El diablo me va a coger". "No tenemos mucho en esta vida, pero cuando todos vayamos al cielo, que glorioso futuro nos espera".

Es cierto, los creyentes tienen un glorioso *futuro* al cual mirar, pues estarán para siempre con el Señor. ¡Pero el Espíritu Santo quiere que los creyentes conozcan el glorioso *presente* que poseen ahora debido a su posición en Cristo! Los creyentes deben tomar ventaja de lo que les pertenece en Cristo.

Dios es la fuerza de nuestra vida, debido a nuestra posición en Cristo. El salmista se hace una pregunta: "¿De quién temeré?" (Salmos 27:1). Por la victoria de Jesús en la cruz, no debemos tener temor de nada, ni del diablo, ni de los demonios, ni de los espíritus malignos.

ROMANOS 8:37-39, (é.a)

37 Antes, en todas estas cosas SOMOS MÁS QUE VENCEDORES POR MEDIO DE AQUEL QUE NOS AMÓ.

38 Por lo cual estoy seguro de que ni la muerte, ni la vida, ni ÁNGELES, ni PRINCI-PADOS, ni POTESTADES, ni lo presente, ni lo por venir, ni lo alto,

39 ni lo profundo, NI NINGUNA OTRA COSA CREADA (Satanás o espíritus malig-nos) nos podrá separar del amor de Dios, que es en Cristo Jesús Señor nuestro."

El Cuerpo de Cristo (la Iglesia triunfante) es más que vencedor sobre todo el poder del enemigo debido a que estamos en Cristo (cf. Lucas 10:19; Romanos 8:37). Quizá los creyentes han cantado mucho la canción que dice: "Oh, Señor, solo mantenme cerca de la cruz".

No, no quiere quedarse en la cruz. Quiere subir al trono y sentarse en su posición correcta como coheredero con Cristo en los lugares celestiales (cf. Efesios 2:6; Gálatas. 4:7; Romanos 8:17). Quiere tomar su lugar de autoridad *muy por encima* de principados y potestades para que pueda reinar y gobernar en la vida con Cristo.

Venga y *pase* por el camino de la cruz, pero no se quede allí. Venga a Pentecostés y sea lleno con el Espíritu Santo. Pero tampoco se detenga allí. Venga al trono donde está sentado *en* Cristo y tome su autoridad en Cristo. Es una posición de autoridad, no por quién sea, sino por quién *Él* es.

¿Está el Cuerpo de Cristo sentado en los lugares celestiales muy por encima de principados y potestades en el poder de *sus* fuerzas? ¡No! Estamos sentados allí en el poder de la fuerza de Dios (cf. Efesios 1:20-22; 6:10).

Mire esta Palabra en la *Versión American Standard*. Quiero que observe una verdad en este versículo.

EFESIOS 1:22 VAS (é.a)
22 Y Él puso TODAS LAS COSAS EN SUJECIÓN BAJO SUS (Jesús) PIES, y lo entrego a él a la iglesia para que fuese la cabeza sobre todas las cosas.

Esta Escritura dice que *todas* las cosas (sea Satanás, los principados, los poderes, los tronos o las potestades) están en sujeción al Señor Jesucristo. Y por estar en Cristo, los espíritus malignos se nos sujetan en el nombre de Jesús.

¿Cuántas cosas puso Dios bajo los pies de Jesús? ¡*Todas* las cosas! Esto incluye a Satanás, los demonios, los espíritus malignos, el pecado, la enfermedad, la pobreza y las dolencias. Somos el Cuerpo de Cristo en la Tierra, y esto significa que todas las cosas también han sido puestas bajo nuestros pies.

¿Va Dios a poner *todas las cosas* bajo los pies de Jesús y por esto también bajo nuestros pies? No, eso está en tiempo *futuro*. "Porque todas las cosas las *sujetó* (Dios) debajo de sus pies" (1 Corintios 15:27 (é.a); Efesios 1:22). Esto está en tiempo pasado. Satanás ya está bajo los pies de Jesús y está bajo los nuestros también pues estamos en Cristo.

Si Satanás está bajo nuestros pies, esto significa que ya no tiene autoridad sobre nosotros; nosotros tenemos autoridad sobre él. ¿Es esto algo que deba tratar de obtener el creyente? No, esto ya es un hecho cumplido por estar el creyente sentado juntamente con Cristo.

Si los creyentes entendieran verdaderamente lo que esto significa, Satanás jamás podría ejercer su señorío otra vez sobre ellos. Y si algún día esta verdad ilumina a la Iglesia, ellos tomarán su lugar correcto en Cristo como la Iglesia triunfante, reinando como reyes en esta vida.

Como puede ver, reinar y estar juntamente sentados con Cristo es el clímax de la obra redentora de Cristo. Después de la resurrección, Jesús fue exaltado a la posición más alta en el universo. Le fue dado *todo* dominio, *toda* autoridad y *todo* poder. Y no solo esto, pues todo dominio, autoridad, y poder fue puesto bajo los pies de Jesús, lo que significa que está bajo nuestros pies debido a que somos el Cuerpo de Cristo.

Es esta la razón por la cual Satanás no puede gobernarle al menos que se lo permita por ignorar sus derechos y privilegios en Cristo o por abrirle la puerta. Muchas veces los creyentes simplemente abren la puerta e invitan a Satanás a seguir.

Otra escritura nos muestra la autoridad que tenemos al estar Satanás bajo nuestros pies.

LUCAS 10:19 (é.a)
19 He aquí os doy potestad (autoridad) DE HOLLAR SERPIENTES y ESCORPIO-NES, y sobre TODA FUERZA DEL ENEMIGO, y nada os dañará.

En Lucas 10:19, Jesús utilizó el término "escorpiones" y "serpientes" figurativamente como un tipo de poder del enemigo. Él estaba hablando acerca de Satanás y toda su hueste de demonios y espíritus malignos. Sabemos esto porque Jesús dijo: *"Les doy poder o autoridad sobre todo el poder del enemigo"*.

Jesús estaba diciendo que ningún poder del enemigo (ningún principado, poder, gobernador de las tinieblas o hueste espiritual de maldad en las regiones celestes) nos podrá dañar al tomar nuestro lugar de autoridad en Cristo. Podemos hollar sobre Satanás y sobre sus huestes porque están bajo nuestros pies.

Mirando a Lucas 10:19, hay dos palabras griegas diferentes traducidas como "poder". La primera palabra para "poder" es *exousia* o *autoridad*. La segunda es *dunamis,* que significa *fuerza* o *habilidad*.

Una mejor traducción de este versículo sería: "Yo les doy *autoridad* sobre todo el poder del enemigo". Traducido como "poder", las personas piensan: "Eso significa que tengo poder". Y después se dan cuenta: "Pero no *siento* ningún poder".

No tiene *poder* en *sí mismo*, pero sí tiene *autoridad* en *Cristo*. Eso es diferente. En sí mismos los creyentes no tienen ningún poder sobre el diablo, pero sí tienen *autoridad* sobre el diablo.

Nuestra autoridad en Cristo es como la de un policía cuando se para en la calle para dirigir el tráfico. Él no tiene ningún *poder* o *fuerza personal* para detener los carros; no tiene esa clase de *habilidad*. Pero sí tiene esa clase de *autoridad*, y las personas reconocen esa autoridad y la honran.

Entonces, lo que estaba en realidad diciendo Jesús en Lucas 10:19, era: "Les doy autoridad para hollar sobre demonios, espíritus malignos y sobre todo el poder del enemigo. Y por la autoridad en Mi Nombre, ningún poder del enemigo los dañará".

Dios mismo es la fuerza y el poder detrás de su autoridad en Cristo. El creyente que está completamente consciente del poder divino que lo respalda y de su autoridad en Cristo, puede enfrentar al enemigo sin temor o vacilación.

La sabiduría de estar en Cristo

Ahora regrese de nuevo a la Palabra y entenderá más claramente la sabiduría de Dios.

1 CORINTIOS 2:6, 7 VM (é.a)
6 Discutimos 'sabiduría' con aquellos que son MADUROS; solo que no es la sabiduría de este mundo o de los PODERES DESTRONADOS que gobiernan sobre este mundo, 7 es la misteriosa SABIDURÍA DE DIOS la que discutimos, esa sabiduría oculta la cual Dios decretó desde toda la eternidad para nuestra gloria.

¿Cuál es la sabiduría de Dios que verán y entenderán aquellos que están espiritualmente maduros en la Palabra? Es el conocimiento de la herencia que Dios ya les ha preparado en Cristo; es la sabiduría de saber quiénes son *en* Cristo. La sabiduría de Dios es que los creyentes no necesitan sino enfrentar a los demonios en la obra terminada de la cruz, en la victoria que Jesús ya obtuvo *para* ellos.

Cuando los creyentes comiencen a ocupar su posición de autoridad en Cristo contra un enemigo que ya ha sido *derrotado* y *destronado*, entonces muchos de sus problemas serán solucionados.

Muchos creyentes, con buenas intenciones, han caído en el error de pensar que tienen que hacer algo para *vencer* al diablo. Parece que piensan que de alguna manera tienen que "luchar" con el diablo y conquistarlo.

De acuerdo con 1 Corintios 2:6, una de las razones por la cual los creyentes han caído en este error es porque no están maduros en la Palabra: "hablamos sabiduría entre los que han alcanzado madurez".

Las personas que están luchando contra el diablo en sus propias fuerzas, siempre tratando de derrotar a un "poder destronado", no están *maduras* o *completamente desarrolladas* en la Palabra. La Biblia dice que: "hablamos sabiduría entre los que SON PERFECTOS (maduros o completamente desarrollados): y sabiduría, no de este siglo … Mas hablamos SABIDURÍA DE DIOS" (1 Corintios. 2:6,7 (é.a)).

La sabiduría de Dios es la sabiduría de su Palabra. Su mente tendrá que ser renovada a la sabiduría de Dios (la sabiduría de la Palabra de Dios) para ver lo que Jesús hizo para usted en su redención. Esto es lo que lo va a madurar en su conocimiento de estar en Cristo.

Cuando los ojos de los creyentes son iluminados, van a comprender con exactitud qué tan completo es el plan de redención. Aquellos que aún están librando una guerra con el diablo no han tenido los ojos de su entendimiento iluminados para ver la sabiduría de Dios. Pero cuando está maduro en la Palabra y tiene la sabiduría de Dios (sabiduría de la *Biblia) y* sabe que Satanás y sus huestes ya han sido conquistados, derrotados, destronados y privados de su poder y que es él el triunfante en Cristo.

Sin embargo, tendrá que permanecer firme con la Palabra de Dios contra Satanás pues sus maquinaciones son engañosas y tratará de cegarlo para hacerle pensar que tiene poder y autoridad sobre *usted*. Él siempre va a intentar sacarlo del ámbito de la fe en la Palabra de Dios, haciéndolo dudar la Palabra, dudar de Dios y dudar lo que Dios le ha dicho. Por esto la lucha contra él es en la arena de la fe (la fe en Dios y la fe en la Palabra de Dios) sin tratar de derrotar a un enemigo que ya ha sido derrotado.

Una de las razones por la cual muchos creyentes tienen tantos problemas con el diablo es que siempre están tratando de hacer algo *ellos mismos* en vez de *obrar sobre* lo que la Palabra dice que Jesús ya hizo acerca del diablo. Esto significa que no son hacedores de la Palabra. Dicen, "¡Declarémosle la guerra al diablo!". Y así tratan de llevar a cabo alguna clase de combate contra él.

Pero cuando entiende que Satanás está destronado, entonces sabe que la guerra ya le fue declarada y que la victoria fue ganada por el Señor Jesucristo. ¡Jesucristo se levantó Vencedor! Entonces solo tome su posición de estar sentado juntamente con Cristo en su victoria sobre el diablo.

Si Satanás y sus legiones han sido destronados, ¿por qué entonces están las huestes de oscuridad gobernando sobre tantos *creyentes*? O los creyentes no *conocen* su autoridad en Cristo, o no están *ejercitando* su autoridad en Cristo.

Satanás seguirá gobernando sobre la gente en el mundo que no está salva, y esto hará sin duda, pues no conocen nada mejor. Pero si los creyentes predican el evangelio a sujetos no salvos, serán salvos y saldrán del dominio de Satanás.

La Iglesia debe predicar el evangelio a toda criatura y decirles que no tienen por qué ser dominados más por el diablo. ¡Así es como debemos "librar la guerra" contra el diablo! Cuando las personas escogen para sí las buenas nuevas y son nacidos de nuevo, Satanás no puede gobernar sobre ellos más. Así es como los creyentes deben deshacer el reino de Satanás y reducirlo a nada.

La autoridad en el nombre de Jesús

La clave hacia nuestra gloriosa herencia y nuestra autoridad sobre los poderes de la oscuridad es el nombre de Jesús. Los creyentes tienen autoridad sobre el diablo en el nombre de Jesús, no en sí mismos. Pero creo que aún sujetos del Evangelio Completo han llegado a pensar que el nombre de Jesús es para usarlo como un amuleto mágico para protegerse de fuerzas malignas o algo parecido. Los creyentes todavía no han comprendido realmente lo que poseen en su herencia a causa de ese nombre.

Toda la autoridad y el poder de Jesús están depositados en su Nombre. Los creyentes han sido autorizados para usarlo (cf. Juan 14:13,14).

Sabemos que hemos sido autorizados para usar su Nombre en oración, pues Jesús dijo: "Todo cuanto pidiereis al Padre EN MI NOMBRE, os lo dará" (Juan 16:23 (é.a)).

Una de las formas en que los creyentes toman su autoridad en Cristo sobre la Tierra es orando de acuerdo a la Palabra de Dios.

Pero también Jesús le dijo al creyente: "En mi nombre echarán [los creyentes] fuera demonios" (Marcos 16:17 (é.a)). Por lo tanto, tenemos autoridad sobre el diablo en el Nombre de Jesús.

FILIPENSES 2:9, 10 (é.a)
9 Por lo cual Dios también le exaltó hasta lo sumo, y LE DIO UN NOMBRE que ES SOBRE TODO NOMBRE,
10 Para que en EL NOMBRE DE JESÚS se doble toda rodilla de los (seres) que están en los cielos, y (los seres) en la tierra, y [los seres] DEBAJO DE LA TIERRA.

El Nombre de Jesús tiene autoridad en tres mundos: el Cielo, la Tierra y el infierno. El diablo reconoce la autoridad del nombre de Jesús; Él sabe que tiene que inclinarse ante ese Nombre. Y debido a éste, el diablo también reconoce la autoridad que tiene *en* Cristo. Sin embargo, debe reconocer su autoridad y ejercitarla y tomar su posición contra el diablo en el nombre de Jesús.

Bendecidos con toda bendición espiritual en Cristo

Esta autoridad sobre el diablo es la verdadera posesión de todo hijo de Dios. Nos pertenece a todos y, como santos en Cristo, es una de las bendiciones espirituales de nuestra herencia.

EFESIOS 1:3, (é.a)
3 Bendito sea el Dios y Padre de nuestro Señor Jesucristo, que nos bendijo con TODA BENDICIÓN ESPIRITUAL en los lugares celestiales en Cristo.

En la redención de Jesús, todo lo que Él logró (todo lo que compró y aseguró en su victoria contra Satanás) lo hizo por el Cuerpo de Cristo. La victoria y el triunfo de Jesús le pertenecen a cada uno de los creyentes.

Somos bendecidos con *toda* bendición espiritual, que ciertamente incluye el triunfo y autoridad sobre Satanás, de otra manera no sería *toda* bendición espiritual.

La *Versión American Standard* dice: "Bendito sea el Dios y Padre de nuestro Señor Jesucristo, quien nos ha bendecido con *toda* bendición espiritual en los lugares celestiales en Cristo". Esto incluye su victoria en Cristo sobre Satanás y todas sus huestes malignas.

En otras palabras, en Cristo *cada una* de las bendiciones espirituales le pertenecen *ahora*. No tiene que trabajar o luchar o combatir demonios para obtener *toda* bendición espiritual; ya son suyas al apropiarse de ellas por fe en la Palabra y al ejercitar lo que por derecho le pertenece. Pero solo estando *en Él* es que toda bendición espiritual nos pertenece.

Escucha a algunas personas decir: "Pero esa 'persona' parece que recibe más bendiciones que yo". Miramos a algunas personas y pensamos que son bendecidas *especialmente* por Dios. Sin embargo, no va a encontrar eso en las Escrituras por ningún lugar; Dios no tiene favoritos.

Las personas que disfrutan las bendiciones de Dios, incluyendo su justa autoridad sobre el diablo, saben tomar ventaja de lo que les pertenece en un mayor grado que aquellos que no se apropian de las bendiciones de Dios. Si no sabe acerca de su herencia y autoridad en Cristo, no va a poder ser partícipe de lo que por derecho es suyo.

Todos nosotros, en el Cuerpo de Cristo, somos bendecidos con *toda* bendición espiritual en Cristo, así que nadie tiene un rincón en la autoridad que poseemos sobre el diablo en el nombre de Jesús. El más pequeño de los miembros en el Cuerpo de Cristo puede, sin temor, hacerle frente a los demonios y espíritus malignos, por lo que es en Cristo. Nadie es bendecido con más bendición espiritual que otro en el Cuerpo de Cristo.

Es lamentable que todo miembro del Cuerpo de Cristo no tome ventaja de lo que le pertenece, pues su autoridad sobre el diablo le pertenece así lo sepa o no. Una persona no puede tomar ventaja de algo que no *conoce* o que no *ejercita*.

Solo la Verdad que se pone por obra lo liberará

Los ojos de su entendimiento deben ser iluminados para que pueda *conocer* y *ejercitar* su autoridad en Cristo antes que le sea de beneficio. En otras palabras, puede saber lo que es suyo sin ponerlo por *obra*. Puede *saber* lo que dice la Palabra sin ser un *hacedor* de ésta.

Cualquier bendición, derecho, privilegio o autoridad puede pertenecerle, pero si no las conoce, no podrá ponerlas por obra. Y si no pone por obra lo que *conoce*, ni *ejercita* o se *apropia* de lo que se le ha entregado, no le será de ningún beneficio. No se convertirá en una realidad para usted así sea su posesión legal.

Por esta razón necesita saber lo que le pertenece en Cristo. Y solo saberlo no es suficiente. *Es el conocimiento puesto por obra lo que trae resultados.*

El diablo no quiere que el pueblo de Dios descubra acerca de la autoridad que les pertenece en Cristo. Esta es una de las formas en que el diablo intenta derrotar al hijo de Dios. Él sabe que cuando el hijo de Dios descubre su legal y justa autoridad en Cristo, podrá disfrutar la victoria sobre él.

Por esto Satanás intenta oscurecer esta sabiduría e intenta cegar los ojos y el entendimiento de las personas para mantenerlos lejos de este conocimiento. Pero cuando el hijo de Dios conoce la Verdad y pone por obra este conocimiento, no puede ser dominado más por el diablo.

JUAN 8:32 (é.a)
32 Y conoceréis la verdad (la Palabra), y LA VERDAD (la Palabra) OS HARÁ LIBRES.

Tiene que *conocer* la Verdad antes de que pueda hacerlo libre. Esto es lo que este versículo está diciendo. Y una vez conoce la verdad de la Palabra de Dios acerca de quién es en Cristo, y la pone por *obra*, sabrá que eso lo hace libre.

Esto es tan importante que voy a decirlo un poco diferente para que pueda comprender más el significado:

Debe *conocer* la Palabra antes de que la Palabra lo haga libre.
Después tiene que poner por obra lo que *conoce* de la Palabra.
La Palabra que *conoce* y que pone por obra lo hace *libre*.

Cuando pone por obra la Palabra que conoce, entonces disfrutará de la victoria sobre las fuerzas satánicas y sobre todas las circunstancias de la vida.

2 CORINTIOS 2:14 (é.a)
14 Mas a Dios gracias, el cual NOS LLEVA SIEMPRE EN TRIUNFO en Cristo Jesús, y por medio de nosotros manifiesta en todo lugar el olor de su conocimiento.

Dios nos prometió la victoria en toda circunstancia de la vida para que las pruebas y dificultades no nos venzan. La Biblia no dijo: "A Dios gracias, el cual nos lleva en triunfo de vez en cuando sobre Satanás y las circunstancias". Pues Jesús triunfó sobre todas las fuerzas satánicas; su triunfo es suyo porque está en Él.

2 CORINTIOS 2:14 VC (é.a)
14 Pero gracias sean a Dios quien me lleva de lugar en lugar en el tren de Su triunfo, PARA CELEBRAR SU VICTORIA SOBRE LOS ENEMIGOS DE CRISTO (demonios).

Enfrentando estos hechos, ¿cuál debería ser nuestra actitud con respecto al diablo y sus obras? ¿Una de cobardía y temor? ¡No! Somos más que vencedores por Áquel que nos amó (cf. Romanos. 8:37).

Como el Cuerpo de Cristo, estamos tomando el lugar de Jesús en la Tierra. Jesús es la Cabeza y nosotros su Cuerpo. Estamos obrando por Jesús en los asuntos de la vida. Él es el Destructor de la autoridad del adversario, y nosotros debemos reforzar esa derrota en esta Tierra.

Satanás no tendrá dominio sobre los creyentes

Estamos hablando acerca de las riquezas de nuestra herencia en Cristo. La Biblia dice que hemos sido trasladados del reino de la oscuridad al reino del amado Hijo de Dios (cf. Colosenses 1:13). Por lo tanto, nuestra herencia incluye el hecho que las obras de la oscuridad no tienen autoridad legal o dominio sobre nosotros.

Pablo escribió a los creyentes en Roma, diciendo: "Porque el pecado no se enseñoreará de vosotros; pues no estáis bajo la ley, sino bajo la gracia" (Romanos 6:14). En un sentido, el pecado y Satanás son términos sinónimos. Entonces podemos leer este versículo: "Satanás no se enseñoreará de vosotros".

Otra versión dice: "El pecado no tendrá dominio sobre ustedes". Podría leerlo: "Satanás no tendrá dominio sobre ustedes".

¿Por qué no puede Satanás tener señorío sobre los creyentes? ¡Porque él no es nuestro señor y porque ha sido puesto bajo nuestros pies! Jesús es nuestro Señor y es Cabeza de la Iglesia, no Satanás.

¡Jesús es el único que debe tener domino sobre nosotros! Él es quien nos gobierna, no solo colectivamente como el Cuerpo de Cristo, sino también individualmente.

Por ejemplo, si cualquier clase de síntoma o deficiencia intentan atacar mi cuerpo, sencillamente digo: "Ah, no lo harás, Satanás. No puedes ponerme eso. Jesús tiene dominio sobre mí. Jesús es mi Sanador y mi Libertador. El no es el destructor.

"Jesús es el Dador de Vida, y él es mi Señor. Satanás, no eres mi señor, y no puedes triunfar sobre mí. Me niego aceptar o permitir cualquier cosa que venga de ti. No puedes traerme depresión, opresión, enfermedad o dolencia. Me niego a permitirlo en el nombre de Jesús".

Cuando tomo mi posición contra Satanás, en el nombre de Jesús, haciendo uso de mi legítima autoridad, el enemigo no puede traerme ninguna de sus obras malignas. Cuando soy un hacedor de la Palabra, Satanás *no puede, ni podrá, ni será* capaz de derrotarme, pues el Señorío de Jesús sobre mí está declarado en la Palabra, y me afirmo sobre mis derechos y privilegios en Cristo. El dominio de Jesús sobre mí es real, y solo me someto a Él como mi Señor.

Esto es obrar sobre la Palabra, y esto lo hará libre.

El valle de Sombra de Muerte

Una vez comprendamos que hemos sido liberados del control de Satanás y que ya no estamos bajo su dominio o la muerte espiritual, podemos entender con más claridad lo que la Palabra nos está diciendo.

SALMO 23:1,4-6 (é.a)

1 Jehová es mi pastor; nada me faltará . . .

4 Aunque ande en VALLE DE SOMBRA DE MUERTE, no temeré mal alguno, porque tú estarás conmigo; tu vara y tu cayado me infundirán aliento.

5 ADEREZAS MESA DELANTE DE MÍ EN PRESENCIA DE MIS ANGUSTIA-DORES; unges mi cabeza con aceite; mi copa está rebosando.

6 Ciertamente EL BIEN y LA MISERICORDIA me seguirán todos los días de mi vida, y en la casa de Jehová moraré por largos días.

Hay una verdad en este Salmo. El Cuerpo de Cristo ha fallado en recibirlo y en apropiárselo para sus vidas. Con seguridad entiende que la mayoría de los salmos son proféticos o mesiánicos. Pero *ahora*, en este momento, estamos viviendo en el Salmo 23.

Este Salmo dice: "Aunque ande en valle de sombra de muerte, no temeré mal alguno" (v. 4). Este salmo es citado todo el tiempo en los funerales, pero de hecho se refiere al dominio de Satanás aquí en la Tierra, y se refiere a la muerte espiritual, no a la física.

Usted y yo estamos caminando por *valle de sombra de muerte* en esta vida debido a que Satanás es el dios de este mundo. Los efectos de la muerte espiritual están por todos lados. Pecado, enfermedad, dolencia, pobreza y todo lo demás que Satanás nos trae en esta vida.

Pero Jesús declaró que estamos *en* el mundo, mas no somos *del* mundo (cf. Juan 17:16,18). Esto se relaciona con una valiosa verdad que encontramos en el Salmo 23:5: "Aderezas mesa delante de mí en presencia de mis angustiadores".

¿Dónde están nuestros enemigos? Ciertamente el diablo es nuestro enemigo; la Biblia lo llama nuestro adversario (cf. 1 Pedro 5:8). Espíritus malignos, demonios, enfermedad, dolencia y pobreza son todos enemigos nuestros. Cualquier cosa que nos ate o nos obstaculice es nuestro enemigo.

La mesa de provisión

En el Salmo 23, Dios nos está diciendo que justo en medio del dominio de Satanás, donde el diablo reina sobre aquellos en oscuridad como el dios de este mundo y los efectos de la muerte espiritual, Él se encuentra por todos lados ¡Dios prepara una mesa para nosotros en la misma presencia de esos enemigos!

Sí, los demonios y espíritus malignos están aquí y algunas veces sentimos su presencia y sus efectos. Pero aún así, ¡Dios nos prepara una mesa justo en medio de ellos!

¿Por qué prepara Dios una mesa para nosotros en presencia de nuestros enemigos? ¿Por qué simplemente no nos *deshacemos* de ellos? No podemos. Como he dicho, tienen un derecho de estar aquí, y permanecerán hasta que el arrendamiento de Adán se termine. Por esto es tan importante que los creyentes se afirmen en su victoria y participen en la mesa de la provisión del Señor, pues estos espíritus malignos van a estar aquí tratando de detenernos, tentarnos, y evitando que recibamos lo mejor de Dios en esta vida.

¡Pero justo en la presencia de nuestros enemigos (demonios y espíritus malignos) Dios ha preparado una mesa con abundante provisión (las riquezas de la gloria de su herencia en los santos) para todo creyente en el cuerpo de Cristo!

La razón por la cual muchos cristianos están derrotados en esta vida es que, aun estando sentados con Cristo en lugares celestiales, a la mesa de la provisión del Señor, no se están *apropiando* de lo que les pertenece. Todas las *riquezas* de estar *en* Cristo están incluidas en la mesa de la provisión del Señor.

Muchos de los creyentes ni siquiera están mirando las provisiones que Dios ha preparado para ellos en la Palabra. En vez de estar mirando sus derechos y privilegios en Cristo, incluyendo su autoridad sobre el diablo, están mirando al enemigo. Su enfoque en la vida está sobre el diablo y sus obras, no en Jesús y la redención como su obra terminada.

Siempre están hablando de demonios y actividad demoníaca en vez de las riquezas de la abundante gracia de Dios y de "toda bendición espiritual" que les pertenece en Cristo. No se están afirmando como la Iglesia triunfante sobre la obra terminada de la cruz, reinando en la vida a través de Jesucristo.

No, solo olvídese de mirar al enemigo. No mantenga los ojos enfocados en él. Sí, los demonios y espíritus malignos están aquí; no negamos su presencia. Pero, gracias a Dios, ha preparado para nosotros una mesa de *abundante* provisión en medio de ellos.

La mesa que el Señor ha preparado para nosotros es una de *abundantes riquezas de provisión*. Por ejemplo, en esa mesa de provisión está el nuevo nacimiento, el bautismo en el Espíritu Santo, autoridad sobre el diablo y espíritus malignos y sanidad. En la mesa de provisión está *todo* lo que necesitamos para salir adelante en esta vida.

En esa mesa de provisión está la victoria y la liberación de cualquier cosa que nos ate o nos impida ser exitosos en la vida. Allí hay bendición y beneficio, triunfo y victoria, no fracaso y derrota. En la mesa de provisión está todo lo que necesitamos desde que somos nacidos de nuevo hasta que demos el paso a la eternidad.

Usted se preguntará: "¿Bueno, entonces por qué no tengo la bendición de Dios?". Bueno, la mesa está preparada para usted, pero puede ser ignorante de las bendiciones legítimamente suyas en la mesa, *las riquezas de su herencia en Cristo*. O quizá ni siquiera sabe que la mesa de provisión está en frente porque los ojos de su entendimiento no han sido iluminados para ver las abundantes y ricas provisiones de Dios para usted.

Quizá no sabe que está sentado en una mesa de triunfo (no en una mesa de derrota) y está dejando que Satanás camine sobre usted. O quizá sabe que las provisiones (toda bendición espiritual) están en la mesa, pero no se está apropiando de ellas para su vida. No está ejercitando su autoridad sobre el diablo por la fe en el poder de la Palabra de Dios.

Simplemente, acérquese y tome lo que es suyo en esa mesa. Su Padre Celestial la ha preparado toda para *usted*. Utilice el nombre de Jesús, pues tiene autoridad en ese Nombre.

Necesitamos enfocarnos en Dios y en lo que ha provisto, en vez de hacerlo en el diablo y lo que está haciendo. Debemos enfocarnos en las riquezas de nuestra herencia en Cristo y en los derechos y privilegios que legalmente nos pertenecen por encontrarnos *en Él*. Aprópiese de las riquezas de estar *en Él*. Enfóquese en su posición celestial en Cristo, donde estamos sentados *muy por encima* de todo poder y principado y de todas las obras malignas del enemigo.

Es cierto que *éramos* los derrotados y conquistados antes de aceptar a Jesús como Salvador. Antes de conocer a Jesús, éramos gobernados por Satanás.

No sabíamos que Satanás y todos sus demonios estaban *derrotados* y *destronados* por el Rey de reyes y el Señor de señores.

Reinando en la vida

Por la victoria de Jesús sobre Satanás en la cruz, en vez de estar derrotados, conquistados o gobernados, ahora *reinamos* como reyes en Cristo, en *esta* vida, aquí en *este* mundo. Por estar *en* Cristo, Satanás está bajo nuestros pies. Antes servíamos como esclavos a Satanás y a la muerte espiritual, pero ahora *reinamos* en la vida a través de Jesucristo. Esto es parte de las riquezas de nuestra herencia en Cristo.

ROMANOS 5:17 (é.a)
17 Pues si por la transgresión de uno solo reinó la muerte, mucho más REINARÁN EN VIDA POR UNO SOLO, JESUCRISTO, los que reciben la abundancia de la gracia y del don de la justicia.

¿Suena esto como una Iglesia siendo dominada por demonios y espíritus malignos? ¡No! ¿Cuándo dice la Biblia que reinaremos sobre Satanás y sus maquinaciones contra nosotros? ¿En una vida sin problemas? ¿Cuándo vayamos todos al cielo? No, los creyentes reinan como reyes ahora, en esta vida. Nosotros que hemos nacido de nuevo nos hemos convertido en nuevas criaturas en Cristo Jesús, y somos ahora los victoriosos, no los derrotados. Somos la Iglesia triunfante, no la Iglesia derrotada.

Reinamos como reyes *ahora,* en esta vida, a través de Cristo Jesús. Esto es parte de la sabiduría que el Espíritu Santo está tratando de llevar al Cuerpo de Cristo en estas oraciones inspiradas por el Espíritu en el libro de los Efesios. En tiempos pasados, servíamos como esclavos a Satanás, pero ahora andamos en vida nueva (cf. Romanos 6:4). Ahora, debido a que estamos juntamente sentados con Cristo en los lugares celestiales, reinamos como reyes a través del Señor Jesucristo.

Este es el mensaje que el Espíritu Santo, a través de Pablo, está intentando llevar al Cuerpo de Cristo. Dios quiere que los ojos de nuestro entendimiento sean iluminados para que logremos entender que en esta vida *reinamos con Cristo.*

Dios quiere hacernos comprender que tenemos victoria sobre Satanás en toda prueba y circunstancia, de la misma manera en que Jesús tuvo victoria cuando estuvo en esta Tierra. No debemos luchar para ser victoriosos; solo necesitamos afirmarnos con la Palabra contra un enemigo derrotado de acuerdo a lo que ya poseemos en Cristo.

No toma todo el día afirmarse contra espíritus malignos si conoce su autoridad en Cristo. Solo hábleles en el Nombre de Jesús, y se tendrán que ir. No tiene que pelear con ellos pues ya han sido derrotados y destronados. Al afirmarnos en la Palabra contra ellos, nos afirmamos en la victoria de Jesús.

Seré honesto. No sé si es mi justa indignación la que se altera o si solamente me enojo, pero algo se altera dentro de mí cuando escucho predicadores enseñándole a las personas a temer al diablo: "¡Mejor tengan cuidado! Quizá el diablo pueda escucharlos". O "Mejor tengan cuidado. Quizás el diablo les ponga una enfermedad o dolencia".

Tengo autoridad sobre mí y sobre mi casa. Si alguna vez viene el diablo a golpear en mi puerta con enfermedad, pobreza, escasez u opresión, le digo: "No vengas a *mi* casa. ¡Ofrece esa basura en otro lugar pues aquí no la voy a recibir!"

Pero *no* tengo autoridad sobre el diablo en *su* vida. En últimas tendrá que enfrentar al diablo por su propia cuenta. Pero claro, es un cristiano bebe, y en ese caso podré hacer funcionar mi fe a favor suyo. Pero en el final, Dios espera que tome su autoridad sobre el diablo.

Si ya ha aceptado la enfermedad y dolencia (o lo que sea que el diablo le esté trayendo), entonces tiene un problema en sus manos y tendrá que hacer algo al respecto. Pero, gracias a Dios, algo *puede* hacerse en el nombre de Jesús.

Si le da permiso a alguien, puede orar por usted en fe, pero, realmente, tiene que hacer algo para tomar autoridad sobre el diablo por sí mismo. Esta es una forma en que crecerá hacia lo que es en Cristo. Tome autoridad sobre Satanás, la enfermedad, la dolencia o lo que sea que el enemigo quiera que reciba. Afírmese contra eso en el nombre de Jesús. Los creyentes cometen un error al aceptar lo que el diablo les trae.

Será derrotado si no reconoce quién está *en* usted y la autoridad que tiene en Cristo. Cuando falla desconociendo que el más Grande vive *en* usted, va a permitir que el diablo tome ventaja.

Satanás domina a las personas no salvas que están en el reino de la oscuridad; están bajo su autoridad. Pero él y sus legiones están dominando demasiados cristianos que no *conocen* su autoridad o no la *ejercitan*.

Por esto el creyente necesita orar entendiendo que todas esas fuerzas espirituales han sido derrotadas por Jesús. Cuando ora, necesita hacerlo desde una posición de victoria, pues está sentado juntamente con Cristo en lugares celestiales, mirando abajo hacia un enemigo derrotado.

Cuando esté orando, hágalo desde la posición de estar sentado en Cristo muy por encima de principados y potestades. La victoria de Jesús es *su* victoria. Por lo que Jesús hizo, es libre del dominio de Satanás.

Muchas veces los creyentes solo resisten y tratan de hacer lo mejor que pueden, sin darse cuenta de lo que les otorga su herencia en Cristo. En vez de tomar su legítimo lugar en Cristo como victoriosos, magnifican al diablo, y eso le da acceso en sus vidas.

Medite en el lado negativo de las cosas y se convertirá en aquello en lo cual medita. En lo que está *pensando* y en lo que está *meditando* es lo que está *creyendo*. Lo que está *creyendo* es lo que está *hablando*. Y eventualmente lo que está *creyendo* y *hablando* es en lo que se va a *convertir*.

Esto se aplica también en el área de demonios y actividad demoníaca. Si cavila en los pensamientos del diablo, se va a deprimir, oprimir y caerá en error. O puede pensar en la Palabra, y su pensamiento será iluminado, alumbrado e inundado con luz.

Puede andar por todo lado predicando lo fuerte que es el diablo, o puede ubicarse en el lado positivo donde los ojos de su entendimiento han sido iluminados para ver la sabiduría de Dios. Entonces estará en el lado *bíblico* y en el lado de la *victoria* que es el lugar que le corresponde como creyente debido a su triunfo *en* Cristo.

Porque sé que Jesús derrotó al diablo, *eso* es en lo que *pienso* y de eso es lo que *hablo*. Y él más Grande me pone por encima en la vida y hace que tenga éxito, pues le doy lugar a Dios y al poder de su Palabra, no al diablo.

Los cristianos están derrotados porque creen que es "más grande el que está en el mundo que Aquel que está en ellos". Lo tienen al revés en sus pensamientos. Y después proceden a confesarlo.

Muchos son derrotados en la vida por tener una confesión negativa; siempre están hablando del lado negativo de las cosas, y eso abre una puerta para el diablo.

Siempre están diciendo lo que *no* son y lo que *no* tienen, y hablan acerca de sus debilidades, fracasos y escasez. Indudablemente descienden al nivel de su confesión.

Si cree y confiesa que el poder del diablo es mayor que el poder de Dios, Satanás lo derrotará. Pero si permanece firme sobre sus derechos comprados por la sangre en Cristo y lo confiesa, ascenderá al nivel de su confesión y herencia.

¡Qué cambio habría en su vida si se afirmara en la Palabra de Dios contra todo ataque del enemigo en toda prueba y dificultad! ¡Qué cambio tomará lugar si mantiene una confesión positiva en Cristo sin darle lugar al diablo en su vida!

Entonces ascenderá al lugar de su confesión; tomará su legítimo lugar en Cristo y será capaz de poseer lo que Cristo ya ha logrado por usted. Tomará su legítimo lugar como la Iglesia triunfante del Señor Jesucristo sobre todo el poder del diablo.

La Iglesia triunfante, no la Iglesia militante o derrotada

Hoy hay personas que están hablando acerca de la Iglesia militante. Entre ellos están los que dicen que la Iglesia del Señor Jesucristo necesita combatir al diablo para poder tener éxito.

Pero prefiero hablar de la Iglesia triunfante pues eso es bíblico. El triunfo de Jesús sobre el diablo es el triunfo de cada creyente. Y todo creyente puede disfrutar ese triunfo y victoria si camina en la luz de su herencia en Cristo.

Aquellos que continuamente están hablando acerca de la Iglesia militante son los que siempre están tratando de luchar con el diablo: "Estamos librando una guerra contra el diablo. ¡Va a ser duro! ¡Estamos metidos en una batalla!".

Las personas que hablan todo el tiempo de esta manera, necesitan que los ojos de su entendimiento sean iluminados para ver que la batalla ya ha sido ganada por Jesucristo. A partir de ahí solo deben *afirmarse* en esa victoria.

Cuando los ojos de su entendimiento han sido iluminados para ver su legítima posición en Cristo (*que es una posición de victoria*) entonces al tener un encuentro con las fuerzas del diablo, sabrán qué hacer con respecto a ellas. Por su autoridad en Cristo sobre espíritus malignos, podrán afirmarse contra éstos con la Palabra de Dios y así ponerlos en su lugar.

El Cuerpo de Cristo es triunfante. Gracias a Dios porque podemos triunfar sobre el pecado, la enfermedad, las dolencias, la pobreza y los malos hábitos. Por nuestra herencia en Cristo podemos triunfar sobre demonios, espíritus malignos y todo lo demás con lo que quiera atarnos el enemigo, porque Jesús ya los ha derrotado por nosotros.

No había razón para que Jesús entrara en la tremenda prueba por nuestra redención a excepción de *nosotros,* para poder redimirnos de las manos del enemigo. Gracias a Dios, Él lo hizo para redimir una Iglesia (un cuerpo de creyentes) que participará de su herencia en Cristo y gobernará y reinará en triunfo y victoria sobre el diablo en los asuntos de la vida. Lo que Jesús hizo, lo hizo por nosotros, y la victoria de Jesús sobre Satanás nos pertenece.

Lo que es nuestro en Cristo solo requiere de la fe para tomarlo o apropiarlo. No necesitamos luchar para creer en algo que ya nos pertenece. Sin embargo, debemos saber que es nuestro o no podremos asirnos de nuestra legítima posición en Cristo para tomar ventaja de lo que nos pertenece.

Donde quiera que el plan de la redención de Dios sea revelado, las personas son salvas, y pueden convertirse en amos sobre las circunstancias y sobre las fuerzas demoníacas, en vez de permitir que el diablo los domine.

El Cuerpo de Cristo jamás debe ceder en cobardía a las fuerzas de la oscuridad o someterse a la dominación satánica. ¡No, debemos levantarnos osadamente en el nombre de Jesús y tomar nuestro lugar en nuestra herencia como hijos e hijas del Dios Altísimo, como la Iglesia triunfante!

Capítulo 8
La Guerra Espiritual:
¿Está Luchando O Descansando?

La guerra espiritual es un tema que algunos cristianos están sobre enfatizando hoy en día de una manera que no se encuentra en línea con la Palabra de Dios. De hecho, algunas de las cosas que se enseñan en el Cuerpo de Cristo en esta área de guerra espiritual y demonología, están bíblicamente erradas. Esta es la razón por la cual nos beneficiaríamos al estudiar la Palabra para ver cómo encargarnos *bíblicamente* de Satanás y sus estrategias.

Muchos creyentes se tornan temerosos si se habla acerca del diablo, demonios, espíritus malignos y sus actividades. Muchas personas al parecer piensan que sería mejor jamás mencionar al diablo o a los espíritus malignos. Pero si no se les enseña a los creyentes cómo encargarse del diablo, el enemigo simplemente andará rampante, celebrando un gran carnaval en sus vidas, debido a que no sabrá de su autoridad bíblica.

2 CORINTIOS 2:11
11 Para que Satanás no gane ventaja alguna sobre nosotros; pues no ignoramos sus maquinaciones.

Necesitamos conocer a nuestro enemigo. La Biblia dice que *no* debemos ser ignorantes de las maquinaciones del diablo. Satanás no ha cambiado en lo más mínimo en el mundo. Es el mismo viejo diablo que siempre ha sido, y emplea las mismas tácticas que siempre ha empleado. Es el mismo diablo con el cual tuvo que enfrentarse Pablo cuando escribió estas palabras acerca de no ser ignorantes de sus maquinaciones. Y una de sus estrategias es la de lograr que las personas se vayan a los extremos, incluso en el área de la guerra espiritual, de tal manera que se vuelvan infructuosos en el Reino de Dios.

Parece ser que en cualquier tema de la Biblia es supremamente difícil para el Cuerpo de Cristo el permanecer en la mitad del camino. Muchos creyentes se van ya a la zanja, en uno de los costados del camino, o al otro lado. En cualquiera de las dos zanjas se vuelven ineficientes ya que los extremos y excesos jamás producen fruto para la gloria de Dios.

De hecho, el enemigo más grande que ha robado a la iglesia, incluso en esta área de demonología y guerra espiritual, es el *pensar* y *el creer mal.* Eso es

171

lo que inicialmente le abre una puerta al diablo. Y de hecho, algunas personas incluso están creyendo y pensando mal sobre el tema de la guerra espiritual, y esto va a sacar al Cuerpo de Cristo del camino, a no ser que regresemos a la Palabra de Dios.

El pensar y el creer mal, eventualmente, llevan a actuar mal. Por ejemplo, un solo error en el pensar y el creer mal ha llevado a los creyentes a intentar luchar contra el diablo y a derribar fortalezas sobre ciudades y naciones. Necesitamos observar esta práctica a la luz de la Palabra de Dios para ver si es bíblica. Necesitamos saber lo que la Palabra de Dios dice con respecto a cualquier tema para así *pensar* y *creer* y *actuar* en línea con la Palabra de Dios. Entonces obtendremos resultados Bíblicos.

Claro está, existe guerra espiritual legítima. La guerra espiritual es un tema *Bíblico* y uno en el cual deberíamos estar interesados, ya que cada uno, en algún momento de la vida cristiana, deberá tomar su posición en la guerra espiritual.

Después de todo, existe una verdad al hecho de que hay un adversario en formación contra nosotros y que estamos en el ejército del Señor. Sin embargo, las personas con frecuencia toman esas verdades y corren hacia los extremos y el error. Su pensamiento parece ser: "Bueno, un ejército pelea contra el enemigo para derrotarlo, así que peleemos contra el diablo para que podamos derrotarlo".

Pero Jesús ya "peleó" contra el diablo y lo venció. Esa es la razón por la cual Jesús nos dijo: "Negociad entre tanto que vengo" (Lucas 19:13). Debemos tomar nuestra posición sobre la Palabra en contra de un enemigo derrotado. Así que estamos en el ejército del Señor, pero como el ejército que *ocupa el terreno*. El ejército que ocupa el terreno no está en guerra; está simplemente *haciendo valer* la victoria que ya obtuvo nuestro Comandante Supremo, el Señor Jesucristo. Esta es la razón por la cual los creyentes no deberían magnificar la *batalla*, ¡deberían magnificar el *triunfo*!

"Guerra" Y "Milicia" En Las Epístolas

Algunas personas enfatizan la guerra espiritual al punto en que uno creería que es el único tema que enseña la Biblia. Pero se dará cuenta que la verdadera guerra espiritual es completamente diferente de lo que muchos piensan que es. Por ejemplo, mientras estudia el Nuevo Testamento, particularmente las epístolas, es sorprendente qué tan escasamente se mencionan las palabras "guerra" y "milicia".

Es también sorprendente el notar que cuando las palabras "guerra" o "milicia" *se* emplean en las epístolas, jamás se usan en conexión con las palabras "diablo" o "Satanás". Echemos un vistazo a las palabras "guerra" y "milicia" en el uso que hacen de éstas las epístolas, las cuales fueron escritas para nosotros, el Cuerpo de Cristo.

Por ejemplo, en 1 Corintios 9:7, Pablo hace una pregunta: "¿Quién fue jamás soldado a sus propias expensas? ¿Quién planta viña y no come de su fruto? ¿O quién apacienta el rebaño y no toma de la leche del rebaño?" Pablo no se refiere a combatir al diablo. Simplemente está estableciendo el punto de que a los ministros se les debería pagar adecuadamente.

En otra parte de las Escrituras son empleadas las palabras "guerra" y "milicia".

2 CORINTIOS 10:3-5
3 Pues aunque andamos en la carne, no militamos según la carne;
4 porque las armas de nuestra milicia no son carnales, sino poderosas en Dios para la destrucción de fortalezas,
5 derribando argumentos y toda altivez que se levanta contra el conocimiento de Dios, y llevando cautivo todo pensamiento a la obediencia a Cristo.

Si saca de contexto estos versículos, puede hacer que digan lo que quiera. 2 Corintios 10:3-5 ha sido ampliamente empleado para ser aplicado a combatir demonios sobre ciudades y países. Pero es claro, por el contexto, que Pablo está hablando de algo diferente.

El apóstol no está haciendo referencia a combatir fuerzas demoníacas sobre áreas geográficas. Está aconsejando a los creyentes a que tomen el control de sus propios *pensamientos* e *imaginaciones* para que puedan prevenir que las mentiras del diablo creen fortalezas en sus *mentes*.

Como verán, el diablo no puede entrar en un creyente a no ser que una puerta se le abra. Una mente sin control y una forma equivocada de pensar tienen tanto que ver con abrir la puerta al diablo, como el creer y hablar incorrectamente. Los creyentes deben saber que estos son los campos más grandes de batalla en la vida.

La Biblia dice: "Dios no puede ser burlado: pues todo lo que el hombre sembrare, eso también segará" (Gálatas 6:7). Hay cierta verdad al utilizar este versículo para decirles a los pecadores que cosecharan las consecuencias de lo que siembren en pecado. Pero en efecto, Pablo les escribía a *creyentes* cuando dijo esto.

Los *creyentes* son quienes van a cosechar lo que siembran, ya sea bueno o malo. Así que están sembrando *palabras, acciones* y *hechos* cada día, de los cuales eventualmente van a segar una cosecha (buena o mala) y la actividad demoníaca no está necesariamente involucrada.

Lo más importante de todo esto son las palabras que siembra, porque la Biblia dice que hay *vida* y *muerte* en el poder de la lengua (cf. Proverbios 18:21). El *pensar mal, creer mal* y *el hablar* mal son formas en que los creyentes, con o sin conocimiento, le abren puertas al diablo en sus vidas. Esta es la forma en que los creyentes le permiten construir fortalezas en sus mentes y en sus vidas.

Por lo cual, al leer 2 Corintios 10:3-5, en su contexto completo, le está diciendo a los creyentes que la verdad de la Palabra de Dios es una fuerza espiritual lo suficientemente poderosa para vencer las mentiras y los engaños que Satanás intenta traer a nuestras mentes con el fin de llevarnos cautivos.

¿Qué más dicen las epístolas acerca de "guerra" y "milicia"?

1 TIMOTEO 1:18,19
18 Este mandamiento, hijo Timoteo, te encargo, para que conforme a las profecías que se hicieron antes en cuanto a ti, milites por ellas la buena milicia,
19 manteniendo la fe y buena conciencia, desechando la cual naufragaron en cuanto a la fe algunos.

¿Cómo le dijo Pablo a Timoteo que militara la buena milicia? *Manteniendo la fe y una buena conciencia.* En otras palabras; simplemente le está diciendo a Timoteo: "Manténgase en la pelea de la fe. Cumpla con el llamado de Dios en su vida. Esa es la manera como va a militar la buena milicia en esta vida".

El diablo ni siquiera se menciona en estas Escrituras. La afirmación es tan solo un reto para que Timoteo, como joven ministro, cumpla con su ministerio sin ser disuadido por ningún tipo de oposición que pudiese enfrentar. Pablo le da otra amonestación a Timoteo con relación a la milicia.

2 TIMOTEO 2:3,4
3 Tú, pues, sufre penalidades como buen soldado de Jesucristo.
4 Ninguno que milita se enreda en los negocios de la vida, a fin de agradar a aquel que lo tomó por soldado."

Cuando leemos el contexto completo de este pasaje, encontramos que no tiene nada que ver con el diablo. Pablo simplemente está diciendo: "Dedíquese al llamado de Dios en su vida, sin importar el costo". Le está diciendo a los creyentes que hay un precio que pagar para ser buenos soldados de Jesucristo; se requiere disciplina y dedicación.

Pablo le está dando a Timoteo una ilustración para recordarle y animarlo a mantenerse libre de los afanes de este mundo y de cualquier estorbo que lo distraiga de servir a Dios y ministrar efectivamente.

En otra parte de las Escrituras observamos los términos "guerra" y "guerras" empleadas con relación a pleitos, controversias y contiendas que ocurrían debido a los problemas sin control en la *carne* de los creyentes.

SANTIAGO 4:1,2

1 ¿De dónde vienen las guerras y los pleitos entre vosotros? ¿No es de vuestras pasiones, las cuales combaten en vuestros miembros?

2 Codiciáis, y no tenéis; matáis y ardéis de envidia, y no podéis alcanzar; combatís y lucháis, pero no tenéis lo que deseáis, porque no pedís.

Aquí la palabra "guerra" se emplea para describir los resultados de las actividades de la carne no restringidas, y no tiene nada que ver con el diablo. De acuerdo a Santiago, la guerra espiritual está relacionada casi en su totalidad con el combatir las pasiones de la carne que vienen a destruir nuestro desarrollo espiritual y estorban nuestro crecimiento en Cristo.

Necesitamos crucificar nuestra carne de la misma forma que lo hicieron en ese entonces los cristianos (cf. Gálatas 5:24). Cuando no la crucificamos y "la ponemos en servidumbre" (1 Corintios 9:27), podemos contar con tener problemas en nuestra vida, y no necesariamente inspirados por los demonios.

Finalmente, Pedro hace referencia a la *guerra* en 1 Pedro 2:11, cuando dice: "Amados, yo os ruego como a extranjeros y peregrinos, que os abstengáis de los deseos carnales que BATALLAN contra el alma" (é.a). Nuevamente no se hace referencia alguna al diablo en lo absoluto. Tal como lo hizo Santiago, Pedro emplea la palabra "batallar" para describir vívidamente la guerra entre las pasiones de la carne y el alma (la mente, la voluntad y las emociones).

Pablo también se refería a la carne no regenerada rebelándose (batallando) contra la mente.

ROMANOS 7:23 (é.a)

23 Pero veo otra ley en mis miembros (cuerpo o carne), que se REBELA (batalla) contra la ley de mi MENTE, y que me lleva cautivo a la ley del pecado que está en mis miembros (cuerpo).

Hemos visto en las Epístolas que las palabras "guerra" y "militar" son empleadas. El diablo no se menciona ni una sola vez en éstas. Aun así, cuando escuchamos a las personas hablar, ¡pensaríamos que la guerra espiritual es el único tema en la Biblia!

Doctrinalmente hablando, algunas personas han convertido un pequeño montículo en una montaña. Supongo que se debe a que algunos cristianos quieren culpar de todo al diablo. Pero en las epístolas, las palabras "guerra" y "militar" tienen que ver primordialmente con el sujetar la carne y controlar nuestra vida de pensamiento. Solo se puede lograr esto por medio de la Palabra de Dios y con la ayuda del Espíritu Santo.

Muchos creyentes están tratando de obtener la victoria en la vida de otra manera. Pero lo que deben entender es que la genuina *guerra espiritual tiene que ver mayormente con la mente, la carne y con el pelear la buena batalla de la fe* (cf. 1 Timoteo 6:12). Aquellos que militan una buena milicia, mantienen sus mentes renovadas y su carne bajo control, y saben cómo mantenerse en fe sobre las promesas de la Palabra de Dios.

El mantener nuestros cuerpos en sujeción y el controlar nuestra vida de pensamientos no es ampliamente enseñado en el Cuerpo de Cristo, y por esto muchos creyentes permiten que las pasiones de su carne corran rampantes y sin control. Muchos que han caído en pecado culpan de ello al diablo, pero jamás pecarían si se hubiesen encargado de su propia mente y de su propia carne. Pueden alegar que Satanás los hizo pecar, pero la verdad es que él halló una puerta abierta a través de la cual podía acceder a sus vidas. Estaban pensando de manera equivocada o no estaban crucificando su carne.

Una de las más grandes fallas del Movimiento Carismático es que la enseñanza acerca de la santificación y de la separación de las pasiones contaminantes del mundo ha sido supremamente escasa (cf. 2 Corintios 6:17; 2 Pedro 1:4). Mucho de lo que los creyentes culpan al diablo es el resultado de su propia falta de santificación y separación del mundo. Nos separamos del mundo si obedecemos las instrucciones Bíblicas de Romanos 12:1 y 2. Si obedecen esas palabras, la mayor parte de la guerra espiritual a la cual se enfrentaran en sus vidas ya habrá sido librada.

No estoy negando la existencia del diablo o de que sea nuestro adversario. Pero cuando un creyente aprende por medio de la Palabra de Dios cómo controlar sus pensamientos y obtener el dominio de su propia carne, no tendrá ninguna dificultad para disfrutar la gran victoria sobre el ya derrotado diablo, destituido de poder, anulado, y reducido a nada hace más dos mil años por el Señor Jesucristo.

Les estoy diciendo lo que la Palabra dice sobre el tema de la guerra espiritual. En lugar de siempre tratar de estar *en contra* de algo, porque no estamos simplemente *a favor* de algo; la verdad de la Palabra de Dios y de la victoria de Jesús sobre Satanás en la cruz del calvario. En tanto que nos paremos firmes en la verdad e introduzcamos la Palabra en nuestras vidas, las situaciones empezarán a ser corregidas. Necesitamos mantenernos en la ofensiva, predicando la Palabra, no en la defensiva, constantemente tratando de combatir a un enemigo derrotado como si tuviéramos que derrotarlo vez tras vez y volver a obtener la victoria que Cristo ya ganó por nosotros.

¿Luchan Los Cristianos Contra Demonios?

Así que vemos que las Epístolas emplean las palabras "guerra" y "milicia" para describir el conflicto entre la carne y la mente y entre la carne y el espíritu recreado. ¿Entonces qué tiene la Biblia que decir acerca de "luchar"? ¿Enseña el Nuevo Testamento que los creyentes deben luchar contra los Demonios?

EFESIOS 6:10-17 (é.a)

10 Por lo demás, hermanos míos, FORTALECEOS EN EL SEÑOR, Y EN EL PODER DE SU FUERZA.

11 Vestíos de toda la armadura de Dios, para que podáis estar FIRMES contra las asechanzas del diablo.

12 Porque no tenemos LUCHA contra sangre y carne, sino contra principados, contra potestades, contra los gobernadores de las tinieblas de este siglo, contra huestes espirituales de maldad en las regiones celestes.

13 Por tanto, tomad toda la armadura de Dios, para que podáis RESISTIR en el día malo, y habiendo acabado todo, ESTAR FIRMES.

14 ESTAD, pues, FIRMES, ceñidos vuestros lomos con la verdad, y vestidos con la coraza de justicia,

15 y calzados los pies con el apresto del evangelio de la paz.

16 Sobre todo, tomad el escudo de la fe, con que podáis apagar todos los dardos de fuego del maligno.

17 Y tomad el yelmo de la salvación, y la espada del Espíritu, que es la palabra de Dios.

El luchar contra demonios denota un esfuerzo arduo, ¿no es así? De acuerdo con estas escrituras, sí "luchamos" contra el diablo; sí tenemos que lidiar con el diablo en nuestras vidas. Pero lea este versículo en contexto con el resto del consejo de la Palabra de Dios; que Jesús derrotó a Satanás por nosotros y nos redimió de su dominio.

¿La palabra bíblica para "luchar" significa *guerra*? No, ciertamente no. Existe una vasta diferencia entre *luchar* y *hacer la guerra*. Si alguna vez ha observado un encuentro de lucha, sabrá que existe una vasta diferencia entre el luchar y el pelear una guerra.

Uno de los significados de la palabra "luchar" en el *Diccionario Expositorio de Palabras Bíblicas de W.E. Vine* es *influenciar*. Si lo dejamos, el enemigo vendrá y tratará de *influenciarnos* y sacarnos de nuestra fe a la duda y a la incredulidad con respecto a la Palabra, de forma tal que pueda derrotarnos. Pero si sostenemos nuestro terreno en fe, *no podrá* influenciarnos lejos de la Palabra. Por lo cual, la "lucha" que hacemos no es con el diablo, sino que en ocasiones es una "pelea" por mantener firme nuestra *fe* en la Palabra de Dios.

Como verán, el termino "lucha" en Efesios 6:12 se usa en sentido figurado, así como la palabra "correr" se usa en sentido figurado en Hebreos 12:1: "Y corramos con paciencia la carrera que tenemos por delante". La Biblia no emplea la palabra "lucha" para decirles a los creyentes que se involucren en un fuerte combate espiritual para luchar contra el diablo en oración.

No, la Biblia está tratando de mostrarles a los creyentes que nuestra oposición en la vida viene del mundo espiritual, y que no debemos pelear contra carne y sangre, sino que debemos tomar nuestra posición sobre la Palabra de Dios y hacer valer nuestra victoria en contra de un enemigo derrotado.

Podemos aceptar la victoria que Jesucristo ya obtuvo por nosotros y hacer valer la derrota de Satanás en cada situación, o podemos perder la pelea de fe. Dios no quiere que perdamos, pero al fracasar en creer su Palabra (quiénes somos en Cristo y qué es lo que ya poseemos en Él) y al fracasar al ejercer nuestra autoridad en Cristo en contra del diablo, podemos permitirle a Satanás que obtenga ventaja en cada situación.

Así que si no lee el contexto completo de este pasaje en Efesios 6, y si se enfoca únicamente en el versículo 12, puede confundirse y ser derrotado porque pensará: "*¡Estoy en eso! Debo luchar contra todos esos principados, potestades, y fuerzas de maldad con el fin de intentar derrotarlos*".

Pero cada vez que sobre enfaticemos una parte de la Escritura y la saquemos de contexto, es muy fácil hacer que signifique algo que no esta diciendo. Y si sobre enfatizamos un versículo, excluyendo otras Escrituras, no poseemos en realidad todo el consejo de Dios sobre el tema. Lo que debemos hacer es enderezar nuestro pensamiento y empezar a creer en línea con *todo* el consejo de la Palabra de Dios.

Por ejemplo, solo leyendo el versículo 12, se puede ver cómo las personas se pueden ver abrumadas, pensando que tienen que luchar y *vencer* espíritus malignos. Esta es la razón por la cual se tornan "diablo-concientes". Y en lugar de *descansar* en la obra consumada de la cruz, ¡tratan de *luchar* contra un enemigo que han olvidado que está derrotado! Esto le da al diablo acceso para que celebre un gran carnaval en sus mentes, cuerpos y vidas, porque no están creyendo lo que dice la Palabra que Jesús ya hizo por ellos.

Al sobre enfatizar sólo ese versículo en lugar del consejo completo de Dios, las personas hacen énfasis no en lo que Cristo *ya* hizo por los creyentes, sino en lo que el cristiano debe *aún* hacer con el fin de obtener la victoria sobre el diablo. Eso no es Bíblico, ya que todo creyente participa *presentemente* en la victoria de Jesús *sobre* el diablo.

Debemos mantener constantemente en las mentes todo el consejo de Dios. A pesar de que Efesios 6:12 dice que sí luchamos contra principados y potestades, ¡la Biblia dice en otros versículos que estamos en una batalla en contra de un enemigo que ya ha sido derrotado! Lea Efesios 6:12, pero en lugar de "acampar" allí tratando de construir una doctrina de ese *solo* versículo, siempre haciendo la *guerra* contra el diablo, mire todo el consejo de Dios con respecto a este tema.

Por ejemplo, lea Efesios 6:12: "Luchamos contra principados, potestades y gobernadores", y lea este versículo con Colosenses 2:15: "DESPOJANDO a los principados y a las potestades, los exhibió públicamente, TRIUNFANDO SOBRE ELLOS en la cruz"(é.a).

Luego mire Lucas 10:19: "He aquí os doy [el Cuerpo de Cristo] potestad de hollar serpientes y escorpiones [El diablo y sus fuerzas malignas], y sobre toda fuerza del enemigo, y NADA OS DAÑARÁ".

Sí, ciertamente estamos en una batalla, ¡pero es contra principados y potestades que Jesús ya derrotó en su muerte, sepultura y resurrección! Note también, en Lucas 10:20, que Jesús amonestó a los discípulos por no regocijarse en su autoridad sobre el diablo sino en su relación con Dios y en el hecho de que sus nombres estuvieran escritos en el Libro de la Vida. Así que nuestro enfoque no debe estar en una batalla contra un enemigo derrotado, sino en una relación con un Poderoso y Amoroso Dios.

Algunas personas defienden la posición de que el Cuerpo de Cristo debe pelear contra los demonios. ¡Pero por qué tendríamos que pelear contra un enemigo que ya ha sido destronado de su lugar de autoridad!

Sin embargo, algunos individuos están asistiendo a la iglesia vestidos con atuendos de guerra, y en lugar de adorar a *Dios*, pasan todo su tiempo gritando, dando alaridos y tratando de "batallar" en contra del diablo en oración. Emplean escrituras, como 2 Timoteo 2:3,4, para justificar estas prácticas: "Tú, pues, sufre penalidades como BUEN SOLDADO de Jesucristo. Ninguno que MILITA se enreda en los negocios de la vida, a fin de agradar a aquel que lo tomó por soldado".

De hecho, tanto en 2 Timoteo 2:3,4 como en Efesios 6:12, Pablo está hablando simbólicamente. Está usando las palabras "soldado", "milita" y "luchando" en sentido figurado. Está usando una ilustración del ejército Romano de aquellos días para que las personas pudieran relacionarse con lo que estaba diciendo. Empleó conceptos que las personas de esos días pudieran comprender. Podemos ver esto cuando leemos este pasaje en el *contexto* en el cual fue escrito.

2 TIMOTEO 2:3-6

3 Tú, pues, sufre penalidades como buen soldado de Jesucristo.

4 Ninguno que milita se enreda en los negocios de la vida, a fin de agradar a aquel que lo tomó por soldado.

5 Y también el que lucha como atleta, no es coronado si no lucha legítimamente.

6 El labrador, para participar de los frutos, debe trabajar primero.

En estos versículos, Pablo emplea términos militares, atléticos y agrícolas para ilustrar varios aspectos del ministerio. Hace uso de la palabra "soldado" en los versículos 3 y 4 para representar la disciplina, la dureza y la dedicación que se requiere para llevar a cabo el llamado de Dios. La expresión: "como atleta", en el versículo 5, se refiere a ganar el primer lugar en un evento atlético. Y la palabra "labrador" hace referencia a un granjero segando una cosecha.

Así que basados en estas escrituras, fuera de contexto, si se supone que debemos ser una iglesia "militante" para poder pelear contra el diablo entonces, basados en 2 Timoteo 2:3-6, también deberíamos ser una iglesia "atlética" y asistir a la iglesia en sudadera, o deberíamos ser una iglesia "agrícola", ¡y asistir a la iglesia vestidos como granjeros!

¿Puede ver lo ridículo que es esto? No deberíamos establecer *prácticas* exteriores basados en versículos que se emplearon como *ilustraciones*. Estos versículos tenían como propósito únicamente el de ilustrar diferentes aspectos de la vida y el ministerio cristiano.

Algunos individuos (personas cristianas buenas y bien intencionadas) están asistiendo a la iglesia o a grupos de oración para "hacer guerra" contra el diablo. Debemos mantener nuestro terreno de victoria en Cristo, haciendo valer la verdad de la Palabra de Dios, porque Satanás fue completamente derrotado en la cruz del calvario.

De la misma forma, el estar constante y consistentemente haciendo la guerra contra el diablo, no podría ser bíblico ya que niega la victoria de Jesús sobre Satanás en el calvario. Debido a su victoria, los creyentes ahora sólo necesitan tomar su lugar de autoridad en la obra consumada de la cruz y apropiarse mediante la fe de lo que Jesús hizo por ellos.

Luchando En El Mundo Espiritual

La Iglesia del Señor Jesucristo sólo necesita aprender a mantenerse equilibrada. Sobre enfatizar tan solo una escritura, excluyendo otras o el exaltar algo diferente a la Palabra de Dios, incluyendo prácticas no bíblicas, puede hacer que los creyentes se vayan por tangentes doctrinales. Una persona puede tomar cualquier tema de la Biblia y sobre enfatizarlo y hacer que diga algo que en realidad no está afirmando.

Esto es lo que algunos cristianos han hecho con este asunto de "luchar" con el diablo. Han recurrido al empleo de tácticas carnales tales como el dar alaridos y gritarle al diablo para tratar de "derrotarlo". Pero la lucha que el creyente hace en contra de las fuerzas del mal *no* se lleva a cabo en el mundo natural con tácticas carnales. Se lleva a cabo en el mundo espiritual por medio de la fe en la Palabra.

¡Algunos incluso toman la Escritura acerca de las huestes espirituales de maldad en las regiones celestes (cf. Efesios 6:12) fuera de contexto, abogando que tienen que elevarse más alto (*físicamente*) con el fin de batallar en oración contra aquellas! Lo que ellos en realidad necesitan hacer es volver aquí abajo en donde la verdadera batalla está ocurriendo, ¡en la mente y en la carne!

Lo hacen es tratar de llegar *físicamente* al lugar en el cual Dios ya nos ha sentado *posicionalmente* en los lugares celestiales en Jesucristo (cf. Efesios 2:6). Ya nos encontramos *muy por encima* de principados y potestades en nuestra posición en Cristo.

No solo eso, sino que la Biblia dice: "Todo lo que atéis EN LA TIERRA, será atado en el cielo; y todo lo que desatéis en la tierra, será desatado en el cielo" (Mateo 18:18 (é.a)), y "Que si dos de vosotros se pusieren de acuerdo EN LA TIERRA acerca de cualquiera cosa que pidieren, les será hecho por mi Padre que está en los cielos" (v. 19 (é.a)). La Biblia dice que debemos hacer estas cosas *en la tierra*; ¡jamás menciona que debemos subir a la atmósfera espiritual para tratar de encargarnos del diablo! Todo lo que Jesús y sus discípulos lograron, lo hicieron *en la tierra*, no arriba en los lugares celestiales, encima de la tierra.

Pablo Y Silas Hicieron Descender El Poder
De Dios A Través De La Oración

Si desea saber si una práctica espiritual es bíblica, busque en la Palabra y vea si encuentra a Jesús o sus discípulos llevándola a cabo. Por ejemplo, ¿qué hicieron los discípulos cuando se enfrentaron a una gran oposición satánica?

Ciertamente Pablo y Silas estaban experimentando guerra contra el enemigo cuando los golpearon y los enviaron a prisión (cf. Hechos 16: 18,22,23). No hay duda de eso. El *diablo* era el que estaba incitando a aquellas personas en su contra. No era Dios el causante de que Pablo y Silas fueran enviados a prisión; era el diablo operando detrás de la situación. Éste se estaba oponiendo a la Iglesia y al mensaje del evangelio trabajando por medio de los hombres.

Bueno, ¿encontraron Pablo y Silas la forma de subir a la atmósfera terrestre para así poder pelear contra el diablo? ¿Hicieron guerra y lucharon y le gritaron al diablo y pelearon contra demonios en lenguas?

No, cuando fueron puestos en prisión, sus pies fueron puestos en un cepo, y ellos se encontraron en una posición estacionaria, en él más profundo de los calabozos (cf. Hechos 16:23-26). Bueno, ¿y entonces cómo podían subir a las regiones celestiales para contender con los poderes de la oscuridad que se les oponían? ¡No necesitaban hacerlo! ¡Ellos alabaron a *Dios* hasta que el poder del Espíritu Santo descendió!

Aquí mismo, en la Tierra, a medianoche, Pablo y Silas oraban y cantaban alabanzas a Dios, y Él los escuchó y los libró (cf. Hechos 16:25). Como verán, el *orar* y el *cantar alabanzas* es una forma bíblica de "luchar" en el mundo *espiritual*, ¡porque debe mantenerse en fe para hacerlo! Y porque Dios responde a la fe (cf. Hebreos. 11:6), Él descendió y sacudió esa vieja prisión liberando a Pablo y a Silas.

¡No necesitamos ascender a los lugares celestiales para enfrentarnos a espíritus malignos! ¡Deberíamos estar interesados en conectarnos al poder de Dios que se encuentra disponible para nosotros como creyentes, aquí mismo en la Tierra! Sí, la palabra "luchar" nos indica que hay un conflicto *espiritual* entre el creyente y el diablo. Pero la lucha se libra en la arena de la fe (en el mundo espiritual) no en el mundo natural. Es una pelea basada en pararse firme en las promesas de la Palabra de Dios y en la obra consumada de nuestra redención.

"Lucha" Bíblica: La Batalla De La Fe

Una vez que los creyentes comprendan su autoridad en Cristo y comiencen a apropiarse de la obra consumada de la cruz, comprenderán exactamente en qué tipo de "lucha" se deben involucrar.

Los creyentes no tienen que *vencer* y *superar* al diablo o luchar contra él en sus propias fuerzas. Sólo "luchamos" contra fuerzas demoníacas por medio de nuestra fe en la Palabra de Dios desde una *posición de victoria* sentados con Cristo porque tenemos la autoridad sobre los demonios en Cristo. Esta es la razón por la cual la única lucha en la cual nos involucramos es en la batalla de la fe. Si nos encontramos en cualquier otra batalla, estamos en la batalla equivocada: "Pelea la buena batalla de la fe" (1 Timoteo 6:12).

Como verá, en algunas ocasiones debe "luchar" para permanecer en fe, ya que mientras el diablo pueda mantenerlo en el *mundo de los sentidos,* en donde él es dios, y se fije en las circunstancias, lo vencerá en cada ocasión. Pero mientras se mantenga en el *mundo de la fe*, dependiendo en que la Palabra de Dios lo saque al otro lado, siempre lo vencerá.

La batalla de la fe (confiando en que la Palabra de Dios obre en su favor) es la única batalla la cual dice la Biblia que los creyentes deben pelear. Las Escrituras afirman: "Procuremos, pues, entrar en aquel reposo, para que ninguno caiga en semejante ejemplo de desobediencia (incredulidad)" (Hebreos 4:11). Trabajamos para entrar en el reposo de fe de Dios: "Pero los que hemos CREÍDO entramos en el reposo" (Hebreos 4:3, (é.a)). Algunos creyentes están trabajando y trabajando, tratando de derrotar al enemigo. Tan solo necesitan entrar al reposo de fe porque creen en la Palabra.

Si es un creyente, está en Cristo, *ahora*, posee la autoridad sobre las fuerzas satánicas. No tiene que trabajar para obtener autoridad sobre Satanás porque Jesús proveyó esto en su redención al derrotar a esos principados y potestades. Así que no venga a la oración con la idea que tiene que vencer principados y potestades. Jesús hizo eso *por usted* en la cruz.

Sí, es verdad que estos principados y potestades intentan venir en contra nuestra. Pero éstos, contra quienes los sujetos del Antiguo Testamento tenían tal lucha, Jesús los derrotó bajo el Nuevo Pacto y los redujo a nada. Esta es la sabiduría de Dios, no la de las potestades destronadas de este mundo, quienes intentan cegar nuestros ojos de nuestra posición victoriosa en Cristo (cf. 1 Corintios 2:6; Colosenses 2:15).

Así que, cuando venga a la oración, siempre ore con el entendimiento de que estos mismos principados y potestades, contra los cuales dice la Biblia que "luchamos", en Efesios 6:12, fueron completamente *derrotados, destronados* y *destituidos de toda autoridad* en su vida, por Jesucristo (cf. Colosenses 2:15).

¿Cómo vamos a ayudar a otras personas a encargarse del diablo? Enseñándoles lo que dice la Palabra. Díganles quiénes son en Cristo y cuáles son los derechos y privilegios de su Pacto comprado con sangre en su redención. Díganles acerca de su autoridad sobre el diablo y cómo emplear su autoridad en Cristo para encargarse de manera bíblica de los poderes de la oscuridad.

Fortaleceos En El Señor

La Biblia dice, en Efesios 6:10, que el creyente debe: "Fortalece(rse) en el Señor, y en el poder de su fuerza" (é.a). Escucho a sujetos decir: "Bueno, estoy *tratando* de ser fuerte". Pero la Biblia no dice absolutamente nada con respecto a ser fuerte por usted mismo. Pablo dijo: "Cuando soy débil, entonces soy fuerte" (2 Corintios 12:10).

En muchas ocasiones, durante las circunstancias a las cuales nos enfrentamos en la vida, podemos sentirnos débiles, vacíos, impotentes. Pero gracias a Dios podemos recostarnos sobre las promesas de Dios. Podemos ir a la Roca, y pararnos firmes sobre su Palabra. Pablo dijo: "Pues fuimos abrumados sobremanera más allá de nuestras fuerzas, de tal modo que aun perdimos la esperanza de conservar la vida. Pero tuvimos en nosotros mismos sentencia de muerte, PARA QUE NO CONFIÁSEMOS EN NOSOTROS MISMOS, SINO EN DIOS que resucita a los muertos" (2 Corintios 1:8,9 (é.a)).

Confiar en Dios es confiar en su Palabra. En esto es en donde están fallando muchos creyentes; tratan de ser fuertes en sus propias fuerzas y no se dan cuenta que toda la fortaleza que necesitan se encuentra en la Palabra.

La razón por la cual necesita ser fuerte en el Señor y en el poder de su fuerza es para que pueda mantener su terreno en contra de los engaños del diablo *en el día malo* (cf. Efesios 6:13). El día malo es aquel en el cual Satanás vendrá a examinarlo, a probarlo, y a tentarlo, y tendrá que ser fuerte en el Señor y en el poder de su fuerza para poder tomar su posición de fe en su contra.

Una de las formas en que se fortalece en el Señor es *vistiéndose toda la armadura de Dios* (cf. Efesios 6:11-18). Se viste toda la armadura de Dios por dos razones:

1. Como protección en su vida de oración. Una vez que tiene su armadura puesta, está listo para orar, está vestido para la oración. El objetivo de ponerse la armadura es el de poder entrar en oración.

2. Para ayudarlo a mantenerse firme en la vida en contra de los engaños, pruebas, y adversidades del diablo.

La Armadura De Dios

Ya que necesitamos la armadura de Dios para fortalecernos en el Señor, entonces debemos examinarla más de cerca. Observe que la Biblia dice, en primer lugar: "VESTÍOS de toda la armadura de Dios" (Efesios 6:11 (é.a)). En la *Concordancia Exhaustiva de la Biblia de Strong*, la palabra para "vestíos" es *enduo*. Da a entender el sentido de *sumergir al interior de un vestido; el de investir con ropa, el de arreglarse o vestirse; el de dotar, tener o ponerse algo.*

Así que para fortalecerse en el Señor debe *ponerse* o *sumergirse* en la armadura de Dios como su protección contra los engaños del enemigo. Luego, en el versículo 13, la Biblia dice: "TOMAD TODA la armadura de Dios" (é.a). De acuerdo con la Concordancia Exhaustiva de la Biblia de Strong, la palabra "tomad" significa *tomar hacia arriba*. En otras palabras; una vez que tiene puesta la armadura, tiene que hacer algo con ella, ¡utilícela!

Pablo empleó aquí el ejemplo de la armadura de un soldado romano para darnos un retrato de cómo es la armadura de Dios. *El yelmo de la salvación* es el conocimiento de su posición en Dios debido a su salvación y redención en Cristo.

El yelmo de la salvación esta directamente relacionado con las oraciones que Pablo oró por la iglesia en Efesios 1:17-22: "Para que el Dios de nuestro Señor Jesucristo... os dé espíritu de sabiduría y de revelación EN EL CONOCIMIENTO de ÉL" (é.a).

El yelmo de la salvación incluye renovar su mente para conocer y comprender sus derechos y privilegios en Cristo y quién es en Cristo. Además protege su mente, el principal campo de batalla de Satanás.

Ceñidos con la verdad (el cinturón de la verdad) representa un entendimiento claro de la Palabra de Dios. Como el cinturón de un soldado, éste sostiene todo el resto de la armadura en su lugar. Sus lomos deben estar ceñidos con la verdad de la Palabra de Dios ya que no va a llegar a ningún lugar en la oración a no ser que la Palabra de Dios more *en* usted (cf. Juan 15:7). Una vida de oración exitosa debe basarse en las promesas de la Palabra de Dios.

Luego debe tener puesta la *coraza de justicia*. Eso hace referencia a su posición correcta frente a Dios. Cuando acepta a Jesús, se convierte en la justicia de Dios en Cristo (cf. 2 Corintios 5:21). No podría enfrentarse al diablo si no estuviera en la posición correcta frente Dios. Pero debido a su redención en Cristo, sí tiene esa posición correcta frente a Dios; está sentado como un coheredero con Cristo: "Y sí hijos, también herederos; herederos de Dios y coherederos con Cristo" (Romanos 8:17).

Sus pies deben estar *calzados con el apresto del evangelio de la paz*. Para ser efectivo en la oración, debe caminar a la luz de la Palabra de Dios (cf. 1 Juan 1:7). Como el salmista de antaño decía: "La exposición de tus palabras alumbra" (Salmos 119:130). Es difícil caminar cuando el sendero que está adelante es oscuro. Pero con la luz de la Palabra de Dios, jamás tiene que caminar en oscuridad bajo el dominio de Satanás.

En el instante en que la luz de la Palabra de Dios llega, la fe llega. El alimentarse y el meditar en la Palabra de Dios traen *luz* y *fe* porque: "La fe es por el oír, y el oír, por la palabra de Dios" (Romanos 10:17). Y la fe en la Palabra de Dios es su más grande defensa de los ataques de Satanás en contra de su mente y de su vida.

Luego debe tomar el *escudo de la fe*. Fíjese que el versículo 16 dice: "SOBRE TODO, tomad el escudo de la fe" (é.a). ¿Por qué dice la Biblia, "sobre todo"? Lea el resto del versículo: "SOBRE TODO, tomad el escudo de la fe ... CON QUE podáis apagar todos los DARDOS DE FUEGO del maligno" (é.a). Sobre todo lo demás, tome el escudo de la fe, porque esto es lo que emplea para apagar los dardos de fuego con los que el maligno tratará de asaltarlo.

El escudo de la fe tiene que ser empleado todos los días de la vida y también en su vida de oración. Mientras está orando, el diablo enviará todo tipo de dardos de fuego a su mente para lograr que su atención se desvíe y evitar que permanezca en fe. Tendrá que apagar sus dardos de fuego con el escudo de la fe en la Palabra de Dios.

Luego, también necesitará emplear el escudo de la fe todos los días de su vida en contra del diablo ya que debe mantenerse en fe diariamente, no solo cuando ora. Debe pensar fe y hablar fe continuamente para así no darle al diablo lugar en su vida. Si se mantiene en la arena de la fe, en las promesas de Dios, podrá pararse firme en contra de Satanás y ponerlo en retirada.

La Espada Del Espíritu

¿Qué hay con respecto a la *espada del Espíritu*? ¿Alguna vez se detuvo a pensar en ésta? Cada parte de la armadura es para protección o para defenderse, exceptuando la espada, la del Espíritu. Ésta (la palabra de Dios) es la única pieza de la armadura con la cual pelea contra Satanás.

No pelea contra Satanás con el yelmo; este lo protege. No pelea contra Satanás con el escudo de la fe o el cinturón de la verdad; estos lo defienden. No pelea contra Satanás con su coraza de justicia o con los zapatos del evangelio, estos también ejercen la misma función. Pero sí pelea contra Satanás con la Palabra de Dios, que es la espada del Espíritu. Es la única arma *ofensiva* que menciona la Biblia.

¿Cuál es la manera bíblica de encargase de estas fuerzas de oscuridad? Es con la espada del Espíritu. ¿Cómo se encargó Jesús del diablo en su ministerio terrenal?

Por un lado, Jesús nunca fue en busca de diablo para entrar en combate espiritual. Sí, la Biblia dice que Jesús fue tentado por el diablo (cf. Lucas 4:1,2). Pero cuando Satanás tentó a Jesús, oponiéndose a que trajera la redención a la humanidad, el Señor no gruñó contra el diablo por tres horas o intentó destruir sus fortalezas. Él estaba protegido por la verdad y la justicia, así que simplemente se *mantuvo firme* en su terreno y empleó la espada del Espíritu, la Palabra de Dios.

En cada tentación, dijo: *Escrito está* (cf. Mateo 4:4,7,10; Lucas 4:4,8,12). Jesús citó la Palabra de Dios, utilizándola como una espada en contra del demonio. En ese sentido, estaba "peleando" o "luchando" contra el diablo. Pero la única arma que usó en contra del diablo fue la fe en *la Palabra de Dios*. Él no peleó contra Satanás de ninguna otra forma. Y el diablo se fue, derrotado. Si Jesús luchó contra el diablo empleando la Palabra, entonces esa es la forma en que también deberíamos encargarnos del diablo.

En este encuentro contra el diablo, nos mostró cómo esgrimir la espada del Espíritu como un arma ofensiva. Jesús es nuestro ejemplo, aun en el combate espiritual contra el diablo.

Piénselo. Si no supiéramos cómo emplear la espada del Espíritu, podríamos tener todas las otras piezas de la armadura en su posición, y aún estar en desventaja. Pero, gracias a Dios, solo podemos pararnos en fe en la Palabra, usando la espada del Espíritu contra Satanás, golpeando en cada encuentro, hablando la Palabra, diciendo: ¡*Escrito está*!

¿Por qué llama la Biblia a la Palabra de Dios "la espada del Espíritu"? La palabra "Espíritu" y "unción" se emplean frecuentemente como sinónimos en la Biblia. Las Escrituras dicen que el yugo será destruido por la unción (cf. Isaías 10:27). La Palabra de Dios está ungida. Así que podríamos decir *la espada de la unción* (la Palabra de Dios), rompe el yugo del cautiverio de Satanás.

Vaya en contra de cualquier yugo que lo ate con la espada del Espíritu, ¡la espada de la unción! Libérese de aquellas cosas con las cuales Satanás trata de atarlo y camine en la libertad que Jesús ya compró para usted, empleando la espada de la unción, ¡la Santa Palabra escrita de Dios!

El Poder En La Sangre De Jesús

¿Qué más significa el "Fortalece(rse) en el Señor y el poder de su fuerza" (Efesios 6:10, (é.a))? No podemos fortalecernos en el Señor sin apropiarnos del poder salvador de su Sangre.

COLOSENSES 1:13,14 (é.a)
13 El cual nos ha LIBRADO DE LA POTESTAD DE LAS TINIEBLAS, y trasladado al reino de su amado Hijo,
14 en quien tenemos redención POR SU SANGRE, el perdón de pecados.

Todo beneficio y bendición que poseemos en nuestra redención, incluyendo la victoria total y completa sobre Satanás, está basada en Jesús y en su triunfo sobre Satanás en la cruz. Tenemos la victoria sobre Satanás debido a la sangre derramada por Jesús. Los antiguos, en Pentecostés, entendían esta verdad acerca de la sangre de Jesús. Clamaban la sangre en contra del diablo. Eso es bíblico.

Cuando clama la sangre de Cristo en contra del diablo, está en realidad invocando sus derechos de protección pactados en contra del enemigo (cf. Isaías 54:17; Lucas 10:19; Filipenses 2:9,10; Colosenses 1:13).

APOCALIPSIS 12:11 (é.a)
11 Y ellos le han vencido (a Satanás) por medio de la SANGRE DEL CORDERO y de la palabra del testimonio de ellos . . .

En cierta ocasión, una misionera relató un testimonio interesante acerca del poder para protección en la sangre de Jesús. Fue dejada sola en una estación misionera en un territorio extranjero, y un tipo muy peculiar de escorpión era común en esa área. Su picadura era mortal; nadie había sobrevivido jamás a su ataque.

Esta misionera había bajado a la aldea cierto día, y uno de estos mortales escorpiones la picó. En un comienzo la asustó ya que se encontraba sola en la estación misionera; todos los demás misioneros se habían marchado. Relató: "al principio", entré en pánico. Luego solo dije: "Clamo la sangre de Jesús en contra de esta picadura de escorpión".

Todos los nativos en esa área la miraron, esperaron que cayera muerta. Pero jamás se inflamó o mostró señal alguna de enfermedad. Aquellos nativos la observaron mientras seguía ocupada de lo suyo. De hecho, toda la aldea la siguió porque estaban seguros que moriría.

Esa misionera jamás experimentó efectos negativos. Solo clamó la sangre del Señor Jesucristo y se paró sobre sus derechos pactados de protección, y jamás sufrió daño alguno (cf. Isaías 54:17; Marcos 16:18; Lucas 10:19). Como resultado de este milagro, muchos de aquellos nativos fueron salvos.

Sí, vamos a tener que enfrentarnos contra Satanás y con aquellas cosas que tratan de venir en contra nuestra para lastimarnos o destruirnos. Pero hay victoria en Jesús y en su sangre. No magnifiquemos al diablo ni su trabajo, ni lo que está haciendo en nuestras vidas. Magnifiquemos la victoria que poseemos en nuestro pacto de sangre en Cristo sobre todas las obras del diablo.

La postura de batalla del creyente: estar firme

Una vez que tenga la armadura puesta, está listo para adoptar su posición de "batalla" en contra del diablo. Sin embargo, debido a la victoria de Jesús sobre Satanás y a la posición del creyente en ese triunfo, la Biblia solo nos da una posición de "guerra" en contra del diablo: "Y habiendo acabado todo, ESTAR FIRMES" (Efesios 6:13 (é.a)).

Note cuántas veces se emplea las palabras "estar firme" en Efesios 6:11-14. La palabra "atacar" *jamás* se emplea. El Espíritu Santo le está diciendo al creyente que su posición en la buena batalla de la fe en contra del enemigo es la de estar firme en la fe y la de estar firme en el reposo de la promesa de Dios. Él debe estar firme en contra del diablo con la Palabra.

1. "Vestíos de toda la armadura de Dios, para que podáis estar FIRMES contra las asechanzas del diablo" (v. 11 (é.a)).

2. "Tomad toda la armadura de Dios, para que podáis RESISTIR en el día malo" (v. 13 (é.a)).

3. "Y habiendo acabado todo, estar FIRMES" (v. 13 (é.a)).

4. "Estad, pues, FIRMES, ceñidos vuestros lomos con la verdad, y vestidos con la coraza de justicia, y calzados los pies con el apresto del evangelio de la paz. Sobre todo, tomad el escudo de la fe, con que podáis apagar todos los dardos de fuego del maligno" (v. 14-16 (é.a)).

La posición que el creyente adopta no es la de luchar como si tuviera que derrotar al diablo, puesto que la batalla ya ha sido peleada y ganada en el calvario. Pero en ocasiones hay un esfuerzo arduo o "lucha" en *mantenerse firme* en contra del enemigo basado en su fe en la Palabra de Dios. Pero esa es la única posición de "batalla" que menciona la Biblia; *estar firmes* y el *resistir* al diablo con toda la armadura de Dios, empleando la espada ungida del Espíritu en su contra.

La Biblia dice que los creyentes deben pararse firmes en contra del enemigo vestidos con la armadura de Dios, para que puedan, de manera exitosa, resistir al diablo en el día malo de la prueba, la adversidad, o la tentación (cf. v.13). Nos guste o no, el Espíritu Santo le está diciendo al Cuerpo de Cristo que el día malo vendrá cuando el enemigo se levante en contra de cada uno de nosotros. Pero Jesús dijo: *"En el mundo tendréis AFLICCIÓN; pero confiad, yo he VENCIDO al mundo"*. Y esto incluye al dios de este mundo, Satanás (cf. Juan 16:33; 1 Corintios 4:4).

¿Qué va a hacer cuando Satanás venga en su contra? ¿Va a hacer que todos los santos oren por usted? Eso solo va a ayudar temporalmente. ¿Alguna vez ha notado que ningún creyente puede estar firme en contra de las pruebas y tentaciones del diablo solo porque los santos oran por él? Tarde o temprano, cada uno de nosotros, por nuestra propia cuenta, tendrá que mantenerse firme su terreno en la Palabra en contra de los engaños del diablo. Y si no lo hacemos, no se hará.

Esté Firme En La Fe

Una vez que tiene puesta su armadura, la única posición que la Biblia le dice que tome en contra de Satanás es la de *estar firme* en su contra, eso significa hacer valer su derrota con la Palabra de Dios. Pablo dijo: *"Estén firmes, estén firmes, resistan, y estén firmes"*. Él nunca dijo: *"ataquen, ataquen, contra ataquen, y ataquen"*.

El propósito de vestirse la armadura es que podamos estar firmes en contra de los engaños o la astucia del diablo. Las Escrituras no dicen que debemos ponernos la Biblia para que podamos atacar al diablo, sino para que podamos estar firmes exitosamente en contra de su ataque.

Cuando digo "estar firme", estoy usando esta palabra en referencia a nuestro enemigo Satanás. Esto no debe confundirse con decir que no debemos *ir* a todo el mundo y predicar el evangelio (cf. Mateo 28:19; Marcos 16:15). En referencia al *mundo*, tenemos que ir, pero en referencia al *enemigo*, debemos estar firmes.

Por esto, la guerra espiritual no es algo que lanzamos contra el diablo; es algo que él lanza en contra nuestra. Efesios 6 no nos instruye a pelear en contra del diablo, sino a vestirnos de toda la armadura para que podamos estar firmes en contra de los ataques que Satanás lanza en contra nuestra. Tomamos la espada del Espíritu y peleamos en la buena batalla de la fe, haciendo valer la derrota de Satanás y nuestro triunfo sobre él.

La Biblia también nos indica exactamente *cómo* debemos estar firmes y fuertes en contra del enemigo. Lo hacemos por medio de la Palabra y por nuestra constante e invariable fe en ésta.

1 CORINTIOS 16:13
13 Velad, estad firmes en la fe; portaos varonilmente, y esforzaos.

2 CORINTIOS 1:24
24 ... Porque por la fe estáis firmes.

Las palabras, "estad firmes", en estos versículos, significan estar estacionarios y en perseverancia. La palabra "firmes" significa *sujeto firmemente, estable, inflexible*. Su posición en contra del diablo debe estar sujeta firmemente, estable, e inflexible sobre las promesas de la Palabra de Dios para su vida. Debe estar sujeto firmemente en su perseverancia en la fe en la Palabra de Dios.

Estar Firme En La Gracia

Ya que Satanás es un enemigo derrotado, ahora nos corresponde estar firmes en su contra en la *fe* y también en la *gracia* que el Señor Jesucristo ha provisto para nosotros: "Acerquémonos, pues, confiadamente al trono de la gracia, para alcanzar misericordia y HALLAR GRACIA para el oportuno SOCORRO" (Hebreos 4:16 (é.a)).

ROMANOS 5:1,2 (é.a)
1 Justificados, pues, por la fe, tenemos paz para con Dios por medio de nuestro Señor Jesucristo;
2 por quien también tenemos entrada por la fe a esta GRACIA en la cual ESTAMOS FIRMES ...

¿Por qué le diría el Espíritu Santo, a través de Pablo, a los creyentes que estuvieran firmes en la fe y en la gracia de Dios? Porque todo en este mundo, incluyendo nuestro adversario Satanás, tratará de sacarnos de la fe y tratará de hacernos caminar por vista y por nuestras propias fuerzas.

La Biblia dice: "Tantas clases de idiomas (voces) hay, seguramente, en el mundo, y ninguno de ellos carece de significado" (1 Corintios 14:10 (é.a)). Y si escucha a todas las voces a su alrededor (incluso a algunos amigos bien intencionados, predicadores y teólogos) podría ser alejado del caminar por fe y ser tentado a hacerlo por vista y por las circunstancias. Pero, gracias a Dios, estamos firmemente sujetos, parados sobre la Palabra de Dios y en la Gracia de Dios. Y esta es la provisión de Dios en cuanto a protección en contra de las embestidas que el enemigo podría tratar de emprender en contra nuestra.

Sólo su fe en Dios y en su Palabra le permitirá estar firme de manera exitosa en contra del diablo. 1 Corintios 16:13, dice: "Velad, estad firmes en la fe; portaos (actuad) varonilmente" (é.a). En otras palabras: "No sea un bebé en la fe simplemente rindiéndose cuando Satanás venga en su contra. Esté firme en su contra con la Palabra". Todos fuimos bebés espirituales cuando por primera vez nacimos de nuevo, pero los bebés crecen. No se supone que debemos permanecer así en nuestros encuentros con el diablo. *Tenemos* que *ponerlo* en retirada.

Satanás lo tentará para que dude de Dios y de Su Palabra, y utilizará circunstancias adversas y pruebas y dificultades para hacerlo. Pero frente a cada adversidad tendrá que aprender cómo estar firme en su terreno, sujeto firmemente a la palabra de Dios. Tendrá que aprender a ser espiritualmente maduro al fortalecerse en fe y en la gracia del Señor Jesucristo para que pueda, de manera exitosa, *estar firme* en contra de las mentiras y engaños del enemigo (cf. Romanos 5:2).

Esté firme en un mismo espíritu

FILIPENSES 1:27 (é.a)
27 Solamente que os comportéis (su forma de vida y su conducta) como es digno del evangelio de Cristo, para que o sea que vaya a veros, o que esté ausente, oiga de vosotros que ESTÁIS FIRMES EN UN MISMO ESPÍRITU, combatiendo unánimes por la fe del evangelio.

Estar firme en la fe y *en la gracia de Dios* son fortalezas poderosas contra el enemigo. Pero la Biblia también dice que debemos *estar firmes en un mismo espíritu*. Las contiendas y las discordias siempre abren una puerta para el diablo (cf. Santiago 3:16). Cuando está firme y fuerte en unidad, le prohíbe a Satanás traer contienda y división, lo que evita que gane algún tipo de terreno en su vida.

Probablemente los creyentes jamás vean todas las cosas de la misma manera debido a que todos estamos en diferentes etapas de crecimiento y desarrollo espiritual. Pero solo por el hecho de que no estamos de acuerdo en cuestiones menores no significa que no podamos estar en un solo espíritu y de común acuerdo. Los creyentes están firmes en contra del enemigo siendo de un solo espíritu sin permitir división ni contienda. Incluso, frente a las diferencias, los creyentes deben aprender a estar firmes en un solo espíritu si van a mantener una defensa fuerte en contra del diablo.

Si está firme, en un solo espíritu, puede estar en desacuerdo sin ser desagradable. Caminar en amor cierra la puerta al diablo. Cuando entra a caminar en el Espíritu y anda en amor, muchos asuntos que le parecían ser tan importantes, no parecerán serlo más. No deberíamos dejar que asuntos pequeños nos dividan. Sea uno, esté firme en un solo espíritu.

Esté Firme En El Señor

FILIPENSES 4:1
1 Así que, hermanos míos amados y deseados, gozo y corona mía, estad así firmes en el Señor, amados.

¿Qué más hace el creyente para *estar firme* en contra de Satanás? La Biblia dice que debemos estar firmes en el Señor. ¿Qué significa esto? Hallamos la respuesta en la Palabra.

EFESIOS 6:10 (é.a)
10 Por lo demás, hermanos míos, fortaleceos en el Señor, y (sean fuertes) en el poder de su fuerza.

Estar firmes en contra de Satanás incluye tomar nuestra correcta posición en Cristo. Note que la Biblia dice que debemos fortalecernos (ser fuertes) en dos áreas:

1. Fortalecernos EN EL SEÑOR, *y*

2. Fortalecernos EN EL PODER DE SU FUERZA.

Para fortalecerse en el Señor, entonces debe ser fuerte en Su Palabra. ¿Pero cuál es el poder de la fuerza de Dios? El Espíritu Santo. Vaya a través del Nuevo Testamento y observe cómo, en muchas ocasiones, la palabra "poder" se menciona en conexión con el Espíritu Santo. Algunos de estos versículos están escritos a continuación.

LUCAS 4:14
14 Y Jesús volvió en el poder del Espíritu a Galilea . . .

LUCAS 24:49
49 He aquí, yo enviaré la promesa de mi Padre sobre vosotros; pero quedaos vosotros en la ciudad de Jerusalén, hasta que seáis investidos de poder desde lo alto.

HECHOS 1:8 VA

8 Pero recibiréis poder – habilidad, eficiencia y fortaleza - cuando haya venido sobre vosotros el Espíritu Santo . . .

1 CORINTIOS 2:4

4 Y ni mi palabra ni mi predicación fue con palabras persuasivas de humana sabiduría, sino con demostración del Espíritu y de poder.

No va a lograr fortalecerse en el poder de la fuerza de Dios sin ser lleno del Espíritu Santo y sin orar. Parte del estar firme de forma victoriosa en contra del diablo es ser lleno hasta rebosar con el Espíritu Santo. No podrá estar firme y fuerte en contra del diablo como recipiente vacío.

Oración Ferviente

Eche un vistazo al siguiente versículo en conexión con el poder del Espíritu Santo. Una de las formas en que el creyente continúa siendo lleno con el Espíritu Santo, para poder estar firme en el poder de la fuerza de Dios, es mediante la oración eficaz ferviente.

SANTIAGO 5:16 (é.a)

16 . . . La oración EFICAZ (FERVIENTE) del justo PUEDE MUCHO.

La *Versión Reina Valera* dice que la oración ferviente de un hombre justo puede mucho. ¿Qué *tanto* puede la oración ferviente? ¿Cuáles son las posibilidades del poder que hace disponible la oración ferviente?

La *Biblia Amplificada* nos da más luz acerca de qué tanto pueden hacer las oraciones de un hombre justo: "La oración sería (de corazón, sincera, continua) de un hombre justo PONE A DISPOSICION UNA CANTIDAD TREMENDA DE PODER – DINÁMICA EN SU OBRAR" (Santiago 5:16 VA (é.a)).

Tremendo *poder* dinámico se hace disponible en la oración eficaz y *ferviente*. Ahora lea de nuevo estos versículos.

EFESIOS 6:10, 18 (é.a)

10 Fortaleceos en el Señor, Y en el PODER de su FUERZA (haciendo disponible una cantidad tremenda de poder por el Espíritu Santo) . . .

18 ORANDO en todo tiempo con toda oración y súplica en el Espíritu . . .

El poder de Dios siempre está disponible, pero la oración hace que se manifieste. La oración seria y ferviente hace disponible una cantidad tremenda de poder. Orar no solo hace disponible una cantidad tremenda de poder; el poder en la oración ferviente es *dinámico* en su actuar. La oración en serio, ferviente, es una de las formas en que el creyente es lleno hasta rebosar con el Espíritu Santo (el poder de Dios) para estar firme en contra del enemigo.

Una vez que se ha puesto toda la armadura de Dios y está fuerte en el Señor y en el poder de su fuerza, entonces está listo para orar. Con la armadura puesta, está listo para hacer disponible una cantidad tremenda de poder por medio de la ayuda del Espíritu Santo. Cuando viste toda la armadura de Dios y está fuerte en el Espíritu Santo, *entonces* la Biblia dice que está en la posición para orar *eficazmente*.

¿Cómo se relaciona la oración con la guerra espiritual? La batalla en la verdadera guerra espiritual es primero en la propia mente y carne del creyente. Pero luego es en oración y en fe. Y muchas veces se obtiene la victoria al estar firme en su terreno sobre la Palabra en la arena de la oración. Algunas veces la razón por la cual no estamos listos para las batallas que enfrentamos en el mundo *natural* es porque no hemos entrado en la arena de la oración y peleado la batalla de la fe como debimos haberlo hecho en el mundo *espiritual*.

O para decirlo de otra manera; no hemos orado lo suficiente ni estamos llenos del Espíritu Santo. Cuando no ha orado lo suficiente es muy fácil ser derrotado cuando Satanás viene a probarlo.

En Efesios 6:10-17, Pablo pasó algún tiempo hablando acerca de la Armadura de Dios con el fin de alistarnos para el versículo 18: "orando en todo tiempo con toda oración y súplica en el Espíritu". Una vez que tiene la armadura puesta, solamente entonces estará preparado para orar de una forma continua y de corazón (cf. Efesios 6:18, Santiago 5:16). "Orando *siempre*" indica el hecho de no rendirse en la oración, sino continuar perseverando.

La oración mencionada aquí no es un tipo especial o una actividad espiritual especial en la cual entra el creyente para intentar destronar a Satanás o intentar derribar fortalezas sobre comunidades, ciudades, estados o naciones.

Pablo está hablando de una vida de comunión y compañerismo con Dios para que podamos resistir los engaños y falsedades del enemigo que intentan desanimarnos y derrotarnos. Manteniendo una vida de comunión en la presencia de Dios, podremos orar de manera efectiva con toda oración y súplica en el Espíritu.

La Biblia no le dice al creyente que ataque de manera agresiva al diablo o a su reino en oración. No, el creyente debe extenderse de manera ferviente, en oración, sobre otros santos y ministros que estén alcanzando a los perdidos: "ORANDO SIEMPRE ... POR TODOS LOS SANTOS" (Efesios 6:18 (é.a)).

Otra traducción de este versículo, dice: "Orando con *toda manera* o *toda forma* de oración y súplica en el Espíritu". Así que "luchar" todo el tiempo en oración contra el diablo no podría ser bíblico porque no se está orando con toda manera o forma de oración.

"Lenguas" De Guerra

Si sigue la dirección del Espíritu Santo, Él lo guiará a orar con *toda manera* de oración, no solo un tipo de oración, porque lo guiará en línea con lo que dice la Palabra.

Esta es la razón por la cual aquellos que hoy en día sobre enfatizan el aspecto de la "guerra" en la oración, no pueden estar orando con "todo tipo de oración y súplica en el Espíritu". Argumentan que existe una unción del Espíritu Santo en la oración, una lengua que solo el diablo conoce, que se emplea para combatirle y para hacer la guerra en contra de Satanás en el Espíritu.

Pero no hay una sola escritura que pueda corroborar que debamos orar en contra del diablo o combatir al diablo en lenguas. Ni una sola vez se mencionan las lenguas en la Biblia en conexión con el diablo. Aun si el Espíritu Santo diese una unción en la oración para encargarse del diablo, esto es únicamente como el Espíritu Santo guíe, y no puede enseñarle esto a otros (cf. 1 Corintios 12:11).

En otras palabras; no puede anunciarle a las personas: "Ahora todos vamos a guerrear en contra del diablo en lenguas". Si hay una unción, esta debería venir por el Espíritu Santo durante la oración; es como el *Espíritu Santo* guíe, no como guíe o dirija un hombre, y estará en línea con la Palabra de Dios.

Así mismo, otra razón por la cual esta doctrina de las "lenguas de guerra" o intentar derrotar al diablo en oración no está bíblicamente equilibrada es porque enfoca la oración no en la comunión con Dios Padre, sino en "combatir" al diablo y los espíritus perversos en los lugares celestiales. Así que Satanás, y *no* Dios, se convierte en el centro de nuestra atención y actividad espiritual.

La idea completa detrás de las "lenguas de guerra" es que éstas son una forma de "arar a través" de los espíritus demoníacos que infestan los lugares celestiales sobre la Tierra. Es cierto que estos espíritus malignos están allá en los lugares celestiales. Pero las personas que le están enseñando a otras a orar en lenguas de guerra están intentando emplear armas carnales para realizar un trabajo espiritual.

La enseñanza de las lenguas de guerra ignora el énfasis bíblico de las lenguas y de la obra consumada de la cruz del calvario. El Apóstol Pablo escribió que cuando un cristiano habla en lenguas está hablando misterios hacia *Dios* (cf. 1 Corintios 14:2), y que está magnificando a Dios (cf. Hechos 10:46). La Biblia también dice que el creyente se edifica cuando ora en lenguas (cf. 1 Corintios

14:4; Judas 20). Y Dios en ocasiones le habla al hombre por medio del don espiritual de diversidad de lenguas (cf. 1 Corintios 12:28). Estos son los usos bíblicos del don de hablar en lenguas.

Al ignorar el uso bíblico de las lenguas, esta enseñanza de las "lenguas de guerra" procura hacer del hablar en lenguas algo que se hace *en contra* del diablo en lugar de algo que se hace para *Dios*. Y aleja el enfoque del creyente de Dios y lo pone sobre el diablo.

Gracias a Dios que podemos hablar en otras lenguas. Pero no pierda su tiempo orando así para vencer a un enemigo ya derrotado. En lugar de esto, ríndase al Espíritu Santo, y permítale usarlo mientras ora en lenguas para que sea una bendición para la humanidad. Esta es la manera más efectiva de ganar terreno para Dios y de causarle un gran daño al reino de oscuridad del diablo.

Como verá, *en principio*, en ningún lugar en la Biblia se nos enseña que debemos orar contra el diablo en lenguas. Y *en la práctica* no encontramos en la Biblia a los creyentes haciéndolo.

En cada instancia, cuando los creyentes oran, están haciéndolo a un Amoroso y Fiel Padre Celestial que escucha y responde a sus oraciones. Jesús mismo nos dice a quién debemos orar: "Todo cuanto PIDIEREIS AL PADRE en MI NOMBRE, os lo dará" (Juan 16:23 (é.a)). Esta enseñanza extremista de "guerra", sin embargo, ignora el énfasis bíblico y hace que hablar en lenguas sea algo *en contra del diablo* en lugar de *hacia Dios*.

En lugar de guiar a los santos a una espiritualidad más profunda, esta enseñanza en su práctica extrema actual, lleva a extremos carnales y a excesos, ya que se enfoca primordialmente en experiencias durante la oración. Esta enseñanza extremista lleva a los creyentes al error, porque el énfasis está no en lo que Cristo ya *logró* por el creyente en su redención, sino en lo que el creyente *aún* tiene que hacer para alcanzar la victoria sobre el diablo.

Como verán, en lugar de enfatizar el triunfo de Jesús sobre Satanás, la obra consumada de la cruz, la posición triunfante del creyente en Cristo, y la autoridad que reside en cada creyente; esta enseñanza retrata a los cristianos como creyentes oprimidos y derrotados y aun bajo el señorío de Satanás, intentando "combatir" hasta liberarse y llegar a un lugar de victoria.

El énfasis no está en lo que *Cristo* ya hizo, sino más bien en lo que el creyente aún debe hacer con el fin de obtener la victoria sobre el diablo. De tal manera que se le instruye al creyente que debe "gruñir" e ir a la "guerra" en lenguas para obtener la victoria.

Estudie la instrucción que da el Nuevo Testamento con respecto a cómo tratar con el diablo (cf. Efesios 4:27; Santiago 4:7; 1 Pedro 5:9). Únicamente cuando los creyentes se sometan a Dios y no le den ningún lugar al diablo, podrán entonces resistirle y estar firmes sobre la Palabra de Dios en su contra. *Entonces* el diablo *huirá*. Sólo cuando los creyentes hayan hecho su parte podrán encargarse efectivamente del diablo y estar firmes exitosamente en su contra con la Palabra de Dios.

De hecho, el error en esta enseñanza extrema sobre guerra espiritual es uno de *enfoque* y *posición*. Le verdadera autoridad bíblica sobre el diablo se ejerce desde una posición victoriosa en Cristo, sentados *muy por encima* de todo principado y potestad, en la cual el creyente reconoce que el enemigo es derrotado y destituido de su autoridad.

Esto no significa que debemos reaccionar de manera exagerada ignorando y desatendiendo aquello que es genuino y bíblico. Por ejemplo, la iglesia no puede darse el lujo de retirarse de la intercesión valida y de la verdadera guerra espiritual, que vienen como resultado del mover del Espíritu Santo. El Cuerpo de Cristo debe y tiene que presionar hacia las genuinas y bíblicas operaciones del Espíritu de Dios, siendo fervientes en oración como lo enseña la Biblia. Existe una oración y una súplica genuina por las cuales se tiene que avivar la Iglesia con el fin de participar en ellas.

Sí, hay batallas espirituales que tienen que pelearse y ganarse en oración. Pero la pelea en oración es en fe. Las batallas espirituales se pelean y se ganan desde una posición sentada en Cristo por encima de principados y potestades, en la cual el creyente reconoce que el enemigo está bajo sus pies (cf. Efesios: 3:22) y por lo cual *mira hacia abajo* a un enemigo derrotado.

Se ha causado mucho daño al Cuerpo de Cristo por falta de instrucción sólida y bíblica en esta área. La Palabra de Dios nos dice que las Escrituras deben morar en nosotros: "En abundancia en vosotros, enseñándoos y exhortándoos unos a otros en TODA SABIDURÍA" (Colosenses 3:16 (é.a)).

Es la sabiduría de la Palabra de Dios habitando en cada creyente, en abundancia, la que nos lleva a la madurez en nuestro trato con el diablo. La falta de enseñanza bíblica y sabiduría sana en la Palabra de Dios ha resultado en que prácticas necias se lleven a cabo en el Cuerpo de Cristo, que son dañinas para las personas. Son perjudiciales porque son extremas y hacen que las personas caigan en una de las zanjas del camino, en fanatismo, exceso y error.

Así mismo, el Cuerpo de Cristo debe ser cuidadoso con respecto a ministros que enseñan ciertas prácticas que no están demostradas en la Palabra de Dios. Únicamente porque algunos ministros enseñan y demuestran ciertas prácticas en sus servicios, no significa que lo que están haciendo es correcto o bíblicamente sano.

Los ministros deben tener cuidado con lo que alimentan al rebaño de Dios. Pablo le dijo: "Que prediques la Palabra" (2 Timoteo 4:2). Las personas necesitan ser enseñadas en lo que la Palabra tiene que decir acerca del enemigo para no ser ignorantes de las maquinaciones de Satanás. Pero quédese con *la* Palabra, no con opiniones o experiencias. Las experiencias pueden ser útiles, pero sólo si están en línea con la Palabra. Los ministros deben cuidarse de establecer primero el fundamento con la Palabra de Dios.

TITO 2:1

1 Pero tú habla lo que está de acuerdo con la sana doctrina.

Las personas deben cuidarse que lo que enseñan acerca de la guerra espiritual es doctrinalmente sano. Algunas personas enseñan que tienen una mayor revelación acerca de la guerra que va más allá de la Palabra de Dios.

No existen revelaciones por fuera de la Palabra. Cualquier revelación que provenga del *Espíritu de Dios* estará en línea con la Palabra de Dios. Las personas se meten al territorio del enemigo cuando abandonan la Palabra. Dicen que están siguiendo al Espíritu, pero no pueden seguir al Espíritu aparte de la Palabra. *Ponga la palabra primero y el Espíritu segundo.*

Cuando las personas se empeñan en seguir lo que llaman el "espíritu", pero abandonan la Palabra, se exponen al engaño. Por ejemplo, cierto ministro tuvo un ministerio maravilloso durante años basado sobre la Palabra de Dios. Pero algunos años más tarde, un pastor amigo mío asistió a varias de las reuniones de este hombre. Me dijo que había algunas cosas que estaban doctrinalmente incorrectas, pero que no eran cruciales para la verdad del evangelio. Pero luego este pastor dijo: "Regresé otra noche, y el ministro relató algunas 'revelaciones' que había tenido".

El pastor había conocido a este ministro durante treinta años, y el hombre había estado en el ministerio durante muchos años. Pero no importa qué tanto tiempo haya estado en el ministerio, o qué tan doctrinalmente correcto haya sido en el pasado, si abandona la Palabra, se expone abiertamente al engaño satánico.

Este pastor amigo me contó: "Fui hacia él después del servicio y le dije: 'He estado contigo en algunas cosas que has dicho porque no tenían mucha importancia. Pero esta noche has dicho algunas cosas para las cuales me vas a tener que dar el capítulo y el versículo'".

Recuerde que la Biblia dice: "Por boca de dos o de tres testigos se decidirá todo asunto" (2 Corintios 13:1). Si las personas tan sólo prestaran atención a este versículo, les evitaría construir castillos doctrinales en el aire y ser engañados al tomar una escritura fuera de contexto.

Este ministro le contestó: "Ah, no va a encontrar lo que estoy predicando en *esa cosa*", refiriéndose a la Biblia. "¡Estoy muy por encima *de eso*!"

Si una persona está por encima de la Palabra de Dios, está muy por encima para mí. No deje la Palabra intentando seguir al Espíritu Santo. No funcionará. Estará en el mundo en que el diablo podrá engañarlo. Hay una razón por la cual Pablo le dijo a Timoteo que *predicara la Palabra* (cf. 2 Timoteo 4:2). El poner a la Palabra en primer lugar nos mantendrá siempre bíblicamente balanceados de tal manera que no nos exponemos doctrinalmente a los engaños de Satanás.

Le he dicho a las personas por más de cincuenta años: "Examinen lo que las personas dicen por medio de la Palabra, y si no está en, no lo acepten, ya sea yo u otra persona enseñando". Lo que la Palabra dice es lo que cuenta. Ponga la Palabra en primer lugar. Estoy en contra de los extremos en cualquier área, ya que éstos y las enseñanzas que van más allá de la Palabra dañan al cuerpo de Cristo.

Debemos darnos cuenta que, como en todos los asuntos espirituales, existe tan solo una línea muy delgada entre la verdadera espiritualidad y el exceso y fanatismo. Así que solo estemos abiertos a la Palabra de Dios y al Espíritu de Dios, y dejemos que nos guíen y nos enseñen. Quédese en el centro del camino doctrinalmente hablando; no caigamos en una de las dos zanjas a los lados del camino.

Sin importar quien enseñe cualquier tema de la Biblia, necesita estudiar la Biblia por su cuenta para determinar si lo que se está enseñando es correcto. No acepte lo que alguien enseña sólo porque alega ser un "experto". No puede aceptar lo que alguien diga sobre cualquier tema bíblico a no ser que la persona lo sustente con la Palabra de Dios.

En el estudio de la demonología y la guerra espiritual, como con todos lo temas bíblicos, cuídese de siempre "usar bien" lo que la Biblia dice sobre el tema (cf. 2 Timoteo 2:15). De esa manera no será ignorante de las maquinaciones de Satanás, sino que estará firme en la fe y detendrá sus estrategias en cada circunstancia. Al obedecer la Palabra en lugar de las opiniones o experiencias de las personas, entrará en la verdadera y bíblica guerra espiritual, ¡y siempre vencerá los ataques del enemigo!

Capítulo 9
Derribando Fortalezas

A los espíritus malignos les gusta permanecer en el lugar donde han establecido una fortaleza. La Biblia nos da un ejemplo de esto cuando Jesús liberó al endemoniado de gadareno. Los espíritus malignos que poseían al hombre no querían que Jesús los enviara *fuera de aquella región.*

MARCOS 5:9-13 (é.a)
9 Y le preguntó: ¿Cómo te llamas? Y respondió diciendo: Legión me llamo; porque somos muchos.
10 Y le rogaba mucho que no los enviase fuera de aquella región.
11 Estaba allí cerca del monte un gran hato de cerdos paciendo.
12 Y le rogaron todos los demonios, diciendo: Envíanos a los cerdos para que entremos en ellos.
11 Y luego Jesús les dio permiso . . .

Por no querer esos espíritus malignos dejar ese lugar, pidieron entrar a un hato de cerdos. Jesús les dio permiso (v. 13).

Fortalezas En Ciertas Regiones

De este pasaje de la Escritura podemos concluir que a los demonios les gusta agruparse en ciertas partes del mundo o en ciertos países. Por ejemplo, me es fácil en mis viajes discernir qué clase de espíritus hay en una localidad.

Puedo manejar por una ciudad y saber cuáles son los espíritus que predominan allí, no por ningún don especial operando en mi vida, sino simplemente por percepción espiritual.

Todo cristiano debe tener suficiente percepción espiritual para poder discernir los espíritus que predominan en un lugar. Algunas veces predominan espíritus de inmoralidad u ocultismo, o espíritus que promueven religiones extrañas. Pequeños pueblos, no solo grandes ciudades, pueden tener fortalezas espirituales o espíritus gobernando sobre ellos.

Si hay personas en la iglesia que se entreguen a ellos y los dejen entrar, los espíritus malignos que dominan una ciudad van a intentar introducirse en las iglesias locales.

Espíritus En La Iglesia

Una vez mi esposa y yo estábamos visitando cierto pueblo, y el pastor me pidió que predicara en su iglesia. En ese tiempo enseñaba la Palabra en el ministerio de campañas. Él me insistía para que hiciera una reunión en su iglesia.

Finalmente, le dije que no lo iba a hacer. Le expliqué que no iba a predicar en ese pueblo a menos que Dios definitivamente me lo dijera. En ese pueblo la gente se enorgullecía de ser conservadores; de hecho, eran tan conservadores en el área de dar que eran tacaños. Si los creyentes lo permiten, los mismos espíritus que predominan en una ciudad se meterán en la iglesia.

Le dije al pastor que el pueblo estaba lleno de personas reservadas y conservadoras, motivadas e influenciadas por demonios de tacañería. Le dije que esos demonios se habían metido en su iglesia y, que si iba, las personas no me iban a soportar. Sus ojos se abrieron y su boca se quedó abierta. Él me preguntó: "¿Ha estado alguien hablándole? Respondí: Sólo el Señor".

Le dije a ese pastor: "¡Las personas de su iglesia no tratan a los ministros del evangelio correctamente! Por eso no voy a ir". A menos que Dios se lo diga, no tiene sentido ir a un grupo como ese. Por tratar incorrectamente a los siervos de Dios, no pueden recibir lo mejor de Dios; están siendo motivados e influenciados por espíritus malignos.

Una iglesia "tacaña" no es una iglesia bíblica. La Biblia dice: "No pondrás bozal al buey que trilla; y: Digno es el obrero de su salario" (1 Timoteo 5:18). Pablo estaba citando el Antiguo Testamento (cf. Deuteronomio 25:4). Pero él estaba hablando de aquellos que estaban en el ministerio (cf. 1 Corintios 9:7-14).

Cuando los integrantes de la iglesia se entregan a espíritus malignos de esa manera, le dan al diablo vía libre. Esto contrista al Espíritu Santo, y esto le impedirá manifestarse de la manera que Él quiere. Como cristianos debemos darnos cuenta que no hay que escuchar al diablo. ¡Tampoco tenemos que entregarnos a él! No podemos permitirle al dios de este mundo que domine nuestros pensamientos o nuestras acciones.

Derribando Fortalezas

Por lo tanto, cualquier clase de espíritu que dominen una ciudad son los mismos que van a intentar entrar en la iglesia, claro, si las personas de la iglesia se entregan a ellos y los dejan entrar. Podemos ver esto en las Epístolas de Pablo.

En ese tiempo, Corinto era una de las ciudades más inmorales del Oriente. El espíritu de inmoralidad que controlaba la ciudad entró en la iglesia. Alguien en la iglesia, a través de hacer lo incorrecto, se lo permitió. Había un hombre en la iglesia que estaba viviendo con la esposa de su padre. Pablo tuvo que tratar con este asunto moral en sus Epístolas a la iglesia de Corinto.

1 CORINTIOS 5:3-5
3 Ciertamente yo, como ausente en cuerpo, pero presente en espíritu, ya como presente he juzgado al que tal cosa ha hecho.
4 En el nombre de nuestro Señor Jesucristo, reunidos vosotros y mi espíritu, con el poder de nuestro Señor Jesucristo,
5 el tal sea entregado a Satanás para destrucción de la carne, a fin de que el espíritu sea salvo en el día del Señor Jesús.

Observe en este pasaje que Pablo únicamente trató con el hombre y su pecado; no con un "espíritu gobernante" en la iglesia o en la ciudad. Es verdad que los espíritus que predominan en una ciudad intentarán introducirse en la iglesia a menos que los creyentes y la iglesia aprendan a hacerles frente en unidad. Sin embargo, en nuestros días existen enseñanzas extremas en esta área.

Algunas personas se están metiendo en dificultades con ciertas cosas que están haciendo en el nombre de la guerra espiritual. Es verdad, la guerra espiritual es bíblica. Pero algunos maravillosos y queridos cristianos han caído en exceso con algunas prácticas extremas que no lo son.

Aunque muchos de estos extremos están listados bajo lo que ellos llaman: "derribando fortalezas", no están de acuerdo con lo que leemos en el Nuevo Testamento. Algunas de estas queridas y desviadas personas creen realmente que están derribando fortalezas sobre ciudades y naciones a través de tales excesos en oración como las lenguas "de guerra".

De hecho, no tenemos directamente ningún soporte bíblico para derribar fortalezas demoníacas sobre ciudades y naciones enteras, especialmente en el sentido de lenguas de guerra y gritando al diablo. Necesitamos regresar a lo que dice la Palabra de Dios.

¿Qué dice específicamente la Palabra de Dios acerca de derribar fortalezas? Y de acuerdo a la Biblia, ¿qué es una "fortaleza"?

2 CORINTIOS 10:4,5 (é.a)
4 Porque las armas de nuestra milicia no son carnales, sino poderosas en Dios para la destrucción de FORTALEZAS,
5 derribando ARGUMENTOS y toda altivez que se levanta contra el conocimiento de Dios, y llevando CAUTIVO todo pensamiento a la obediencia a Cristo.

En estos versículos, Pablo define lo que es una fortaleza. Por no recordar, algunos toman un versículo y fallan llevándolo al extremo. Por ejemplo, algunos han sacado de contexto la frase "las armas de nuestra milicia son poderosas para la destrucción de fortalezas" (v. 4), y la utilizan para presentar una doctrina totalmente diferente. Al sacar de contexto éste versículo, lo hacen decir algo que realmente no está afirmando.

Al leer como una doctrina este versículo, puede dejar una impresión incorrecta. Se estaría perdiendo de lo que Pablo realmente está tratando de decir aquí al menos que lo lea articulado con el tema de las fortalezas en el contexto en que está escrito.

De hecho, en este pasaje Pablo está hablando acerca del creyente tomando control de su mente, su propio *pensamiento*. Está hablando acerca de ataduras *mentales*, pensamientos, razonamientos y argumentos que son contrarios a Dios y su Palabra.

Principalmente está hablando acerca de derribar *razonamientos*, *imaginaciones* y *pensamientos, no* derribando fortalezas demoníacas sobre ciudades y naciones.

El sentido esta más claro en *La Biblia Amplificada*.

2 CORINTIOS 10:4, 5 VA (é.a)
4 Porque las armas de nuestra milicia no son físicas (armas de carne y sangre), pero son poderosas delante de Dios para el derrumbamiento y destrucción de fortalezas.
5 (Entre tanto que nosotros) refutamos ARGUMENTOS y TEORIAS y RAZONAMIENTOS y toda COSA ALTIVA Y PRESUNTUOSA que se opone al (verdadero) conocimiento de Dios; y conducimos todo PENSAMIENTO y PROPÓSITO cautivo a la obediencia en Cristo, el Mesías, el Ungido.

La más grande batalla que jamás "peleará" es en la mente, en el área del pensamiento. Todo comienza allí. Pelear la batalla en la mente para mantenerse en la fe es el camino a la victoria en todas las áreas de la vida.

Entonces, ¿qué va a hacer con respecto a esa batalla? Para poder luchar esa batalla exitosamente, tendrá que renovar la mente con la Palabra y derribar razonamientos, imaginaciones y pensamientos vanos que son contrarios a ésta, pues Satanás va a intentar bombardear su mente.

La estrategia de Satanás es impedir que los creyentes luchen la verdadera batalla espiritual, la cual es llevar todo pensamiento cautivo a la obediencia de la Palabra de Dios.

Satanás sabe que los creyentes que permanecen en fe a la Palabra son peligrosos, pues llevan a cabo la voluntad de Dios para sus vidas.

Por eso a Satanás le gusta cuando los creyentes caen en error y exceso al tratar de luchar con fortalezas demoníacas sobre ciudades y naciones. Él sabe que esas fortalezas no pueden ser derribadas por completo antes de tiempo, antes que el arrendamiento de Adán sobre la Tierra termine.

Entonces el diablo se ríe todo el tiempo que los creyentes le gritan en la carne tratando de derribarlo de las ciudades. Los creyentes que luchan contra el diablo en esos términos están de hecho derrotándose a sí mismos al tratar de apoyarse en sus esfuerzos carnales.

Están tratando de obtener en oración la victoria que ya es de ellos, o están tratando de derribar en oración espíritus gobernadores que no pueden ser derribados antes de tiempo.

Veamos en otras versiones este versículo para poder comprender mejor lo que dice la Biblia con la palabra "fortaleza".

2 CORINTIOS 10:4, 5 VM (é.a)
4 Las ARMAS DE MI MILICIA no son armas de carne, sino divinamente poderosas para demoler FORTALEZAS.
5 Yo demuelo TEORÍAS y cualquier MURALLA creada para resistir el conocimiento de Dios, llevo todo proyecto prisionero para hacerlo obedecer a Cristo.

2 CORINTIOS 10:5 VTCNT (é.a)
5 Estamos comprometidos en refutar ARGUMENTOS y derribando toda BARRERA levantada contra el conocimiento de Dios . . .

2 CORINTIOS 10:5 VP (é.a)
5 Nuestra batalla es para derribar toda FANTASÍA ENGAÑOSA y toda defensa impuesta QUE LOS HOMBRES LEVANTAN en contra del verdadero conocimiento de Dios . . .

2 CORINTIOS 10:5 VK (é.a)
5 Sí, podemos derribar las PRESUNCIONES DE LOS HOMBRES, toda BARRERA DE ORGULLO que se levanta a sí misma contra el verdadero conocimiento de Dios

Puede ver claramente que este pasaje habla acerca de los pensamientos, imaginaciones, argumentos, teorías, razonamientos, fantasías engañosas, presunciones de los hombres y barreras de orgullo y de llevar a *estas* en sujeción al verdadero conocimiento de Dios, la *Palabra de Dios*.

No me dice que tome cautivos los pensamientos de su mente y los derribe. Puedo tomar control y autoridad de mis *propios* pensamientos, pero no puedo tomar autoridad sobre *sus* pensamientos.

Si ve, por ser la mente el área más grande de "batalla" para los ataques de Satanás, la estrategia del diablo es la de levantar fortalezas en nuestro pensamiento que "se exaltan a sí mismos contra el verdadero conocimiento de Dios".

Esta es una razón por la cual los creyentes necesitan la completa armadura de Dios, con el yelmo de la salvación y el escudo de la fe, para que así puedan proteger su mente de los ataques de Satanás. También la Biblia enseña que debemos arrepentirnos de malos pensamientos y conformarnos a la imagen de Cristo en nuestro manera de pensar (cf. Romanos 8:29; Filipenses 2:5). Esta es una de nuestras mayores defensas contra Satanás.

Hoy en día existe un énfasis exagerado sobre algunos aspectos de la guerra espiritual, basados en parte en una aplicación errónea sobre el término "derribando fortalezas" y la "lucha" en 2 Corintios 10:4,5 y Efesios 6:12. Sin embargo, ambos pasajes de la Escritura deben ser tomados en el contexto que fueron escritos. No deben ser sacados de contexto para construir doctrinas extremas de la guerra espiritual.

Creo en la guerra espiritual y en la milicia espiritual, claro que si, pero en el sentido de ser agresivo y ferviente en la Palabra y en el Espíritu Santo. Sea agresivo para predicar la Palabra. Sea agresivo y ferviente para predicar el nuevo nacimiento, el bautismo en el Espíritu Santo, sanidad y los derechos y privilegios del creyente en Cristo. Sea agresivo para predicar fe y oración contra demonios.

Pero hoy en día sé está colocando un énfasis extremo sobre el tema de guerra espiritual y milicia espiritual, llegando al punto en que otras verdades de la Biblia están siendo excluidas. Esto puede desviar a la Iglesia del camino.

Sí, debemos ser fervientes en la Palabra, en la oración y en el evangelismo. Está bien referirse a la "milicia" como *fervencia* . Pero cuando las personas enseñan a los demás a enfocar toda su actividad espiritual en la persona del diablo, eso no es bíblico y es peligroso.

Esto se puede ver con más claridad en la práctica de tratar de destronar a Satanás sobre las ciudades. La milicia es sacada de límites cuando tenemos la idea de que debemos lograr algo que Jesús ya logró por nosotros. ¿Por qué querrán los creyentes destronar a Satanás o a los principados y potestades?

La verdad es que Jesús ya derrotó a Satanás por nosotros (cf. Colosenses 2:15). Como Iglesia triunfamos en esa victoria, la victoria que Cristo ya ganó para nosotros en la cruz. Nuestro trabajo ahora es manifestar el aroma de esa victoria a través del conocimiento de la Palabra de Dios (cf. 2 Corintios 2:15).

Continuamos triunfando en esa victoria en nuestra vida diaria a medida que caminamos en la Palabra de Dios.

No tenemos que ganar la batalla sobre Satanás. Jesús ya ganó la victoria por nosotros. Simplemente debemos caminar en la luz de la Palabra de Dios con respecto a esa victoria, y la victoria de Jesús sobre el diablo se manifestará en nuestra vida diaria.

El hecho que Satanás y sus huestes estén aún aquí no debe molestarnos. Van a continuar estando aquí hasta que el arrendamiento de Adán se termine. Mientras estén aquí, podemos continuar reforzando la realidad de su derrota por la Palabra. Colosenses 2:15, afirma lo que Jesús hizo: "despojando a los principados y a las potestades, los exhibió públicamente, triunfando sobre ellos en la cruz". Debemos ser triunfantes en la victoria de Jesús.

El hecho que Satanás gobierna sobre la vida de otros, a través de fortalezas de engaño, no significa que tengamos que volver a entrar en batalla con él como lo hizo Jesús. Podemos usar el nombre de Jesús en oración para atar y romper su poder sobre las personas y después simplemente reforzar la derrota de Satanás a través de la predicación de la Palabra. La luz de la Palabra de Dios disipará la oscuridad de los engaños de Satanás en la vida de las personas.

No tenemos por qué batallar en la carne tratando de derrotar a Satanás a través de excesos como las lenguas de guerra y gritarle al diablo. Tratar de hacer batalla con espíritus malignos en los lugares celestiales es un esfuerzo de la carne para tratar de derrotar a un enemigo ya derrotado.

Sin embargo, hoy en día en algunos círculos cristianos, destronar a Satanás sobre ciudades y naciones a través de guerra espiritual e intercesión violenta es vista como un requisito absoluto antes de que pueda tomar lugar cualquier avivamiento o evangelismo efectivo. *Pero usted no puede encontrar eso en la Biblia.*

Estudie los Evangelios y el libro de los Hechos por su cuenta para ver lo que Jesús y sus discípulos hicieron para traer avivamiento. Una cosa que notará es que no derribaron poderes demoníacos gobernando sobre países y ciudades enteras. Sólo trataron con demonios con relación a personas *individuales.*

Encuentro muy interesante al leer el libro de los Hechos que los discípulos no hacen ninguna referencia al tipo de guerra o milicia que está siendo enseñada hoy, en algunas iglesias.

Es interesante también que en el Libro de los Hechos no encontremos la *práctica* de esta clase de guerra. No, lo que nos muestra es una iglesia que es conciente de la presencia de Dios y enfocada en enseñar a las personas la

Palabra de Dios para que sean exitosos en todas las áreas de la vida, no una que está empeñada en combatir al enemigo.

Estudie los relatos en este libro acerca de lo que fue *enseñado* a las personas y lo que fue *practicado* por los discípulos. Encontrará que es contrario a mucho del énfasis enseñado y practicado hoy en algunos círculos del Cuerpo de Cristo. Este libro enfatiza la enseñanza de la sana doctrina y la predicación del evangelio para traer a las personas al Reino de Dios, no el pelear con demonios ni el derribar fortalezas.

No tenemos escritura para derribar fortalezas sobre ciudades y naciones, pero sí tenemos respaldo bíblico para atar las operaciones y estrategias de principados y potestades en sus ataques contra nosotros (cf. Mateo 18:18; Lucas 10:19; Filipenses 2:9,10).

Hacemos esto con la Palabra de Dios y con el nombre de Jesús. Nos afirmamos contra el enemigo con la Palabra de Dios, así como lo hizo Jesús (cf. Mateo 4:4-10).

Miremos el ministerio de Jesús para ver lo que hizo, pues ciertamente Jesús y sus discípulos voltearon al revés el mundo de esos días.

Entonces, ¿cómo lo hicieron? Si lo hicieron haciendo batalla directa con el diablo, entonces tenemos respaldo bíblico para hacer lo mismo. Pero si no lo hicieron, entonces tampoco deberíamos estarlo haciendo.

Los creyentes deben seguir la *doctrina* que es *practicada* en el Nuevo Testamento.

¿Trató Jesús de batallar contra demonios en su ministerio aquí en la Tierra?

Mirando el ministerio de Jesús, ¿qué fue lo que hizo para cambiar aldeas y ciudades? ¿Tuvo que derribar fortalezas a través de oración de milicia al ir de ciudad en ciudad? ¿Encontró necesario "discernir" el espíritu gobernante en cada ciudad para después hacerle guerra?

Y, ¿será que con sus discípulos enseñó a identificar el espíritu gobernante sobre ciudades para poder derribar fortalezas? No, no encontramos escritura donde lo hayan hecho.

Estudie los Evangelios por su cuenta. Va a encontrar que el enfoque del ministerio de Jesús fue en viajar de un lugar a otro enseñando y predicando el evangelio, *la Palabra* (cf. Mateo 4:23;9:35; Lucas 13:22). Él puso de primero la Palabra, y la Palabra liberó a las personas del dominio de Satanás.

LUCAS 4:18,19 (é.a)

18 El Espíritu del Señor está sobre mí, por cuanto me ha ungido para DAR BUE-NAS NUEVAS a los pobres; me ha enviado a sanar a los quebrantados de corazón; A PREGONAR LIBERTAD a los cautivos, y vista a los ciegos; a poner en libertad a los oprimidos;

19 a PREDICAR el año agradable del Señor.

Jesús fue enviado a *enseñar* y a *predicar* el evangelio, no a enfocarse en derribar fortalezas sobre ciudades y naciones. ¡Enseñar y predicar el evangelio fue lo que derribó las fortalezas en la vida de las personas!

Si fuera posible derribarlas de las ciudades, habría enseñado a las personas a hacerlo, pero no fue así. La Biblia dice que liberó a los cautivos de las ataduras de Satanás enseñando lo que dice la Palabra de Dios y a caminar en la luz de la Palabra (cf. Juan 8:32).

Necesitamos hacer lo que Jesús hizo. Predique la Palabra para predicar libertad. Note que Lucas 4:18 no está diciendo que Jesús *oró* por liberación. Dice que *predicó* libertad.

En otras palabras, le dijo a las personas lo que decía la Palabra: "Así que, si el Hijo (la Palabra hecha carne) os libertare, seréis verdaderamente libres" (Juan 8:36 (é.a)). Las personas eran liberadas a medida que la Palabra los liberaba. En las Escrituras tenemos lo que Jesús hizo con sus oraciones al Padre (cf. Mateo. 11:25; Lucas 23:34; Juan 11:41, 17:1).

¿Trató la Iglesia primitiva de batallar contra el diablo sobre ciudades?

Lea el Libro de los Hechos por su cuenta y vea si hay algún versículo específico que diga que los discípulos hicieron un hecho el pelear contra príncipes demoníacos gobernantes sobre ciudades, regiones o países.

De hecho, cuando la Iglesia primitiva se reunía y hablaba en lenguas, la Biblia dice que declaraban las maravillas de Dios: "Les oímos HABLAR EN NUESTRAS LENGUAS LAS MARAVILLAS DE DIOS" (Hechos 2:11 (é.a)). Ellos no estaban batallando al diablo en lenguas. No estaban derribando fortalezas sobre Jerusalén. Ellos estaban exaltando a *Dios*. Dios era el enfoque de su oración.

Veamos ejemplos bíblicos de cómo oraron los creyentes cuando se enfrentaron a gran oposición del diablo. ¿Pelearon y batallaron contra demonios cuando Satanás venía en su contra? No, no lo hicieron.

Por ejemplo, en Hechos 16:25, Pablo y Silas vencieron la oposición del enemigo orando y alabando a Dios. Pedro y Juan también enfrentaron un ataque (cf. Hechos 4:3,5-7). Vino a través de hombres. Les fue prohibido predicar y enseñar en el nombre de Jesús (cf. Hechos 4:18).

Cuando Pedro y Juan fueron finalmente liberados, fueron a sus compañeros y oraron a Dios. De acuerdo con el libro de los Hechos, estos creyentes no batallaron en lenguas contra principados y potestades en los lugares celestiales. No "libraron una guerra" contra el diablo o trataron de derribar demonios religiosos sobre la ciudad. ¿Qué fue lo que hicieron?

HECHOS 4:24 (é.a)
24 Y ellos, habiéndolo oído, ALZARON UNÁNIMES LA VOZ A DIOS, y dijeron: SOBERANO SEÑOR, TÚ ERES EL DIOS que hiciste el cielo y la tierra, el mar y todo lo que en ellos hay.

Ellos no magnificaron el problema o al diablo. Ellos exaltaron y magnificaron a Dios. No estoy diciendo que su alabanza y adoración no hayan afectado indirectamente la oposición espiritual del diablo. Estoy diciendo que no fue su interés principal.

Es triste, pero algunos creyentes gastan mucho tiempo orando en contra del diablo y hablando acerca de él. Al escucharlos, pensaría que Jesús es "el pobrecito Jesús", que no logró nada cuando murió, cuando se levantó de los muertos y cuando despojó principados y potestades reduciéndolos a nada (cf. Colosenses 2:14,15). No hay nada que sacará más rápido la alabanza a Dios de sus oraciones que el enfocar su atención en el diablo.

En Hechos 4, cuando la Iglesia primitiva enfrentó gran oposición del diablo, estos creyentes levantaron sus voces a Dios *en fe*. Permanecieron en fe; no trataron de pelear contra el diablo en oración. Hablaron de todo lo Grande que es Dios, y después presentaron la *Palabra* de Dios en oración (cf. Hechos 4:25-28).

De hecho, entre los versículos 25 y 28, los creyentes hablaron de lo grande que es Dios y de las grandes cosas que ha hecho. Después hablaron de lo que decía la Palabra de Dios con respecto a su situación.

HECHOS 4:25-28
25 Que por boca de David tu siervo dijiste: ¿Por qué se amotinan las gentes, y los pueblos piensan cosas vanas?
26 Se reunieron los reyes de la tierra, y los príncipes se juntaron en uno contra el Señor, y contra su Cristo.

27 Porque verdaderamente se unieron en esta ciudad contra tu santo Hijo Jesús, a quien ungiste, Herodes y Poncio Pilato, con los gentiles y el pueblo de Israel,
28 para hacer cuanto tu mano y tu consejo habían antes determinado que sucediera.

Y finalmente, en el versículo 29, hablaron acerca del problema. Pero fíjese que toda la oración va desde el versículo 25 al 30, y solo habla del problema en un versículo, el 29.

HECHOS 4: 29-30
29 Y ahora, Señor, mira sus amenazas, y concede a tus siervos que con todo denuedo hablen tu palabra,
30 mientras extiendes tu mano para que se hagan sanidades y señales y prodigios mediante el nombre de tu santo Hijo Jesús.

Estos creyentes le hablaron a *Dios*, no al diablo, aun estando el diablo detrás del problema. Y lo más importante: le pidieron a Dios con respecto a su problema para que les concediera denuedo para predicar *la Palabra* respaldada con señales y milagros. Sabían que era la Palabra la que cambiaba personas y situaciones (cf. Juan 8:32).

Esta oración de la Iglesia primitiva nos muestra la forma bíblica para orar como iglesia cuando nos enfrentamos a la oposición de las fuerzas de la oscuridad. Debemos orar a *Dios*. Y debemos orar por denuedo para proclamar la Palabra, para que *la Palabra* pueda liberar a las personas de Satanás. Y además de esto, observe que ni siquiera le pidieron a Dios que hiciera algo con respecto al diablo.

Después, cuando la Iglesia primitiva fue dispersada, debido a la gran persecución, los creyentes fueron por todos lados predicando la Palabra, sin pelear con demonios directamente: "Pero los que fueron esparcidos iban por todas partes ANUNCIANDO EL EVANGELIO" (Hechos 8:4 (é.a)). Si había fortalezas para ser derribadas, la Iglesia confiaba en Dios y en su Palabra para esto.

Cuando Pedro estaba en prisión, los santos que oraban por él no trataron de pelear contra los demonios religiosos sobre Jerusalén. Hicieron una sincera petición a *Dios* por Pedro.

HECHOS 12:5 (é.a)
5 Así que Pedro estaba custodiado en la cárcel; pero la iglesia hacía sin cesar oración A DIOS por él.

¿Y qué pasó cuando los profetas y maestros se reunieron en Antioquía? ¿Entraron en guerra espiritual gastando su tiempo en combate espiritual antes de enviar a Pablo y Bernabé para el trabajo del ministerio?

HECHOS 13:2 (é.a)

2 Ministrando éstos al Señor, y ayunando, dijo el Espíritu Santo: Apartadme a Bernabé y a Saulo para la obra a que los he llamado.

¡No, ellos ministraron al Señor! No pelearon contra demonios. Muchas veces algunos sujetos no saben nada acerca de ministrarle al Señor; gastan todo su tiempo tratando de pelear contra un enemigo derrotado.

Es cuando los creyentes comienzan a ministrarle al Señor que las cosas comienzan a suceder. Ellos crean una atmósfera donde el Espíritu Santo puede hablar: "Ministrando éstos al Señor ... DIJO EL ESPÍRITU SANTO" (v. 2 (é.a)).

También, en el libro de Apocalipsis, Jesús le habló al apóstol Juan en la isla de Patmos acerca de una iglesia que en ese tiempo realmente existía en la ciudad de Pérgamo. La ciudad de Pérgamo era una fortaleza de Satanás y, sin embargo, Jesús no dijo nada acerca de pelear contra gobernadores satánicos allí. Seguramente, si fuera bíblico hacer guerra espiritual en el sentido de pelear contra el diablo y de derribar fortalezas sobre ciudades, Jesús lo habría mencionado aquí.

APOCALIPSIS 2:12, 13 (é.a)

12 Y escribe al ángel de la iglesia en Pérgamo: El que tiene la espada aguda de dos filos dice esto:

13 Yo conozco tus obras, y dónde moras, DONDE ESTÁ EL TRONO DE SATANÁS; pero RETIENES MI NOMBRE, Y NO HAS NEGADO MI FE, ni aun en los días en que Antipas mi testigo fiel fue muerto entre vosotros, DONDE MORA SATANÁS.

Aunque Jesús dijo que la iglesia en Pérgamo era "donde esta(ba) el trono de Satanás", fíjese que no le dijo a los creyentes de allí que hicieran guerra contra Satanás. No, lo que les ordenó a los creyentes fue que *retuvieran su nombre y no negaran la fe* (cf. v. 13). En otras palabras, ¡Él los estaba animando a permanecer en la fe!

¿Trataron Los Discípulos De Batallar Contra Los Demonios Sobre Ciudades?

Miremos otros pasajes en el Nuevo Testamento para ver qué hacían los discípulos al viajar de ciudad en ciudad. Estos hombres fueron escogidos por Jesús. No podemos encontrar ninguna Escritura que diga que los discípulos iban por ahí derribando fortalezas sobre las ciudades. Tampoco podemos encontrar Escrituras donde enseñen esto a otros.

En Jerusalén

Cuando Pedro y Juan subieron al templo, fue a través del nombre de Jesús que sanaron al hombre que había sido paralítico de nacimiento.

HECHOS 3:6,16 (é.a)

6 Mas Pedro dijo: No tengo plata ni oro, pero lo que tengo te doy; EN EL NOMBRE DE JESUCRISTO DE NAZARET, levántate y anda . . .

16 Y por la fe EN SU NOMBRE, a éste, que vosotros veis y conocéis, le ha confirmado su nombre; y la fe que es por él ha dado a éste esta completa sanidad en presencia de todos vosotros.

Observe que fue el nombre de Jesús el que fue cuestionado y temido por los lideres religiosos del día (cf. Hechos 4:10-12), pues es en ése que los creyentes tienen autoridad sobre el diablo.

En otras palabras; los discípulos estaban enseñando acerca del poder y autoridad invertidas en el nombre de Jesús (cf. Hechos 4:15-20). El Nombre representaba toda la autoridad de Jesús y todo lo que logró cuando se levantó victorioso sobre la muerte, el infierno y la tumba.

HECHOS 6:7 (é.a)

7 . . . Crecía la PALABRA DEL SEÑOR, y el número de los discípulos se MULTIPLI-CABA grandemente en JERUSALÉN; también muchos de los sacerdotes obedecían a la fe.

Es interesante que cuando la Palabra de Dios *crecía*, el número de los discípulos se *multiplicaba*. Si verdaderamente quieren los creyentes hacerle bastante daño al reino de Satanás, deben salir a predicar la Palabra.

Es la Palabra de Dios la que tiene el poder para liberar a las personas. Ni una sola vez, en la ciudad de Jerusalén, los discípulos hablaron acerca de derribar fortalezas o príncipes gobernantes sobre ciudades a través de lenguas de guerra o de gritar a los demonios.

De hecho, si lee el libro de los Hechos y resalta lo que enseñaron los discípulos al viajar de lugar en lugar, encontrará que enseñaron y predicaron la Palabra de Dios. También enseñaron acerca del nombre de Jesús, y enseñaron y predicaron el evangelio, la salvación a través de Jesucristo.

En cada instante, recibir y obrar en la Palabra de Dios era lo que sacaba a las personas del dominio de las fortalezas de Satanás.

¿Trató Pablo de batallar con fortalezas sobre ciudades?

Veamos lo que hizo el Apóstol Pablo cuando viajaba y hacía contacto con fortalezas en ciertas ciudades. Después de todo, este gran hombre de fe escribió la mayoría del Nuevo Testamento. Si el derribar fortalezas sobre ciudades a través de lenguas de guerra o de gritar al diablo es una práctica bíblica, seguramente Pablo habría dicho algo al respecto o lo habría practicado en las ciudades a las que fue.

Pablo En Damasco

¿Trató el apóstol de derribar fortalezas sobre la ciudad de Damasco? No, inmediatamente después de su conversión, comenzó a predicar de *Jesús*. Jesucristo era el enfoque de la enseñanza de Pablo, no el diablo ni las fortalezas.

HECHOS 9:20, 22, 27, 29 (é.a)

20 En seguida PREDICABA A CRISTO en las sinagogas, diciendo QUE ÉSTE ERA EL HIJO DE DIOS . . .

22 Pero Saulo mucho más se esforzaba, y confundía a los judíos que moraban en Damasco, DEMOSTRANDO QUE JESÚS ERA EL CRISTO . . .

27 Entonces Bernabé, tomándole (a Pablo), lo trajo a los apóstoles, y les contó cómo Saulo había visto en el camino al Señor, el cual le había hablado, y cómo en Damasco había HABLADO VALEROSAMENTE EN EL NOMBRE DE JESÚS . . .

29 Y HABLABA DENODADAMENTE EN EL NOMBRE DEL SEÑOR, y disputaba con los griegos . . .

Observe que Pablo magnificaba y levantaba el nombre de Jesucristo. Éste es el que rompe fortalezas en el pensamiento de las personas y en sus vidas. Pablo le enseñó a las personas a exaltar el poder y la majestad de Jesús. Pero cuando los creyentes enseñan a otros a concentrarse en derribar fortalezas y a batallar contra demonios, el énfasis es en Satanás y lo que él esta haciendo. De hecho, están magnificando al diablo. Esto abre una puerta y le da acceso. Pero cuando los creyentes magnifican a *Dios*, le dan a *Él* acceso en sus corazones y vidas.

Al leer los recuentos de los viajes de Pablo a través de las ciudades y aldeas de esos días, lo primero que notamos es que confirmaba a los creyentes en *la fe*. No vemos ninguna escritura donde Pablo haga del batallar contra el diablo algo importante.

HECHOS 16:4, 5 (é.a)

4 Y al pasar (Pablo y Timoteo) por las ciudades, les entregaban las ordenanzas que habían acordado los apóstoles y los ancianos que estaban en Jerusalén, para que las guardasen.

5 Así que las iglesias eran CONFIRMADAS EN LA FE, y AUMENTABAN EN NÚMERO CADA DÍA.

A medida que los creyentes eran confirmados en la fe, la Biblia dice que aumentaban en número cada día. Dondequiera que se predique la Palabra, aumentarán las almas en el Reino de Dios. Así es como bíblicamente se "derriban" fortalezas; la predicación del Evangelio las derriba en la vida de las personas al traerlas a la salvación.

Pablo En Filipos

¿Trató el apóstol de derribar fortalezas en Filipos? Fue allí que tuvo que tratar con un demonio que estaba causando problemas a través de una joven.

HECHOS 16:16-18 (é.a)
16 Aconteció que mientras íbamos a la oración, nos salió al encuentro una muchacha que tenía espíritu de adivinación, la cual daba gran ganancia a sus amos, adivinando.
17 Esta, siguiendo a Pablo y a nosotros, daba voces, diciendo: Estos hombres son siervos del Dios Altísimo, quienes os anuncian el camino de salvación.
18 Y esto lo hacía por muchos días; mas desagradando a Pablo, éste se volvió y dijo al espíritu: Te mando en el nombre de Jesucristo, que salgas de ella. Y SALIÓ EN AQUELLA MISMA HORA.

Un espíritu maligno estaba usando a esta mujer para impedir el ministerio de los discípulos en aquella ciudad. Tenía un espíritu de adivinación o de agorero, y el espíritu sabía quiénes eran los discípulos.

Pero note que Pablo solo trató con *el espíritu* que hacía a esta mujer gritar y causar disturbios, no trató con ninguna fortaleza sobre la ciudad.

Ella siguió a los discípulos por varios días, y el espíritu que llevaba dentro proclamaba por todo lugar: "Estos hombres son siervos del Dios Altísimo, quienes os anuncian el camino de salvación" (v. 17). Lo que decía era cierto, ¡pero para qué quiere alguien que el diablo le testifique!

Era angustiante tener al diablo haciéndoles propaganda, pero entonces ¿por qué no reprendió Pablo a ese espíritu el primer día? La razón por la cual no lo hizo fue porque el don de discernimiento de espíritus no operaba cuando *Pablo* quería; Operaba cuando el *Espíritu Santo lo deseaba* (cf. 1 Corintios 12:11). Hasta que la operación del don de discernimiento de espíritus no se manifestara, Pablo estaba tan indefenso como lo estaría cualquiera de nosotros si tuviéramos que tratar con esa situación en particular.

El apóstol esperó hasta que el Espíritu de Dios le diera visión en el mundo espiritual antes de hacer algo con el espíritu maligno que causaba todos los disturbios. Si observa, no solo ata al espíritu maligno en la operación contra su ministerio y el trabajo del evangelio, lo echa *fuera* de una persona. Pablo debía tener la unción y los dones del Espíritu Santo en operación para poder *liberar* a la mujer de ese demonio.

Cuando el don de discernimiento de espíritus entró en operación, solo le habló al espíritu maligno que operaba a través de la mujer: "Te mando en el nombre de Jesucristo, QUE SALGAS DE ELLA" (Hechos 16:18 (é.a)). Y la Biblia dice: "Y salió en aquella misma hora" (v. 18).

No le tomó a Pablo gritar o dar alaridos por horas para echar fuera ese demonio. Y tampoco, a causa de ese incidente, intentó derribar al espíritu gobernante sobre Filipos. Sencillamente le habló al espíritu maligno en el nombre de Jesús y le ordenó que saliera, y éste salió en la *misma hora.*

La clave está en que esperó el conocimiento del Espíritu Santo antes de obrar. En otras palabras, trató con el espíritu maligno cuando estaba *en el Espíritu* (por el poder y la unción del Espíritu Santo) y la mujer fue liberada. Vamos a tener que depender del Espíritu Santo así como lo hizo Pablo.

Hoy, en algunos círculos cristianos, las personas gritan y dan alaridos al diablo sin que mucho suceda. Esto es porque están tratando con el diablo en la energía de la carne.

Es la unción o el poder del Espíritu Santo que rompe el yugo de las ataduras del diablo (cf. Isaías 10:27). La unción está en la Palabra, y por lo tanto no va a tener ninguna unción para tratar con el diablo a menos que haya tomado tiempo para sembrar la Palabra en su corazón. Y tampoco va a tener el poder de Dios operando en su vida a menos que sea un *hacedor* de la Palabra.

Hoy en día algunos creyentes no están en la Palabra. No han tomado el tiempo para guardar la Palabra de Dios en sus corazones por medio del estudio, la lectura y la meditación. Por esto tratan de pelear contra el diablo en la energía de su carne. Así nunca funcionará. No puede "pelear" contra el diablo en la carne gritando y esforzándose. Lo único que hacen estas personas es desgastarse.

La Biblia dice: "Lo que es nacido de la carne, carne es; y lo que es nacido del Espíritu, espíritu es" (Juan 3:6). El diablo y sus huestes de demonios son seres espirituales. Por eso no puede tratar con éstos en la energía de la carne para ganar. El Cuerpo de Cristo tiene que darse cuenta que para tratar con cosas en el espíritu deben hacerlo por *el Espíritu de Dios,* con *la Palabra de Dios.*

¡Pablo, sin la unción, no podía hacer más de lo que usted o yo podemos! Dependemos totalmente de la Palabra de Dios y de la unción del Espíritu Santo.

MARCOS 16:17, 20 (é.a)

17 Y estas SEÑALES seguirán a los que creen: EN MI NOMBRE ECHARÁN FUERA
DEMONIOS...

20 Y ellos (los discípulos), saliendo, predicaron en todas partes, AYUDÁNDOLES EL
SEÑOR y CONFIRMANDO LA PALABRA con las señales que la seguían. Amén.

¿Qué les dijo *Jesús* a los discípulos acerca de echar fuera demonios? ¿Dijo
que lo confirmaría con señales y milagros cuando sus discípulos le gritaran al
diablo en lenguas? ¿O dijo que lo confirmaría con señales y milagros cuando
enseñaran sus experiencias espirituales? Enfáticamente, ¡no!

La Biblia dice que Jesús *ayudó a* sus discípulos, confirmando *la Palabra*
que predicaban con las señales. Les dijo que predicaran la Palabra y las señales
los seguirían (cf. Marcos 16:20)

Ponga de primero la Palabra y no va a tener que preocuparse por las señales
que siguen, incluyendo el echar fuera demonios. Una señal que dijo Jesús que
seguiría *la* Palabra es que los creyentes echarían fuera demonios (cf. Marcos
16:17-20).

Pablo En Atenas

La ciudad de Atenas era otra de las grandes ciudades donde la maldad
prevalecía en gran manera. ¿Qué fue lo que el apóstol enseñó a las personas
acerca de las fortalezas espirituales en esa ciudad?

HECHOS 17:15, 16 (é.a)

15 Y los que se habían encargado de conducir a Pablo le llevaron a Atenas; y habiendo recibido orden para Silas y Timoteo, de que viniesen a él lo más pronto que
pudiesen, salieron.

16 Mientras Pablo los esperaba en Atenas, SU ESPÍRITU SE ENARDECÍA viendo
LA CIUDAD ENTREGADA A LA IDOLATRÍA.

Los atenienses habían levantado varias imágenes a los dioses en el monte
de Marte. Las Escrituras dicen que Pablo percibió que la ciudad de Atenas
estaba entregada a la idolatría (cf. v. 16). Su espíritu se enardeció debido a las
fortalezas que vio en la ciudad.

¿Qué fue lo que hizo acerca de la idolatría y las fortalezas en esa ciudad?
¿Libró una guerra espiritual contra el "príncipe espiritual" del Monte de Marte
en los lugares altos? No, la Biblia nos dice exactamente lo que hizo. Enseñó el
evangelio a las personas. Él predicó la *Palabra*.

HECHOS 17:17, 22, 23 (é.a)

17 Así que discutía en la sinagoga con los judíos y piadosos, y en la plaza cada día
con los que concurrían.

22 Entonces Pablo, puesto en pie en medio del Areópago, dijo: Varones atenienses, EN TODO OBSERVO QUE SOIS MUY RELIGIOSOS; **23** porque pasando y mirando vuestros santuarios, hallé también un altar en el cual estaba esta inscripción: AL DIOS NO CONOCIDO. Al que vosotros adoráis, pues, sin conocerle, ES A QUIEN YO OS ANUNCIO.

De acuerdo con los Hechos, no intentó derribar ninguna fortaleza demoníaca sobre la ciudad a pesar de que vio muchas. El predicó el *evangelio*, y predicó acerca de *Jesús* (cf. Hechos 17:31,32). Ni siquiera se mencionó al diablo en lo que predicó.

Aquellos que creyeron lo que dijo fueron salvos. Así era que Pablo rompía las fortalezas sobre la vida de las personas, ¡él predicaba la Palabra para que pudieran salvarse! Después Satanás no tenía más dominio legal sobre ellos.

Pablo En Éfeso

El capítulo 19 de los Hechos nos muestra el ministerio del apóstol en Éfeso. Las personas de allí hacían imágenes de la diosa Diana y las vendían. Cuando Pablo llegó a la ciudad predicando a Jesucristo, los efesios vieron una amenaza sobre su fuente de ganancia, y por lo tanto se levantaron contra el apóstol para causar un tumulto y así impedirle que predicara la Palabra.

Seguramente alguna clase de espíritu maligno estaba gobernando sobre esa ciudad haciendo que la gente se levantara contra él, sin embargo, no lanzó un ataque espiritual militante para derribar el "espíritu de Diana".

Era Demetrio el platero quien llamaba la atención hacia la diosa Diana, no era Pablo. Él estaba ocupado llamando la atención hacia Jesús. Estaba ocupado predicando la Palabra para que las personas pudieran salir del dominio de Satanás.

HECHOS 19:1, 8-10, 20 (é.a)

1 ... Pablo, después de recorrer las regiones superiores, vino a Éfeso ...
8 Y entrando Pablo en la sinagoga, HABLÓ CON DENUEDO por espacio de tres meses, discutiendo y persuadiendo ACERCA DEL REINO DE DIOS.
9 Pero endureciéndose algunos y no creyendo, maldiciendo el Camino delante de la multitud, se apartó Pablo de ellos y separó a los discípulos, discutiendo cada día en la escuela de uno llamado Tiranno.
10 Así continuó por espacio de dos años, de manera que todos los que habitaban en Asia, judíos y griegos, OYERON LA PALABRA DEL SEÑOR JESÚS ...
20 Así CRECÍA Y PREVALECÍA poderosamente LA PALABRA DEL SEÑOR.

Esta ciudad había sido tomada por el culto en el templo de Diana. Por todo lugar había templos de esta diosa. Era la que prevalecía sobre la ciudad, y también había otros dioses en otros templos. La ciudad estaba entregada a la adoración de ídolos.

¡Pero Pablo trató con esas fortalezas demoníacas predicando la Palabra! Le tomó como dos años, pero la Biblia dice que la Palabra crecía y prevalecía. Tantas personas creyeron lo que Pablo predicaba, que la Palabra comenzó a prevalecer en sus vidas. La Palabra de Dios prevaleció en esa ciudad a medida que las personas, una a una, aceptaban el Evangelio y hacían de Jesucristo su Señor.

En el día de Pentecostés, la Iglesia primitiva comenzó con ciento veinte personas. Al leer el libro de los Hechos, es fácil ver que el diablo intentó impedir que la Iglesia primitiva creciera. ¡Y usted habla acerca de un violento ataque del diablo!

El diablo atacó la Iglesia primitiva por todos los lados con persecución, pruebas y dificultades. Satanás intentó destruir a la Iglesia en su infancia, pero los creyentes lo vencieron con la Palabra. Y debido a que ésta prevaleció, el Señor añadía diariamente los que habían de ser salvos (cf. Hechos 2:47).

Satanás utiliza las mismas estrategias hoy (pruebas y dificultades) que utilizó en los días de la Iglesia primitiva. El aún está tratando de destruir la efectividad de la Iglesia para propagar el evangelio. Pero la Biblia dice que las puertas del infierno no prevalecerán contra la Iglesia (cf. Mateo 16:18). La Iglesia hoy está equipada con la misma armadura que usaron los creyentes de la primitiva contra el diablo para hacerle frente efectivamente y permanecer victoriosos sobre él.

Podemos vencer las estrategias del enemigo de la misma manera como lo hizo la Iglesia primitiva, no enfocando nuestra atención en luchar con un enemigo derrotado o en tratar de derribar fortalezas demoníacas sobre ciudades, sino orando bíblicamente. Tenemos autoridad para atar principados y potestades en sus operaciones contra nosotros. Y podemos orarle a Dios para que el corazón de las personas esté abierto al evangelio. Después debemos salir y predicar la Palabra y decirle a las personas acerca de sus derechos del pacto en Cristo para que puedan ser libres.

Además de esto, ¿ha ido alguna vez a esos países donde supuestamente las personas han derribado fortalezas espirituales? ¡Es interesante que después de haberlas "derribado", aún están ahí! Esto es porque solo la Palabra puede cambiar *personas* y afectar *naciones*. Solo la Palabra puede sacar a las personas del dominio de Satanás y las ataduras para aprender a resistirlo.

"Atormentando" Al Diablo

Ahora que estoy hablando acerca de tácticas contra el diablo que no funcionan y son dañinas para el Cuerpo de Cristo, voy a referirme acerca de otra práctica que está causando desastres en algunas iglesias hoy.

Hace poco me dijo un pastor acerca de una "escuela de liberación" a la que había atendido. Las llamo "escuelas de ataduras". No he visto ninguna que no se haya convertido en una escuela de ataduras, pues enseñan a las personas a estar conscientes del diablo y a temerle. No son algo nuevo. Las vi reproducirse hace años.

Más tarde, el pastor me dijo: "Yo pensé que iba a ser una escuela, y que los ministros enseñarían sobre temas de la Biblia. Pero nunca enseñaron nada. Por más de cuatro horas, todo lo que hicieron fue gritar y vociferar al diablo lo más fuerte que podían. Decían que estaban 'atormentando' al diablo. Jamás recibí nada, solo me quede sentado".

No quiero ser grosero, pero le llamo a esto: ¡ignorancia absoluta! Las personas en esa "escuela de liberación" deberían mejor cogerse las manos y cantar: "Estrellita dónde estás. Me pregunto dónde estás". Tratar de atormentar a un enemigo derrotado gritándole es verdaderamente perder una batalla. La principal "batalla" de un creyente es con su propia mente no renovada y únicamente es ganada cuando se afirma sobre su autoridad en Cristo.

Parece que algunos creyentes piensan que gritarle al diablo muestra su autoridad sobre él. Pero el diablo no tiene que doblar la rodilla ante lo fuerte que sea la voz de una persona. No tiene temor del ruido; ¡él tiene temor del nombre de Jesús! Él teme al creyente que se afirma en su autoridad en Cristo.

El diablo no tiene que cesar y desistir en sus operaciones contra usted sólo por lo fuerte que le grite. Pero sí *tiene* que detenerse en todas las estrategias contra usted cuando ejercita su autoridad en Cristo. Sólo tiene que saber sus derechos y privilegios en Cristo y reforzar la victoria de Jesús sobre Satanás con la Palabra de Dios. No estamos tratando de ganar la victoria sobre Satanás. Jesús ya ganó esa victoria. Simplemente estamos reforzando en nuestras vidas la victoria de Jesús con la Palabra de Dios.

Escuché una grabación de una sesión que supuestamente fue "enseñada" en esta "escuela". El ministro dijo: "La Biblia dice que Jesús entraba en las sinagogas y los espíritus malignos daban voces diciendo: '¿Has venido a atormentarnos?' Entonces atormentemos al diablo".

Él estaba citando a Marcos 5:7 y Lucas 8:28. Pero en Mateo 8:29, dice: "Y clamaron diciendo: ¿Qué tienes con nosotros, Jesús, Hijo de Dios? ¿Has venido acá para atormentarnos ANTES DE TIEMPO?" (é.a).

Jesús no podía todavía "atormentar" a estos espíritus malignos, y tampoco nosotros. Hasta que el arrendamiento de Adán termine, los demonios y espíritus malignos están aquí en la Tierra. Pero, gracias a Dios, el día viene en que serán echados en su eterna habitación para ser atormentados (cf. Apocalipsis 20:1-3).

¡Piense en esto! ¿Por qué querría alguien atormentar al diablo? Jesús acabó con él en la cruz. Por ser Satanás un enemigo derrotado, no me preocupo mucho por él. Sé que hacer con él si aparece, ¡gloria a Dios! Estoy más interesado en predicar acerca de Jesús para que las personas puedan salir del dominio del enemigo y aprender a cómo afirmarse exitosamente contra Satanás en toda prueba y dificultad.

¡Descubramos qué es lo que dice la Biblia y basemos nuestra estrategia contra el reino de las tinieblas sobre terreno bíblico para poder así ganar a los perdidos en el mundo para Jesús!

Escudriñe las Escrituras por su cuenta. Una y otra vez va a encontrar que Jesús, los doce discípulos y el apóstol Pablo enseñaron a los creyentes a predicar la Palabra.

Enseñaron acerca del nombre de Jesús, y la autoridad que tienen los creyentes en él sobre todos los poderes de la oscuridad. Enseñaron a los creyentes a afirmarse fuertemente con fe en la Palabra de Dios, pues es la Palabra la que disipa las fortalezas en la vida y el pensamiento de las personas. ¡La unción en la Palabra tiene el poder para romper cualquier atadura demoníaca!

Capítulo 10
Orando Bíblicamente Para Frustrar
El Reino De Las Tinieblas

Si los creyentes no deben derribar fortalezas en el sentido de hacer cosas no bíblicas como el de las lenguas de guerra en los lugares celestiales, ¿entonces *cómo podemos* orar de manera que nuestras oraciones efectúen cambios en ciudades o naciones?

En primer lugar y primordialmente, el Cuerpo de Cristo debe darse cuenta que es únicamente la Palabra de Dios la que crece y prevalece en la vida de las personas. La Palabra de Dios crecerá y prevalecerá sobre cualquier circunstancia, sobre cualquier demonio o fuerza del diablo en la vida de cualquier persona o en cualquier nación, si se siembra en el terreno preparado por la oración y regado por la Palabra y el Espíritu Santo.

Produciendo Una Cosecha A Través De
La Palabra Y La Oración

Un gran predicador dijo en una ocasión: "No es más sobrenatural el que los creyentes tengan un avivamiento que el que los granjeros recojan una cosecha". Él se estaba refiriendo a que los mismos principios para sembrar y segar una cosecha se aplican en ambos mundos: el natural y el espiritual. Una cosecha no sucede sin razón alguna, y no sucede de un día para otro. El granjero prepara el terreno y luego planta la semilla en el suelo, y la lluvia hace que la cosecha crezca. Finalmente, la cosecha está lista para la siega.

La Biblia llama a las personas que se encuentran listas para recibir el evangelio una cosecha espiritual (cf. Mateo 9:38). También nos da instrucciones de cómo arrancar a las personas del reino de las tinieblas y obtener una cosecha de almas para el Reino de la luz. En el mundo natural, una cosecha es el producto de las semillas. Pero antes de que se puedan sembrar, el terreno debe ser preparado. Luego, para poder obtener una cosecha, después de que ha sido sembrada la semilla, el terreno también debe ser regado con agua. Lo mismo es cierto en el mundo espiritual.

Espiritualmente, preparamos el corazón de las personas a través de la oración bíblica y el sembrar la semilla incorruptible de la Palabra de Dios (cf. 1 Pedro 1:23). La Palabra debe ser sembrada en los corazones de las personas por medio de la predicación de la Palabra, porque es ésta la que trae luz e iluminación al corazón de los hombres para liberarlos del dominio del diablo (cf. Salmos 119:130).

La tarea de sembrar la Palabra incorruptible y de contarles a las personas acerca de la victoria de Jesús sobre Satanás es la responsabilidad de cada creyente, no solo de los predicadores, pues Jesús dijo: "Por tanto, ID, y haced discípulos a todas las naciones" (Mateo 28:19 (é.a)). El diablo ha sido derrotado y destronado por Jesús de su lugar de dominio sobre los creyentes, pero ahora éstos deben ir a contarles a las personas las buenas noticias.

Además, en la Gran Comisión, Jesús instruyó a los creyentes a predicar y enseñar su Palabra a todas las naciones. No dijo: "¡Por tanto id, y orad para derribar las fortalezas demoníacas en todas las naciones!".

Si los creyentes sólo oraran en relación con la cosecha, pero nunca nadie sembrara la Palabra, jamás habría una cosecha de almas, nadie saldría del dominio de Satanás. Una persona puede orar por un sembradío durante todo el año, pero si no sale y planta algunas semillas en su jardín, va a terminar con las manos vacías cuando llegue la cosecha. Y no me importa qué tan buena sea la semilla o qué tan bien preparado esté el campo, si no hay agua o lluvia, no habrá cosecha ni habrá crecimiento. En la Biblia, el agua tipifica la Palabra y el Espíritu Santo.

Santiago 5:7 dice que el labrador aguarda con paciencia por el precioso fruto de la Tierra, hasta que reciba la lluvia temprana y la tardía. La lluvia que se menciona en este versículo tipifica al Espíritu Santo. Y en Zacarías 10:1, la Biblia nos enseña que pidamos al Señor para que envíe la lluvia; la lluvia espiritual del Espíritu Santo: "Pedid a Jehová lluvia en la estación tardía".

Para preparar el terreno en el cual se quiere sembrar la Palabra de Dios, podemos orar por un derramamiento del Espíritu Santo sobre todas las naciones. Pero entonces alguien tendrá que ir a predicar el evangelio con el fin de liberar a las personas, ya que *es la Palabra* la que libera a las personas (cf. Juan 8:32). Esta es la forma bíblica para cambiar a las naciones.

No va a poder encargarse del diablo en las naciones de otra forma diferente a la de *orar* de acuerdo con la Palabra de Dios y a la de *plantar* la semilla incorruptible de su Palabra.

Por lo tanto, es bíblico pedir que la lluvia (el Espíritu Santo) sea derramada sobre toda nación para que haga que las semillas de la Palabra que han sido plantadas en los corazones de las personas crezcan. Otra forma de orar bíblicamente para arrancar las almas del reino de las tinieblas es pedirle al Señor de la cosecha que envíe trabajadores a la cosecha (cf. Mateo 9:38).

Sin importar qué tan buena sea la cosecha, si no hay trabajadores para segarla, el precioso fruto no se recogerá. Así que solo siga pidiéndole al Señor por la lluvia del Espíritu Santo, siga predicándoles la Palabra a las personas, y siga orando para que sean enviados trabajadores. Entonces habrá una cosecha de almas que será traída al Reino de Dios. Esta es la forma bíblica de cambiar ciudades y naciones, y debido a que está basada con solidez en la Palabra de Dios, *Él* mismo traerá el crecimiento (cf. 1 Corintios 3:6).

Preparando El Terreno A Través De La Oración

El hacer que la Palabra prevalezca en las vidas de las personas debe ser el objetivo primordial de los creyentes mientras oran por el mundo. Si los creyentes evitaran orar en formas no bíblicas y empezaran a orar efectivamente de acuerdo con la Palabra de Dios, las estrategias de Satanás en ciudades y naciones serían frustradas y los propósitos de Dios serían consumados en la Tierra en una mayor medida.

Orar por avivamiento efectúa cambios en nuestras ciudades y naciones al hacer retroceder las tinieblas. El ministerio de Charles Finney, el gran predicador, nos da una idea de cómo preparar el camino para el avivamiento a través de la oración que está firmemente basada en la Palabra de Dios.

Finney tenía avivamiento en ciudad tras ciudad. En algunas ocasiones ciudades enteras se salvaban cuando llegaba y predicaba. ¡Eso es invadir el reino de las tinieblas! La mayoría de estudiantes de la historia de la iglesia estarían de acuerdo en que Finney ha tenido mayor éxito en ganar almas que cualquier otro desde el Apóstol Pablo. Es un hecho histórico que el ochenta por ciento de todo los convertidos de Finney se mantuvieron fieles a Dios en su caminar cristiano. En la mayoría de los otros grandes avivamientos en la historia, ni siquiera un cincuenta por ciento de los convertidos continuaron viviendo para el Señor.

Cuando se le preguntaba acerca del secreto para el éxito de su ministerio, Finney sencillamente dijo: "El secreto es la oración. Siempre me levanto a las cuatro de la mañana y oro hasta las ocho. He tenido algunas experiencias en oración que en verdad me han alarmado. Me encontré diciendo: 'Señor, Tú no crees que vamos a tener avivamiento aquí, ¡verdad que no!' Y luego me hallé citándole al Señor escritura tras escritura, recordándole Sus promesas".

Cuando leo el relato de cómo Finney oró por el avivamiento, me doy cuenta que estaba practicando lo que Dios nos instruyó a hacer en el libro de Isaías.

ISAÍAS 43:26

26 Hazme recordar, entremos en juicio juntamente; habla tú para justificarte.

Como verán, Finney alegó su caso con Dios para el avivamiento en las ciudades en las cuales estaría predicando, *basado en las promesas de la Palabra de Dios.* Le recordó a Dios lo que Él había dicho en su Palabra. Oró de acuerdo con la Palabra por avivamiento para que las almas fueran al Reino de Dios. No existe un solo relato en el que se mencione que Finney jamás derribó fortalezas demoníacas, oró en contra de demonios, o se encargó de Príncipes que gobernaban sobre ciudades; sin embargo, pueblos enteros fueron ganados para el Señor cuando predicaba.

Finney también habló acerca de un hombre, llamado el "padre Nash", quien apoyaba a Finney en oración. Algunas veces se iba delante de Finney, a la siguiente ciudad en donde predicaría, con el fin de preparar en oración el camino para el avivamiento.

En una ocasión, cuando arribó a cierta ciudad y comenzó sus reuniones, una mujer se le acercó y le dijo: "Hace como una semana, el 'padre Nash' me alquiló un cuarto. Luego de tres días, me pregunté por qué no salía de su habitación, así que fui hasta su puerta y pude escucharlo gemir en oración. Pensé que algo estaba mal, así que abrí la puerta y eché un vistazo. Allí estaba, postrado en la mitad del piso, gimiendo y orando".

Finney contestó: "No se preocupe por él, hermana. Únicamente déjelo solo. Él sólo tiene la carga de intercesión para orar por las almas perdidas".

Como verá, Nash no estaba derribando fortalezas o luchando contra demonios que gobernaban sobre las ciudades en las cuales Finney predicaría. Él estaba orando de acuerdo con Romanos 8:26, mientras el Espíritu Santo le ayudaba a orar por las almas perdidas con gemidos que no podían expresarse en un lenguaje articulado.

Sin embargo, debemos darnos cuenta que el Espíritu Santo puede guiar a una persona a orar en privado en formas que se verían mal en un ambiente público. Por ejemplo, muchas personas, especialmente si se encuentran presentes incrédulos, no comprenderían si de repente una persona se postrase sobre el suelo en la iglesia y comenzara a gemir en oración.

Pero la oración que está en línea con la Palabra prepara el terreno del corazón de las personas para que la Palabra pueda ser plantada y pueda llevar fruto eterno en las vidas de las personas. Esta es la forma bíblica de cambiar ciudades y naciones, no gastando nuestro tiempo supuestamente haciéndole la guerra a fuerzas espirituales que gobiernan ciudades y naciones, las cuales ya fueron derrotadas por Jesús.

Miles de almas fueron ganadas para el Reino de Dios a través del ministerio de Finney. Él logró esto orando por las almas (el precioso fruto de la tierra) y predicando la Palabra.

Permítanme compartir un ejemplo de una mujer que conocí y que preparó el camino a través de la oración para que muchos fueran liberados del reino de las tinieblas. La llamábamos la "madre Howard", y era una mujer fuerte en la oración.

Cuando por primera vez se mudó a la parte nor-central de Texas, años antes, no había iglesias del Evangelio Completo en toda aquella región. Pero el Señor puso en su corazón orar para que una iglesia así fuese establecida en cada pueblo y ciudad de aquella área.

Así que la "madre Howard" comenzó a orar, tomando un pueblo a la vez y continuando en oración hasta que una iglesia del Evangelio Completo se levantara en el pueblo por el cual estaba orando. Oraba desde la diez de la mañana hasta la media tarde. Luego, después de la cena, empezaría a orar hasta la media noche o hasta más tarde, dependiendo de la forma en que la dirigiera el Espíritu.

En sus oraciones, no estaba intentando derribar fortalezas o tratando de pelear contra el diablo. No estaba basando sus oraciones en lo que el diablo *estaba* o *no estaba* haciendo. Igual que el "padre Nash", ella estaba orando para que se salvaran las almas mientras el Espíritu Santo la ayudaba en Oración. No le estaba gritando al diablo, pero ciertamente le estaba haciendo mucho daño al reino de las tinieblas. Le estaba hablando a *Dios* y le estaba pidiendo que las almas fueran llevadas a su Reino.

Fue grandemente responsable de orar por una iglesia en cada ciudad y pueblo en aquella región de Texas. Es un buen ejemplo de cómo deben orar los creyentes para ayudar a que sus ciudades sean ganadas para Dios, por medio de la oración e intercesión bíblica ferviente.

"Yo Les Daré La Ciudad"

La oración e intercesión bíblica orada por el *poder* y la *unción* del Espíritu Santo, efectúa cambios en ciudades y naciones para el Reino de Dios. Permítanme ilustrarles esto. En cierta ocasión estaba predicando en una iglesia, y en la mitad de mi sermón, un espíritu de oración cayó sobre toda la congregación y todos simplemente cayeron al suelo orando. El Invisible, el Espíritu Santo, estaba dirigiendo el servicio. Todos oramos por bastante tiempo.

Al final de aquel tiempo, el Señor me dijo: "Dile a estas personas que si ellos entran en intercesión y en 'trabajo de parto' por los perdidos en su ciudad, Yo les daré esta ciudad. Se las daré, pero ellos van a tener que poseerla. Y la forma de poseerla es a través de la oración intercesora y el 'trabajo de parto del alma' por los perdidos".

Como verá, podemos interceder a favor de otros con nuestro entendimiento, como lo hizo Finney cuando alegó su caso con Dios usando las promesas en la Palabra de Dios. Pero no siempre sabemos cómo orar por las personas en la forma adecuada. Esta es la razón por la cual debemos ser sensibles a orar como el Espíritu Santo nos dirija, y como Él se apodere de la oración juntamente con nosotros (cf. 1 Corintios 14:14; Romanos 8:26). Orar por los perdidos de esta manera hace parte de la forma bíblica para ganar una ciudad para Dios. Para hacerlo, debe ganar almas.

Ganar una ciudad para Dios no significa que necesariamente *toda* persona en ese pueblo vaya a ser salva, ya que las personas aún tienen su libertad de escoger. Pero las oraciones y la intercesión hacen más fácil que las personas quieran rendirse a Dios y deseen ser salvas. El resultado que los creyentes oren a Dios es que muchos pueden ir a Él.

De hecho, cuando regresé a ese pueblo, dos años más tarde, esa iglesia era la más grande del lugar, y muchas, muchas almas habían sido arrebatadas del reino de las tinieblas y llevadas al Reino de Dios. ¡Y los creyentes en esa iglesia nunca intentaron derribar una sola fortaleza! Simplemente se entregaron a la oración que estaba basada en la Palabra de Dios y en la dirección del Espíritu Santo.

Crecía Y Prevalecía Poderosamente
La Palabra Del Señor

¿Cómo es que plantar la semilla incorruptible (predicar la Palabra) desarraiga a las personas del reino de las tinieblas y lleva incremento al Reino de Dios?

Vimos que en Hechos 19, Pablo predicó la Palabra de Dios en Éfeso y se realizaron poderosos milagros para la gloria de Dios. La gente se salvaba, los creyentes eran bautizados en el Espíritu Santo y hablaban en otras lenguas, los enfermos eran sanados, y aquellos que eran oprimidos por espíritus malignos eran liberados.

Todo esto ocurrió como resultado de la predicación de Pablo de la Palabra: "Así crecía y prevalecía poderosamente la palabra del Señor" (Hechos 19:29). Era la Palabra de Dios la que creció y prevaleció en los corazones y en las vidas de las personas en esa ciudad y la que las sacó del cautiverio del reino de las tinieblas.

Si quiere ver milagros, incluyendo que las personas sean liberadas de la opresión e influencia demoníaca, predique la Palabra. Póngala primero, porque ésta nunca falla. Cuando enfatiza o exalta cualquier otra cosa en lugar de la Palabra, se sale por tangentes doctrinales y las personas no son liberadas de las ataduras de Satanás. El exaltar algo diferente a la Palabra de Dios le abre una puerta al diablo, ya que esto lo desvía del propósito de Dios para la Iglesia. ¡Predique *la Palabra*! Establezca a las personas *en la Palabra*. Entonces podrán estar firmes en cualquier prueba o adversidad que Satanás trate de poner en su camino, porque tendrán una fundación sólida para su fe: *la Palabra del Dios vivo.*

Hechos 19:20 dice que era la Palabra de Dios la que prevalecía en las vidas de las personas. La palabra "prevalecer" significa *ganar ascendencia a través de la fuerza o superioridad*; *el TRIUNFAR: el ser efectivo o eficaz; el predominar.*

Cuando la Palabra gana ascendencia en los corazones de las personas, tiene el poder para transformar sus vidas y liberarlos de toda atadura del diablo. La Palabra prevaleciendo en la vida de las personas es la llave para que la Iglesia triunfante prevalezca sobre los poderes de la oscuridad en esta Tierra. Es la forma bíblica de cambiar ciudades y naciones para Dios.

Leí el boletín de un misionero que ha ministrado en la Filipinas durante muchos años. Su informe acerca de ministrar es un ejemplo de cómo predicar la Palabra puede efectuar cambios en una nación.

Su equipo ministerial fue a una isla que jamás había sido alcanzada por el evangelio, y las personas en esa isla se encontraban supremamente atadas a Satanás. Estos misioneros predicaron la Palabra a la gente, y muchos fueron liberados de la esclavitud de la oscuridad.

Los creyentes hubieran podido ayunar y orar por las personas en aquella isla durante el resto de sus vidas, pero nadie habría sido salvo si alguien no les predicara la Palabra. Los creyentes habrían podido ordenarle al diablo que dejara de gobernar sobre esa isla, pero hubiese seguido gobernando ya que sin el conocimiento de la Palabra, las personas se hubieran seguido rindiendo consciente o inconscientemente al diablo.

Sin la predicación y la enseñanza de la Palabra, las personas no hubieran sabido que tenían autoridad sobre Satanás, y que no tenían que seguir siendo derrotadas por el diablo.

Así que la oración espiritual efectiva se hizo, en primer lugar, por aquellos en esa isla que estaban atados a Satanás. Pero luego, alguien tenía que ir y plantar la semilla incorruptible al predicar la Palabra a las personas, de manera que muchas, muchas personas pudieran nacer de nuevo y ser liberadas del reino de las tinieblas.

Entre más hagan los creyentes que prevalezca la Palabra, veremos más ciudades y naciones cambiadas para la gloria de Dios. Esa es la manera de estar firmes como la Iglesia triunfante del Señor Jesucristo en la Tierra, alcanzando a todas las naciones con el evangelio en estos últimos días.

¿Por Qué Orar?

A pesar de que la Biblia no le enseña a los creyentes a enfocar sus oraciones en pelear contra demonios o en derribar fortalezas sobre ciudades o naciones, *se* nos instruye que debemos orar para extender el Reino de Dios sobre la Tierra.

Alguien podrá decir: "Retirémonos por completo de orar por nuestras ciudades y naciones para evitar todos los errores y extremos con respecto a derribar fortalezas y combatir al diablo en oración. Dejemos que Dios haga lo que Él quiera hacer; no tiene sentido orar".

Pero no podemos retirarnos de orar por los perdidos. El mundo necesita desesperadamente la oración.

Algunos pueden incluso preguntar: "¿De todas formas, por qué tenemos que orar e interceder por otros? ¿Ya que Dios es todo poderoso, por que no simplemente salva a todo el mundo hoy, siendo que su voluntad es que todos los hombres sean salvos"? (cf. 1 Timoteo 2:4).

En una ocasión leí una declaración de John Wesley que responde esa pregunta: "Parece ser que Dios está limitado por nuestra vida de oración. Él no puede hacer nada por la humanidad a no ser que alguien se lo pida".

La Palabra nos dice el por qué de esto.

SANTIAGO 4:2

2 . . . No tenéis lo que deseáis, porque no pedís.

JUAN 16:23, 24

23 En aquel día no me preguntaréis nada. De cierto, de cierto os digo, que todo cuanto pidiereis al Padre en mi nombre, os lo dará.

24 Hasta ahora nada habéis pedido en mi nombre; pedid, y recibiréis, para que vuestro gozo sea cumplido.

Dios espera que sus hijos le pidan con el fin de poder moverse a favor de los perdidos. Pedir basado en la Palabra de Dios es una de las formas en la que los creyentes están firmes en su lugar de autoridad en Cristo y hacen valer la derrota de Satanás sobre la Tierra.

Póngase Firme En La Brecha

Dios sólo puede moverse en esta tierra mientras su gente le pida que se mueva. Él está anhelando hoy por alguien que haga el vallado y se pare en la brecha delante de Él e interceda por las almas en toda nación. Esa es la forma bíblica de ganar ciudades para Dios.

EZEQUIEL 22:30 (é.a)

30 Y busqué entre ellos hombre que hiciese vallado y que SE PUSIESE EN LA BRE-CHA delante de mí, a favor de la tierra, PARA QUE YO NO LA DESTRUYESE; y no lo hallé.

En estos versículos, Dios dice que se vio obligado a destruir la Tierra ya que, como un Dios justo, tenía que pronunciar un castigo sobre el pecado. El castigo de Dios para el pecado no era injusto debido a que la gente había traído juicio sobre sí misma como consecuencia de sus acciones: "hice volver el camino de ellos sobre su propia cabeza" (v. 31 (é.a)).

Esta escritura implica que si Dios hubiera encontrado a alguien que se parara en la brecha para hacer vallado y para interceder por la Tierra, Él no hubiese tenido que traer juicio sobre la gente.

Eso nos lleva de regreso a lo que John Wesley dijo: "Parece ser que Dios no puede hacer nada por la humanidad a no ser que alguien se lo pida".

Si tan solo alguien se lo pidiese. ¡Piense en eso! Dios no dijo que teníamos que salir e intentar pelear contra Satanás, un enemigo derrotado. Estos versículos dicen que si los hijos del Pacto de Dios sólo le *pidieran* a Él que se moviera en la Tierra, entonces escucharía y respondería a sus oraciones. ¡Satanás no es nada para Dios!

Las personas no salvas del mundo son dominadas y gobernadas por el diablo, no por Dios. Por lo tanto, están destinadas a recibir "su propia recompensa sobre sus cabezas" a no ser que escuchen y reciban la verdad del Evangelio y se arrepientan.

Dios busca a aquellos que osadamente le pidan el contener el juicio y dar más tiempo a los inconversos para que se arrepientan y lleguen al conocimiento de la verdad.

En ese sentido, es nuestra responsabilidad predicar el evangelio para que las personas puedan ser salvas y enseñarles su posición de autoridad en Cristo sobre el diablo.

Como verán, estos son los principios en la Palabra de Dios sobre los cuales debemos construir nuestras doctrinas de oración y tomar ciudades y naciones para Dios. Dios vela sobre *Su Palabra* para llevarla a cabo, no en doctrinas que se construyen sobre experiencias o textos aislados llevados al extremo (cf. Isaías 55:11; Marcos 16:20).

Orando Por Aquellos En Autoridad

Otra forma bíblica de orar para ganar ciudades y naciones para Dios se encuentra en el libro de Timoteo. Se nos instruye a orar por aquellos en autoridad. Se entiende, por el uso de la razón, que si las personas en autoridad en una nación cambian para la gloria de Dios, entonces Dios tiene más libertad para moverse allí, de tal modo que los planes del diablo se ven frustrados y más hombres se salvan.

1 TIMOTEO 2:1–4 (é.a)
1 Exhorto ANTE TODO, a que se hagan rogativas, oraciones, peticiones y acciones de gracias, por TODOS LOS HOMBRES;
2 por los REYES y por TODOS LOS QUE ESTÁN EN EMINENCIA, para que vivamos quieta y reposadamente en toda piedad y honestidad.
3 Porque esto es bueno y agradable delante de Dios nuestro Salvador.
4 El cual quiere que todos los hombres sean salvos y vengan al conocimiento de la verdad.

Observe que el apóstol dice: *"ANTE TODO"*. Eso significa que debemos orar por todos los hombres y por todos aquellos en autoridad *antes* de orar por nosotros o por nuestras familias.

Orar de acuerdo con la Palabra y poner las prioridades primero siempre producen resultados. Orar de acuerdo con la última "tendencia" que no está basada firmemente en la Palabra de Dios jamás producirá resultados duraderos o eternos.

Mientras oramos por aquellos en autoridad, la Biblia dice que efectuará cambios en las naciones de este mundo "Para que vivamos quieta y reposadamente en toda piedad y honestidad" (1 Timoteo 2:2).

Sí, existen espíritus que gobiernan sobre ciudades y naciones que influyen a las personas que se encuentran en autoridad. A pesar de que no podemos "derribar" estas fortalezas demoníacas de una vez y para siempre, mientras oramos por los líderes de las naciones, podemos frustrar e invalidar las estrategias del diablo y hacer que el propósito de Dios prevalezca.

Pero orar por aquellos en autoridad no significa que debemos pedir para que los políticos de nuestros partidos favoritos sean elegidos. No podemos juzgar basados en el partido político o qué candidato es el mejor para ocupar las posiciones de liderazgo en nuestra nación.

En otras palabras, no necesitamos involucrarnos con *personalidades* al orar por nuestro gobierno; solo debemos orar para que el candidato correcto sea elegido. Todos podemos tener nuestra propia *opinión* acerca de quién es el indicado para el cargo, pero solo Dios sabe con certeza. Por lo tanto, sólo necesitamos orar para que la voluntad de Dios se haga sobre ese asunto.

Dios quiere que oremos por aquellos en autoridad para que haya paz en nuestra nación. Entonces podremos predicar el evangelio sin ser molestados. Mientras que el diablo tenga a las naciones agitadas, no podemos llevar una vida tranquila y apacible y predicar el evangelio sin obstáculos hasta los confines de la Tierra.

2 TESALONICENSES 3:1, 2
1 Por lo demás, hermanos, orad por nosotros, para que la palabra del Señor corra y sea glorificada, así como lo fue entre vosotros,
2 y para que seamos librados de hombres perversos y malos; porque no es de todos la fe.

Cuando oramos, Dios nos librará de "hombres malos y perversos" en toda área y sector de nuestra nación de manera que la Palabra de Dios tenga vía libre.

Así que la razón más importante por la cual Dios quiere que oremos por los líderes de las naciones es para que el evangelio pueda ser predicado y las personas puedan ser liberadas del reino de las tinieblas. El plan y el propósito de Dios son que la Iglesia predique el Evangelio a toda nación: "Y será predicado este evangelio del reino en todo el mundo, para testimonio a todas las naciones; y entonces vendrá el fin" (Mateo 24:14). Esta es la forma bíblica en la cual hacemos que las obras del diablo cesen de operar sobre la Tierra.

Cuando el evangelio haya sido predicado a todas las naciones, la Biblia dice que vendrá el fin. El diablo no quiere que el fin llegue, porque sabe que cuando esto pase ¡su fin también llegará! Por lo cual, Satanás va a tratar de lanzar todo tipo de obstáculos que pueda para evitar que el evangelio sea predicado a *todo* el mundo (cf. Marcos 16:15). En tiempos de guerra y confusión es más difícil esparcir el evangelio. Esta es la razón por la cual el diablo usa a los incrédulos, cuyas mentes ha cegado (cf. 2 Corintios 4:4), para causar problemas. Además porque quiere intentar detener la obra de Dios.

Sin embargo, depende de los cristianos si el diablo tendrá o no éxito en sus estrategias individuales en contra de ellos. En tanto que obedezcamos la instrucción bíblica de orar por aquellos en autoridad y por las naciones del mundo, podemos ayudar a frustrar los planes de Satanás y a cambio consumar los propósitos de Dios sobre la Tierra.

Los cristianos tienen la autoridad de orar en el nombre de Jesús y cambiar las cosas en su nación, sin importar en cuál nación estén viviendo. Cuando oramos, le damos a Dios el permiso para moverse y tomar el control de la situación en lugar de Satanás, el dios de este mundo. Cuando los creyentes se ponen firmes en su lugar de autoridad delegada durante la oración en el nombre de Jesús, Dios trae a muchos a su Reino. No peleamos contra el diablo para obtener esta autoridad. La autoridad ya nos ha sido dada en el nombre de Jesús (cf. Mateo 28:18-20). Cuando nos ponemos firmes durante la oración, simplemente estamos ejerciendo la autoridad que Jesús ha obtenido para nosotros.

Hemos visto un ejemplo de la Palabra de Dios prevaleciendo sobre las fortalezas de Satanás en la caída del Comunismo en las naciones del Bloque Oriental. En 1983, el Señor empezó a motivarme para que orara de acuerdo con Santiago 5:7: "El labrador espera el precioso fruto de la TIERRA ... hasta que reciba la lluvia temprana y la tardía" (é.a.).

Estábamos llevando a cabo una reunión de oración semanal aquí en RHEMA en ese tiempo, y anuncié: "Creo que hemos estado fallando en la forma como hemos estado orando por las naciones del Bloque Oriental. Creo que muchos de nosotros de manera inconsciente hemos marcado a las naciones Comunistas como inalcanzables para el evangelio. Hemos orado por los cristianos de allí, ¿pero cuántos hemos orado por los líderes Comunistas?

"Pero la Biblia no dice que el Señor está esperando por el precioso fruto de los Estados Unidos o del mundo libre. Está esperando por el precioso fruto de la *Tierra*, y eso incluye a los países Comunistas. Esto quiere decir que antes de que Jesús regrese, tiene que haber un avivamiento detrás de la Cortina de

Hierro y de la Cortina de Bambú, ya que la Biblia dice que se va a recoger una cosecha total en la Tierra".

Así que semana tras semana, durante nuestras reuniones de oración, oramos por las naciones comunistas, así como por las demás naciones del mundo. Le pedimos al Señor que enviara la lluvia (el derramamiento del Espíritu Santo) sobre estas naciones, de acuerdo con Zacarías 10:1: "Pedid a Jehová lluvia en la estación tardía". Oramos por los líderes de las naciones comunistas de acuerdo con 1 Timoteo 2:1, 2. Y pedimos para que el Señor de la cosecha enviara obreros (cf. Mateo 9:38).

Mientras dirijamos nuestras oraciones *al Señor* de la cosecha, tomamos nuestra posición sobre la Tierra como la Iglesia triunfante del Señor Jesucristo, mientras el dominio de Satanás sobre las vidas de los perdidos comenzaba a debilitarse. Esta es la forma como liberamos a las personas del cautiverio del enemigo. Cuando oramos por aquellos en autoridad en las ciudades y en las naciones del mundo, debilitamos la efectividad del reino de Satanás. Cuando oramos, Dios puede salirse con la suya en lugar de Satanás.

Estoy sumamente satisfecho de que los cambios que hemos presenciado en las naciones del Bloque Oriental hayan ocurrido, porque muchos creyentes a través del mundo oraron de manera bíblica por estas naciones impulsados por el Espíritu Santo.

Como cristianos, tenemos la autoridad en el nombre de Jesús para atar el poder del diablo sobre la escena política de una nación. Tenemos el derecho de exigirle que retire sus manos del gobierno y de la escena económica y social de una nación. Podemos atar todo espíritu sucio que este afectando estas áreas y ordenarles que se detengan en sus maniobras y que cesen y desistan de sus acciones en contra de nosotros (cf. Mateo 18:18; Juan 14:13,14).

Las estrategias de Satanás en nuestra contra pueden ser detenidas en cada encuentro, y los propósitos de Dios ser consumados, mientras que estemos firmes en el lugar de autoridad en Cristo, a favor de las naciones del mundo, orando por aquellos en autoridad.

Por lo tanto, pongamos las cosas importantes de primero para que Dios, no Satanás, pueda tener el dominio en nuestra ciudad o nación. Antes de que ore por su familia, ore primero por aquellos en autoridad para que: "Vivamos quieta y reposadamente en toda piedad y honestidad" (1 Timoteo 2:2). Esta es una manera en que podemos evitar que Satanás nos gane ventaja: "Pues no ignoramos sus maquinaciones" (2 Corintios 2:11).

La razón por la cual no hemos sido más efectivos sobre los poderes de las tinieblas es porque no hemos tomado el lugar que legítimamente nos pertenece en Cristo y porque no hemos basado nuestras oraciones firmemente en la Palabra de Dios. No hemos puesto lo importante en primer lugar.

La Visión De La "Ranas"

Tuve dos experiencias espirituales muy similares e inusuales; una en 1970 y la otra en 1979. Me mostraron qué tan real es nuestra responsabilidad de orar por nuestra nación y por el mundo. En ambas visiones observé tres enormes y negras criaturas parecidas a ranas, saliendo del Océano Atlántico. Se veían como enormes ranas con la diferencia de que eran mucho más grandes, del tamaño de ballenas.

En la primera visión de 1970, observé a estas criaturas oscuras salir del Atlántico; parecían saltar a través de toda la Tierra. En la segunda, observé nuevamente a tres criaturas parecidas a ranas, y una de esas criaturas salió del agua y parecía que estaba a punto de aterrizar sobre nuestra costa.

Debe saber cómo interpretar visiones espirituales. El que estas criaturas hayan salido del océano no significa que hayan salido literalmente de uno. Desde Génesis hasta Apocalipsis, los "mares" o las "aguas" frecuentemente *simbolizan multitudes de personas*.

En la primera visión, supe que las tres criaturas parecidas a ranas saltando a lo largo de nuestro país significaba que tres estrategias del diablo se levantarían de la multitud en contra de nuestra nación. La primera estrategia de Satanás sería la de motines y disturbios. La segunda, sería la de agitación política (Watergate, como resulto ser). Y la tercera, problemas en el sector económico de nuestra nación.

Estas estrategias malignas del enemigo no se levantan de la población cristiana, estas vienen de las masas de aquellos que caminan en tinieblas, ya que los pecadores están cautivos y dominados por el diablo en su reino.

En la segunda visión de 1979, Jesús me dijo: "Si los cristianos en esta nación hubieran hecho lo que les dije que hicieran en mi Palabra y hubieran orado por lo líderes de su país, hubieran podido impedir que esos espíritus malignos que viste en 1970 operaran en esta nación. Ninguno de estos disturbios hubiera ocurrido en su nación. No hubieran tenido los disturbios políticos, sociales y económicos, y el presidente jamás hubiera cometido los errores que cometió. De hecho, Yo hago a la Iglesia responsable de los errores del presidente".

Cuando escuché a Jesús decir esto, grite: "¡Mi Dios!" y empecé a llorar. Jesús continuó: "Sí, la Iglesia es la responsable delante del Dios Todopoderoso. Sé que cuando les dices esto a ciertos cristianos, se ríen. Pero espera a que se paren delante de mi Trono, porque entonces verán si lo hacen cuando sepan que recibirán la condenación".

Jesús estaba diciendo que los cristianos hubieran podido detener aquellas estrategias malignas del diablo al tomar su posición en la oración basados en la Palabra de Dios. Los cristianos tienen autoridad sobre la Tierra en el nombre de Jesús, y si hubieran orado por aquellos en autoridad, América no hubiera tenido los motines o los disturbios políticos y económicos que experimentamos en los 70.

En la visión de 1979, observé esas otras ranas a punto de aterrizar nuevamente sobre nuestras costas, y Jesús me dijo: "Puedes ver que tres estrategias similares del diablo están a punto de suceder nuevamente en esta nación. Primero, a no ser que los cristianos oren, va a levantarse otro tiempo de motines y tumultos y disturbios a través de toda la nación, pero provenientes de causas diferentes a los disturbios de principios de los 70.

"Segundo: algo está a punto de ocurrirle a su presidente que no debería ocurrir y que *no* ocurrirá si los cristianos oran, y toman autoridad sobre las estrategias del diablo y atan sus obras en mi Nombre. Y tercero, a no ser que los cristianos oren, algo está a punto de ocurrir que traerá aun más problemas en el escenario económico y en la estructura financiera de esta nación".

Jesús concluyó: "Una vez más, los cristianos pueden detener todas estas estrategias del diablo en contra de esta nación. Pueden detener la agitación causada por los motines, tumultos, y disturbios en la *estructura social*. Pueden evitar la agitación y la actividad del diablo en el *escenario político* de su nación. Y pueden impedir que el diablo trastorne el escenario financiero de su nación".

Muchos cristianos sí oraron y el plan del enemigo fue desviado y frustrado en gran manera. Debido a que tomaron su lugar de autoridad en el nombre de Jesús y empezaron a orar y a ejercer su autoridad sobre el diablo, Dios intervino a nuestro favor.

Cambiando A Las Naciones Bíblicamente

Vamos a observar a dos hombres en el Antiguo Testamento que cambiaron a sus naciones a través de la oración. Si quiere ver cómo personas de la Biblia cambiaron naciones, estudie sus vidas de oración y observe lo que oraban; encontrará que oraban en línea con la Palabra.

La intercesión de Abraham por Sodoma y Gomorra es un ejemplo de cómo las personas del pacto de Dios pueden interceder y afectar el curso de los eventos en este mundo para que los propósitos de Dios puedan llevarse a cabo, sin importar las fortalezas de Satanás sobre ciudades y naciones (cf. Génesis 18:16-33).

¿Cómo efectúo Abraham cambios en su nación? ¿Se enfrentó con demonios? ¿Intentó derribar fortalezas demoníacas? No, Abraham alegó su caso con Dios (cf. Génesis 18:16-33; Isaías 43:26). Él habló con Dios acerca de Sodoma y Gomorra.

Claro está, había espíritus perversos en estas ciudades; el juicio de Dios estaba a punto de venir por su perversión (cf. Génesis. 19:13). Pero Abraham no peleó contra los espíritus que gobernaban en su esfuerzo de ver a estas ciudades perdonadas. Hizo intercesión hacia *el Señor* con respecto éstas y el Señor le respondió perdonando a los justos.

La intercesión de Abraham nos enseña que no se requiere de un gran número de creyentes para realizar cambios sobre esta Tierra a través de la oración. La Biblia dice: "Si DOS de vosotros se pusieren de acuerdo en la tierra acerca de cualquiera cosa que pidieren, LES SERÁ HECHO" (Mateo 18:19 (é.a)). Y en Ezequiel 22:30, dice: "Y busqué entre ellos hombre". Una persona puede hacer toda la diferencia.

Y es más, estamos incluso bajo un mejor pacto que Abraham. Él no tenía autoridad sobre el diablo, como lo tenemos bajo el Nuevo Pacto en el nombre de Jesús. Si Dios se movió de acuerdo con la intercesión de Abraham bajo el Antiguo Pacto, cuanto más se moverá en nuestras ciudades y naciones, tan solo porque lo creyentes se lo piden (¡sin importar las estrategias de Satanás!).

Los cristianos podrían lograr mucho más para el Reino de Dios si tan solo ejercieran la autoridad que tienen en el nombre de Jesús e hicieran valer la derrota del diablo en esta Tierra. La mayoría no sacan provecho de la autoridad que les pertenece en la oración. Si lo hicieran, se le causaría mucho daño al reino de las tinieblas y muchas almas serían ganadas para Dios.

Los creyentes pueden cambiar los escenarios políticos, económicos y sociales en sus ciudades y naciones por medio de la oración bíblica. Pueden dilatar el juicio sobre los no salvos, dándoles más tiempo para escuchar el evangelio y arrepentirse. Cada vez que el pueblo de Dios toma su lugar en oración, tal y como lo hizo Abraham por las naciones del mundo, pueden cambiar las cosas sobre esta Tierra para la gloria de Dios y frustrar los planes del enemigo en cada encuentro.

La Vida De Oración De Daniel: ¿Hizo La Guerra Contra El Diablo?

En su vida de oración, encontramos otro ejemplo bíblico de un hombre del pacto cambiando el curso de los eventos en una nación a través de la oración. Si Daniel pudo cambiar el curso entero de la nación de Israel por medio de sus oraciones, sin importar las fortalezas satánicas, entonces debemos ver de manera exacta la forma en que oraba. Encontraremos que en cada instancia registrada, le oraba a *Dios*. La Biblia no dice ni una sola vez que Daniel "hacía la guerra" en contra del diablo o que se enfrentara directamente con principados y potestades.

El siguiente pasaje nos muestra su vida de oración.

DANIEL 10:2, 3, 5, 6, 12-14

2 En aquellos días yo Daniel estuve afligido por espacio de tres semanas.

3 No comí manjar delicado, ni entró en mi boca carne ni vino, ni me ungí con ungüento, hasta que se cumplieron las tres semanas.

5 Y alcé mis ojos y miré, y he aquí un varón vestido de lino, y ceñidos sus lomos de oro de Ufaz.

6 Su cuerpo era como de berilo, y su rostro parecía un relámpago, y sus ojos como antorchas de fuego, y sus brazos y sus pies como de color de bronce bruñido, y el sonido de sus palabras como el estruendo de una multitud.

12 Entonces me dijo: Daniel, no temas; porque desde el primer día que dispusiste tu corazón a entender y a humillarte en la presencia de tu Dios, fueron oídas tus palabras; y a causa de tus palabras yo he venido.

13 Mas el príncipe del reino de Persia se me opuso durante veintiún días; pero he aquí Miguel, uno de los principales príncipes, vino para ayudarme, y quedé allí con los reyes de Persia.

14 He venido para hacerte saber lo que ha de venir a tu pueblo en los postreros días; porque la visión es para esos días.

Tanto Ezequiel como Jeremías habían profetizado que Dios liberaría a Israel de Babilonia. Daniel era uno de los muchos exiliados hebreos cautivos en esa ciudad durante ese tiempo. Un día Daniel leyó estas profecías con respecto a la liberación de Israel de su cautividad, y comenzó a buscar a Dios con respecto a lo que Dios había prometido.

Fue la Palabra la que avivó a Daniel a orar y a buscar a Dios a favor de su pueblo. Y mientras buscaba al Señor, Dios no solo le mostró lo que sucedería en el futuro inmediato, sino que también le mostró a Daniel ciertos reinos que declinarían y que se levantarían en el futuro.

Daniel oró a Dios, no en contra del diablo

Cuando leo lo que la Palabra de Dios dice, veo que Daniel no se enfrentó personalmente en oración al príncipe que estaba gobernando en los lugares celestiales. Daniel oró *a Dios*.

Por otro lado, en un sentido, Daniel sí se enfrentó de manera indirecta en oración con los espíritus malignos, ya que *cuando oró*, Dios escuchó y le respondió, y el Reino de Dios avanzó y el reino de Satanás sufrió una derrota. Y como resultado, hubo una batalla en los lugares celestiales. Pero no era Daniel quien peleaba.

Como verán, cuando el Cuerpo de Cristo ora, suceden muchas más cosas en los lugares celestiales (el primer y segundo cielo en donde operan los demonios) de las que nos damos cuenta.

Y al parecer, el que los ángeles prevalezcan o no en los lugares celestiales, depende de nosotros aquí en la Tierra y de las palabras y oraciones que hablamos acerca de la situación. Recuerden, el ángel le dijo a Daniel: "Fueron oídas tus palabras; Y A CAUSA DE TUS PALABRAS YO HE VENIDO" (Daniel 10:12 (é.a)).

Cuando Daniel oró, no estaba tratando de derrotar al diablo. Le estaba recordando a Dios sus Palabras (cf. Isaías 43:26). Sin embargo, sus oraciones de manera indirecta afectaron a los principados y potestades y fueron la causa de que se librará una batalla en los lugares celestiales. Esto debido a que las fuerzas de la oscuridad querían impedir que la respuesta para Daniel le llegara.

Daniel tuvo que haber caído en cuenta que su respuesta no estaba pasando, así que continuó ayunando y buscando a Dios. ¿Qué hubiera pasado si Daniel se detiene de orar? Puede que el ángel no hubiese prevalecido en los lugares celestiales. Pero él no se rindió y, como resultado de la respuesta, se cambió la situación en aquella nación para la gloria de Dios.

Debido a la oración de Daniel *hacia Dios,* a pesar de que había gran maldad y muchas fortalezas de Satanás prevaleciendo en esa nación, Israel fue liberado de su cautiverio en Babilonia. Pero fue *la Palabra de Dios* hablada por Daniel en oración *hacia Dios* la que movió y cambió aquellas circunstancias. No fue el combate directo de Daniel en oración contra huestes espirituales de maldad en las regiones celestes el que cambió las cosas en esa nación, ya que no vemos en ningún lugar que hubiera orado en contra de espíritus malignos en las regiones celestes.

"Y A Causa De Tus Palabras Yo He Venido"

Este pasaje en Daniel 10 nos da una idea acerca del poder que nuestras palabras y oración tienen para afectar el *mundo espiritual* mientras que Dios se mueve para contestar nuestra oración en el *mundo natural*. Podemos ver esto en lo que el ángel le dijo: "Desde el primer día ... FUERON OÍDAS TUS PALABRAS; y A CAUSA DE TUS PALABRAS YO HE VENIDO" (Daniel 10:12 (é.a)).

Esta es una afirmación muy interesante: "A causa de tus palabras yo he venido". No fue por palabras habladas en el Cielo que se envió al ángel a Daniel o que se puso al ángel de Dios a trabajar. Fue por palabras *habladas en la Tierra* por alguien orando en línea con la Palabra de Dios que puso al ángel a trabajar en contra de los poderes de la oscuridad (cf. Salmos 103:20).

Esto nos dice que el experimentar o no la victoria sobre la Tierra está relacionado con el hecho de que los hijos de Dios tomen el lugar de autoridad que legítimamente les corresponde en Cristo y oren en línea con la Palabra de Dios.

Así mismo, bajo el Antiguo Pacto, Daniel no tenía autoridad en el nombre de Jesús para enfrentarse a Satanás y atar las operaciones y estrategias de principados y potestades, porque Jesús aún no había venido a derrotar a Satanás. La autoridad sobre los demonios no había sido dada todavía, pues Jesús aún no había muerto y resucitado de los muertos, y delegado su autoridad a la Iglesia.

Por lo tanto, Daniel no podía tomar autoridad sobre las estrategias del diablo como lo pueden hacer los creyentes bajo el Nuevo Pacto. Hoy en día, bajo el Nuevo Pacto, tenemos un mejor pacto establecido sobre mejores promesas que las que tuvo Daniel. Podemos tomar autoridad sobre las estrategias de Satanás y hacerlas inoperantes en la Tierra. No peleamos para obtener esa autoridad, simplemente tomamos nuestra posición en la autoridad que Cristo ya nos ha dado.

El papel de la oración en el trato con el reino de las tinieblas

Mientras que los creyentes oren de acuerdo con la Palabra, Dios se moverá a nuestro favor. Y mientras oramos de acuerdo con la Palabra, parece ser como si nuestras oraciones en realidad hicieran retroceder los efectos del poder de la oscuridad, permitiendo a la Palabra prevalecer, de manera que podamos predicar el evangelio.

Permítanme compartir un ejemplo que muestra el poder de la oración bíblica para hacer retroceder el reino de las tinieblas y cambiar el curso de los eventos en una nación. Hace varios años el embajador de una nación africana visitó RHEMA con un mensaje personal de agradecimiento del primer ministro de su nación.

Unos meses antes de esto, uno de nuestros equipos ministeriales visitó esa nación africana en una época en la que se encontraba al borde de una revolución. El equipo se reunió con los líderes de la nación y les habló acerca de la verdad de Jesucristo y fueron invitados a una reunión del Parlamento con el fin de orar por una solución pacífica a la crisis de su nación.

Dios contestó sus oraciones y la crisis se solucionó sin derramamiento de sangre. El primer ministro nos envió este mensaje: "La verdad de Jesucristo que su gente trajo a investigación, salvó esta tierra de un baño de sangre". Como verán, el diablo quería causar una revolución sangrienta. Pero cuando los creyentes se pararon en su autoridad en el nombre de Jesús, ataron las obras del enemigo, y luego predicaron el evangelio a la gente. La estrategia de Satanás fue frustrada.

Pero el embajador de aquella nación nos dijo: "Ciertamente podemos notar la diferencia cuando los cristianos oran por nuestra nación y por sus líderes. Cuando toman su posición en oración parece que la oposición del enemigo se levanta. Pero si los creyentes se rinden y cesan de orar, los efectos de las fuerzas de la oscuridad simplemente vuelven a infiltrarse".

El orar por aquellos en autoridad y por las naciones del mundo tiene que ser una práctica continua para los creyentes. Esta es una forma de cooperar con la voluntad de Dios para que ésta prevalezca en las situaciones. Orar por aquellos en autoridad es una forma de disipar los obstáculos demoníacos que impiden que la Palabra prevalezca en las vidas de las personas.

No podemos disipar al diablo y a sus demonios de la Tierra, o arrojarlos al abismo antes de su hora de juicio final (cf. Apocalipsis 20:3). Pero a través de la oración bíblica, podemos mantener a las fuerzas de la oscuridad a raya, por decirlo así, para que el evangelio tenga el camino despejado y el corazón de las personas sea receptivo a la Palabra de Dios. La luz hace que la oscuridad retroceda y la disipa de manera que las personas sean receptivas al evangelio. Por ejemplo, cuando entra a un cuarto oscuro y enciende el interruptor de la luz, ésta disipa la oscuridad. ¡La oscuridad no existe en donde está la luz!

La Biblia dice que el diablo intenta cegar la mente de aquellos que podrían llegar a creer: "El dios de este siglo CEGÓ EL ENTENDIMIENTO DE LOS

INCRÉDULOS, para que no les resplandezca LA LUZ del evangelio de la gloria de Cristo, el cual es la imagen de Dios" (2 Corintios 4:4 (é.a)). Al predicar la Palabra y al orar por las almas para que entren al Reino de Dios, hacemos retroceder y disipamos la oscuridad para que las personas puedan recibir el evangelio y ser salvas.

Atando Las Tres Primeras Clases De Demonios Sobre La Tierra

Recuerden que les dije que cuando Jesús se me apareció en la visión de 1952, dijo: "Toma autoridad sobre las tres primeras clases de demonios, y Yo me encargaré de las huestes espirituales de maldad en las regiones celestes".

Principados, potestades, y los gobernadores de las tinieblas de este siglo son las clases de demonios que afectan de manera directa nuestras vidas, ya que reinan en nuestro territorio, por decirlo así. Estos son los que debemos atar y sobre los cuales debemos tomar autoridad sobre la Tierra en el nombre de Jesús. Y si ejercemos nuestra autoridad en Cristo, Jesús se encargará de las huestes espirituales de maldad en las regiones celestes.

En Mateo 18:18, cuando Jesús dijo: "Todo lo que atéis en la tierra, será atado en el cielo", no estaba hablando acerca de atar un principado o una potestad arriba en el Cielo de Dios, ya que no existe nada en el mundo de Dios que necesite ser atado. No, Jesús estaba hablando acerca del primer cielo o del segundo cielo, porque es allí en donde estos poderes malignos operan.

Los principados y las potestades siguen gobernando en este mundo porque son capaces de operar a través de los incrédulos o a través de creyentes ignorantes o desobedientes. Pero *los creyentes* pueden detener, en el nombre de Jesús, a los principados, a las potestades y a los gobernadores de las tinieblas de este siglo en sus operaciones al ejercer su autoridad en Cristo.

El atar al diablo en sus operaciones en contra de nosotros es la forma bíblica de tratar con espíritus malignos que gobiernan en los lugares celestiales.

Permítanme darle una ilustración de la manera bíblica de tratar con espíritus malignos que ocurrió en mi vida. Me encontraba predicando en una de nuestras mayores ciudades, y el Espíritu del Señor vino sobre mí y me dirigió en cómo orar por esta situación en particular.

Hablé por la unción del Espíritu Santo: "¡Usted, espíritu inmundo, en los lugares celestiales, que viene en contra de nuestra nación y en contra de nuestro gobierno, cese y desista de sus operaciones en contra de nosotros! Ustedes

demonios inmundos, ustedes tres que habitan en esta ciudad, les ordeno que
cesen y desistan de sus maniobras en el nombre de Jesús. Retiren sus manos de
aquel hombre en el cargo político. Retiren sus manos de ese grupo de hombres
en autoridad. Deténganse ahora en el nombre de Jesús. ¡Ustedes son un enemigo
derrotado, y en el nombre de Jesús deben irse ahora"!

Oré de esta manera, de acuerdo a la dirección y a la unción del Espíritu
Santo. No tenía la menor idea de lo que estaba sucediendo en esa ciudad. Pero
el Espíritu Santo me dirigió, y poco tiempo después de que esto ocurrió, un
importante líder político fue destituido de su cargo por corrupción y vicio.

Y como resultado de tomar autoridad sobre las obras del diablo en esa ciudad
por el poder del Espíritu Santo, poco tiempo después cayó juicio sobre otras
figuras políticas corruptas, y muchos en posiciones claves en cargos guberna-
mentales fueron destituidos del cargo en aquel tiempo.

Traté de manera bíblica, por la unción del Espíritu Santo, con estos espíritus
malignos que gobernaban en el mundo *invisible.* Luego, en el mundo *visible,*
en esa ciudad, los líderes políticos corruptos fueron expuestos y destituidos
de sus cargos.

Límites A Nuestra Autoridad

La autoridad de una persona en el mundo natural y en el mundo espiritual
sólo puede ser ejercida hasta cierto punto. Por ejemplo, un creyente tiene autoridad sobre los poderes de la oscuridad en su propia casa y por sus propios
parientes (cf. Hechos 16:15,31; Mateo 8:1-13). Pero cuando un creyente se sale
de su campo de autoridad o de su jurisdicción al orar por otros, necesitara obtener
su permiso con el fin de poder ejercer algún tipo de autoridad a su favor.

Esta es la razón por la cual Jesús nos dijo que oráramos en *acuerdo* (cf.
Mateo 18:19), y lograr que ambas partes estuvieran de acuerdo sobre la Palabra
de Dios. Si oramos más allá de nuestro campo de influencia por alguien más,
esa persona debe estar de acuerdo con nosotros para que nuestras oraciones
sean eficaces.

También debemos comprender las limitaciones de nuestra autoridad sobre
el reino de Satanás si vamos a tratar de manera efectiva contra él. Por ejemplo,
tenemos la autoridad de romper el poder del diablo sobre la vida de las personas en el nombre de Jesús (cf. Mateo 18:18,19; Filipenses 2:9,10) y hacer que
sea más fácil para ellos el aceptar a Cristo. Pero ellos aún tienen la libertad de
elegir y pueden escoger aceptar a Jesús o rechazarlo. Al romper el poder del
diablo sobre la vida de una persona, ésta se encuentra libre de los obstáculos

que trae la influencia de Satanás de manera que puede tomar una decisión libre con respecto a Cristo.

Pero *no* tenemos escrituras para romper el poder del diablo sobre una ciudad entera de una vez y para siempre, ya que una ciudad está compuesta de *personas*. Éstas tienen la libertad de elegir, y pueden escoger a quién van a servir (Satanás o Dios). Y en toda ciudad, muchas personas *escoger* servir a Satanás y rendirse continuamente a él. Pero en la oración podemos hacer que la influencia de las tinieblas retroceda para que la Palabra tenga la oportunidad de prevalecer en los corazones y en las vidas de las personas por medio de la predicación del evangelio.

Por este mismo principio, existen limitantes de cómo el creyente puede ejercer su autoridad en lo que concierne a la actividad demoníaca. En otras palabras; puedo encargarme del diablo en mi propia vida. Pero no puedo necesariamente encargarme en la vida de otra persona a no ser que ésta me dé la autoridad para hacerlo. Esta puede *querer* al diablo en su vida; puede que ame las obras de las tinieblas y rehúse venir a la luz. Toda persona tiene el derecho de elegir a quien servirá, y no podrá violar su voluntad.

Cometemos un error cuando tratamos de tomar la autoridad legítima que tenemos en nuestras vidas en el nombre de Jesús e intentamos ejercerla en la vida de otro. No tenemos esa clase de autoridad. Podemos hacer que el diablo huya de nuestras vidas, pero no siempre podemos hacer huir al diablo de la vida de otro. La voluntad de una persona tiene mucho que ver con su propia liberación.

Permítame darle un ejemplo en el mundo natural. Puedo manejar mis propias finanzas, pero no puedo manejar sus finanzas a no ser que me dé esa autoridad. Bien, las cosas espirituales son tan reales como las cosas naturales. Pero cuando se trata de cosas espirituales, al parecer pensamos que podemos entrometernos en la vida de otras personas sin su consentimiento. Y en ocasiones las personas actúan como si estuviesen dando su consentimiento, pero su corazón en realidad no está de acuerdo. Y a no ser que las personas den su consentimiento, no podrá hacer que sean liberados a no ser que haya un mover sobrenatural del Espíritu de Dios como lo tuvo Pablo en Hechos 16.

Pero entre tanto que la propia mentalidad y voluntad de la persona estén obrando y ésta pueda controlarse, esta tiene mucho que ver con su propia liberación. Por esto debemos enseñarle a la gente su responsabilidad al tratar con el diablo, la cual es permanecer llenas de la Palabra y llenas del Espíritu Santo, y aprender cómo estar firmes en contra del diablo. Y si las personas vienen en busca de su ayuda, debe enseñarles cómo atar al diablo y estar firmes en su contra por sí mismas. Por ejemplo, cuando las personas vienen en busca de mi ayuda, usualmente puedo ayudarlas ya que al venir me están dando el *permiso* y la *autoridad* para ayudarlas. En tanto que estén con el suficiente control mental para darme esta autoridad, puedo ayudarlas. De otra forma, necesito un don sobrenatural del Espíritu en operación para liberarlas.

Smith Wigglesworth relata una historia que nos ayuda a ilustrar el campo de autoridad de un creyente. Wigglesworth viajaba por barco desde los Estados Unidos de regreso a Inglaterra, y un extraño ocupaba la misma cabina con él. Era un hombre joven, y se encontraba enfermo en cama, cuando entró en la cabina.

El hombre era solo piel y huesos, y le dijo: "Me dirijo hacia Inglaterra. Mi padre acaba de morir y herede sus pertenencias. Pero sólo me las voy a beber; lo perderé todo en apostar y en bebida. He bebido tanto que no puedo comer nada; tengo úlceras en el estomago".

Wigglesworth jamás había conocido a este hombre en el pasado. Pero le dijo: "Solo diga la palabra, y puedo hacer que sea liberado". El hombre dijo: "Sí, quiero ser liberado". Entonces le impuso sus manos y echó fuera al espíritu maligno y el sujeto fue instantáneamente sanado. Después de esto, el joven fue totalmente liberado y pudo comer cada comida mientras estuvo a bordo de aquel barco.

Hay un principio bíblico involucrado aquí. Wigglesworth le dijo: "Solo diga la palabra". Como verán, a pesar de que él tenía el *poder* en el nombre de Jesús para liberarlo, no tenía la *autoridad* para hacer algo por él hasta que el joven le diera el *permiso* o la *autoridad* para tratar con el diablo en su vida. Hasta que le diera permiso, no podía ayudarlo.

No puede *obligar* a las personas a aceptar a Cristo o no puede *obligar* a nadie a querer ser liberado o a escoger lo que Dios tiene para ellos, porque las personas tienen la libertad de escoger. Sí, puede orar por ellos y atar el poder del diablo sobre sus vidas, y esto les da una oportunidad para elegir sin los obstáculos de la influencia de Satanás. Pero aun así tienen la libertad de escoger.

Por ejemplo, un hombre trajo a su esposa a una de mis reuniones por liberación. La trajo hasta la fila de oración, y cuando oré por ella, supe por el Espíritu de Dios que un espíritu maligno se había aferrado a su mente. Supe también que si quería ser liberada, podía serlo.

Luego Dios me reveló lo que había hecho que perdiese su mente en primer lugar. Había escuchado a un conocido predicador decir que Dios le había hablado en una voz audible. Cuando escuchó esto, ella empezó a buscar voces (no a Dios, sino voces) hasta que finalmente se volvió demente, y tuvo que ser confinada a un asilo.

Dios también me reveló que su esposo la había llevado a varios ministros por liberación. Pero ella no había logrado ser liberada, por lo cual su esposo se había enfadado con cada ministro. Supe todo esto por revelación del Espíritu Santo.

Luego su esposo la trajo a mi reunión. Sin embargo, supe que a menos que quisiera librarse de ese espíritu maligno y dejar de escuchar esas voces, tampoco podría hacer que fuera liberada. Así que no le ministré en la fila de oración; esperé una oportunidad para hablar tanto con ella como con su esposo después del servicio.

Le dije a esta pareja exactamente lo que el Señor me había revelado. Esta mujer había estado por fuera del asilo por algún tiempo, pero su esposo la iba a llevar de regreso porque su mente se había confundido nuevamente. Sin embargo, la mujer podía comprender lo que se le afirmaba, así que le dije: "hermana, mientras quiera escuchar esas voces, las va a escuchar. Pero si quiere ser liberada, puede serlo".

Ella contestó: "No, quiero seguir escuchando estas voces".

Ahora, si su mente no estaba trabajando correctamente, y alguien en autoridad como su esposo me diese el permiso, hubiese podido echar a ese espíritu de su mente. O si el Espíritu Santo se moviera sobrenaturalmente por medio de un don del Espíritu, hubiera podido encargarme de ese espíritu sobrenaturalmente.

Pero su mente estaba lo suficientemente despejada para que tomara una decisión racional; ella quería escuchar esas voces, así que no había nada que pudiera hacer. No podía violar su libertad de escoger. Dios tampoco violaría su libertad. Pero en cualquier momento en que quisiera ser libre, podía serlo a través del poder en el nombre de Jesús.

Hay un principio aquí que los cristianos necesitan comprender con respecto a la limitación de nuestra autoridad sobre el diablo en la vida de otras personas. La mente es la puerta del corazón.

Si la mentalidad de una persona es tal que puede comunicarse con ella, y ésta le da permiso, puede tratar con espíritus malignos en su vida. Pero si la persona no le da el permiso, o si quiere mantener los espíritus malignos, no podrá encargarse del diablo en su vida.

Si la mente de una persona no funciona adecuadamente y no puede darle permiso, entonces puede ayudarlo si el Señor le da una operación sobrenatural de un don del Espíritu con el fin de encargarse del espíritu maligno que lo atormenta. O si la persona puede sentarse bajo la enseñanza de la Palabra por un periodo de tiempo, puede ser liberado.

Pero la observación que estoy haciendo es que existen límites para nuestra autoridad en el mundo espiritual cuando entramos a tratar con el diablo en la vida de otras personas, de la misma forma en que existen límites para nuestra autoridad en el mundo natural cuando tratamos con otras personas.

Algunos creyentes cometen el error de tomar el versículo: "Estas señales seguirán a los que creen – en Mi Nombre echarán fuera demonios", e intentan echar el demonio de todos aquellos con los que se encuentran.

Pero como verán, no puede andar por ahí ejerciendo autoridad sobre todos con quienes se encuentra. Jesús no hizo eso cuando caminó sobre esta Tierra. Ni tampoco los apóstoles. De hecho, no existe un patrón en el Nuevo Testamento para ir, de manera indiscriminada, echando demonios de todos aquellos con los que nos encontramos.

Muchas veces cuando cristianos bien intencionados ven la autoridad que poseen en el nombre de Jesús, se dejan llevar por su emoción y empiezan a creer que pueden echar demonios de todo el mundo. Piensan, *YO SOY alguien. Yo tengo poder. YO PUEDO realizar milagros* o *YO PUEDO obrar en el ámbito sobrenatural.* ¡NO, ellos no pueden obrar el poder sobrenatural de Dios por su cuenta! Nadie puede. El Espíritu Santo es el Hacedor de Milagros, no el hombre. Y necesitamos depender de Él para que nos guíe en sabiduría de acuerdo con la Palabra en nuestros tratos con Satanás.

Así que, como verán, existen límites a nuestra autoridad al tratar con el diablo en la vida de otros. ¿Pero qué hay acerca de nuestras vidas? Por ejemplo, he tenido a creyentes preguntándome qué tanta autoridad tienen en mantener a los demonios fuera de su propiedad. Los creyentes sí tienen autoridad sobre los espíritus malignos que intentan venir sobre su propiedad. De hecho, a pesar de los límites de nuestra autoridad, ¡estoy convencido de que la Iglesia del Señor Jesucristo tiene más autoridad de lo que la mayoría de los creyentes piensan!

Permítanme compartirles un incidente que le ocurrió a Ernie Reb, un misionero en las Filipinas, con relación a demonios en su propiedad. Él se había mudado a una isla que se suponía era la mismísima fortaleza de Satanás.

Estaba construyendo una casa sobre la isla, y durante la construcción, uno de los carpinteros empezó a gritar. Entonces fue a ver lo que sucedía. El sujeto estaba peleando por todos lados como si estuviese luchando con algo, y gritaba: "¡Quítenmelo de encima! ¡Quítenmelo de encima!".

Reb dijo: "Observé algo desgarrar la bota de su pantalón. Marcas de dientes aparecieron, y la herida empezó a sangrar. Todo el tiempo estaba gritando: '¡Quítenmelo de encima!'. Me di cuenta de que tenía que ser un diablo. Y dije: '¡Le ordeno en el nombre del Señor Jesucristo que lo deje! Esta es mi propiedad. ¡Usted no tiene ningún derecho aquí!'".

Cuando le dijo al demonio que se fuera, salió corriendo. Reb me dijo que jamás logró ver al demonio, pero el otro hombre lo vio partir. Después de esto, los otros carpinteros tuvieron miedo de trabajar allí. El curandero vino, diciendo que quería sacrificar a un cerdo y a una gallina; se suponía que su sangre apaciguaría a los demonios.

Reb le dijo al curandero: "¡No, no va a entrar en mi propiedad! ¡No va a sacrificar nada en mi propiedad! No hay espíritus malignos aquí. No regresarán y no podrán poner un solo pie en mi propiedad. Dígale al carpintero que regrese a trabajar. Eso no volverá a ocurrir".

Como verán, esos demonios conocían al hermano Reb, y reconocieron que él sabía de su autoridad en Cristo. Y si usted es un creyente, los demonios lo conocen. Ellos van a huir de su vida si usted ejerce su autoridad en Cristo. Pero si no la ejerce, entonces van a tomar ventaja de usted porque están listos para matar, robar y destruir (cf. Juan 10:10).

El curandero le dijo al hermano Reb: "Si ese hombre regresa al trabajo y el diablo salta sobre él y lo mata, usted será el responsable. Él tiene una esposa y varios hijos. Si muere, tendrá que cuidar de ellos".

Reb le respondió: "Dígale que regrese a trabajar. Esos demonios no van a volver a atacar. Les he prohibido que entren en mi propiedad, de la misma manera como le prohíbo a usted hacerlo". El carpintero regresó a trabajar después de que su pierna sanara y jamás fue atacado de nuevo.

La experiencia de hermano Reb nos muestra que definitivamente sí tenemos autoridad sobre el diablo cuando trata de inmiscuirse o de entrar ilegalmente en nuestra propiedad. Cuando de manera osada atamos las obras del diablo, él tiene que cesar y desistir de sus operaciones en contra nuestra.

El diablo no tiene derecho alguno de entrar ilegalmente en la propiedad de Dios. ¿Pero qué tanta autoridad tenemos cuando estamos en el territorio de Satanás? Si está en el territorio del diablo en desobediencia, ignorancia, o curiosidad, él va a asaltar sobre su vida. Si está en su territorio, no va a evitar que el diablo lo ataque.

Los creyentes tienen autoridad sobre el diablo en sus propiedades, y tienen autoridad cuando están predicando el evangelio en el territorio del diablo, por la guía y dirección del Espíritu Santo.

Por ejemplo, los misioneros siempre están invadiendo el territorio del diablo con las buenas nuevas del evangelio, y tienen autoridad sobre él en el Nombre de Jesús. Pero si los creyentes se van al territorio del diablo porque están caminando en desobediencia y en contra de la luz de la Palabra de Dios, le darán el derecho legal de atacarlos.

Sí, tenemos que tratar con el diablo. Él aún gobierna en la oscuridad, y no podemos evitar que gobierne como el dios de este mundo. Pero podemos atarlo en sus operaciones en contra de nosotros.

Y podemos predicar la verdad a las personas y hacerles saber que no tienen que ser dominados por el diablo. Por medio de la oración bíblica y la predicación de la Palabra, podemos ayudar a sacar a las personas del reino de la oscuridad y traerlas al Reino de Dios. ¡Esa es la forma bíblica de parar de cabeza a una nación o a una ciudad para Dios!

Capítulo 11
¿Es El Ministerio De Liberación Bíblico?

Muchos Cristianos hoy en día están cayendo en el engaño del diablo por el así llamado "ministerio de liberación". Mucho de lo que actualmente está sucediendo bajo la fachada de "liberación" es exceso y error. Cualquier clase de liberación debe tener su fundamento y sus prácticas firmemente asentadas en la Palabra de Dios, no en experiencias humanas. Mucho de lo que está sucediendo actualmente en los ministerios de liberación no puede hallarse en la Biblia, pues está basado en la experiencia humana y los excesos.

De hecho, en el Cuerpo de Cristo, el enemigo está trabajando a través de algunos en el así llamado "ministerio de liberación" para desviar del camino a muchas personas buenas, distrayéndolas de lo que Dios anhela hacer en el mundo a través de su Iglesia.

La liberación le pertenece a usted

A pesar del error que se está enseñando acerca de la liberación y la demonología, la liberación *es* bíblica. Si usted es un cristiano, la sanidad y la liberación le *pertenecen*. Pero necesita darse cuenta de que la palabra "liberación" no solo significa liberación de demonios. De hecho, la libertad de *cualquier cosa* que intente atarlo es parte de sus derechos redentivos en Cristo. Por esta razón jamás debería permitirle a *nada* de Satanás llevarlo cautivo, porque la completa redención de su dominio ya ha sido provista por nuestro Señor Jesucristo.

Jesús compró y pagó por nuestra redención en la cruz del calvario. Para el creyente, esa redención incluye la liberación de *cualquier* atadura satánica (espíritu, alma y cuerpo). La sanidad y la liberación son parte de nuestros derechos de pacto cuando aceptamos a Jesús como nuestro Salvador (cf. Mateo 8:17; Lucas 10:19; 1 Pedro 2:24).

Debido a que la liberación está incluida en nuestra redención, es bíblico ministrar liberación a aquellos que están enfermos u oprimidos por el diablo. Pero al ministrar liberación, debemos ayudar a las personas, primordialmente y en primer lugar, haciendo que la Palabra de Dios entre en ellos de manera que la fe pueda levantarse en sus corazones. Las personas pueden ser sanadas y liberadas simplemente al actuar en la Palabra por sí mismas. Y si Dios lo quiere, también podemos ministrar a los enfermos y oprimidos por medio de manifestaciones sobrenaturales del Espíritu de Dios. Pero es importante *primero* enseñarles a las personas lo que la Palabra de Dios dice, para que así puedan recibir sanidad o liberación por sí mismas y saber cómo *aferrarse* a lo que reciben de Dios. Su propia fe juega un papel vital en esto; de otra forma no sabrán como estar firmes, por sí mismos, en contra de las artimañas del diablo cuando éste trate de robarles lo que han recibido de Dios.

Dios puede escoger emplear manifestaciones sobrenaturales del Espíritu para liberar a las personas, o puede no hacerlo. Pero su Palabra siempre funciona cuando las personas la conocen, la dicen y actúan en ella (cf. Juan 8:32). Esta es la razón por la cual se debería enseñar a las personas a depender de la Palabra para ser liberadas del cautiverio y la opresión de Satanás, no de manifestaciones espirituales.

Errores Y Extremos En El "Ministerio De Liberación"

Hoy en día existen varias áreas en particular en el así llamado "ministerio de liberación" que no poseen una base bíblica. Por ejemplo, existe la enseñanza errónea de que la mayoría de cristianos tienen demonios en ellos que deben ser echados fuera. Pero no encontrará un solo ejemplo en el Nuevo Testamento de que la Iglesia primitiva tratara con demonios en los cristianos. Todas las personas de las cuales echaron fuera demonios los apóstoles y la Iglesia primitiva eran incrédulas. Eso debería decirnos algo.

A pesar de que no es posible que un cristiano sea poseído por un diablo en su *espíritu*, un creyente puede ser oprimido en *mente* o *cuerpo* por demonios. Sin embargo, del vasto número de cristianos a quienes he ministrado durante más de cincuenta años, solo un pequeño porcentaje tenían a un demonio en su mente o cuerpo. Pero en la actualidad, la mayoría de los así llamados "ministerios de liberación" afirman que la mayoría, si no *todos* los cristianos, tienen demonios que constantemente deben ser echados fuera. ¡Esto es una tontería!

Aun cuando he tratado con demonios en las personas, la única manera en que sabía que había un demonio presente era si el Espíritu Santo me lo revelaba *y* me decía que hiciera algo al respecto. De otra forma, solo les ministraba a las personas por fe en la Palabra de Dios y por medio de la unción del Espíritu Santo. Ambas formas son bíblicas.

Podemos ver un ejemplo de esto en Hechos 16 cuando Pablo trató con aquel espíritu maligno en la joven. Él no trató inmediatamente de echarlo fuera de ella, aun a pesar de que ese diablo lo había molestado por varios días. Fue solo cuando el Espíritu Santo le reveló a Pablo qué hacer, que él le ministró a la joven y le echó fuera el demonio.

En otras palabras, la liberación no es algo que hacemos por nuestra cuenta. No andamos por ahí buscando echar fuera demonios de las personas o simplemente decidiendo liberar a alguien. La liberación debe ser realizada bajo la dirección del Espíritu Santo. Claro está que podemos orar por alguien que está siendo oprimido por el diablo y ponernos firmes para que sea reprendido. Sin embargo, en últimas, los creyentes van a tener que aprender cómo estar firmes en contra del diablo por sí mismos.

Pero lo que estoy aclarando es que no puede simplemente mirar a una persona y decidir que como está actuando de una manera determinada, debe tener un demonio. No es bíblico tratar de categorizar demonios a partir de su propio entendimiento *mental* o el determinar que ciertos demonios siempre actúan de cierta manera. Un demonio puede afectar la forma de actuar de una persona, pero el Espíritu Santo tendrá que mostrarle que un demonio está involucrado, ya que podría ser también la carne. No puede sencillamente resolverlo en su mente; debe discernirse *espiritualmente*.

En otras palabras, la verdadera liberación no es tan solo una cuestión de decir que un problema en particular o una enfermedad, ya sea mental o física, son *siempre* causados por un demonio. Sea cuidadoso al tratar de rotular ciertos patrones de comportamiento como demonios, tales como los de celos, glotonería, codicia, y así en adelante, cuando pueden ser tan solo las obras de la carne.

Es cierto que las personas que dan rienda suelta a las obras de la carne pueden abrir una puerta al enemigo, pero la Biblia no menciona a los demonios por esos nombres particulares. Sin embargo, sí enseña que estas características son la obra de tendencias malignas de la carne (cf. Gálatas 5:19-21).

Es muy fácil culpar a un diablo de los problemas de la carne y remover de nosotros la responsabilidad de hacer algo con respecto a nuestras tendencias carnales. Aun cuando un espíritu maligno está involucrado, la clase de espíritu maligno influenciando o afectando a la persona debe ser discernido o revelado por el Espíritu Santo. Aparte del Espíritu Santo, no sabríamos qué clase de espíritu maligno está involucrado.

Otro exceso en el así llamado "ministerio de liberación" es la idea de que los creyentes necesitan experimentar repetidas liberaciones para serlo. No hay un solo ejemplo en el Nuevo Testamento en el cual Jesús o la Iglesia primitiva ministraran de manera repetida liberación a una persona con un diablo.

Pero al escuchar hoy en día hablar a algunas personas que están en el así llamado "ministerio de liberación", continuamente necesitan ministrar liberación a las mismas personas una y otra vez. Y también buscan liberación para sí mismas vez tras vez.

Si este es el caso, ¡algo está mal! Esto no es bíblico. Observe que en la Biblia cuando Jesús o uno de los apóstoles trataban con una persona que tenía demonios, le hablaban al espíritu maligno y éste se marchaba. No pasaban horas, días, o semanas tratando de hacer que el diablo saliera de la persona.

Cuando las personas pasan hora tras hora intentando liberar de un demonio a alguien, significa que están tratando de ministrar liberación en la carne. Si la liberación se ministra por medio del Espíritu Santo, bajo su poder, unción, y dirección, los resultados son un hecho, y la persona no necesita experimentar repetidas liberaciones.

Si toda la así llamada "liberación" de hoy en día es correcta y es de Dios, ¿por qué no funciona? ¿Por qué las mismas personas siguen teniendo lo mismos problemas una y otra vez y necesitan repetidas liberaciones? O ¿por qué estas personas tan solo son "liberadas parcialmente" y tienen que regresar continuamente por más sesiones de liberación?

La Liberación No Provee "Una Salida Fácil"

Una de las razones por la cual la "liberación" no está funcionando es porque las personas están intentando tratar con demonios cuando el problema no es para nada demoníaco. Es un problema de la carne o un problema almático, y esta clase de problemas no pueden ser "echados fuera". ¡Qué conveniente sería si esos problemas *pudiesen* sencillamente ser echados fuera! Eso proveería una solución libre de problemas para todos nosotros.

La razón por la cual la "liberación" se ha vuelto tan popular es que es una salida fácil. Todo el mundo quiere una salida fácil, una cura instantánea y una respuesta instantánea. El crucificar la carne puede tardar un poco más de tiempo y ser más difícil de hacer, pero casi siempre es la respuesta real, no el echar fuera demonios.

Un capítulo entero en este libro ha sido dedicado a discutir lo que la Biblia *sí* les dice a los cristianos que hagan con respecto a su carne y a su alma. La carne debe presentarse a Dios como un sacrificio vivo (cf. Romanos 12:1). Un sacrificio vivo ya no hace lo que quiere hacer. Un sacrificio vivo niega y crucifica al yo y a la carne con el fin de poder hacer la voluntad de Dios.

El aprender a controlar la carne jamás se logrará por medio de la "liberación". Este es un continuo proceso de santificación, y es responsabilidad del cristiano durante el resto de su vida sobre esta Tierra.

He hallado a través de muchos años de ministerio que la mayoría de los problemas emergen, no de los demonios, sino de no poseer mentes renovadas.

Muchos cristianos no renuevan sus mentes para así pensar en línea con la Palabra de Dios. Creen, piensan y dicen cosas erróneas, y por lo tanto, tienen problemas emocionales, problemas mentales, ataduras y constantemente están invitando los ataques del enemigo ya que le han dejado la puerta completamente abierta.

Cuando he logrado hacerles llegar a las personas la importancia del llenarse a sí mismas con la Palabra de Dios, y cuando han hecho precisamente esto, han visto cómo los problemas con los que han luchado durante años para conquistar simplemente empiezan a desaparecer. Personas con pasados traumáticos han comenzado a verse a sí mismas como Dios las ve, y han aprendido a vivir en la clase de vida de Dios, que incluye la victoria sobre el diablo.

¡La Palabra de Dios es poderosa! Romanos 1:16, dice que el evangelio es el *poder* de Dios para salvación. La palabra "salvación" en el griego incluye *sanidad, liberación, protección, preservación,* e *integridad* o *buena salud.* Todo ese poder está en Dios, en su Palabra, si el cristiano tan solo la *cree, apropiándose* o recibiéndola en fe, *actuando* sobre ella. Muy pocos cristianos requieren liberación en el sentido de necesitar que demonios sean echados fuera de sus cuerpos o almas. Por el otro lado, *todo* creyente necesita y debe aceptar la responsabilidad de renovar su propia mente y de presentar su cuerpo a Dios como un sacrificio vivo de manera que pueda estar firme y fuerte en contra del enemigo.

El Enfoque Equivocado Causa El Error

Otro problema importante con el así llamado "ministerio de liberación" es que las personas involucradas se envuelven tanto en "liberarse" unas a otras y en llevar a cabo "reuniones de liberación", que pierden de vista la orden primordial de Jesús de evangelizar a las naciones (cf. Mateo 28:19; Marcos 16:15).

En nuestros días, se puede ver iglesias y ministerios completos ocupados con la así llamada liberación. ¡El resultado es que esas iglesias y ministerios no han ganado almas como solían hacerlo desde que comenzaron a inclinarse por el "ministerio de liberación"! Esto es prueba de que se han salido del camino. ¿Qué fruto producen para la gloria de Dios? ¿Dónde está el fruto del cual habló Jesús en Juan 15:8: "En esto es glorificado mi Padre, en que llevéis MUCHO FRUTO"? (é.a).

Así mismo, la mayoría de la así llamada "liberación" de hoy en día hace que la gente se enfoque más en el diablo y en lo que le está haciendo que en Dios y en lo que Él está haciendo. Por medio de esta enseñanza, los cristianos se ven como las víctimas de cualquiera y de todo demonio que desee caerles encima, en lugar de apropiarse de la todopoderosa sangre de Jesús, de la obra consumada de Jesús en la cruz, y del poder que tiene la Palabra de Dios para guardarlos del maligno.

Si el diablo sencillamente puede saltar sobre los cristianos en cualquier momento, de manera que continuamente necesitan liberación, entonces la sangre de Jesús no tiene poder y nuestra redención está incompleta. Esto no quiere decir que no puedan abrirle la puerta al diablo por sí mismos. Claro que pueden. Pero los que están caminando a la luz de la Palabra no necesitan temer que espíritus malignos vayan a estar saltando sobre ellos todo el tiempo. Si están caminando en la luz y Satanás intenta atacarlos, tienen la autoridad para resistirlo exitosamente.

No, la mayoría de los Cristianos solo necesitan pasar tiempo de calidad estudiando y alimentándose de la Palabra de Dios con el fin de alinear sus pensamientos y su carne con la Palabra de Dios. La Palabra de Dios está ungida, y puede suplir cualquier necesidad en sus vidas. Deben dejar de intentar obtener remedios rápidos a través de las así llamadas "sesiones de liberación".

Una vez que el creyente vea en realidad quién es en Cristo y el poder que Cristo ha hecho disponible para aquellos que están *en* Él, no le será posible a ningún diablo aprisionarlo, entre tanto que sea obediente a la Palabra.

No es el plan de Dios que buenas personas cristianas se atasquen en prácticas que los drenan de su efectividad espiritual. Podían estar allá afuera haciendo que las personas sean salvas y sanas, pero en lugar de esto están constantemente buscando demonios que no están ni en ellos ni en los demás.

De hecho, muchos de los actuales "maestros de liberación" son poco menos que novatos en el ministerio, habiendo estado menos de diez a quince años. He estado en el ministerio por casi sesenta años. Solo por el hecho de haber estado en el ministerio por algún tiempo, he observado ciertos patrones recurrentes de tiempo en tiempo en el Cuerpo de Cristo.

Por ejemplo, la enseñanza actual de "liberación" no es una doctrina nueva o una revelación especial para los últimos días, como alguno de estos maestros de "liberación" quiere que creamos. He visto el así llamado ministerio de "liberación" ir y venir, aun cuando era un joven ministro, por allá por 1930 y 1940. Parece que se levanta cada quince o veinte años, atrayendo a cierto segmento de cristianos.

Cuando algunos creyentes están lo suficientemente desviados del camino y enredados en el exceso, otros empiezan a ver el error en la doctrina, y entonces esta comienza a menguar. Entonces el diablo causa que otro tipo de "viento de doctrina" salga a la superficie y atraiga a otros al exceso en otras áreas. La

Biblia dice que no debemos ser ignorantes de las *artimañas* del diablo, *sus métodos para engañar.*

La Verdadera Liberación De Cualquier Cosa Que Ate

Sí, existe una liberación verdadera, pero no es la que está construida sobre la experiencia humana, como muchos están enseñando en la actualidad. Es la liberación basada sólidamente en la Palabra escrita y ungida de Dios, y que se logra por la dirección y el poder del Espíritu Santo.

No importa qué tipo de experiencias los ministros de "liberación" afirmen haber tenido. Si estas experiencias no están arraigadas en la Palabra de Dios, están siendo engañados. La Palabra de Dios es el único patrón por medio del cual se puede juzgar cualquier *doctrina* o *práctica.*

De hecho, la palabra "liberación" ha sido sobre enfatizada y sobre empleada en el Cuerpo de Cristo. Al hacerlo, algunos cristianos bien intencionados han dejado la impresión de que solo significa la liberación de los demonios.

La liberación sí incluye liberación de los demonios, pero de hecho cubre un rango mucho más amplio que solo esto. Gracias a Dios, somos liberados del pecado, la enfermedad, malos hábitos, ataduras y cosas parecidas. Gracias a Dios, a través de Jesucristo y por medio del poder de la Palabra y del Espíritu Santo, podemos ser liberados de *cualquier* cosa que trate de atarnos.

Tendremos problemas cada vez que sobre enfaticemos una verdad bíblica. Sí, somos liberados de demonios, pero eso no es todo de lo que somos liberados. De hecho, cuando predicamos el evangelio y las personas son nacidas de nuevo, son liberados porque son liberados del poder de las tinieblas y trasladados al Reino de la Luz (cf. Colosenses 1:13).

Algunos individuos piensan que la liberación es simplemente pasar por algún tipo de ritual, gritándole a los demonios e intentando liberarse, pero no lo es. La verdadera liberación ya le pertenece a usted. ¡Y usted tampoco necesita correr hacia un ministro de esta corriente para obtenerla! Únicamente aprópiese del poder de la Palabra de Dios.

Creo que algunos individuos que se han ido al extremo en el así llamado ministerio de "liberación" son personas completamente honestas y sinceras. Tienen muchas características buenas. Pero creo que están sinceramente equivocadas. ¿Cómo puedo decir esto? Porque he estado en el mismo bote, por así decirlo, en el cual ellos están ahora, y así es como he aprendido algunas de las cosas que sé ahora.

Mis Primeras "Reuniones De Liberación"

Recibí el bautismo en el Espíritu Santo en 1937. Empecé a pastorear una pequeña iglesia del Evangelio Completo en 1938, en donde conocí a mi adorable esposa, Oretha.

Después de que nos casamos, aceptamos pastorear la iglesia más grande del Evangelio Completo en un pequeño pueblito en el campo. Más de la mitad de mi congregación eran granjeros de las tierras del interior de Texas. El algodón era el "rey" en aquellos días.

Había estado pastoreando esa iglesia por cerca de dos años y medio y, como un joven predicador bautista, había aprendido mucho de los Pentecostales. Ellos tenían todo el tipo de servicio que pudiera llegar a mencionar. Tenían reuniones de liberación, servicios para desatarse, servicios para obtener la libertad, servicios de la doble unción y cualquier cosa que pudiera pensarse.

Así que empecé a anunciar en mis servicios que comenzaríamos a tener servicios de liberación cada sábado en la noche. Bueno, las reuniones empezaron bien. Imponíamos las manos sobre las personas, y supuestamente eran liberadas. Teníamos cualquier clase de manifestación y demostración física que jamás haya visto, ¡y algunas desearía jamás haberlas visto! Puede creer que estas manifestaciones y demostraciones físicas que ocurren hoy en día son nuevas, pero no lo son. También teníamos ocurrencias y demostraciones similares en aquellos días.

Tuvimos un tiempo bien agitado en el Señor en estos servicios de liberación. Pero luego de casi noventa días de reuniones de liberación los sábados en la noche, la novedad empezó a decaer. Así que anuncié que el próximo sábado íbamos a empezar a tener servicios para "desatarse". ¡Todos los que habían sido liberados en los servicios de liberación empezaron a venir para ser desatados en los servicios para desatarse! En estos servicios también teníamos toda clase de manifestación y demostración física que se pueda llegar a mencionar y algunas que no quiero.

Luego, la novedad de estos servicios para desatarse también empezó a decaer y a menguar. Así que anuncié que íbamos a empezar a tener servicios para "obtener libertad". Cada sábado por la noche se llevaría a cabo un servicio para "obtener la libertad". Todos los que habían venido: cuatro, cinco, o seis meses antes para ser *liberados* y luego para ser *desatados* comenzaron a venir para *obtener libertad*. Así que seguimos adelante por algún tiempo con aquellos servicios, pero luego la novedad empezó también a decaer.

Puede que sea lento para ponerme al día, pero finalmente me dije: *esto no esta funcionando. Estas personas no son libres.* Sabía que estas personas no eran más libres que antes de que todos estos servicios comenzaran. Vivía entre esta gente. Era su pastor. Los visitaba en sus casas. Sabía que ellos no habían sido liberados.

Salía a sus granjas, y ayudaba a los granjeros a recoger un poco de algodón mientras caminábamos de arriba abajo por las hileras hablando. Caminábamos a lo largo de las hileras de maíz hablando mientras arrojábamos las espigas de maíz al vagón. Y podía darme cuanta de que estas personas no habían sido liberadas de nada. Aun tenían los mismos problemas y ataduras que tenían antes.

También los visitaba por las tardes en sus casas, y podía ver que las personas no eran más liberadas, más desatadas, con más libertad de lo que eran antes de que lleváramos a cabo todas aquellas reuniones. *¡Y sin embargo teníamos todas esas demostraciones físicas!* De hecho, teníamos casi todo tipo de manifestación física en la que se pueda pensar.

Comencé a orar y a ayunar y a buscar al Señor con respecto a esto. Dije: "Señor, ¿por qué no funcionó esto?". Llevaba a cabo estas reuniones porque otros lo estaban haciendo, pero lo había hecho todo con toda sinceridad y honestidad. Esta es una de las formas en que aprendí que no se hacen las cosas solo porque otros las hacen, y que no se debe construir sobre manifestaciones o demostraciones físicas. La Palabra de Dios es nuestra guía y nuestro patrón, no lo que hacen otras personas, sin importar qué tan popular o qué tan de moda esté la doctrina. Dije: "¿Señor, dónde fallé?"

La Palabra Ungida Libera A Las Personas

El Señor me contestó: "Estas intentando hacer a través de la oración y de la imposición de manos lo que *únicamente puede hacer mi Palabra*". Luego me dio Juan 8:32: "Y conoceréis la verdad, y la verdad os hará libres". De hecho, podría decirlo de esta manera sin hacerle al versículo ninguna injusticia: "Y conocerán la *Palabra*, y la Palabra los hará libres".

De hecho, es el *conocer* y el *actuar* en la Palabra lo que lo hace libre. Cuando el Señor me dijo esto, observé que tenía que introducir la Palabra en las personas, de manera que su conocimiento en ésta los empezara a liberar. Y fue entonces cuando comprendí que las personas pueden meterse en problemas cuando intentan "liberarse" de cosas que son las obras de la carne, porque esto le abre una puerta al diablo.

Cuando el Señor me dijo esto, empecé a enseñarles a las personas la Palabra. Como verán, Jesús dijo que las palabras que Él habló eran espíritu y vida (cf. Juan 6:63). La Palabra de Dios tiene el aliento de Dios y es inspirada por Dios (cf. 2 Timoteo 3:16). Esto significa que la Palabra es ungida, y es la unción la que rompe el yugo del cautiverio satánico (cf. Isaías 10:27). Así que cuando una persona enseña o predica la Palabra bajo la unción o el poder del Espíritu Santo, la Palabra librará a aquellos que creen y actúan en ésta.

Así que comencé a poner la enseñanza y la predicación de la Palabra de primero. No estaba tan interesado en manifestaciones físicas. Con el transcurso del tiempo, mientras les enseñaba a las personas lo que decía la Palabra, cada una de esas personas fue liberada de las ataduras y de los problemas. Como verán, fue la verdad que estaban escuchando y sobre la cual estaban actuando la que los estaba liberando. Después que dejé esa iglesia y me fui a viajar, regrese a visitarla algunos años más tarde, y esas mismas seguían siendo libres. Las ataduras no tenían ningún agarre sobre ellos porque conocían la Palabra.

Cuando la Palabra es puesta en primer lugar, funcionará.

Apéguese A La Palabra

El Cuerpo de Cristo debe mantenerse basado bíblicamente en este asunto de la liberación y no caer en una de las zanjas a los lados del camino. Sólo apéguese a lo que la Palabra dice con respecto a la sanidad y a la liberación. Sí, los demonios son reales, y tenemos que tratar con ellos. Y en algunos casos, sí tienen que ser echados fuera del cuerpo o del alma de algún creyente. Pero, como he dicho, en todos los años de ministerio muy pocos creyentes han necesitado liberación en el sentido de necesitar que un diablo sea echado fuera de su cuerpo o alma, excepto en algunos casos de enfermedad y dolencia. Recuerden, la Biblia llama a la *enfermedad opresión* satánica (cf. Hechos 10:38).

Pero en el otro lado, tampoco va echando fuera demonios de todo aquel con quien se encuentra que está enfermo. No echa fuera demonios de alguien a menos que primero reciba la revelación del Espíritu Santo de que es un demonio el causante de la enfermedad en su cuerpo. No se echan fuera demonios de las personas solo porque alguien más lo hizo o porque *piensa* que debería. Debe ser guiado y dirigido por el Espíritu Santo. Y, claro está, los creyentes pueden estar firmes en contra del diablo por su propia cuenta.

En ocasiones, hablo acerca del individuo que vino a nuestras oficinas hace varios años cuando mi yerno, Buddy Harrison, trabajaba para nosotros. Buddy le preguntó a aquel hombre: "¿Bueno, como está hoy?" El predicador del Evangelio Completo le respondió: "Ah, muy bien. ¡Ya he echado fuera a diecisiete demonios por mi cuenta en esta mañana!"

¡Esto es llevar este asunto demasiado lejos! Para algunos de estos individuos *todo* lo que está mal es causado directamente por un diablo o demonio. Olvidan acerca del tratar con la carne. Se olvidan acerca del poder en la Palabra de Dios. Hablan más del diablo que de Dios, y magnifican al diablo más de lo que magnifican a Jesús y la obra consumada de la cruz. Así es como caen en la zanja al lado del camino y le dan acceso al diablo en sus vidas.

Ninguno de los excesos es nuevo. He estado en el ministerio por muchos años, y he observado que estos errores corren por ciclos. A finales de los 40 y 50, en los días de *La Voz de Sanidad*, tuvimos una epidemia de esta misma enseñanza de liberación excesiva que tenemos hoy en día. Luego tuvimos otra epidemia de extremos y excesos en el ministerio de liberación en los 70.

Y ahora estoy observando la tercera epidemia de lo mismo desde que comencé mi ministerio hace ya casi sesenta años. Esta enseñanza sale a la superficie cada cierto tiempo y luego se muere porque no es bíblica y porque no funciona. Estoy en contra de la enseñanza extrema y de las prácticas extremas en cualquier área.

"Liberación" En Los Días De La Voz De Sanidad

Hubo un poderoso avivamiento de sanidad en América desde 1947 hasta 1958. Luego empezó a menguar. Durante ese avivamiento, algunas personas cayeron en extremos en esta área de la liberación.

De hecho, debido a que algunas personas cayeron en extremos en el asunto de la liberación, dejé de emplear esa palabra en mis reuniones, y dejé de ministrar en la línea de liberación y de enseñar acerca del tema. Simplemente me aparté de ese tema por completo porque no quería ser clasificado junto con aquellos que estaban en error y doctrinalmente fuera del camino.

Jamás me he enfermado en los últimos sesenta y seis años a no ser que esté equivocado. Pero cuando me alejé por completo de este asunto de los demonios, me enfermé. Empecé a hacer todas las confesiones de fe y a pararme firme en la Palabra de Dios para mi sanidad, pero nada sucedió.

Debemos tener el suficiente sentido común para saber que cuando confesamos la palabra y oramos y nos paramos firmes en la Palabra durante un periodo de tiempo y nada funciona, algo está mal.

Podemos de paso revisarnos para poder hallar el problema porque éste no
puede hallarse en Dios; Él nunca cambia (cf. Malaquías 3:6; Hebreos 13:8).

Así que, cuando no fui sanado al estar firme en la Palabra, supe que no estaba conectándome con Dios. De modo que finalmente le dije a Dios: "¿Señor,
dónde estoy fallando?" En el instante en que le pregunté eso, el Señor empezó
a hablarme. Me dijo exactamente en dónde había fallado.

Me dijo: "Tú fallaste al apartarte de la liberación y del tratar con demonios
debido a las personas que son extremas en su enseñanza acerca de la liberación".

Agregó: "Estas personas que son extremas en este asunto de los demonios,
al enseñarle a todos que todos tienen un demonio y que tienen que vomitar y
toser hasta que salga el diablo, han caído en la zanja, en fanatismo y exceso.
Tú intentaste apartarte de eso, pero al hacerlo, caíste en la zanja opuesta al no
tratar para nada con los demonios. Eso te metió en problemas".

Cuando Jesús me dijo esto, me arrepentí, y fui instantáneamente sanado.
Luego empecé a predicar lo que *la Palabra* dice con respecto a demonios y
liberación.

Como verán, algunos de los mismos extremos que se enseñan hoy en día
eran también enseñados en los días de la voz de sanidad. Por ejemplo, un evangelista de sanidad llevaba consigo a donde quiera que iba a una rana dentro
de un frasco y le decía a todo el mundo: "Este es un demonio que saltó de la
boca de una mujer cuando le eché un diablo". ¡No creo eso más de lo que creo
que aterrizó en Marte ayer! ¡No puede poner a un demonio (un ser espiritual)
dentro de un frasco!

Pero justo en el otro lado, cuando el don del discernimiento de espíritus está en
manifestación y una persona ve en el mundo espiritual, los demonios con frecuencia adoptan diferentes formas y apariencias. Debe entender esto. Sin embargo,
no va por ahí haciendo una doctrina de lo que ve en el mundo espiritual. Solo
diga lo que *la Palabra* dice acerca de los demonios y de la liberación. Como
verán, a veces existe tan solo una muy delgada línea entre lo que es genuino y
el fanatismo y el exceso.

Las Enseñanzas Extremas Causan
Daño Al Cuerpo De Cristo

Los excesos y extremos en el ministerio de liberación, tal y como se enseña
hoy en día, siempre producen resultados negativos. Con frecuencia esta enseñanza extrema ofende a las personas de manera que se apartan incluso de la

enseñanza bíblica, o hace de ellos fanáticos que encuentran "demonios" en todo y en todos. En cualquier caso, el Cuerpo de Cristo es obstaculizado y herido.

Uno de los extremos es que los demonios no existen. Por ejemplo, conocí a un pastor que tuvo una experiencia en donde un espíritu maligno estaba involucrado. Pero su experiencia fue descartada y condenada por muchos cristianos porque no creían que los espíritus malignos ni siquiera existieran.

El pastor había estado bajo presión durante mucho tiempo debido a que su esposa había estado seriamente enferma y finalmente había muerto. Él decidió irse de viaje, y se detuvo en Denver, Colorado. El domingo caminó por el centro de la ciudad.

El pastor me dijo: "Vi un aviso enfrente de un teatro que decía: 'Servicios aquí esta noche a las 7:30'. Pensé, *Una iglesia Pentecostal o del Evangelio Completo debe estar sosteniendo servicios en este teatro.* Así que decidí regresar para el servicio de la noche. Regresé y me senté en la última silla del teatro".

El pastor dijo: "Sobre la plataforma había un gran piano. Casi inmediatamente las luces se apagaron dentro del teatro, y una luz de reflector se enfocó en una mujer que llevaba puesto un vestido de noche de talle corto. ¡Supe entonces que no era un servicio pentecostal! Se sentó en el piano y empezó a tocar 'La Roca Eterna'.

"Mientras cantaba, otro reflector se encendió y un hombre, vistiendo un traje de gala y un sombrero de seda de copa alta, empezó a cantar un verso de 'La Roca Eterna'. Tenía una voz hermosa. Un reflector estaba sobre él, y el otro reflector estaba sobre la mujer en el piano. El escenario estaba bien iluminado.

"De repente, ¡la mujer simplemente desapareció! El hombre siguió cantando, y el piano seguía sonando, a pesar de que la mujer había desaparecido. El hombre terminó de cantar, se bajó de la plataforma, y caminó por el pasillo hasta el final, en donde yo estaba sentado. Los reflectores lo siguieron por el pasillo."

El pastor dijo: "El hombre caminó hasta quedar justo enfrente de mí y dijo: 'Señor, su esposa murió hace treinta días, y ella está aquí ahora. Tengo un mensaje para usted de su parte'".

El pastor me dijo: "Le contesté al hombre: 'Caballero, mi esposa sí murió hace treinta días, pero era cristiana, y está con Jesús, no está aquí'. El hombre en el traje de gala actúo como si no hubiese dicho nada. De hecho, estaba actuando como si se encontrara en alguna clase de trance o como si estuviera en otro mundo".

Dos veces más el hombre en el traje de gala repitió: "Caballero, su esposa murió hace treinta días, y está aquí. Tengo un mensaje de ella para usted".

En ambas ocasiones el pastor le respondió: "Caballero, mi esposa si murió hace treinta días. Pero era cristiana, y no está aquí. Está en el Cielo con Jesús".

Finalmente, el hombre en el traje de gala dijo: "¿Entonces se rehúsa a aceptar el mensaje?".

El pastor dijo: "Me rehúso enfáticamente", y el pastor se salió del edificio.

Si el pastor responde a este hombre y recibe aquel mensaje, el hombre en el traje de gala le diría al pastor algo que nadie sino el pastor y su esposa sabían. ¿Pueden ver cómo las personas pueden ser engañadas? Seguro era sobrenatural, pero era el trabajo de un espíritu familiar. Y si el pastor permite a ese espíritu familiar operar al recibir el mensaje de aquel hombre, el pastor abre la puerta a la influencia satánica sobre su vida.

El hombre en el traje de gala no estaba obteniendo esta información de la esposa del pastor. Estaba en el cielo, porque la Biblia dice que cuando un creyente muere, va al cielo a estar con Jesús (cf. 2 Corintios 5:8). Esta información provenía de la fuente incorrecta; era un espíritu familiar en operación. No debemos ser ignorantes de las maquinaciones de diablo (cf. Corintios 2:11).

Dios puede superar cualquier cosa que haga el diablo. No se supone que debemos ir al diablo para escucharlo. No debemos ir a donde adivinos, encantadores, astrólogos, o donde nadie más para esta cuestión. Tenemos la Palabra de Dios y el Espíritu Santo, y Dios nos revelará aquello que Él quiere que sepamos.

Este incidente ocurrió en los días de *la voz de sanidad*, y este pastor me lo contó personalmente. El relato del pastor se difundió en los círculos Pentecostales y del Evangelio Completo, y los predicadores de aquellos días hablaron al respecto. Pero algunos negaron que eso hubiese ocurrido. Se fueron al extremo, negando la existencia de los demonios y de espíritus malignos. No debemos esconder nuestras cabezas en la arena y pretender que los demonios y los espíritus malignos no existen. Pero tampoco debemos caer en una de las zanjas a los lados del camino y ver demonios en *todo* y en todos.

Las personas cometen un error al poner demasiado énfasis en el diablo, gastando todo su tiempo tratando con él. Cuando las personas solo piensan acerca del diablo y en lo que está haciendo, se vuelven conscientes de éste y en realidad le dan lugar. En este sentido, cuando las personas se vuelven diablo-concientes, éste les da gusto y se les manifiesta.

Pero cuando Dios es glorificado y su Palabra es exaltada, el Espíritu de Dios de manifestará. Si las personas se rinden al Espíritu Santo, Él se les demostrará y Dios será glorificado.

Las Manifestaciones Físicas
No Son Necesarias En La Liberación

Otra enseñanza extrema de liberación en nuestros días es que el diablo tiene que manifestarse para ser echado fuera. Algunas personas siempre quieren ver manifestaciones. ¡Algunos creyentes parecen estar más interesados en las manifestaciones *demoníacas* que en las manifestaciones del *Espíritu Santo*!

Algunos ministros enseñan como doctrina que las personas deben toser o vomitar o tener otro tipo de manifestación física para poder librarse del demonio. Las personas piensan que esto es nuevo, pero también tuvimos una epidemia de esto en los días de *la voz de sanidad*. Como dije, estos engaños y errores parecen correr en ciclos porque Satanás es el mismo viejo engañador que siempre ha sido.

No me malentiendan. Puede haber ocasiones en donde un demonio se manifestará cuando sale de alguien. Por ejemplo, la Biblia dice que un demonio se manifestó cuando salió de un niño que tenía un espíritu mudo: "Entonces el espíritu, clamando y sacudiéndole con violencia, salió" (Marcos 9:26).

Sin embargo, cuando Jesús se me apareció en la visión de 1952, me dijo específicamente: "Al tratar con el diablo, jamás le digas a nadie que tosa o vomite un demonio. El expeler a un demonio a través del toser o vomitar puede ocurrir ocasionalmente. Si sucede, bien. Pero jamás le digas a nadie que lleve a cabo algún tipo de manifestación física con el fin de ser liberada de un espíritu maligno. Si les dices a las personas que alguna manifestación física debe suceder, lo intentarán, y en lugar de *librarse* de un demonio, *obtendrán* uno".

Como verán, aquí es en donde están fallando las personas. Solo porque algún tipo de manifestación física ocurra *una vez* cuando un demonio deja el cuerpo o la mente de alguien, algunos piensan, *evidentemente esa es la forma en que se supone debe ocurrir cada vez*. Así que empiezan a decirle a la gente que vomiten o tosan para librarse de los espíritus malignos. Por ejemplo, estaba en cierta reunión, y uno de los ministros le anunció a toda la audiencia: "Todos traigan una bolsa de papel a la siguiente reunión". ¡Él quería que las personas trajeran una bolsa de papel para que pudieran vomitar espíritus malignos!

Pero no se puede construir una doctrina de una manifestación o de una experiencia y esperar que suceda en la misma forma cada vez. Al estudiar el

Nuevo Testamento, no encontrará ni un solo *ejemplo* de alguien que vomitara o tosiera fuera espíritus malignos. Y no podrá encontrar ningún principio o doctrina bíblica para sustentar tal *práctica*.

Los creyentes que van por ahí, viendo demonios en otros creyentes, están causando desastre en el cuerpo de la iglesia local. De hecho, he tratado con personas que se tornaron tan conscientes del diablo, debido a enseñanzas extremas en esta área, que obtuvieron un espíritu maligno cuando no tenían ninguno. Cuando a las personas se les enseña que los creyentes tienen demonios que rutinariamente deben ser echados fuera y que siempre tiene que haber una manifestación física cuando sale, en realidad abren una puerta al diablo.

Como verán, Satanás es el dios de este mundo (cf. 2 Corintios 4:4), así que él puede manifestarse en el mundo físico. Puede trabajar en el mundo de la carne a través de lo que experimentan las personas con sus cinco sentidos. En otras palabras; el mundo de Satanás está basado en lo que las personas pueden *ver*, *sentir* y *experimentar* en el mundo natural.

Pero *la fe no está basada en lo que usted puede ver. La Fe está basada en lo que dice la Palabra*. La Biblia afirma que Jesús echaba fuera espíritus malignos con su Palabra (cf. Mateo 3:16).

Por lo tanto, si les dice a las personas que van a tener algún tipo de manifestación con el fin de librarse de un espíritu maligno, en realidad les está enseñando cómo rendirse al diablo, porque éste opera en el mundo físico.

En lugar de intentar crear manifestaciones carnales para librase de espíritus malignos, enséñele a las personas lo que la Palabra dice para que aprendan a rendirse al Espíritu Santo. Cuando las personas se rinden a su señorío, Él se manifestará. Solo regresemos a la mitad del camino con este asunto de los demonios, ¡y apeguémonos a la Palabra de Dios!

Prácticas extremas: Fíjese A Donde Se Dirige

Permítame compartir algo que le ocurrió a alguien para mostrarle qué tan peligroso puede ser el asistir a reuniones en donde se divulgan enseñanzas extremas de liberación. Mi esposa y yo estábamos llevando a cabo una reunión en cierta ciudad, y una mujer nos preguntó si podía hablar con nosotros.

Nos contó su historia. Dijo: "Fui a cierto lugar en donde algunos ministros estaban llevando a cabo una 'reunión de liberación' y estaban echando demonios de las personas. Nunca había tenido ningún problema en el pasado, pero estos ministros me dijeron: 'Tiene un diablo, déjenos echarlo fuera'.

"Luego me dijeron que empezara a toser y vomitar a ese demonio; me dijeron que saldría de mí de esa manera. Empecé a intentar toser y vomitar. De repente una espuma blanca empezó a salir de mi boca. Me dijeron que era la manifestación de un espíritu maligno. Dijeron: 'Ese diablo ya ha salido de usted'".

Como verán, estos ministros le enseñaron a esta mujer a hacer algo que no es bíblico y algo que Jesús me dijo que no hiciera. Le dijeron que intentara llevar a cabo algún tipo de manifestación física en la carne, y eso le abrió la puerta a un demonio para que entrara y la complaciera.

Ella nos dijo a mi esposa y a mí: "Han pasado meses desde que fui a esa reunión de liberación, pero esta espuma blanca jamás deja de salir de mi boca. Me quedé allí durante varios días e intenté obtener la ayuda de esta gente. Pero solo me dijeron: '¿No podemos hacer nada al respecto?' ¿Hermano Hagin, puede ayudarme?"

Había notado que esta mujer sostenía un pañuelo sobre su boca durante todo el servicio. Debió haber gastado una caja completa de pañuelos durante solo ese servicio. Nos dijo que debía mantener un pañuelo sobre su boca a dondequiera que iba ya que esa espuma blanca salía continuamente.

Cuando me preguntó que si podía ayudarla, le dije: "Seguro que puedo. Esa es una manifestación del diablo. Pero no tenía un diablo antes de todo eso. Adquirió uno porque asistió al lugar equivocado y se paró en el territorio de Satanás, y permitió que individuos que no eran bíblicos en sus enseñanzas o prácticas le ministraran. Ellos le dijeron que hiciera algo que no era bíblico, y de hecho le dijeron cómo rendirse al diablo. Al hacer esto, le abrió al diablo una puerta, y él se acomodó en su vida".

Nunca se someta a la enseñanza de nadie, no me importa quiénes sean o quiénes digan ser, a no ser que puedan probar que lo que están *enseñando*, *predicando*, y *practicando* esté en la Biblia. Jamás en ningún lugar de los Evangelios le dijo Jesús a nadie que intentara tener una manifestación física con el fin de librarse de un espíritu maligno. ¡Y tampoco verá esto en práctica en ningún lugar de Nuevo Testamento!

Así que le dije a esta mujer: "Sí, ciertamente puedo ayudarla. Pero no voy a hacer absolutamente nada al respecto a no ser que *usted* lo haga".

"¿Qué?", me preguntó.

"Jamás vuelva a asistir a una escuela de éstas o a una liberación de este tipo. Aléjese de lugares en donde se enseñe doctrina extrema. Evite doctrinas extremas y prácticas extremas como lo haría con el veneno, porque entonces obtendrá demonios en lugar de ser liberada".

Ella contestó: "Jamás volveré a ir a una de esas reuniones". Luego me preguntó: "¿Cuando reprenda a este espíritu maligno, habrá alguna manifestación?"

Le dije: "No, ninguna, excepto que la espuma blanca que sale de su boca va a cesar en el instante en que reprenda al espíritu maligno que la está causando".

Preguntó: "¿Se supone que debo hacer algo?"

Le dije: "No, no necesita hacer absolutamente nada, solo siéntese ahí".

Mi esposa y yo estábamos sentados en un lado del cuarto, y la mujer estaba sentada en frente nuestro. Ni siquiera nos pusimos de pie. Todo lo que hice fue señalar a la mujer con mi dedo y calmadamente le hablé a ese demonio, diciendo: "Usted, espíritu inmundo, en el nombre de Jesús, salga de ella". Y en un abrir y cerrar de ojos, esa espuma cesó. Había salido continuamente de su boca durante tres o cuatro meses, pero ceso inmediatamente en el momento en que se lo ordené en el nombre de Jesús. Jamás volvió a tener problemas con ese demonio.

Esta mujer no estaba poseída por un demonio, porque era una cristiana. Pero se había rendido a un espíritu maligno, y ese demonio se acomodó y se estaba manifestando a través de su carne. Al aceptar esta doctrina extrema de que todo creyente tiene demonios, se había vuelto demonio-conciente y le había abierto una puerta para que el diablo se manifestara a través de su cuerpo.

Cuando esta mujer fue liberada, estaba tan agradecida. Regresó a nuestros servicios mucho después y todavía seguía libre.

Aquí hay otra cosa que quiero que vean. Para liberar a esa mujer, no tuve que gritarle al diablo durante horas. No encontrará ninguna escritura en la Biblia en donde Jesús le gritó al diablo durante horas, o en donde le tomó días para echar fuera a un demonio de alguien. Él echó fuera a los demonios por su Palabra. *¡Su Palabra!*

Debe tener cuidado adónde va para ser ministrado. No se involucre en reuniones en donde las personas quieren ver al diablo manifestarse a través de demostraciones físicas. Y no vaya a lugares en donde los ministros enseñan que todo cristiano tiene un diablo que debe ser echado fuera.

No me importa quién sea el ministro, si este le dice que tiene que proseguir y demostrar en la carne para ser liberado, ¡no lo escuche! Si lleva a cabo una demostración física al toser y vomitar para intentar ser liberado, ¡puede adquirir un demonio!

No construya doctrina De Experiencias

De hecho, en todos mis años de ministerio, solo en tres ocasiones se ha presentado una manifestación física como el vomitar o el toser cuando un demonio deja a una persona. Una vez estaba orando por las personas en una fila de oración, y supe por palabra de conocimiento que cierta mujer tenía un demonio en su cuerpo.

En su caso, supe en mi espíritu que habría una manifestación física cuando el espíritu maligno la dejara, así que le pedí a mi esposa que la llevara al baño. La mujer sí expulsó al espíritu maligno al vomitar. Pero, como verán, *en ese caso*, el Espíritu Santo me dirigió a tratar éste en esa forma; el demonio fue expulsado en privado donde no pudiera causar confusión entre la congregación.

Un ministro debe tener sabiduría al tratar públicamente con un espíritu maligno en alguien. Aun si un creyente es afligido en cuerpo o alma por un espíritu maligno, no debe necesariamente echarlo fuera en público en donde se encuentran cristianos recién convertidos y personas que no entenderían, o en donde pueda causar que el miedo o el pánico vengan sobre la congregación.

En otras dos ocasiones una situación similar ocurrió en mi ministerio cuando supe, por el Espíritu Santo, que se presentaría una manifestación física y que la persona vomitaría un espíritu maligno. Pero esta ha sido la *excepción*, no la *regla*.

No podemos establecer reglas inquebrantables acerca de estas cosas. ¿Por qué necesitaríamos al Espíritu Santo si pudiéramos guiarnos por un patrón de reglas o fórmulas establecidas? *Estas cosas deben discernirse espiritualmente*. Debemos depender del Espíritu Santo. No podemos únicamente usar el *razonamiento humano*.

Recibiendo "Palabras" Del Señor

Existe otra práctica extrema perteneciente a la liberación en el Cuerpo de Cristo hoy en día. Algunos están siempre dando "palabras" personales de profecía, diciéndoles a otros qué demonios tienen.

Un pastor de una iglesia me contó acerca de un incidente que ilustra lo peligrosas que son. El pastor dijo que un invitado vino a su iglesia y hacía que ciertas personas de la audiencia pasaran al frente para ministrarles.

El pastor me dijo: "Llevamos a estas personas a un cuarto aledaño para ministrarles. El invitado a hablar impuso sus manos sobre una mujer en particular, y dijo: 'El Señor me muestra que tiene un espíritu de homosexualismo. Me muestra que ha tenido encuentros con otras mujeres antes de casarse y aun después de haberse casado'. ¡Luego ese ministro quería echar fuera de ella al espíritu maligno!"

Esta mujer había estado felizmente casada por muchos años y tenía dos hijos. ¡Jamás había estado involucrada en el homosexualismo en toda su vida!

Pero después de que este ministro invitado le dijo esto, empezó a ser atormentada con estos pensamientos. Tal vez hay algo maligno y oculto muy dentro de mí, en lo más profundo de mi ser de lo cual no estoy enterada. Después de todo, este es un hombre de Dios y dijo: "Así dijo el Señor".

El pastor me dijo: "Esta pobre mujer virtualmente perdió su mente debido a lo que este ministro le había dicho, porque abrió una puerta para que el diablo la atormentara. Me dijo: 'Jamás en toda mi vida he tenido relaciones sexuales con alguien que no sea mi esposo. ¡Y jamás he tenido ningún deseo por una relación con alguien diferente, mucho menos una relación *homosexual*!'".

No me importa quién diga el ministro que es, si lo que dice no está en línea con la Palabra de Dios y si no concuerda con el testimonio de su propio espíritu, olvídelo.

Porque verán, el diablo intenta atormentar a las personas, y él puede salirse con la suya cuando los creyentes son ignorantes de sus derechos y privilegios en Cristo, y cuando no están familiarizados con el consejo completo de la Palabra de Dios. Esta mujer fue devastada por la así llamada "palabra del Señor", pensando que tenía que aceptarla como si fuese la verdad.

Las personas que no están bien cimentadas en la Palabra de Dios pueden usar de manera incorrecta y abusar de los dones espirituales y causar desastres en el Cuerpo de Cristo. Algunos que intentan operar en los dones espirituales se comportan como niños con juguetes.

Las personas mal dirigidas pueden usar de manera incorrecta y abusar de la operación de los dones del Espíritu y simplemente hablar desde sus propias mentes. O peor aún, pueden rendirse a espíritus familiares. Esto lastima a personas inocentes, y le permite al diablo sacar ventaja de ellos.

Es a través de enseñanzas y prácticas erróneas como ésta que muchas personas se han tornado temerosas de los espíritus malignos y del diablo. Si los creyentes recibieran enseñanza bíblica sólida en esta área, esto no sucedería.

Los creyentes no tienen por qué temer a Satanás, porque Jesús ya lo derrotó en la cruz del calvario. El Cuerpo de Cristo no es una Iglesia derrotada, huyendo siempre en temor del diablo. Nosotros estamos sentados juntamente con Cristo en los lugares celestiales, y debemos ejercer nuestra posición de autoridad en el nombre de Jesús. ¡Somos la Iglesia triunfante!

Capítulo 12
Formas Bíblicas Para Ministrar Liberación

¿Qué dice la *Biblia* con respecto a ministrar liberación a las personas? Sabemos que la liberación es bíblica porque a donde quiera que Jesús iba en Su ministerio terrenal, ministraba liberación a los enfermos y oprimidos. Jesús es nuestro ejemplo. Debemos seguir sus pisadas en lo que enseñaba y practicaba (cf. 1 Pedro 2:21; 1 Juan 2:6). ¿Así que de qué manera ministraba Jesús liberación a las personas?

El Ministerio De Liberación De Jesús

Tenga en mente que aun en el ministerio de liberación de Jesús, Él no ministró aquí en esta Tierra como el Hijo de Dios. La Biblia dice que Él se despojó a sí mismo de todo su extraordinario poder y gloria cuando vino a este mundo, haciéndose un simple humano (cf. Filipenses 2:7).

Es cierto que Jesús tuvo el Espíritu de Dios *sin* medida (cf. Juan 3:34), y los creyentes tan solo tienen el Espíritu en *cierta* medida (cf. Romanos 12:3). Pero en su caminar por esta Tierra, ministró como lo haría cualquier persona ungida por el Espíritu Santo. Él dijo que debía ser *ungido* para ministrar liberación a los cautivos (cf. Lucas 4:18,19). En otras palabras; Él no ministró liberación tan solo porque era el Hijo de Dios. Fue ungido por el Espíritu Santo para ministrarla, de la misma forma como lo tenemos que hacer nosotros.

La Palabra siempre venía primero, incluso cuando Jesús ministraba liberación. Dijo que Él fue *ungido* por el Espíritu Santo para *predicar* libertad a los cautivos y para *sanar* a los enfermos y oprimidos. *Predicó* liberación. Eso significa que predicó el evangelio. Jesús siempre puso a la Palabra de primero, y Él era ungido por el Espíritu Santo.

Así como lo hizo Jesús, nosotros también tendremos que poner la Palabra en primer lugar y depender de la *unción* del Espíritu Santo para predicarla y ministrar sanidad y liberación.

HECHOS 10:38

38 ...Cómo Dios ungió con el Espíritu Santo y con poder a Jesús de Nazaret, y cómo éste anduvo haciendo bienes y sanando a todos los oprimidos por el diablo, porque Dios estaba con él.

273

La Biblia llama a la enfermedad opresión *satánica*. Por lo tanto, sabemos que toda enfermedad y malestar es directamente o indirectamente el resultado de dicha opresión.

Y de acuerdo a la Biblia, en ocasiones parece existir una relación entre el sanar a los enfermos y el echar fuera demonios. En otras palabras, la Biblia nos muestra algunos casos en donde se tenía que tratar con espíritus malignos antes de que los cuerpos enfermos de las personas pudieran ser sanados.

En las siguientes escrituras, podemos ver fácilmente la relación entre sanar a los enfermos y echar fuera demonios.

LUCAS 4:40, 41 (é.a)
40 Al ponerse el sol, todos los que tenían ENFERMOS DE DIVERSAS ENFERME-DADES los traían a él (Jesús); y él, poniendo las manos sobre cada uno de ellos, los SANABA.
41 También salían DEMONIOS de muchos, dando voces y diciendo: Tú eres el Hijo de Dios. Pero él LOS REPRENDÍA y no les dejaba hablar, porque sabían que él era el Cristo.

LUCAS 6:17, 18
17 Y descendió con ellos, y se detuvo en un lugar llano, en compañía de sus discípulos y de una gran multitud de gente de toda Judea, de Jerusalén y de la costa de Tiro y de Sidón, que había venido para oírle, y para ser sanados de sus enfermedades;
18 y los que habían sido atormentados de espíritus inmundos eran sanados.

LUCAS 7:21
21 En esa misma hora sanó a muchos de enfermedades y plagas, y de espíritus malos, y a muchos ciegos les dio la vista.

En todas estas escrituras, echar fuera espíritus malignos y sanar a los enfermos parecen estar relacionados.

Pero al estudiar el ministerio de liberación de Jesús, también verá que la Biblia frecuentemente hace *diferencia* entre sanar a los enfermos y *echar fuera demonios.*

En otras palabras; Jesús no siempre echó fuera demonios para sanar a los enfermos, ya que no toda persona enferma tenía demonios que causaran enfermedad.

Lo que esto significa es que no hay reglas fijas; tendrá que seguir al Espíritu Santo al ministrarle a los enfermos y a los oprimidos, de la misma forma en que Jesús lo hizo.

Estudie los evangelios y vea cómo Jesús se encargó de los espíritus malignos. Encontrará que en ocasiones trató con espíritus malignos para poder sanar las dolencias y las enfermedades.

En otras ocasiones solo sanó a la persona empleando diversidad de métodos (cf. Mateo 8:16;9:22,29). También empleó variedad de métodos al tratar con demonios y espíritus malignos. No siempre los echó fuera. También se encargó de ellos por medio de otros métodos.

Miremos un ejemplo en su ministerio en donde vemos una conexión entre los espíritus malignos y la enfermedad. Uno de los métodos que empleó para ministrar liberación fue por la unción del Espíritu Santo a través de la imposición de manos.

LUCAS 13:11-13, 16 (é.a)
11 Y había allí una mujer que desde hacía dieciocho años tenía ESPÍRITU DE ENFERMEDAD, y andaba encorvada, y en ninguna manera se podía enderezar.
12 Cuando Jesús la vio, la llamó y le dijo: MUJER, ERES LIBRE DE TU ENFERMEDAD.
13 Y PUSO LAS MANOS SOBRE ELLA; y ella se enderezó luego, y glorificaba a Dios . . .
16 Y a esta hija de Abraham, QUE SATANÁS HABÍA ATADO dieciocho años, ¿no se le debía desatar de esta ligadura en el día de reposo?

La Biblia dice que la aflicción de esta mujer era causada por un espíritu maligno, "un espíritu de enfermedad" (v. 11). Jesús dijo que era Satanás quien la había atado (cf. v. 16).

En este caso, un espíritu maligno de enfermedad estaba presente en el cuerpo de la mujer causando e imponiendo esta condición física.

Pero observe cómo Jesús se encargó de este espíritu maligno. No lo echó fuera. Impuso sus manos sobre la mujer y dio la orden de fe: "Mujer, eres libre de tu enfermedad" (v. 12). Y la mujer fue liberada.

Como verán, cuando la unción o el poder del Espíritu Santo vino sobre esta mujer, fue instantáneamente "desatada" o liberada de un espíritu maligno de enfermedad.

Así que los demonios *pueden* estar directamente involucrados en los malestares físicos. Pero Jesús no echó fuera ese espíritu de enfermedad; Él impuso sus manos y la unción rompió el yugo del cautiverio satánico.

En otras situaciones sí echó fuera a espíritus malignos de las personas. ¿Cómo lo hizo? ¡Con su Palabra!

MATEO 8:16 (é.a)

16 Y cuando llegó la noche, trajeron a él (Jesús) muchos ENDEMONIADOS; y CON LA PALABRA ECHÓ FUERA A LOS DEMONIOS, y SANÓ a todos los enfermos.

En algunos casos de enfermedad, la dolencia o la enfermedad es el resultado de causas naturales, pero *indirectamente* aun es opresión satánica. Si la enfermedad es el resultado de causas naturales, la persona necesita ser sanada, no necesita que le echen fuera espíritus malignos.

Por el otro lado, a veces un espíritu maligno se encuentra presente imponiendo una enfermedad o dolencia. Solo lo sabrán por el Espíritu Santo.

Si el Espíritu Santo no revela la presencia de un espíritu maligno, puede ayudar a que las personas se sanen enseñándoles fe en la Palabra de Dios. Pero estoy plenamente convencido que un número de diferentes aflicciones pueden ser tratadas únicamente tratando con espíritus malignos.

Y en esos casos, a no ser que se trate con el espíritu maligno por medio del poder y la dirección del Espíritu Santo, puede ungir con aceite a las personas e imponer sus manos sobre ellas hasta no dejar cabello sobre sus cabezas, y aun así no obtener resultados.

Esas clases de enfermedades no responden a los métodos bíblicos para ministrar sanidad. En esos casos, se tiene que tratar con el espíritu maligno por medio de la unción y la dirección del Espíritu Santo.

Esa es la razón por la cual algunos casos de enfermedad no responden al tratamiento médico. Las enfermedades que son causadas por la presencia actual de un espíritu maligno no pueden ser tratadas por medio de remedios naturales.

Pero si un espíritu maligno está causando *directamente* la enfermedad y dolencia, y el creyente está firme sobre la Palabra en fe, él puede depender de Dios para que lo libere. Sin embargo, se deberá tratar con el espíritu maligno por medio del poder del Espíritu Santo y la Palabra de Dios.

En Marcos 9:17-29, vemos otro ejemplo de Jesús tratando con un espíritu maligno; esta vez en un joven lunático. ¿Cómo trató Jesús con ese espíritu maligno? Lo *reprendió* y *lo echó fuera* de ese joven.

Pero Jesús realizó esto por medio de la misma *unción* del Espíritu Santo que estaba sobre Él, cuando tocó y desató a la mujer afligida por un espíritu de enfermedad.

La enfermedad y las dolencias no son siempre el resultado de la presencia de un demonio. Por ejemplo, en Marcos 7:32-37, Jesús trató con un hombre que era sordo y tenía un impedimento del habla.

Evidentemente, un espíritu maligno no estaba involucrado en esta enfermedad, ya que Jesús solo puso su dedo en los oídos del hombre diciendo: "Se abierto", y el hombre habló normalmente. No trató para nada con un espíritu maligno. Evidentemente la sordera del hombre era el resultado de causas naturales, de manera que tan sólo necesitaba ser sanado.

Pero en otro caso Jesús le ministró a un hombre que era "mudo" o que no podía hablar. Esta vez, antes que Jesús pudiera sanar al hombre, tuvo que echar fuera al espíritu maligno.

MATEO 9:32, 33 (é.a)
32 . . . Le trajeron un mudo, ENDEMONIADO.
33 Y ECHADO FUERA EL DEMONIO, EL MUDO HABLÓ; y la gente se maravillaba, y decía: Nunca se ha visto cosa semejante en Israel.

Pero lo que estoy tratando de dejar en claro es que Jesús no estableció un patrón mientras trataba con demonios y espíritus malignos. Aun en su ministerio de liberación, siguió la dirección del Espíritu Santo y ministró por el poder y dirección del mismo.

Liberación Por Medio De La Unción

Fue la Palabra que Jesús enseñó y la unción las que trajeron liberación a aquellos que eran afligidos por demonios. Hoy en día tendremos que ministrar liberación por medio de la Palabra y la unción, el poder del Espíritu Santo.

LUCAS 6:17-19 (é.a)
17 Y descendió con ellos, y se detuvo en un lugar llano, en compañía de sus discípulos y de una gran multitud de gente de toda Judea, de Jerusalén y de la costa de Tiro y de Sidón, que había venido para OÍRLE, y para ser SANADOS de sus enfermedades;
18 y los que habían sido ATORMENTADOS DE ESPÍRITUS INMUNDOS ERAN SANADOS.
19 Y toda la gente PROCURABA TOCARLE, porque PODER (la palabra en el griego es "dynamin" o poder) SALÍA DE ÉL y sanaba a todos.

Note en el versículo 17 que las personas vinieron a *escuchar* a Jesús y a ser sanados. Era la unción sobre la Palabra la que liberaba a las personas. La fe viene por el oír la Palabra de Dios, y es por medio de la fe que recibimos las promesas de Dios, incluyendo la liberación de cualquier tipo de atadura.

La fe en la Palabra de Dios es la llave que abre el cielo y activa el poder de Dios para que obre en la vida de una persona, sin importar qué clase de actividad o influencia demoníaca esté involucrada. Cuando Jesús le enseñó a las personas la Palabra de Dios (predicó libertad a los cautivos) y las personas creyeron la Palabra, y fueron sanadas y liberadas.

Las multitudes que procuraban tocar a Jesús eran personas que se encontraban enfermas y oprimidas o "atormentadas" por espíritus inmundos. La palabra "sanados", en el versículo 18, significa que las personas eran *sanadas* o *liberadas*.

En este pasaje, ni un solo espíritu maligno fue echado fuera de alguien. En lo que sabemos, no se discernió a ningún espíritu maligno, aun así cuando aquellos que eran atormentados por espíritus inmundos escucharon a Jesús enseñar, fueron liberados. ¿Qué los liberó? Fue la Palabra que Jesús enseñó y el poder del Espíritu Santo.

El mismo poder que sana a una persona sacará al diablo corriendo sin importar qué clase de influencia demoníaca esté involucrada, si la persona actúa en fe sobre la Palabra ungida de Dios.

Al estudiar los evangelios, podemos ver que Jesús ministró sanidad y liberación por una variedad de métodos. Pero, sin importar cómo Jesús ministraba liberación, el poder liberador de Dios siempre estaba presente para sanar a las personas y liberarlas cuando éste era activado por la fe de la persona. Lo mismo es cierto hoy en día. El poder liberador de Dios está siempre disponible para liberar a las personas.

Así mismo, no tenía sesiones de "liberación" prolongadas ni repetidas para liberar a las personas de ataduras satánicas. Sin importar el método que empleara, la liberación o la sanidad de la persona siempre era un hecho.

Ministrar liberación es bíblico, pero no podemos ir más allá de la Palabra y la dirección del Espíritu Santo. Esa es la forma en que las personas han caído en error y en excesos en el ministerio de liberación y han causado daño al Cuerpo de Cristo. Únicamente apeguémonos a la Palabra y sigamos el ejemplo de Jesús para ministrar liberación a los enfermos y oprimidos.

En mi propio ministerio, muchas veces he visto que las personas que tenían el mismo tipo de enfermedad o dolencia eran sanadas o liberadas por métodos variados, como el Espíritu Santo guiara.

Epilepsia: Sanidad Vs. Liberación

Ya que Satanás es el dios de este mundo (cf. 2 Corintios 4:4), existen crueles espíritus de temor, espíritus inmundos, mudos, ciegos, y espíritus sordos, espíritus de enfermedad, y otros espíritus malignos aquí en la Tierra.

Notará que cada uno de esos espíritus es mencionado en la Biblia. Por nuestra cuenta, no podemos establecer si la causa de la enfermedad física de una persona es un espíritu maligno o una causa natural. Sin embargo, el Espíritu Santo conoce todas las cosas. Él nos guiará a toda verdad y nos mostrará cómo ministrarle a una persona.

Por ejemplo, he impuesto mis manos sobre algunas personas que tenían epilepsia, y fueron sanados ya que era causada por un desorden físico. No estaba involucrado ningún demonio. Pero justo en el otro lado, también he impuesto mis manos sobre personas con epilepsia, y el Espíritu Santo me mostraba que un demonio estaba involucrado causando la epilepsia.

Me encontraba predicando en una reunión en cierta ocasión y muchas personas pasaron al frente por sanidad, así que simplemente impuse mis manos sobre ellas. El siguiente año estábamos en la misma área, y una mujer pasó al frente para darnos un testimonio acerca de su hijo que había sido sanado en la primera reunión. Él tenía doce años de edad, y había sufrido de epilepsia toda su vida.

Ella relató: "Cuando oró por mi hijo, el poder sanador de Dios vino sobre él y cayó bajo el poder de Dios. Jamás ha sufrido de otro ataque".

En ese caso de epilepsia, el niño solo necesitaba sanidad; no necesitaba que se echara fuera de su cuerpo a un espíritu maligno. Si tuviera uno, el Señor me lo hubiera mostrado por medio del Espíritu Santo.

Pero en otro caso de epilepsia, el Espíritu Santo me mostró que un espíritu maligno estaba presente causando la enfermedad. Un joven pasó al frente por sanidad en una de mis reuniones. Había sufrido de ataques epilépticos desde la secundaria. Cuando impuse mis manos, supe por la palabra de conocimiento que un espíritu maligno estaba involucrado en sus ataques y que tendría que echarlo fuera de su cuerpo antes de que el joven pudiera ser libre. Así que lo hice. Unos días después, terminamos la reunión y nos fuimos de esa área.

Un año después sostuve una reunión en ese mismo pueblo, y vi a ese joven. Cuando lo miré, el Espíritu de Dios me dijo: "Cuando estuviste aquí, el año pasado, echaste fuera de él un espíritu inmundo, y durante doce meses no sufrió ningún ataque de epilepsia. Pero en las últimas dos semanas ha sufrido de tres".

El Espíritu Santo dijo: "Cuando sufría de estos ataques en el pasado, nunca los tenía de noche mientras dormía. Pero en estas dos últimas semanas se ha despertado con estos ataques. Y la razón por la cual tuvo estos ataques es porque se iba a la cama con miedo. Así que antes de que comiences a predicar, llámalo al frente y nuevamente echa fuera de él a ese espíritu maligno".

En ese caso el Señor no sólo me dijo que un espíritu maligno estaba involucrado causando los ataques del joven, sino que también me comunicó cómo había este hombre permitido a ese espíritu regresar de nuevo. En ocasiones se necesita saber si existe una *causa* (si la persona ha abierto una puerta a Satanás que permitió a la enfermedad o a la dolencia entrar) antes de poder ministrar de manera efectiva a las personas.

Así que antes de comenzar a predicar, llamé al joven al frente. Le dije: "Cuando estuvo aquí, el año pasado, le ministré y fue liberado de los ataques de epilepsia. Durante doce meses no sufrió ni un solo ataque epiléptico".

Él dijo: "Eso es cierto, pero...".

Entonces le dije: "Espere un minuto, no diga nada. Déjeme decirle lo que ocurrió para que así sepa que Dios se está moviendo sobrenaturalmente a su favor. Si no acierto, simplemente hable y diga 'Usted no acertó'. Después de todo, soy humano. Puedo equivocarme. Cualquiera puede. En las dos últimas semanas ha sufrido tres ataques que lo han despertado de su sueño. Cuando sufría de ataques epilépticos en el pasado, jamás se despertaba con uno".

Sus ojos se agrandaron y dijo: "Vaya, eso es totalmente correcto. ¡Debe ser uno que lee la mente o un adivino!"

No es extraño que cristianos puedan pensar que los que leen la mente o los adivinos puedan revelar algo como eso, ¡pero el pobre y viejo Dios ha perdido toda su habilidad de revelación!

Le pregunté: "¿Sabe por qué empezó a despertarse con ataques por la noche?"

Él dijo: "¿No, usted sí?"

Entonces le respondí: "Seguro que sí lo sé. Se fue a dormir con miedo, y éste le abrió una puerta al diablo".

Él dijo: "Ahora sé que lee la mente. Eso es exactamente lo que ocurrió".

Le dije: "No estoy leyendo su mente, y tampoco saqué todo esto de *mi mente*. De hecho, mi mente no tiene absolutamente nada que ver con esto".

El moverse en el mundo del Espíritu no es una experiencia *mental*. ¡Si pudiéramos seguir al Espíritu de Dios y a la Palabra de Dios sin que los razonamientos humanos se atravesaran en el camino, estaríamos mucho mejor!

Dios opera a través del espíritu recreado del hombre; no lo hace a través de la mente del hombre porque ésta no ha nacido de nuevo.

Este joven me dijo: "Usualmente me encargaba de ese miedo antes de ir a dormir. Pero aquellas noches en particular, cuando sufrí esos ataques epilépticos, no me deshice del miedo antes".

El temor puede abrir la puerta al enemigo. Por ejemplo, si se fuera a la cama esta noche y dejara la puerta de su casa abierta, no puede estar seguro de quién o qué entraría. Un ladrón podría entrar y robar o matarlo. ¡Es mejor mantener su puerta cerrada y su casa asegurada! Es lo mismo en el mundo espiritual. Más le vale mantenerle la puerta cerrada a Satanás.

Le dije a este joven: "Voy a echar al espíritu maligno fuera de usted nuevamente, y voy a mostrarle cómo mantenerle la puerta cerrada al diablo". En el nombre de Jesús eché fuera al espíritu maligno causante de la epilepsia. Luego pasé cuarenta y cinco minutos enseñándole a este joven como resistir a Satanás y mantener su sanidad, y a tener la puerta cerrada para el diablo. Muchos años han pasado desde que ese hombre fue sanado, y jamás ha vuelto a sufrir otro ataque.

La Unción Rompe El Yugo De La Esclavitud

Vimos que en el ministerio de sanidad de Jesús, muchas personas fueron liberadas de espíritus malignos tan solo por la unción del Espíritu Santo. En otras palabras; los espíritus malignos no siempre tienen que ser *echados fuera*; la unción del Espíritu Santo puede sacarlos también. También he visto esto en mi ministerio. Podría contarles testimonio tras testimonio de personas que fueron liberadas de la opresión demoníaca tan solo por medio de la unción; el poder de Dios viniendo sobre ellos.

Por ejemplo, varios meses después de que habíamos tenido una reunión en Detroit, una mujer me escribió contándome su testimonio. En la carta decía: "hermano Hagin, tenía un desorden estomacal, así que asistí a su cruzada para recibir mi sanidad. Impuso sus manos sobre mí y oró. La unción vino sobre mí, caí al piso bajo el poder de Dios. Después de todos estos meses, sigo sana".

Ella continuó: "He sido salva por cerca de ocho años. Antes de que lo fuera, estaba en lo oculto. Pero después de que fui salva y llena con el Espíritu Santo, aún tenía problemas con demonios que se manifestaban en mi presencia. En las noches, aun escuchaba voces y rasguños en la puerta y otras manifestaciones demoníacas.

"Pero desde que el poder de Dios vino sobre mí tan fuertemente cuando me impuso sus manos, escribió, 'Jamás he escuchado otra voz, y jamás ha vuelto a ocurrir otra manifestación demoníaca en mi casa'".

Cáncer: Liberación Por Medio De Una Manifestación Del Espíritu Santo

Quiero mostrarles que Dios tiene una variedad de métodos para liberar a su gente. Voy a relatarles varios casos en donde se trató con personas que tenían cáncer y las diferentes formas en que el Espíritu Santo me guió a tratar con cada uno. Quiero que vean que tendrán que ser guiados por el Espíritu Santo; no pueden formular reglas absolutas acerca del ministrar a las personas.

En 1952, sostuve un avivamiento en Texas. Uno de los ministros me contó acerca de su sobrina que se estaba muriendo de cáncer en los pulmones. Ella tenía veintitrés años de edad y dos hijos pequeños. Durante la primera semana de mis reuniones, fue traída a un servicio, y oré por ella. En la segunda semana, impuse mis manos sobre ella en dos ocasiones diferentes y oré.

Durante la tercera semana, la joven mujer fue traída nuevamente al servicio. No esperaba para nada lo que sucedió. Cuando impuse mis manos en esta ocasión, repentinamente una nube blanca del Espíritu Santo descendió y me cubrió. El altar desapareció y parecía ser como si la joven mujer y yo fuésemos los únicos de pie en esa nube de gloria. Nadie más podía ver lo que veía, ni escuchar lo que escuchaba, pero todos podían oírme hablar.

Envuelto en esa nube blanca, en el mundo espiritual, observé una pequeña criatura (un demonio) colgando en el exterior del cuerpo de esta mujer. Parecía como un pequeño mono colgado de una rama. Esta mujer era salva, así que no estaba poseída, pero su cuerpo estaba siendo oprimido desde afuera por uno. La pequeña criatura parecida a un mono estaba colgando de su cuerpo por el lado de su pulmón izquierdo; allí es donde había comenzado el cáncer.

Solo le hablé al demonio: "En el nombre de Jesús, vas a tener que dejarla".

Esa pequeña criatura me respondió, pero nadie más la escuchó porque estaba viendo y escuchando en el mundo espiritual. Este es el don de discernimiento de espíritus en operación.

Ese pequeño demonio, parecido a un mono, me dijo: "Sé que tengo que irme si me lo ordena, pero no quiero hacerlo".

Le dije: "Le ordeno que la deje en el nombre del Señor Jesucristo". Entonces se desprendió de su cuerpo y cayó sobre el piso. Permaneció allí llorando, gimiendo y temblando, como un pequeño cachorro golpeado.

Dije: "No solo deje su cuerpo, sino salga de este lugar en el nombre de Jesús". Cuando dije esto, se levantó y corrió por el pasillo saliendo por la puerta.

Esta mujer había sido salva desde que tenía ocho años de edad, pero jamás había sido llena del Espíritu Santo. Entonces levantó ambas manos y empezó a orar en lenguas. Esa misma semana, regresó a la clínica de cáncer y los doctores le dijeron: "Sus pulmones están completamente despejados. No hay absolutamente nada mal con éstos. ¿Qué sucedió?".

Ella les contó exactamente lo que había sucedido. Les dijo lo que yo había visto y hecho. Los doctores dijeron: "¡Bueno, quienquiera que sea este sujeto, nos quitamos el sombrero! Evidentemente tiene la respuesta. Nosotros no. Pero le daremos una constancia firmada de que tenía cáncer en ambos pulmones y ahora está libre".

Dios tiene la respuesta, no yo. Si una manifestación del Espíritu Santo no se llega a presentar, solo enseño, predico, y ministro la Palabra de Dios a la gente, porque no puedo operar los dones del Espíritu a mi antojo (cf. 1 Corintios 12:11).

Lo que quiero que vean es esto. Hasta que estuve *en el Espíritu*, no sabía que un espíritu maligno estaba afligiendo el cuerpo de esta mujer. No puede intentar adivinar estas cosas. Ciertamente les ministro a las personas de acuerdo a la fe en la Palabra de Dios, y éstas estaban siendo salvadas, sanadas, y llenas con el Espíritu Santo. Pero cuando estuve en el Espíritu, Dios reveló que era un espíritu maligno el causante del cáncer en los pulmones de la mujer, y Dios me equipó de manera sobrenatural para tratar con el demonio que estaba imponiendo la enfermedad en su cuerpo.

Así mismo, si solo fuera operando un don del Espíritu, hubiera tratado con aquel espíritu la primera noche que la mujer asistió a la reunión. Si el Espíritu Santo no opera a través mío, no puedo hacer nada. Dios tiene sus propias formas de hacer las cosas, y lo mejor es dejarlo hacer lo que Él quiere. No tengo manifestaciones sobrenaturales en toda reunión, porque nadie puede producir una manifestación del Espíritu por sí mismo. Una persona no puede desarrollar algo e intentar que algo suceda. Si lo intenta, abrirá la puerta a espíritus malignos y caerá en error.

Y solo porque tuve esa manifestación en particular en una reunión, si intentara producir la misma manifestación en la siguiente, me hubiera salido del camino y le hubiera abierto la puerta al diablo.

Usted y *yo* no operamos los dones espirituales. Si *usted* intenta operarlos, el diablo lo complacerá entrando a su vida. Los dones espirituales operan por la voluntad del *Espíritu Santo*.

Como verán, no trata necesariamente con todo cáncer ni con otro tipo de enfermedad de la misma manera en cada ocasión. Pero siempre les dice a las personas lo que la Palabra dice. Solo porque ha tenido una experiencia que resultó en la liberación de una persona, no se hace una doctrina sobre eso tratando de ministrarle a toda persona de la misma manera.

Siga la dirección del Espíritu Santo, y si un don de Él se manifiesta para ministrarle a la persona, eso está bien. Entonces puede seguir su dirección y ministrarle a esa persona por el poder y la unción del Espíritu de Dios.

Si el Espíritu Santo no decide manifestarse en los dones espirituales, solo siga enseñándole a la gente cómo estar firmes en contra de la enfermedad y la dolencia con la Palabra de Dios. La Palabra siempre funciona.

Postrada En Cama Con Cáncer

Recuerdo otro caso en que se ministró a una mujer con cáncer. Mi esposa y yo fuimos con otro pastor a orar por la esposa de un pastor que se encontraba postrada en cama con cáncer terminal. El cáncer había empezado en su seno izquierdo y se había expandido a sus glándulas linfáticas. Para el tiempo en que fue a ver al médico, éste le dijo: "Es demasiado tarde. No podemos hacer nada por usted". Para el tiempo en que fuimos a orar por ella, estaba postrada en cama. El doctor dijo: "Debería estar muerta ya. No podemos comprender cómo ha vivido tanto tiempo".

Mientras nos reunimos a orar por ella, esperamos en Dios en oración y buscamos su dirección. Estábamos allí, en la casa del pastor, orando casi continuamente durante dos días y dos noches. Dormíamos cuatro horas cada noche. El resto del tiempo orábamos y buscábamos a Dios.

El Lado Que Envía O El Lado Que Recibe

Finalmente, a las cuatro de la mañana de la tercera noche, le dije al pastor: "En quince años de ministerio, jamás he orado a Dios durante tanto tiempo sin recibir la respuesta. Estamos fallando en algo. No tenemos que orar durante tanto tiempo por algo que ya se nos ha prometido en la Palabra. Creo que es aquí en donde estamos fallando. Estamos trabajando en el lado que *envía*, '¡Dios, sana a esta mujer!'

"No hemos llegado a ningún lugar porque en lo que a Dios concierne, Él ya la ha sanado. Él cargó su enfermedad sobre Jesús en la cruz. Cuando oremos por ella en la mañana, trabajemos en el lado que *recibe* en lugar del lado que envía".

Aquí es en donde fallan muchos sujetos. Cuando no logran conectarse en oración, no se detienen a escuchar al Espíritu de Dios para hallar el por qué no lo han logrado. Solo siguen adelante sin consultar con Dios. Muchas veces, si no estamos logrando conectarnos en oración, necesitamos inquirir del Señor y encontrar la razón. Entonces debemos permitir que el Espíritu Santo nos corrija si lo necesitamos. Y si hemos tomado el camino equivocado, por decirlo así, debemos retroceder y tomar el camino correcto.

Así que nos reunimos a la mañana siguiente, en ese cuarto, a las ocho de la mañana con el pastor y su esposa, mi esposa, el esposo de la mujer enferma, quien también era un pastor, y la mujer con cáncer. Les dije lo que el Señor me había mostrado.

Todos nos arrodillamos al lado de la cama para orar de nuevo. Buscamos a Dios para ver qué tenía que decir el Espíritu Santo acerca de la situación de aquella mujer. Todos oramos en el Espíritu en otras lenguas, buscando la dirección de Dios.

De repente, algo en mi interior me dijo: "Ve y ponte de pie al final de la cama". Detuve mi oración en lenguas y regresé al mundo mental. Pensé, ¿qué bien puede hacer el pararse al final de la cama? Así que solo alejé ese pensamiento. Esto era nuevo para mí. No conocía la voz del Espíritu Santo como la conozco ahora.

Regresé a la oración, y escuché nuevamente estas palabras: "¡Ve y ponte de pie al final de la cama!". Regresé al razonamiento mental. Pensé: *El ponerme de pie al final de la cama no va a hacer que esta mujer sea sanada.*

¿Pero alguna vez se detuvo a pensarlo? Jesús escupió en la tierra e hizo lodo y colocó ese lodo en los ojos ciegos de un individuo y dijo: "Ve a lavarte en el estanque de Siloé" (Juan 9:7).

Bueno, en lo natural, ¿de qué serviría el lodo en la sanidad de ese hombre? Pero, verán, es la fe y la obediencia lo que cuenta con Dios. Simplemente es mejor seguir la dirección del Espíritu Santo y hacer lo que ordene hacer. ¡Eso siempre produce resultados! El Espíritu Santo siempre lo guiará en línea con la Palabra de Dios, y lo que Él diga que debe hacerse siempre funcionará.

El Espíritu me dijo la misma cosa por tercera vez. Esta vez fui y me puse de pie, al final de la cama, y continué orando en lenguas. De repente, mi esposa se puso de pie y, mientras seguía orando en otras lenguas, se paró al final de la cama conmigo. Jamás abrió los ojos. Más tarde me diría que no sabía que estaba ahí.

Súbitamente, mientras mi esposa oraba en lenguas, las lenguas cambiaron. Ella empezó a hablar lo que llamamos un mensaje en lenguas. Pero escuché lo que dijo como si me estuviese hablando en ingles.

El Espíritu Santo dijo por medio de ella: "Ve, ponte de pie en la cabecera de la cama y di: "Salgan fuera, espíritus de duda y miedo en el nombre de Jesús". Así que simplemente me desplacé a la cabecera de la cama y dije: "Salgan fuera, espíritus de duda y miedo en el nombre de Jesús".

Tenía mis ojos abiertos, observando. En el momento en que dije eso, me pareció como si un gran murciélago negro, el doble del tamaño de la mano de un hombre, se levantara del seno izquierdo de esa mujer moribunda y saliera volando por la ventana. El pastor que estaba parado en ese lado de la cama me dijo después: "Algo pasó justo por mi lado y salió volando por la ventana. No vi nada, pero paso por mi lado como un pájaro al vuelo".

La mujer se levantó al instante completamente sana y alababa a Dios y bailaba por toda la casa. Esa tarde comió sandía con nosotros en el patio, completamente sana y libre.

Ahora, hay algo que quiero hacerles entender. Nosotros no hicimos "guerra" contra el diablo para hacer que esa mujer fuese sanada. Solo oramos en fe a Dios, y esperamos a que nos diera su dirección.

Esta mujer fue sanada por medio de la manifestación de un don del Espíritu en operación. Y a pesar de que haya podido tener una experiencia del Espíritu Santo, no puede salir y construir una doctrina de una experiencia, aun cuando esté en línea con la Palabra.

Y no puede salir y enseñar a otras personas el intentar tener la misma experiencia o incluso la misma manifestación. Debe permitir que Dios se manifieste a sí mismo como quiera, no como usted quiera.

Aquí es donde fallan las personas. Tratan de efectuar una manifestación del Espíritu, o ministran y tratan de realizar algo en la carne. Ambas son peligrosas, y llevarán a las personas al error.

Solo enséñeles a las personas la Palabra, y permita que Dios haga el resto. Dios hará que su Palabra sea buena en la vida de las personas si están dispuestas a pararse firmes por medio de ésta. Claro está, si las personas no se ponen firmes, por medio de la Palabra de Dios, Él no tendrá nada bueno que hacer en sus vidas.

Pero una experiencia como esta puede que jamás vuelva a ocurrir al ministrarle a alguien. *Las experiencias pueden ir y venir, pero la Palabra siempre funciona.* Si pudiéramos realizar todo por medio de una fórmula adecuada, no necesitaríamos al Espíritu Santo. Construya su vida y su ministerio sobre la Palabra, no sobre experiencias o manifestaciones.

Hubiese metido en problemas a las personas y a mi propio ministerio si hubiera salido a enseñar esa *experiencia* como doctrina. Vi esto cuando era joven y creciendo en el ministerio. Así muchos ministros que surgieron en mis días fallaron en el ministerio porque no tenían su fundamento en la Palabra; construyeron sus ministerios sobre dones espirituales. Era personas maravillosas y tenían dones maravillosos del Espíritu Santo operando en sus vidas. Pero no tenían el fundamento de la Palabra de Dios, así que uno por uno eventualmente cayeron en error y en engaño y quedaron postrados al lado del camino.

Le dije a algunos: "Cuando haya ido y venido, estaré aun allá afuera predicando y enseñando, porque estoy construyendo mi ministerio sobre la Palabra de Dios, no sobre dones espirituales".

No puede construir su vida o ministerio sobre los dones del Espíritu y tener éxito. No, construya tanto su vida como su ministerio sobre la Palabra de Dios. Permita que las manifestaciones y las operaciones vengan de acuerdo a como el Espíritu lo quiera. Pero solo sea fiel en poner la Palabra primero, y base todo lo que haga en la Palabra, no en experiencias.

Sanado Por La Unción

Compartiré acerca de otra sanidad de cáncer en la cual no tuve que tratar para nada con un espíritu maligno. Un hombre joven asistió a una de mis reuniones; también tenía cáncer en los pulmones.

Los médicos le habían dado seis meses de vida. Oré por él dos veces, pero supe en mi espíritu que no habíamos logrado conectar nuestra fe. Muchas veces puede imponer sus manos sobre individuos y es como agarrar un alambre desnudo; sabe que están en fe y que le están creyendo a Dios. Pero puede imponer manos sobre otras personas y es como imponer sus manos sobre la perilla de una puerta. De alguna u otra manera el poder de Dios entra en corto circuito, porque Dios siempre quiere sanar.

En uno de los servicios, un espíritu de oración cayó sobre nosotros, y todos caímos al piso orando. Este hombre con cáncer se arrodilló en el altar orando. Sólo caminaba de un lado a otro orando.

Súbitamente una unción del Espíritu Santo vino sobre mí, y fui hacia este hombre. Fue como si una mano invisible hubiera alzado mi mano y la hubiera colocado sobre su cabeza. Pero en lugar de orar, me encontré diciendo: "Estás sanado del cáncer. Se lleno con el Espíritu Santo. En mi viñedo, tengo un lugar para ti en el ministerio". Instantáneamente, aquel hombre empezó a hablar en lenguas.

Después regresó al hospital y los doctores le preguntaron: "¿Puede quedarse por un par de días? No lo entendemos, pero el cáncer se ha ido por completo". Lo mantuvieron allí durante cinco días haciéndole todo tipo de pruebas. Nunca llegaron a encontrar por qué había desaparecido la enfermedad. ¡Pero, alabado sea Dios, sabemos por qué desapareció! Dios lo sanó por el poder del Espíritu Santo.

Como verán, esa vez ni siquiera oré por este hombre. No eché nada fuera. De hecho, no tuve ni siquiera que tratar con un espíritu inmundo y, sin embargo, fue completamente liberado y sanado del cáncer. Los doctores dijeron: "No hubiéramos creído que él alguna vez tuvo cáncer de no ser por los registros que tenemos para probarlo".

Las personas cometen un error cuando creen que tienen que echar fuera un diablo de toda persona enferma tan solo porque trataron con un espíritu maligno en una ocasión durante una situación en particular. Esa es la manera como enredan las cosas.

Años después, el pastor me dijo que este joven había estado pastoreando una iglesia por los últimos cinco años. Dios le había dicho: "Tengo un lugar para ti en mi viñedo".

Sanado Por La Fe En La Palabra De Dios

Le ministré a otra persona con cáncer y el Señor la sanó en una forma completamente diferente a como lo hizo en esos otros casos de cáncer.

Estaba llevando a cabo una reunión en carpa para una iglesia del Evangelio Completo. Meses más tarde, recibí una carta del pastor donde me contaba acerca de una mujer en su iglesia que tenía cáncer terminal. Ella había asistido a una de mis reuniones, pero ni siquiera me había enterado.

Esta mujer había estado en una de las más grandes clínicas de nuestra nación para recibir tratamiento. Los doctores le dijeron que tenía seis meses de vida y que la enviaban a casa a morir. Casi todo evangelista de sanidad en América en ese tiempo había orado por su sanidad. Había impuesto mis manos sobre ella en dos ocasiones, pero no había recibido su sanidad.

El pastor me relató: "Ella estaba tan enferma que tuvo que ser traída a sus reuniones en una ambulancia cada día. Había un cuarto aledaño con un parlante allí, así que la dejamos en ese cuarto y lo escuchamos a usted enseñar la Palabra".

Nunca nadie se enteró que la mujer estaba allí. Nunca lo supe y nunca oré por ella. Extendimos esta reunión durante dos semanas, así que esta mujer asistió a diez reuniones y escuchó diez lecciones de Biblia acerca de la fe. *Ella las puso en práctica, y fue totalmente sana.*

El pastor me dijo: "Hermano Hagin, ella está completamente sana. Regresó a la clínica de cáncer, y le han hecho todo tipo de exámenes, y no pueden encontrar ni rastros".

No hubo discernimiento de espíritus en la liberación de esta mujer. No se oró por ella. Ella solo recibió liberación por medio de su propia fe en la Palabra de Dios.

No va a poder ministrar a las personas a través de los dones del Espíritu a no ser que Él escoja manifestarse de esta manera. Pero siempre podrá ministrar a las personas enseñándoles lo que dice la Palabra.

Sólo por sentarse bajo la unción de la Palabra y por *aplicarla* a sus vidas, las personas pueden ser liberadas de *cualquier* fuerza del enemigo que esté tratando de atarlos y mantenerlos en cautiverio. Una vez que las personas escuchan la Palabra de Dios, necesitan actuar por sí mismas, ya que la Palabra dice que es el *hacedor* de la Palabra el que es bendecido (cf. Santiago 1:22,25).

Sin embargo, el Espíritu de Dios también puede operar a través de varios otros dones tales como profecía o la palabra de conocimiento o el discernimiento de espíritus con el fin de liberar a las personas. Regocijémonos en lo que Dios está haciendo. Eso es lo que cuenta. Y solo dejemos que Dios sea Dios y que se mueva en la forma en que quiera moverse.

He relatado aquí varios casos de cáncer. Cada una de estas personas fue liberada por métodos diferentes por medio de la dirección del Espíritu Santo. Pero cada uno de ellos fue liberado.

Siga predicando la Palabra. Si la manifestación de los dones del Espíritu viene, ¡magnífico! Si no lo hace, siga predicando la Palabra de todas formas. Siga sacando la Palabra. Es la santa, incorruptible semilla de la Palabra de Dios la que produce los resultados, y permanece para siempre (cf. 1 Pedro 1:23-25).

Y la Palabra siempre funciona porque la Biblia dice que Dios vela sobre su Palabra para llevarla a cabo, y que su Palabra no regresa a Él sin producir resultados (cf. Jeremías 1:12; Isaías 55:11).

Eventualmente, si es fiel al enseñar a las personas lo que la Palabra dice, producirá una cosecha abundante en sus vidas. La Biblia dice: "Envió su palabra, y los sanó, y los libró de su ruina". (Salmos 107:20). No dice: "Él envió dones espirituales y los sanó y los libró de su ruina", a pesar de que Dios puede escoger moverse de esta manera en algunos casos.

Tratando Con Los Dementes

Ahora quiero relatar varios casos acerca de tratar con la demencia y mostrar que los mismos principios aplican. He notado, particularmente, al tratar con personas dementes, que si éstas aún están mentalmente coherentes y puede llegar hasta ellas predicándoles la Palabra, pueden recibirla y ser liberadas. Pero si sus mentes no están funcionando, tendrá que tener una manifestación del Espíritu Santo o no podrá ayudarlas. Y no puede producir esa manifestación por su propia cuenta.

Una mujer cristiana trajo a una mujer demente a una de mis reuniones. La mujer enferma solo estaba esperando a que vinieran las autoridades y la institucionalizaran. Se sentó en el servicio y actúo como una niña pequeña, constantemente moviéndose y arrastrando los pies y jugueteando. Justo en la mitad de mi lección bíblica, se ponía de pie y decía: "¡Tengo que ir al baño!" o "¡Quiero una poco de agua!" La mujer que estaba con ella la hacía sentar de nuevo.

En el primer servicio, la mujer demente no prestó ninguna atención a la lección bíblica. En la segunda, empezó a comportarse de la misma manera, moviéndose por todos lados y jugueteando como una pequeña niña. Pero antes de que el servicio terminara, noté que sus ojos se habían fijado firmemente en mí. Estaba escuchando atentamente. El tercer día trajo su Biblia y, durante la lección bíblica, la abrió y me siguió en la lección.

Al cuarto día, tenía un pequeño cuaderno y estaba tomando apuntes. Antes de que terminaran los diez días de las reuniones, era salva, bautizada en el Espíritu Santo, hablaba en lenguas y su mente estaba completamente restablecida. ¡Estaba totalmente liberada!

Pienso que en ocasiones subestimamos algo que Pablo dijo: "No me avergüenzo del EVANGELIO, porque ES PODER de Dios" (Romanos 1:16, (é.a)). El Evangelio del Señor Jesucristo, la Palabra viva de Dios, es el poder de Dios, y es el poder de Dios para *salvación*. ¿Salvación de qué? ¡Salvación de cualquier cosa de la que necesite ser salvo!

La mujer jamás tuvo que ser internada a una institución mental. Cinco años después, cuando regresé a esa misma iglesia, la mujer y su esposo aún estaban en esa iglesia y ambos estaban en fuego por Dios. Pero lo que quiero establecer aquí es que jamás oré por ella, o eché un demonio. ¿Qué liberó a la mujer? El evangelio de nuestro Señor Jesucristo. ¡La Palabra es el poder de Dios para salvación, liberación, sanidad y victoria! La Palabra lo hizo todo.

También he visto a personas venir a mis reuniones cuyas mentes estaban completamente incapacitadas debido a las drogas. Pero la Palabra de Dios entró y se registró en sus espíritus, y sus mentes fueron completamente restablecidas. Hoy en día esas personas están tan sanas como cualquier otra.

Hay poder en la Palabra. Y el enseñarla es una forma de ayudar a las personas dementes y mentalmente incoherentes. No importa si su estado mental se debe directa o indirectamente a la influencia demoníaca, la Palabra aun así funciona.

Recibí una carta de una mujer que decía: "hermano Hagin, tengo treinta y ocho años de edad. He pasado más de la mitad de mi vida en una institución mental. Entonces alguien me dio su libro, *El Pensar Bien o Mal*. Empecé a ordenar más de sus libros y los leí, y mi mente ha sido completamente restablecida".

Jamás ningún demonio se echó fuera de la mujer. Los mismos doctores que dijeron que siempre iba a necesitar de cuidados institucionales ahora afirmaban que era sana y le dieron la salida. Se fue y dedicó su vida a ayudar aquellos en instituciones mentales.

Si las personas mezclan la fe con la Palabra de Dios, y la creen, ésta obrará a su favor sin importar de qué necesiten liberación. En el caso de la demencia, enseñe la Palabra a aquellas personas cuyas mentes están coherentes. Introduzca en ellos la Palabra. Si se ponen firmes en el lugar de victoria en la Palabra, serán liberados. ¿Cómo se paran firmes en el lugar de victoria? Por fe. Por creer la Palabra. La Palabra es el poder de Dios. Enséñeles a poner el poder de Dios a trabajar a su favor creyendo en la Palabra de Dios y actuando en ella.

Si las mentes de las personas están completamente dominadas por un espíritu maligno, y son totalmente incoherentes o incapaces de sentarse bajo la enseñanza de la Palabra de Dios, entonces tendrá que depender del Espíritu Santo para que le muestre lo que debe hacer. Pero, en cualquier caso, hay liberación en el Señor Jesucristo.

El Don De La Fe Especial

Permítanme darles un ejemplo de una persona demente cuya mente *no* era coherente, pero que fue liberada por medio de una manifestación de los dones del Espíritu.

Esta mujer no había nacido de nuevo. Había perdido su mente, pero era debido más o menos a una anomalía física. No era tan vieja, pero no conocía a Dios. A veces las personas parecen envejecer más rápido sin la vida de Dios obrando en ellos (cf. Romanos 8:11). Se había vuelto senil a una edad temprana. Un doctor afirmó que tenía la mente de una niña de dos años.

Mi esposa y yo oramos por esta mujer durante aproximadamente dos horas. No estábamos combatiendo al diablo o viniendo en contra de poderes o fortalezas satánicas. Le estábamos hablando a Dios. Solo estábamos orando y adorando a Dios, y esperando en Él para ver si el Espíritu Santo se manifestaba y nos enseñaba lo que estaba mal y cómo tratar con la situación.

El Espíritu Santo no nos mostró nada, así que finalmente la hija de la mujer le dijo: "Vamos mamá, tenemos que irnos ya". La hija levantó a su madre y le puso su abrigo encima. Mi esposa, Oretha, empezó a hablarle a la hija, de manera que la mujer demente se sentó de nuevo en el sofá. Me senté a su lado, y ella murmuraba y hacía sonidos extraños. Tenía una mirada salvaje en sus ojos, como si estuviera sufriendo de algún tipo de encantamiento.

Mientras la miraba, tal compasión se levantó en mi que con lágrimas dije: "Señor, ¿por qué no puedo ayudar a esta querida alma? ¡Si no logro llegar hasta ella y ayudarla a que te acepte, se irá al infierno!".

En ese momento, mi esposa y la hija de aquella mujer habían terminado su conversación. La hija se dio la vuelta y tomó a su madre por los hombros y la sacudió suavemente para sacarla del estado en que había caído.

La hija dijo: "Vamos, mamá, tenemos que irnos". De repente, su madre parpadeó, giró su cabeza, y me miró directamente. En todo el tiempo que estuvo en nuestra casa, probablemente dos o tres horas, no había reconocido a nadie ni había pronunciado una sola palabra inteligible. Pero repentinamente se volteó hacia mí y me dijo, de manera muy clara: "¿Estaré bien algún día?".

Cuando dijo eso, fue como si una descarga eléctrica me golpeara en la cabeza y pasara a través de mí. Sabía exactamente lo que era; la manifestación del don de fe especial. El Espíritu Santo dejó caer el don de fe especial en mi espíritu para ministrarle a esta mujer demente (cf. 1 Corintios 12:9). No era la fe ordinaria, o la fe general, la fe que es común a todos nosotros (cf. Romanos 10:17). Era una manifestación de uno de los dones del Espíritu: el don de la fe.

Allí es en donde fallamos en muchas ocasiones. Como verán, en un caso como este, podría vociferar y gritarle al diablo todo el día con la fe ordinaria, y nada ocurriría. O si vociferara y le gritara al diablo en lo natural, podría incluso llegar a darle lugar al diablo, y él lo complacería.

En algunos casos se requiere del don de fe especial, una operación del Espíritu Santo, para llevar a cabo la liberación. De otro modo, podría decirle a una persona demente: "¡Se sana! ¡Se sana! ¡Mente, funciona con normalidad!" Podría decir todo lo que quiera, y la persona seguiría tan demente como antes.

Pero en el instante en que ese don de fe cayó sobre mí, le contesté a la mujer por la unción del Espíritu Santo: "¡Sí! Usted estará bien, en el nombre de Jesús!". No hubiera podido dudar, aunque quisiera, de que iba a ser liberada. Sabía que estaba hecho. Eso fue todo lo que dije, tan calmadamente, tan sencillamente como se puede. No hubo ninguna otra manifestación. La hija recogió a su madre y la llevó a casa.

Dos años más tarde, la hija de la mujer vino a visitarnos. Una de las primeras preguntas que le hicimos fue: "¿Qué sucedió con su madre?".

"Bueno, ella dijo, la llevé a mi casa, y al siguiente día y luego al siguiente aún no había cambio. Pero en el tercer día, a las tres de la tarde, en un abrir y cerrar de ojos, su mente fue completamente restaurada".

La hija explicó: "Le hablé a ella acerca de Jesús antes de que perdiera su mente, y siempre me decía: 'Yo no creo en cosas como esa. Si tú quieres creerlo, bien. Pero solo no nos hables jamás a tu padre y a mi acerca de Jesús o la Biblia'.

"Así que solo oraba por ellos, pero jamás volví a decirles una sola palabra acerca de Jesús. Pero ese día, en el instante en que fue restaurada, ella se arrodilló y le entregó su corazón al Señor. Mi padre entró en la habitación y vio a mi madre arrepintiéndose y aceptando a Jesús, y él se arrodilló y dijo: 'Oren también por mí. Yo también quiero ser salvo'. ¡Y le entregó su corazón a Jesús!".

No eché a un demonio fuera de esta mujer. No le impuse mis manos. Todo lo que hice fue seguir la dirección del Espíritu Santo y hablar bajo la unción del mismo. No intenté operar algo por mi cuenta, en la carne.

He dado estos ejemplos de mi ministerio para demostrar que Dios sana y libera a las personas por medio de diversos métodos, los cuales están en línea con su Palabra. También he empleado estos ejemplos de mi ministerio para mostrarles que *nosotros* no podemos operar los dones del Espíritu por nuestra cuenta. Debemos depender completamente del Espíritu Santo para todo lo que hacemos. Si intentamos ministrar por medio de fórmulas establecidas, estaremos en la carne. No solo fracasaremos, sino que incluso podemos abrirle una puerta al diablo.

Al ministrar en la carne, eventualmente cae en engaño porque Satanás opera en el mundo de la carne, en el mundo sensorial. Sólo quédese con la Palabra de Dios y sea dirigido por el Espíritu Santo. Él siempre lo guiará en línea con la Palabra de Dios.

Base todo lo que haga en la Palabra de Dios, no en manifestaciones sobrenaturales. Si opera de acuerdo con los principios de Dios (de acuerdo a la Escritura), grandes liberaciones pueden llevarse a cabo porque, en últimas, es el conocimiento de la verdad de la Palabra de Dios la que nos hace libres.

¡Nosotros Somos La Iglesia Triunfante!

Y ya sea que esté ministrando liberación, orando por los enfermos o simplemente tomando su posición en contra del diablo en su vida, tenga en mente que Satanás es un enemigo derrotado. Si es un creyente, está sentado con Cristo en lugares celestiales *ahora*. La victoria *de Jesús* sobre el diablo es *su* victoria porque está en Él.

¿En dónde radica la autoridad de la oscuridad? En Satanás. ¡Pero hemos sido liberados de la autoridad de él! ¡Y debemos recordar que ha sido derrotado y destronado!

¡Esa es la razón por la cual no voy a pelear contra el diablo! ¡Simplemente voy a caminar sobre él y lo voy a poner en su lugar porque soy parte de la Iglesia triunfante!

Después de todo, solo deténgase a pensar en esto. ¿Puede algo ejercer autoridad sobre su cuerpo sin ejercer autoridad sobre su cabeza? No, no puede. Lo que le pertenece a su cabeza pertenece a su cuerpo.

Bien, ya que Jesucristo, la Cabeza de la Iglesia, triunfó sobre demonios, espíritus malignos, y sobre el mismo Satanás, nosotros también lo hicimos, porque somos su Cuerpo. ¡Su triunfo es nuestro! Es por esto que deberíamos llamarnos a nosotros mismos la Iglesia triunfante. Eso es lo que somos ahora (no cuando lleguemos al Cielo) sino ahora mismo.

Ya que hemos sido liberados de la autoridad de Satanás, él no tiene autoridad sobre el Cuerpo de Cristo en ninguna manera, forma, figura o modo. ¡Pero nosotros tenemos autoridad sobre él en Cristo! ¡Jesús hizo un espectáculo de Satanás y puso su derrota a la vista de todos al triunfar sobre él en la cruz!

Sí, tenemos que tratar con fuerzas malignas, pero tenemos autoridad sobre ellas. ¡Estos son poderes destronados! Somos una Iglesia triunfante, disfrutando de la victoria que Jesús ya proveyó para nosotros. No necesitamos hacer la guerra contra el diablo. Todo lo que tenemos que hacer es mantenernos firmes en nuestro terreno en su contra y ponerlo en retirada con la Palabra.

En lugar de que estos poderes destronados gobiernen sobre usted, ¡gobierne sobre ellos! De hecho, si no mira desde arriba cuando trata con el diablo, ¡no está lo suficientemente alto! Venga aquí arriba y siéntese en lugares celestiales en Cristo en donde pertenece ¡como la Iglesia triunfante!

Rhema Word Partner Club

WORKING *together* TO REACH THE WORLD!

People. Power. Purpose.

Have you ever dropped a stone into water? Small waves rise up at the point of impact and travel in all directions. It's called a ripple effect. That's the kind of impact Christians are meant to have in this world—the kind of impact that the Rhema family is producing in the earth today.

The Rhema Word Partner Club links Christians with a shared interest in reaching people with the Gospel and the message of faith in God.

Together we are reaching across generations, cultures, and nations to spread the Good News of Jesus Christ to every corner of the earth.

To join us in reaching the world,
visit **rhema.org/wpc** or call **1-866-312-0972**.

Always on.

For the latest news and information on products, media, podcasts, study resources, and special offers, visit us online 24 hours a day.

Free Subscription!

Call now to receive a free subscription to *The Word of Faith* magazine from Kenneth Hagin Ministries. Receive encouragement and spiritual refreshment from . . .

- *Faith-building articles from Kenneth W. Hagin, Lynette Hagin, Craig W. Hagin, and others*
- *"Timeless Teaching" from the archives of Kenneth E. Hagin*
- *Feature articles on prayer and healing*
- *Testimonies of salvation, healing, and deliverance*
- *Children's activity page*
- *Updates on Rhema Bible Training College, Rhema Bible Church, and other outreaches of Kenneth Hagin Ministries*

Subscribe today for your free *Word of Faith*!

1-888-28-FAITH (1-888-283-2484)

rhema.org/wof